OCÉANO

ATLÁNTICO

LAS BAHAMAS

Estrecho de la Florida

Habana • Matanzas

Río •

Cienfuegos **CUBA**

Camagüey

Guantánamo

Santiago
de Cuba

HAITÍ

Port-au-
Prince

Kingston

JAMAICA

de Yucatán

**REPÚBLICA
DOMINICANA**

Santo
Domingo

Mayagüez

San
Juan

Ponce

**PUERTO
RICO**

Islas
Vírgenes

Antigua

Guadalupe

Dominica

Martinica
Santa Lucía

Barbados
San Vicente

Granada

Antillas Menores

Mar   Caribe

Curaçao

Aruba   Bonaire

Isla
Margarita

Trinidad y
Tobago

RAS

CARAGUA

agua

de Nicaragua

Canal de
Panamá

Colón

**COSTA
RICA**

San José

PANAMÁ   Panamá

Golfo
de
Panamá

Caracas

VENEZUELA

Río Orinoco

GUYANA

Río Magdalena

C O L O M B I A

Bogotá

B R A S I L

ECUADOR

PERÚ

Identidades

Exploraciones e interconexiones

Identidades

Exploraciones e interconexiones

Matilde Olivella de Castells
Emerita, California State University, Los Angeles

Elizabeth Guzmán
College of Saint Benedict, St. John's University

Judith E. Liskin-Gasparro
University of Iowa

Paloma Lapuerta
Central Connecticut State University

PEARSON
Prentice Hall

Upper Saddle River, NJ 07458

Library of Congress Cataloging-in-Publication Data
Identidades / Matilde Olivella de Castells . . . [et al.].
    p. cm.
  Includes index.
  ISBN 0-13-030463-8
  1. Spanish language—Textbooks for foreign
speakers—English. I. Castells, Matilde Olivella de.
PC4129.E5I33 2004
468.2'421—dc22
                                    2004044720

Sr. Acquisitions Editor: Bob Hemmer
Editorial Assistant: Pete Ramsey
Sr. Director of Market Development: Kristine Suárez
Director of Editorial Development: Julia Caballero
Development Editor: Mary Lemire-Campion
Production Editor: Claudia Dukeshire
Asst. Director of Production: Mary Rottino
Assistant Editor: Meriel Martínez Moctezuma

Media Editor: Samantha Alducin
Media Production Manager: Roberto Fernández
Prepress and Manufacturing Buyer: Brian Mackey
Cover Design: Laura Gardner
Interior Design: Ximena Tamvakopoulos and
    S. Michelle Wiggins
Line Art Coordinator(s): Guy Ruggiero/Maria Piper
Illustrator: Mari Isabel Rodriguez Martin
Director, Image Resource Center: Melinda Reo
Manager, Rights and Permissions IRC: Zina Arabia
Manager Visual Research: Beth Boyd Brenzel
Manager Cover Visual Research & Permissions: Karen Sanatar
Image Permissions Coordinator: Lashonda Morris
Photo Researcher: Elaine Soares
Cover art: Gunther Gerzso, "Paisaje: Ixchel", oil on masonite,
    32 × 25-3/4", 1996. Courtesy of Latin American Masters
    gallery, Los Angeles.
Executive Marketing Manager: Eileen Bernadette Moran
Marketing Assistant: William J. Bliss
Publisher: Phil Miller

This book was set in 10/12 Janson Text by Interactive Composition Corporation and was printed and bound by Courier Kendallville. The cover was printed by Lehigh Press.

Pearson Education LTD., London
Pearson Education Australia PTY, Limited, Sydney
Pearson Education Singapore, Pte. Ltd.
Pearson Education North Asia Ltd., Hong Kong
Pearson Education Canada, Ltd., Toronto

Pearson Educación de México, S.A. de C.V.
Pearson Educación-Japan, Tokyo
Pearson Education Malaysia, Pte. Ltd.
Pearson Education Upper Saddle River, New Jersey

Printed in the United States of America
10 9 8 7 6 5 4 3 2 1

Student text: ISBN 0-13-030463-8
Annotated Instructor's Edition: ISBN 0-13-111787-4

Brief Contents

Scope and Sequence

Thematic Content

Scope and Sequence

Thematic Content

Scope and Sequence

Thematic Content

Preface

Welcome to *Identidades!*

Identidades is a two-semester intermediate Spanish program that puts the Cultures, Connections, and Comparisons goals of the National Standards on virtually every page of the text and its ancillary components. *Identidades* provides a much-needed balance in intermediate Spanish programs by presenting and treating the cultures of the Hispanic world in ways that are both appealing and appropriate for the intellectual level of college students and by simultaneously maintaining reasonable expectations for the understanding and productive use of grammatical concepts and structures. Communicative and rich in cultural content, *Identidades* engages the whole student, supports the language-learning process, and prepares students for the more challenging courses beyond the second year.

Key features of the *Identidades* Program

- A culture-centered approach to language learning that engages students in analysis and research on historical, cultural, and artistic expressions of the Spanish-speaking world.
- Engaging and varied readings that draw on expository and literary texts from a variety of sources.
- An interactive, student-centered approach that provides many opportunities for students to collaborate in pair and group activities and thus improve their interpersonal skills in Spanish.
- A strategy- and process-oriented approach to reading and writing, whereby students learn to apply their well-developed cognitive skills to communication in a second language.
- A straightforward approach to grammar explanations, combined with carefully sequenced activities.
- Superior integration of the 5Cs of the *National Standards for Foreign Language Learning*.
- A comprehensive introduction to literary themes, genres, and authors that will prepare students for their first upper-division course in literature.
- Listening activities that expose students to a range of text types, voices, and regional varieties of Spanish as they develop insights that come from hearing individuals talk about their lives and work in a specific cultural and geographical context.
- Research-oriented writing activities that prepare students for courses beyond the second year.

Philosophy of *Identidades*

The title *Identidades* reflects the multi-faceted nature of the Hispanic world and its people and the central goal of this program: to bring students to a level of language acquisition in which they are able to explore and experience many of the historical, cultural, and artistic manifestations of the Spanish-speaking world. The program also aims to develop students' knowledge of the Spanish-speaking world.

Students may begin the program with a narrow idea of what it means to be "Hispanic," but by the end of the program, they will understand that the Spanish-speaking world is made up of many races, ethnic groups, and cultures.

1. Expansion of cultural knowledge

Although still in need of systematic attention to language skill development, students in the second year also profit by using their language skills to learn about the Hispanic world. Topics that may have been presented in general terms in the first year are treated in greater depth. Cultural phenomena are presented in their historical contexts. This accomplishes two goals of the *Identidades* program: (a) to avoid stereotyping and overly global and simplistic contrasts between Hispanic cultures and those of the students, and (b) to support development of the skills of narration, description, comparison, and contrast. This approach highlights processes of change over time that are common to all cultures.

2. Development and transfer of cognitive skills

Much of what goes on in a second-year language course is not novel activity for college students. They read and interpret literary texts in their literature and composition courses; they learn to approach events from multiple perspectives in their history classes; and they look for logical sequences and relationships of cause and effect in their science courses. Through an approach that combines problem-solving, open-ended inquiry, and transfer of strategies that students use in other areas of their academic lives, the *Identidades* program makes possible the learning of significant content within the parameters of students' linguistic level.

3. Straightforward presentation of grammar

The scope, sequence, and approach to grammar in *Identidades* respond to the linguistic readiness of students at the intermediate level. The text explains the communicative functions of each structure, lays out the linguistic forms, and provides examples. Because students have already studied most of these structures in previous courses, the purpose of the explanations and examples is to refresh their basic understandings. The richness and variety of the activities that follow the explanations will strengthen students' conceptual understanding, as well as their receptive and productive use of the structures. Most of the activities require that students integrate their knowledge and their understanding of the structure to

Scope and Sequence

	Thematic Content	Communicative Goals and Linguistic Content	Recycling
1 ¿Quiénes somos y de dónde venimos? 1	Hispanic identity and diversity 00 Ethnic groups 00 Diversity as exemplified in customs, beliefs, and language 00	○ Identifying characteristics and facts about Hispanic groups 00 ○ Uses of *ser* and *estar* 00 ○ Describing people and their customary activities 00 ○ *Ser* and *estar* with adjectives 00 ○ Adverbs 00 ○ Comparing and contrasting people's customs and beliefs 00 ○ Comparisons of equality 00 ○ Comparisons of inequality 00 ○ The superlatives 00 ○ *Algo más:* Nominalization 00	
2 Las leyendas, las tradiciones y el arte 35	Legends and traditions 00 Calendars 00 Sculpture, painting, and architecture 00	○ Narrating in the past 00 ○ The preterit 00 ○ The historical present 00 ○ Describing events, peoples, and objects in the past 00 ○ The imperfect 00 ○ Comparing and contrasting traditions, events, and cultural manifestations 00 ○ *Algo más: Pero* and *sino* 00	Comparatives*
3 La cultura popular 71	Handicrafts 00 Music and dance 00 Graffiti and street murals 00 Regional festivities 00 Popular wisdom expressed in proverbs and sayings 00	○ Describing the origins, purposes, and features of cultural products and practices 00 ○ The preterit and the imperfect 00 ○ Verbs with different English equivalents in the preterit and the imperfect 00 ○ Expressing preferences and tastes 00 ○ Indirect objects nouns and pronouns 00 ○ *Gustar* and similar verbs 00 ○ *Algo más: Hace* with time expressions 00	Imperfect*
4 Nuestro entorno físico 107	Natural resources 00 Natural phenomena 00 Economy and industry 00 Pollution and preservation of resources 00	○ Reporting on geography and the environment 00 ○ *Se* + verb for impersonal and passive expressions 00 ○ Discussing causes and effects of current environmental problems 00 ○ Predicting future occurrences 00 ○ The Future tense 00 ○ Reacting and commenting on social and environmental issues 00 ○ Direct object nouns and pronouns 00 ○ *Algo más:* The infinitive 00	Present indicative*

carry out meaningful tasks. A solid mastery of grammar at the intermediate level facilitates comprehension of printed and spoken texts and supports oral and written communication. Reasonable expectations for students at this level, given their stage in the process of second language acquisition, have informed (a) the selection of structures, (b) the explicit connections between communicative function and linguistic forms, (c) the recycling of key structures throughout the program, and (d) decisions about whether to focus on a structure primarily for reception or also for productive use. Students at this level can easily and fluently produce oral descriptions and narrations in the present. They can also produce descriptions, narrations, and explanations in writing, particularly when the design of the task provides guidance for them to organize their thoughts. Speaking in past time is more difficult for intermediate students; they can generally produce sentences or short strings of sentences but may not be able to develop a sequenced narration or comparison.

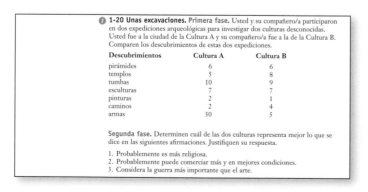

1-20 Unas excavaciones. Primera fase. Usted y su compañero/a participaron en dos expediciones arqueológicas para investigar dos culturas desconocidas. Usted fue a la ciudad de la Cultura A y su compañero/a fue a la de la Cultura B. Comparen los descubrimientos de estas dos expediciones.

Descubrimientos	Cultura A	Cultura B
pirámides	6	6
templos	5	8
tumbas	10	9
esculturas	7	7
pinturas	2	1
caminos	2	4
armas	30	5

Segunda fase. Determinen cuál de las dos culturas representa mejor lo que se dice en las siguientes afirmaciones. Justifiquen su respuesta.

1. Probablemente es más religiosa.
2. Probablemente puede comerciar más y en mejores condiciones.
3. Considera la guerra más importante que el arte.

4. Systematic presentation of literature of the Spanish-speaking world

Each chapter in *Identidades* contains a *Rincón literario* with an excerpt from the work of a Spanish or Latin American author. Literature is a medium through which students may expand their conceptual framework of culture. Through these short excerpts, students create connections between the cultural themes and events that underlie the chapters and their literary manifestations. (See the Organization of the text, below, for more on the systematic presentation of literature.)

Rincón literario

Por Juan de Jáuregui. Real Academia de la Lengua, Madrid.

Miguel de Cervantes Saavedra, autor de *El Quijote*, la obra más importante de la literatura española, nació en Alcalá de Henares, provincia de Madrid, en 1547 y murió en 1616. Tuvo una vida aventurera. Luchó en la batalla de Lepanto contra los turcos, donde perdió el uso de una mano, y después estuvo prisionero en Argel durante cinco años. Escribió varias obras en verso, algunas de ellas para el teatro. Pero el arte que verdaderamente dominó fue el de la novela, con sus *Novelas ejemplares*, y sobre todo con *El Quijote*. Esta obra magna de la literatura española se caracteriza por su rico y variado uso de la lengua española, por su humor y por las agudas descripciones de la sociedad española de la época.

5. A cohesive and innovative integration of language and culture

The students who populate intermediate college Spanish programs are a heterogeneous group. Because they arrive at their second-year courses through a combination of high school and/or college preparation, the group may include students who have a strong linguistic base but little experience with free expression, those who have confidence in their speaking, listening, and writing skills but may be lacking in linguistic knowledge and accuracy, and many who are somewhere in between. The emphasis of *Identidades* on the development of literacy (reading and writing) and oral skills will serve the needs of all students, and the focus on culture that underlies the program will have universal appeal. The program emphasizes linguistic functions and structures that are within students' developmental range—comparison, explanation, narration, description, and expression of opinions—and also approaches these functions in ways markedly different from the first year: paradigms and explanations are unelaborated and the chapters move immediately into open-ended activities.

6. *Identidades* and the National Standards

The philosophy of *Identidades* has been deeply informed by the *Standards for Foreign Language Learning in the 21st Century*, produced in the 1990s through a collaboration of the major language organizations in the United States. The Standards are organized into five areas, usually referred to as the 5 Cs: Communication, Cultures, Connections, Comparisons, and Communities.

Beyond the Communication goal, which is central to all language programs, *Identidades* is unique in its integration of the other National Standards. In the pair and group activities, students are rarely asked to take on a persona different from their own. This respect for students' identities encourages a contrastive and comparative approach in their exploration of culture and language that leads to a deeper understanding of both Hispanic cultures and their own.

1-3 ¿Quiénes somos? Primera fase. Prepárese para hablar sobre los símbolos que generalmente se asocian con la cultura norteamericana y tome notas. Siga las instrucciones.

a. Indique un objeto o producto que, según usted, el resto del mundo asocia con la cultura norteamericana actual.
b. Haga una lista de adjetivos que usted asocia con el objeto o producto.
c. Piense en una descripción del objeto o producto: el material, la forma, el tamaño (*size*) y el color.
d. Indique para qué se usa el objeto o producto, y explique por qué se asocia con la cultura norteamericana.

The program is designed to foster a similar analytical approach to language. Strategically placed cultural and linguistic explanations call students' attention to elements of Spanish that they are likely to miss or overuse from their perspective as speakers of English. In addition, the reading strategies and tips, which draw students' attention to key ideas or unfamiliar words or phrases in the passages of each chapter, help students develop their reading comprehension skills in Spanish by learning to use techniques and skills that they use automatically when reading in their native language.

The Communities goal is implemented by means of guided mini-research projects in the **A explorar** section in each chapter, as well as through research activities that are integrated into several activities in each chapter. Through these Web-based activities, students participate virtually in the many cultures of the Spanish-speaking world, sharing information and insights with their classmates in class discussions and brief presentations. The goal is to combine the use of real-world texts with linguistically limited tasks and engaging cultural contexts to help students connect personally to places, people, and events in the Hispanic world.

Marginal annotations to the instructor in every chapter point out how specific activities in the *Identidades* program reflect one of the eleven standards in the National Standards document.

Organization of the text

The *Identidades* textbook consists of 12 chapters, the first 10 of which have an identical structure and balance of activities. Chapters 11 and 12, however, are different—and optional. They have been designed to prepare students for more challenging courses beyond the second year by focusing on literary works in four different genres: narrative prose, poetry, drama, and essay. Through the reading activities, as well as the interviews in the listening program with the author of one of the readings and a theater director, students will be guided to understand the literary selections in their artistic contexts. These chapters intend to (a) give students reading and writing activities to synthesize and apply what they have learned, and (b) serve as an introduction for the courses following the second year, where the emphasis is on culture, literature, and advanced grammar and composition.

Organization of Chapters 1–10

Each chapter is divided into three main sections: **Primera sección**, **Segunda sección**, and **Ampliemos e investiguemos.** A chapter opener listing the communicative goals, the thematic and cultural content, and the precise content of each section opens each chapter. A list of active vocabulary ends the chapters.

Primera sección   (*see the top of page xix*)

A leer This two-page advance organizer consists of photographs and other visual elements with brief explanations that introduce students to the general theme and specific content of the chapter. Marginal notes provide instructors with suggestions on how to draw students' attention to key elements, so that the function of the advance organizer can be fully exploited.

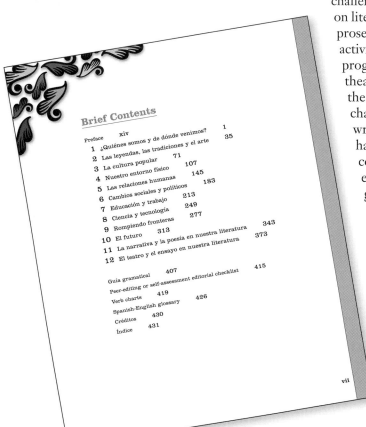

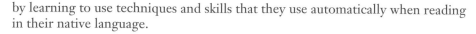

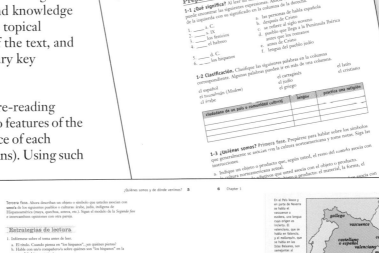

Preparación This section introduces students to the general topic of the reading selection through exercises aimed at activating their knowledge at several levels: (a) general background knowledge about the thematic area, (b) specific topical knowledge related to the content of the text, and (c) linguistic knowledge of vocabulary key to comprehension of the text.

Estrategias de lectura These pre-reading activities direct students' attention to features of the text (e.g., title, headings, first sentence of each paragraph, key words, or proper nouns). Using such techniques as skimming and scanning, students familiarize themselves with the text before beginning to read it closely.

Lectura The readings are designed to enhance students' reading skills in Spanish as well as their knowledge related to the chapter theme. The texts, many of which are intended for a native-speaker audience, are drawn or adapted from Web or print sources. Glosses, which are used sparingly, are presented in Spanish wherever possible.

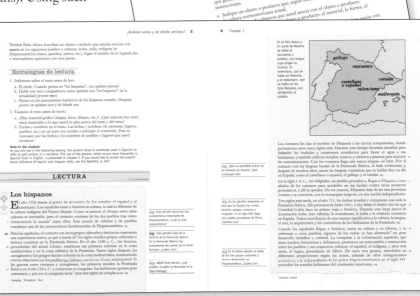

Reading tips Marginal notations are placed strategically throughout each reading text to help students maintain concentration, focus on the main ideas of each paragraph, and anticipate and solve linguistic difficulties. The tips are intended to counteract the tendency of many intermediate students to read for words, rather than for ideas, and to help them develop their reading fluency. Colored callouts, placed either at the beginning or end of a paragraph, indicate which marginal notation should be read, and when. Marginal notations placed at the beginning of a paragraph should be read prior to reading the paragraph. Those placed after should be read after reading the paragraph.

Comprensión y ampliación Post-reading activities are designed to further comprehension of the text both locally and globally through vocabulary building, understanding textual content, making connections with related disciplines, and applying the ideas in the text to students' lives and cultural contexts.

Aclaración y expansión The philosophy that underlies the presentation of grammar in *Identidades* is that students, as adult language learners, benefit from straightforward explanations and examples, as well as from opportunities to use structures in controlled and open-ended activities that embed the targeted structures in meaningful communicative contexts. Coherence is maintained by contextualizing the example sentences and the activity content with the chapter theme.

Segunda sección

The **Segunda sección** follows the same pattern as the **Primera sección** with one exception: *Algo más* boxes appear only at the end of the **Segunda sección**. The *Algo más* sections present supplementary structures and other linguistic forms that fit thematically or grammatically with the chapter content. These sections focus on linguistic elements that may benefit from explicit or brief explanation and practice.

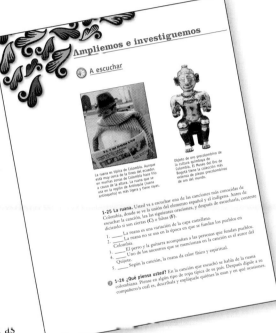

Algo más

Nominalization

● Both English and Spanish use adjectives and adjective phrases and sentences as nouns. English generally adds the word *one(s)*; Spanish simply drops the noun.

La mezquita antigua y **la nueva** están en la misma calle.

*The old mosque and **the new one** are on the same street.*

El edificio de la derecha es de la época de los árabes y **el de la izquierda** es del siglo XVI.

*The building on the right is from the time of the Arabs and **the one on the left** is from the 16th century.*

Esa chica y **la que está junto a la puerta** son estudiantes de intercambio chilenas.

*That girl and **the one by the door** are Chilean exchange students.*

Ampliemos e investiguemos

The third major section of the chapter, **Ampliemos e investiguemos**, focuses on listening, writing, reading, and research activities to enable students to advance in their skills in these areas by applying the information and insights related to the chapter theme to new contexts and self-expression.

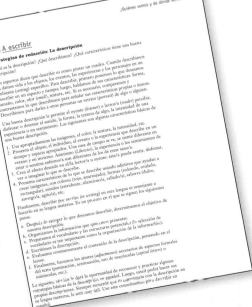

Ampliemos e investiguemos

A escuchar

La ruana es típica de Colombia. Aunque está muy cerca de la línea del ecuador, en muchas zonas de Colombia hace frío a causa de la altura. La ruana que se usa en la región de Antioquia (ruana antioqueña) es más ligera y tiene rayas.

Objeto de oro precolombino de la cultura quimbaya de Colombia. El Museo del Oro de Bogotá tiene la colección más extensa de piezas precolombinas de oro del mundo.

1-25 La ruana. Usted va a escuchar una de las canciones más conocidas de Colombia, donde se ve la unión del elemento español y el indígena. Antes de escuchar la canción, lea las siguientes oraciones, y después de escucharla, conteste diciendo si son ciertas (C) o falsas (F).

1. _____ La ruana es una variación de la capa castellana.
2. _____ La ruana no se usa en la época en que se fundan los pueblos en Colombia.
3. _____ El perro y la guitarra acompañan a las personas en la canción es el autor del Quijote.
4. _____ Uno de los ancestros que se mencionan en la canción da calor físico y espiritual.
5. _____ Según la canción, la ruana se habla de la ruana

● **1-26 ¿Qué piensa usted?** En la canción que escuchó se habla de ropa típica de su país. Después dígale a su compañero/a cuál es, descríbala y explíquele quiénes la usan y en qué ocasiones.

A escuchar This section consists of a wide range of authentic texts centered on the theme of the chapter such as original interviews, songs, lectures, news, and conversations. Students gain confidence through exposure to a range of voices and regional varieties of Spanish, as well as the insight that comes from hearing individuals talk about their lives and work in a specific cultural and geographical context.

¿Quiénes somos y de dónde venimos? **27**

A escribir

Estrategias de redacción: La descripción

¿Qué es la descripción? ¿Qué describimos? ¿Qué características tiene una buena descripción?

Los expertos dicen que describir es como pintar un cuadro. Cuando describimos les damos vida a los objetos, los eventos, las experiencias y los personajes en un ambiente (*setting*) específico. Para describir, primero ponemos la sus características: forma, describir en un espacio y tiempo; luego, hablamos de sus características: forma, tamaño, color, olor (*smell*), textura, etc. Si es necesario, comparamos y contrastamos lo que describimos para señalar sus características propias o únicas.

Describimos para darles a otras personas un retrato (*portrait*) de algo o alguien. Una buena descripción le permite al oyente (*listener*) o lector/a (*reader*) percibir, disfrutar o detestar el sonido, la forma, la textura de algo, la intensidad de una experiencia o un sentimiento. Las siguientes son algunas características básicas de una buena descripción.

1. Usa apropiadamente las imágenes, el color, la textura, la intensidad, etc.
2. Presenta el objeto, el individuo, el evento o la experiencia que describe en un tiempo y espacio apropiados. Una casa de campo se ve, se siente diferente en verano y en invierno. Asimismo (*Likewise*), la experiencia o los sentimientos de estar o sentirse enfermo/a son diferentes de los de estar sano/a.
3. Crea el efecto deseado en el/la lector/a u oyente: éste/a puede sentir, disfrutar, ver o imaginar lo que se describe.
4. Presenta características de lo que se describe usando adjetivos que ayudan a crear imágenes, con colores (rojo, anaranjado), formas (redondo, ovalado, rectangular), sonidos (estridente, silencioso/a, callado/a), sabores (dulce, amargo/a, agrio/a), etc.

Finalmente, describir por escrito (*in writing*) en otra lengua es semejante a hacerlo en su lengua materna. Es un proceso en el que se siguen los siguientes pasos.

a. Después de escoger lo que deseamos describir, determinamos el objetivo de nuestra descripción.
b. Organizamos la información que queremos presentar.
c. Preparamos la información y las estructuras potenciales (la selección de vocabulario es tan importante como la organización de la información).
d. Escribimos la descripción.
e. Evaluamos constantemente el contenido de la descripción, pensando en el lector.
f. Finalmente, hacemos los ajustes (*adjustments*) necesarios de aspectos formales del texto (puntuación, acentuación, uso de mayúsculas (*capital letters*) o minúsculas, etc.).

La siguiente sección le dará la oportunidad de reconocer y practicar algunas estrategias básicas de la descripción en un español. Luego, usted podrá hacer sus propias descripciones. Siempre recuerde que en su experiencia con la descripción en su lengua materna, le será muy útil. Use este conocimiento para describir en español.

A escribir This carefully designed section engages students in a process of analyzing texts and using them as models to produce their own texts, a teaching strategy used in English-language writing courses in many colleges and universities. These activities challenge students to connect the strategies they learn in their English writing courses with the Spanish-language context while keeping the language of their texts clear and comprehensible.

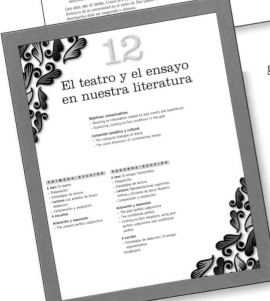

A explorar This section guides students through a mini-research project using Web sources that are maintained on the *Identidades* Companion Website™. The mini-projects are designed so that students expand their knowledge and deepen their understanding of the history, art, public institutions, and important individuals of the Spanish-speaking world and perfect their presentation skills in Spanish. Students investigate topics of particular interest and then pool their findings with those of their classmates. The mini-projects are limited in thematic and linguistic complexity to fit the proficiency level of intermediate students and the time constraints of the academic calendar. The outcomes of the research projects may be presented to class orally or in writing, or they may be posted on the course Web site.

Rincón literario This section presents a short literary selection that is thematically related to the chapter, preceded by biographical information on the author and followed by comprehension and interpretation questions. The goal of this section is that students experience a broad range of styles and thematic orientations.

Organization of Chapters 11 and 12

Chapters 11 and 12 differ from the others. There are only two sections: **Primera sección** and **Segunda sección.** In addition, chapters 11 and 12 focus on the four major literary genres: narrative prose, poetry, drama, and essay. Although chapters 11 and 12 maintain the basic approach and section goals of the previous ten chapters, they have a slightly different structure and length.

The **Primera sección** and **Segunda sección** of chapters 11 and 12 open with a focus on literary figures of the Spanish-speaking world. This is followed by a brief essay that features the rhetorical foundations of the particular genre presented. The same pre-reading sections are included: *A leer*, *Preparación*, and *Estrategias*. These are followed by the literary excerpt, which supports students' comprehension with reading tips. The *Comprensión y ampliación* section follows the excerpt. *A escuchar* is located in the **Primera sección** right after the reading. In both chapters 11 and 12 this section includes an authentic interview related to the literary selection. The grammar explanations in *Aclaración y expansión* follow and the focus of the grammar shifts from production to complex grammatical structures that students can be expected to grasp mostly at a conceptual level and for comprehension. Rather than the full **Ampliemos e investiguemos** section, chapters 11 and 12 end simply with the *A escribir* section only.

Components of the *Identidades* program

In addition to the student textbook, the *Identidades* program has the following components:

For the instructor

- **Annotated Instructor's Edition, 0-13-111787-4** The AIE has ample marginal notes for the instructor on how to approach activities and expand on them as appropriate for one's students. Notes, called *Vínculos*, are included to show how the Activities Manual and Companion Website coordinate with grammar activities in the text.
- **Instructor's Resource Manual, 0-13-110614-7** The Instructor's Resource Manual presents instructors with timely information on such topics as the acquisition of Spanish by students at the intermediate level and strategies for assessing language skills using the framework of the National Standards. It also includes complete syllabi and lesson plans, audio scripts, a testing program, and video activities for use before, during, and after viewing video segments.
- **VHS Video Cassette, 0-13-111791-2** The VHS Cassette consists of mini-documentaries on topics that reflect the cultural themes in each chapter. The video on the VHS cassette is the same as the video on the Student Video CD-ROM.
- **Testing Program on CD, 0-13-110615-5** These electronic files contain the testing program in Word format, which allows instructors to customize exams.

For the student

- **Audio CD to Accompany Text, 0-13-141695-2** This CD provides the listening passages that are necessary to complete the *A escuchar* activities in the student text.
- **Student Activities Manual, 0-13-111789-0** The Activities Manual includes language practice exercises for listening, reading, grammar, and writing.
- **Audio CDs to Accompany Student Activities Manual, 0-13-111786-6** These two CDs contain the entire audio program for the listening comprehension materials in the Student Activities Manual.
- **Answer Key to Accompany Student Activities Manual, 0-13-110616-3** The answer key is intended for use in conjunction with the paper version of the Student Activities Manual. Instructors may wish their students to use the Answer Key to self-correct their homework.
- **Student Video CD, 0-13-111788-2** This Instructor's Interactive CD-ROM consists of mini-documentaries on topics that reflect the cultural themes in each chapter along with comprehension activities.

Online supplements

● **OneKey** Our online program features everything you and your students need for out of class work, conveniently organized to match your syllabus. An online version of the Student Activities Manual is included, along with the complete audio program and video program and an automated gradebook for instructors. Testing materials and other instructor's resources are available in a separate section that can be accessed by instructors only.

OneKey WebCT Student Access Kit, 0-13-189417-X

OneKey Blackboard Student Access Kit, 0-13-189420-X

OneKey CourseCompass Premium Access Kit, 0-13-189421-8

Companion Website **http://www.prenhall.com/identidades** The Companion Website interactive exercises, Web-based reading and writing activities, links to various sources of information, the complete audio program and interactive games and flashcards.

Acknowledgments

Identidades is the result of a collaborative effort between the authors, our publisher, and our colleagues. We are especially indebted to many members of the Spanish teaching community for their time, candor, and insightful suggestions as they reviewed numerous drafts of *Identidades* throughout its preparation. Their critiques and recommendations helped us to sharpen our pedagogical focus and improve the overall quality of the program. We gratefully acknowledge the contributions of the following reviewers:

An Chung Cheng, *University of Toledo*

Richard Curry, *Texas A&M University*

Mark Del Mastro, *The Citadel*

Celia Esplugas, *West Chester University*

Mark Harpring, *University of Puget Sound*

Robert Kniseley, *Northwest Arkansas Community College*

Catherine Wood Lange, *Boston College*

Jeff Longwell, *New Mexico State University*

Gillian Lord, *University of Florida*

Timothy McGovern, *University of California, Santa Barbara*

Frank Nuessel, *University of Louisville*

Teresa Perez-Gamboa, *University of Georgia*

Inmaculada Pertusa, *University of Kentucky*

Emily E. Scida, *University of Virginia*

Maria Gladys Vallieres, *Villanova University*

Hilde Votaw, *University of Oklahoma*

Bruce Williams, *William Paterson University*

Joy Woolf, *Westminster College*

We are very appreciative to all the members of the editorial, production, and marketing staff at Prentice Hall who have guided and assisted us in bringing the *Identidades* project to a successful conclusion. Special thanks are due to Phil Miller, Publisher; Bob Hemmer, Senior Acquisitions Editor; Julia Caballero, Director of Editorial Development; Mary Lemire-Campion, Development Editor; Meriel Martínez Moctezuma, Supplements Editor; Claudia Dukeshire,

Production Editor; Ximena de la Piedra Tamvakopoulous, Senior Art Director; Michelle Wiggins, text designer; Laura Gardner, Cover Designer; and to the many others at Prentice Hall who have worked with us on *Identidades*. Their inspiration, knowledge, encouragement, and attention to detail have been invaluable.

We sincerely thank the many individuals who have generously shared with us their time and the fruits of their intellectual labor by allowing us to use selections of their published works. We are also grateful to the professionals whose interviews are featured in the listening component of *Identidades:* Roberto Ampuero, novelist and short-story writer; Montse Casacuberta, painter; Jorge Plata, theater director; and prominent business executive Juan Jorge Sanz. Their generosity will enable students to directly encounter a broad range of perspectives and products of contemporary culture.

We conclude by thanking our families and friends, whose love and support have helped us to bring this project to fruition. We dedicate *Identidades* to them, and we know that they join us in hoping that *Identidades* brings the students who use it closer to the Hispanic world and its speakers.

Matilde O. de Castells
Elizabeth Guzmán
Judith E. Liskin-Gasparro
Paloma Lapuerta

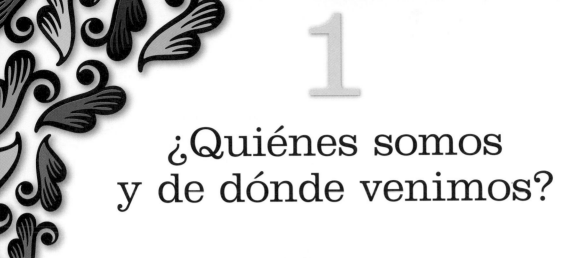

1

¿Quiénes somos y de dónde venimos?

Objetivos comunicativos
- Identifying characteristics and facts about Hispanic groups
- Describing people and their customary activities
- Comparing and contrasting people's customs and beliefs

Contenido temático y cultural
- Hispanic identity and diversity
- Ethnic groups
- Diversity as exemplified in customs, beliefs, and language

A leer

El Teatro Romano de Mérida, España, construido en el siglo I a.
tiene una capacidad para 6.000 espectadores y todavía se usa p
presentar obras clásicas. Antes de la llegada de los romanos, otr
pueblos, como los fenicios, los griegos y los cartagineses, ocupa
parte de la Península Ibérica.

Lengua

In writing, Spanish uses Roman numerals when referring to centuries: **siglo IV** (*4th century*). Also, Spanish speakers normally use ordinal numbers for the first ten centuries (**siglo III = siglo tercero**) and cardinal numbers thereafter (**siglo XI = siglo once**).

¿Lo sabe?

La abreviatura **a. C.** quiere decir **antes de Cristo.** ¿Sabe usted que quiere decir **d. C.**?

Córdoba fue una de las ciudades más importantes del imperio árabe. En el siglo VIII empieza a construirse en Córdoba esta impresionante mezquita. En el siglo XVI, los cristianos la convierten en iglesia, añadiendo una catedral y varias capillas.

Samuel Leví, tesorero del rey Pedro I de Castilla (1350–1369) y gran defensor de los judíos, ordena en 1366 la construcción de la Sinagoga del Tránsito en Toledo. Esta sinagoga tiene inscripciones en hebreo y decoraciones árabes.

La población del Perú está representada por varias comunidades étnicas. Los indígenas, como los que se ven en la foto, constituyen un parte importante de la población. Además de los indígenas, quechuas y aimaras entre otros, hay un número significativo de peruanos de origen africano, chino y japonés. También se puede ver a un gran número de mestizos, es decir, descendientes de la unión de europeos e indígenas. Dentro del contexto latinoamericano, Argentina y Uruguay son los países que tienen una población de origen mayoritariamente europeo (alrededor del 80%).

Hay una gran diversidad en la población del Caribe hispano, con personas de origen europeo o indígena, y un número importante de negros y mulatos (descendientes de la unión de blancos y negros). La presencia de varias culturas en el Caribe se refleja en la lengua, la comida, la música y las prácticas religioso-paganas de algunos miembros de su población. En México y Centroamérica también hay una gran variedad étnica y racial, y no es difícil encontrar mestizos, negros, chinos, árabes, españoles, rusos, alemanes, italianos, etc.

Preparación

1-1 ¿Qué significa? Al leer un texto sobre la historia de los pueblos, usted puede encontrar las siguientes expresiones. Asocie cada expresión de la columna de la izquierda con su significado en la columna de la derecha.

1. _____ a. C.
2. _____ s. IX
3. _____ los fenicios
4. _____ el hebreo

5. _____ d. C.
6. _____ los hispanos

a. las personas de habla española
b. después de Cristo
c. se refiere al siglo noveno
d. pueblo que llega a la Península Ibérica antes que los romanos
e. antes de Cristo
f. lengua del pueblo judío

1-2 Clasificación. Clasifique las siguientes palabras en la columna correspondiente. Algunas palabras pueden ir en más de una columna.

el español
el musulmán (*Moslem*)
el árabe

el cartaginés
el judío
el griego

el latín
el cristiano

ciudadano de un país o comunidad cultural	lengua	practica una religión

1-3 ¿Quiénes somos? Primera fase. Prepárese para hablar sobre los símbolos que generalmente se asocian con la cultura norteamericana y tome notas. Siga las instrucciones.

a. Indique un objeto o producto que, según usted, el resto del mundo asocia con la cultura norteamericana actual.
b. Haga una lista de adjetivos que usted asocia con el objeto o producto.
c. Piense en una descripción del objeto o producto: el material, la forma, el tamaño (*size*) y el color.
d. Indique para qué se usa el objeto o producto, y explique por qué se asocia con la cultura norteamericana.

②️ Segunda fase. Con su compañero/a compartan sus respuestas para la *Primera fase*.

MODELO: La computadora es un objeto que asociamos con la cultura norteamericana. Las computadoras son de plástico y metal; son rectangulares y generalmente son de diferentes colores, especialmente beige, gris o blanco. Algunas computadoras son grandes, pero también hay pequeñas y medianas. Usamos la computadora para escribir, hacer investigaciones en Internet o para jugar. Asociamos la computadora con la cultura norteamericana porque hay muchas computadoras en los Estados Unidos y muchas compañías norteamericanas que hacen computadoras, como Dell, IBM y Gateway. Además, Bill Gates es norteamericano.

Tercera fase. Ahora describan un objeto o símbolo que ustedes asocian con **uno/a** de los siguientes pueblos o culturas: árabe, judía, indígena de Hispanoamérica (maya, quechua, azteca, etc.). Sigan el modelo de la *Segunda fase* e intercambien opiniones con otra pareja.

Estrategias de lectura

1. Infórmese sobre el tema antes de leer.

   a. El título. Cuando piensa en "los hispanos", ¿en quiénes piensa?
   b. Hable con un/a compañero/a sobre quiénes son "los hispanos" en la actualidad (*present time*).
   c. Piense en los antecedentes históricos de los hispanos actuales. Después piense en quiénes son y de dónde son.

2. Examine el texto antes de leerlo.

   a. ¿Hay material gráfico (mapas, fotos, dibujos, etc.)? ¿Qué relación hay entre estos materiales y lo que usted ya sabe acerca del texto y del tema?
   b. Fechas y nombres en el texto. Las fechas y nombres (de personas, lugares, pueblos, etc.) en un texto nos ayudan a anticipar el contenido. Pase su marcador por las fechas y los nombres de pueblos o lugares que usted reconoce.

Note to the student:
As you will see in the following reading, the present tense is sometimes used in Spanish to refer to past actions in a narrative. This use of the present, which occurs more frequently in Spanish than in English, is presented in chapter 2. If you would like to review the present tense indicative of regular and irregular verbs, see the *Apéndice,* p. 407.

LECTURA

Los hispanos

El año 1492 marca el punto de encuentro de dos mundos: el español y el americano. Los españoles traen a América su cultura, la cual es diferente de la cultura indígena del Nuevo Mundo. Como es natural, el choque entre estas culturas es inevitable, pero el contacto continuo de los dos pueblos trae como
5 consecuencia la mezcla[1] entre ellos. Esta mezcla de culturas y de pueblos constituye una de las características fundamentales de Hispanoamérica. ✿

Para los españoles, el contacto con otros grupos culturales y étnicos no representa una experiencia nueva, ya que a través de[2] los siglos muchos grupos culturales y étnicos coexisten en la Península Ibérica. En el año 1100 a. C., los fenicios,
10 procedentes del actual Líbano, establecen sus primeras colonias en la costa mediterránea y en la costa atlántica de la Península. Varios siglos después, los cartagineses y los griegos fundan colonias en la costa mediterránea, manteniendo ciertas relaciones con los pueblos que habitan esas tierras. Como consecuencia de las guerras entre romanos y cartagineses, los primeros invaden la Península
15 Ibérica en el año 218 a. C. y comienzan su conquista. Sus habitantes oponen gran resistencia, y por eso la conquista tarda[3] unos dos siglos en completarse. ✿

[1]*mingling* [2]*throughout* [3]*lasts*

> Este párrafo menciona una característica importante de Hispanoamérica. ¿Cuál es esta característica?

> Este párrafo trata de la historia de la Península Ibérica. En la Península Ibérica hay actualmente dos países de la Unión Europea, ¿cuáles son?

> Según este párrafo, ¿qué pueblos invaden la Península en la Edad Antigua?

En el País Vasco y en parte de Navarra se habla el vascuence o euskera, una lengua cuyo origen es incierto. El valenciano, que se habla en Valencia, y el mallorquín, que se habla en las Islas Baleares, son semejantes al catalán.

Los romanos les dan el nombre de Hispania a las tierras conquistadas, donde permanecen unos cinco siglos más. Durante este tiempo levantan murallas para defender las ciudades y construyen acueductos para llevar el agua a sus habitantes, y también edifican templos, teatros, y caminos y puentes para mejorar   20 las comunicaciones. Con los romanos llega una nueva lengua—el latín. Por el contacto con las lenguas locales de la Península Ibérica, el latín evoluciona y, después de muchos años, nacen las lenguas románicas que se hablan hoy en día en España, como el castellano o español, el gallego y el catalán.

En el siglo V d. C., los visigodos, un pueblo germánico, llegan a Hispania como   25 aliados de los romanos para ayudarlos en sus luchas contra otros invasores germánicos, y allí se quedan. De esa manera, Hispania deja de ser una provincia romana y se convierte, con la monarquía visigoda, en una nación independiente.

Tres siglos más tarde, en el año 711, los árabes invaden y conquistan casi toda la Península Ibérica. Allí permanecen hasta 1492, o sea, hasta el mismo año en que   30 Cristóbal Colón hace su primer viaje a América. Durante esta larga época de dominación árabe, tres culturas, la musulmana, la judía y la cristiana coexisten en España. Todos contribuyen de una manera significativa a la cultura, la lengua, el arte, la arquitectura y las costumbres de los habitantes de la Península.

Cuando los españoles llegan a América, traen su cultura y su idioma, y se   35 enfrentan a otros pueblos, algunos de los cuales ya han alcanzado[4] un gran desarrollo científico y cultural. La conquista y la colonización española, que tiene muchos detractores y defensores, promueve un intercambio e interacción entre los pueblos y sus respectivas culturas: el español, el indígena, y años más tarde, el negro, procedente de África. De estos tres grupos, mezclados en   40 diferentes proporciones según las zonas, además de otras inmigraciones posteriores a la independencia de los países hispanoamericanos en el siglo XIX, proceden los actuales habitantes del continente americano.

¿Qué ha aprendido acerca de los romanos en España? ¿Qué construyen allí?

En los párrafos anteriores se dice que en España han vivido fenicios, griegos, romanos y visigodos. En el siglo VIII llega otro pueblo procedente de África. ¿Quiénes son?

En el último párrafo se habla de los tres grupos culturales y étnicos dominantes en Hispanoamérica. ¿Cuáles son?

[4]*attained, reached*

Comprensión y ampliación ⫷⫷⫷⫷⫷⫷⫷⫷⫷⫷⫷⫷⫷⫷⫷⫷⫷

1-4 Cierto o falso. Indique si las siguientes afirmaciones son ciertas (**C**) o falsas (**F**) de acuerdo con la información de la lectura. Si son falsas, indique en qué línea(s) del texto está la respuesta correcta.

1. _____ La mezcla de culturas y grupos étnicos diversos es una característica de Hispanoamérica.
2. _____ Los romanos no encuentran resistencia durante la conquista de la península.
3. _____ Los españoles dan el nombre de Hispania al continente americano.
4. _____ Los árabes viven en España aproximadamente ocho siglos.
5. _____ En la cultura española hay huellas (*traces*) importantes de los judíos, los cristianos y los musulmanes.
6. _____ Actualmente se habla sólo una lengua, el español, en la Península Ibérica.
7. _____ En 1492 existen en América algunas culturas indígenas muy avanzadas.
8. _____ Todos los habitantes de Hispanoamérica son de origen español.

1-5 Asociación. Basándose en el texto y en sus propios conocimientos, asocie los pueblos o grupos étnicos de la columna de la izquierda con las afirmaciones de la columna de la derecha.

1. _____ indígenas
2. _____ fenicios
3. _____ romanos
4. _____ visigodos
5. _____ negros
6. _____ árabes

a. son un pueblo germánico
b. viven en el continente americano antes de llegar los españoles
c. son originarios del actual Líbano
d. llevan el latín a España
e. construyen mezquitas y ciudades importantes en España
f. proceden de África y llegan a América como esclavos (*slaves*)

1-6 Cronología. Primera fase. Pongan en orden cronológico (1 a 5) los siguientes acontecimientos históricos mencionados en el texto.

_____ Los fenicios establecen sus colonias en las costas de la Península Ibérica.
_____ Los árabes invaden y conquistan casi toda la Península Ibérica.
_____ Los romanos inician su dominación en la Península Ibérica.
_____ Cristóbal Colón llega al continente americano.
_____ Los visigodos llegan a Hispania.

Segunda fase. Ahora añadan un detalle para cada evento, de acuerdo con la información en el texto. Después, compartan estos detalles con otra pareja.

1-7 Ampliación. Busque en **www.prenhall.com/identidades** fotos de monumentos u objetos de arte característicos de uno de los siguientes grupos que forman parte del origen cultural de los hispanos: romanos, árabes, indígenas americanos o africanos. Traiga las fotos a la clase y haga lo siguiente.

1. Indique qué cultura representan.
2. Describa el monumento u objeto de arte.

Finalmente, compartan sus impresiones personales sobre los monumentos u objetos de arte. Pueden usar las siguientes expresiones u otras de su elección.

| En mi opinión. . . | Creo que. . . | Me gusta. . . | Me interesa. . . |

Aclaración y expansión

Uses of *ser* and *estar*

Uses of *ser*

- To identify people or objects.

  Los Reyes Católicos **son**   *The Catholic Monarchs are Ferdinand*
    Fernando e Isabel.   *and Isabella.*

- To tell time and to say when an event occurs.

  Son las tres de la tarde.   *It's three in the afternoon.*
  La reunión **es** a las cinco.   *The meeting is at five.*

- To express the nationality and place of origin of a person or object.

  Ella **es** mexicana y su amiga   *She is Mexican and her friend is*
    es de Cuba.   *from Cuba.*

- To state a person's profession or occupation.

  Alicia **es** escritora y su   *Alicia is a writer and her brother*
    hermano **es** antropólogo.   *is an anthropologist.*

- To express possession, with the preposition **de.**

  ¿**De** quién **es** este libro de historia?   *Whose history book is this?*
  Es de Marta.   *It's Marta's.*

- To identify the material of which something is made, with the preposition **de.**

  Muchas joyas antiguas **son de** oro.   *A lot of old jewelry is made of gold.*

- To say where an event takes place.

  La conferencia sobre la influencia   *The lecture on the Arab influence in*
    árabe en España **es** en el auditorio.   *Spain takes place in the auditorium.*

Uses of *estar*

- To express the location of persons, animals, or objects.

  Los estudiantes **están** en Toledo ahora.   *The students are in Toledo now.*

- To comment on or describe states of health.

  Uno de los estudiantes **está** enfermo,   *One of the students is sick, but*
    pero los demás **están** bien.   *the rest are fine.*

- To emphasize that an action or event is/was in progress (**estar** + present participle).

  Ella **está leyendo** un artículo   *She is reading an article by*
    de Octavio Paz.   *Octavio Paz.*

Lengua

Remember that Spanish does not use an indefinite article when referring to professions or occupations, except when they are accompanied by an adjective.

Alicia es escritora.
Alicia es **una escritora** excelente.

- In certain expressions, with the preposition **de.**

estar de acuerdo	*to be in agreement*
estar de buen/mal humor	*to be in a good/bad mood*
estar de espaldas	*to have one's back turned away (not facing)*
estar de frente	*to be facing*
estar de pie	*to be standing*
estar de rodillas	*to be kneeling*
estar de vacaciones	*to be on vacation*
estar de viaje	*to be away/traveling*

Ser and *estar* with adjectives

Ser and **estar** convey different meanings when they are used with adjectives.

- **Ser** + *adjective* describes what someone or something is like, what is characteristic of that person, object, or event.

Ella **es vieja.**	*She is an elderly woman.*
El agua del lago **es fría** y muy **clara.**	*The water of the lake is cold and very clear.* (These are characteristics of the water in the lake.)

- **Estar** + *adjective* expresses a condition, a change from the norm, how one feels about the person, object, or event being discussed.

Ella **está vieja.**	*She looks old.*
El agua del lago **está fría** y muy **clara** hoy.	*The water of the lake is cold and very clear today.* (These are the conditions of the lake today.)

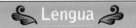

The adjective **contento** is always used with **estar.**

Ellos **están** muy **contentos** con la noticia.
They are very happy with the news.

- The meaning of a sentence can differ depending on the use of **ser** or **estar** with the adjective.

Su amigo **es aburrido.**	*His friend is boring.*
Su amigo **está aburrido.**	*His friend is bored.*
Ellos **son** muy **interesados.**	*They are very selfish/ self-interested.* (They always put their own interests first.)
Ellos **están** muy **interesados** en el proyecto.	*They are very interested in the project.*
Las alumnas **son listas.**	*The students are smart.*
Las alumnas **están listas.**	*The students are ready.*
Ese señor **es malo.**	*That man is bad/evil.*
Ese señor **está malo.**	*That man is ill.* (He is feeling bad.)
Las manzanas y las uvas **son verdes.**	*The apples and the grapes are green.* (color)
Las manzanas y las uvas **están verdes.**	*The apples and the grapes are green.* (not ripe)

② **1-8 Un encuentro con la historia.** Túrnense para describir la siguiente escena en unas ruinas mayas. Expliquen quiénes son las personas, cómo son, y qué están haciendo.

② **1-9 Un concierto.** Usted y su compañero/a de cuarto recibieron una invitación para un concierto. Su compañero/a está fuera de la ciudad y lo/la llama para pedirle información sobre el concierto. Conteste sus preguntas de acuerdo con la información que aparece en la invitación.

Información que necesita	Invitación
1. lugar del concierto	
2. hora del concierto	
3. tipo de música	
4. cantantes	
5. bailarines	

El Club de Estudios Hispánicos

tiene el gusto de invitarlos
a un concierto de música
y baile típicos
de Argentina y Chile
el 6 de octubre a las 21 de la noche
en el Café-teatro de la universidad
Actuación de
Aminda y Carlos,
los Reyes del Tango
La Cueca,
Conjunto Folclórico
Pedro del Valle,
guitarrista
Armando Izquierdo,
bandoneón

1-10 ¡Me muero de curiosidad! Hágale preguntas a su compañero/a, usando los verbos **ser** o **estar,** para obtener la siguiente información. Después comparen sus respuestas para ver qué semejanzas y diferencias existen entre ustedes.

1. lugar donde nació

_____

2. características de su lugar de nacimiento

_____

3. detalles sobre su personalidad

_____

4. sus actividades favoritas

_____

5. oficio o profesión de su padre/madre

_____

6. localización de la casa de su familia

_____

7. nombre de su mejor amigo/a

_____

8. detalles sobre la personalidad de su amigo/a

_____

1-11 Lugares impresionantes. Cada uno de ustedes debe escoger uno de los siguientes edificios, puentes, teatros, esculturas o ruinas. Después, busque la información que se pide más abajo y compártala con su compañero/a.

El puente Verrazano	La estatua de la Libertad
El Museo del Prado	La Alhambra
El anfiteatro de Sagunto	Las ruinas de Machu Picchu

1. nombre del lugar
2. su localización
3. su origen (romano, árabe, etc.)
4. material de su construcción
5. condiciones actuales
6. su importancia

A leer

Elio Antonio de Nebrija es el autor de *Gramática castellana,* la primera gramática de la lengua española, publicada en 1492. Unos años después, Nebrija escribe también unas *Reglas de ortografía castellana.*

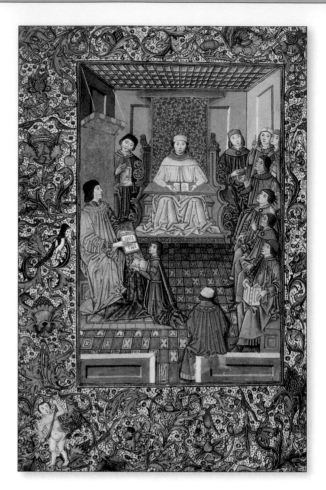

El ingenioso hidalgo don Quijote de la Mancha de Miguel de Cervantes Saavedra es uno de los grandes libros de la literatura universal.

La gente puede comunicarse con otros de diversas maneras. A algunos les gusta conversar con sus amigos tranquilamente o hablar por teléfono; otros prefieren escribir una carta o enviar correos electrónicos desde un café, por ejemplo.

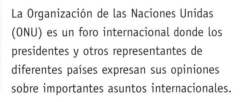

La Organización de las Naciones Unidas (ONU) es un foro internacional donde los presidentes y otros representantes de diferentes países expresan sus opiniones sobre importantes asuntos internacionales.

Muchas personas tienen un dependiente favorito con quien charlan frecuentemente ya que van a comprar a la misma tienda casi todos los días.

Preparación

1-12 Percepciones. Indique si las siguientes afirmaciones son ciertas (**C**) o falsas (**F**) con respecto a las lenguas en general. Si son falsas, diga por qué.

1. _____ Los términos lengua e idioma se consideran sinónimos.
2. _____ La lengua les permite a los seres humanos expresar o describir experiencias, sentimientos, eventos, etc.
3. _____ Un grupo de personas que se comunica en una lengua específica se llama una comunidad lingüística.
4. _____ En general, cada lengua se asocia con un solo territorio.
5. _____ Las lenguas no tienen historia.
6. _____ La manera de ser y pensar de un pueblo o una nación se expresa a través de su lengua.
7. _____ Las lenguas no evolucionan.
8. _____ Todas las personas que hablan una lengua hablan de la misma manera.
9. _____ Las lenguas tienen reglas que los hablantes (*speakers*) deben respetar cuando hablan o escriben.
10. _____ El español se habla solamente en España e Hispanoamérica.

2 **1-13 Descripción. Primera fase.** Describan cada escena: el lugar, las personas, la relación entre las personas.

Segunda fase. Asociación. Digan qué fenómeno(s) lingüístico(s) ocurre(n) entre las personas en cada escena. En algunos casos más de una respuesta es posible.

1. _____ la madre y su hijita

2. _____ los hombres en la parada del autobús

3. _____ la abuela y su nieto

a. El significado de las palabras cambia con el tiempo.

b. Los gestos son una parte importante de la lengua.

c. Dos nativos de una lengua a veces no se comprenden entre sí.

d. El significado de una palabra puede variar de una región a otra.

e. Las personas mayores en general son más conservadoras en el uso de la lengua.

f. La comunicación no es exclusivamente verbal.

Ⓖ 1-14 Enfóquese en la lengua. Antes de leer el artículo de Octavio Paz sobre el español, busquen lo siguiente en un diccionario, en Internet, o consulten a una persona hispana. Luego compartan la información con sus compañeros.

1. El equivalente en español de la palabra inglesa *poet*.
2. Palabras que se usan en español para expresar *couple*.
3. Palabras que significan *potato* y *orange* en español y dónde se usan.

Estrategias de lectura

1. Infórmese sobre el tema antes de leer.

   a. El título. ¿Qué significa el título? ¿A qué lengua se refiere el autor? ¿Cómo lo sabe?

   b. ¿Dónde se habla la lengua española? Haga rápidamente una lista de estos países.

   c. Con su compañero/a, lean la primera oración del texto. ¿Qué significa esta oración? Ahora vuelvan a pensar en el significado del título.

2. Examine el texto antes de leerlo.

   a. Fechas y nombres en el texto. Las fechas y nombres (de personas, lugares, pueblos, etc.) en un texto nos ayudan a anticipar el contenido. Pase su marcador por las fechas y los nombres de pueblos o lugares que usted reconoce.

   b. Ahora, piense en uno o dos posibles temas para el texto. Comparta sus ideas con un/a compañero/a.

Lengua

When the **u** in **gue** and **gui** has a diaeresis (¨), the **u** is pronounced. Compare the pronunciation of **gui** in **guitarra** with **güi** in **lingüístico.** How would you pronounce these words? **Nicaragüense, guerra, agüero** (*omen*), **pingüino, guía.**

LECTURA

Octavio Paz (1914–1998), poeta, ensayista y crítico, es uno de los escritores más importantes del mundo hispano. Entre sus obras más conocidas se encuentran *El laberinto de la soledad,* una colección de ensayos donde hace un estudio fundamental del mexicano, y *Libertad bajo palabra,* donde aparece gran parte de su poesía. En 1981, Octavio Paz recibe el Premio Cervantes, el más importante de la lengua española, y en 1990, el Premio Nobel de Literatura.

Nuestra lengua

de Octavio Paz

La Jornada, México, 8 de abril de 1997

P̲ara todos los hombres y mujeres de nuestra lengua, la experiencia de pertenecer a una comunidad lingüística está unida a otra: esa comunidad se extiende más allá de las fronteras nacionales. Trátese[1] de un argentino o de un español, de un chileno o un mexicano, todos sabemos desde nuestra niñez que nuestra lengua nacional es también la de otras naciones. 🔊   5

Y hay algo más y no menos decisivo: nuestra lengua nació en otro continente, en España, hace muchos siglos. El castellano no sólo trasciende las fronteras geográficas sino las fronteras históricas. En cierto modo, la lengua hizo posible nuestro nacimiento como naciones. Sin ella, nuestros pueblos no existirían o serían algo muy distinto a lo que son. El español nació en una región de la 10 Península Ibérica y su historia fue la de una nación europea. 🔊

Todo cambió con la aparición de América en el horizonte de España. El español del siglo XX no sería lo que es sin la influencia creadora de los pueblos americanos con sus diversas historias, psicologías y culturas. El castellano fue trasplantado a tierras americanas hace ya cinco siglos y se ha convertido en la 15 lengua de millones de personas. Ha experimentado cambios inmensos y, sin embargo, sustancialmente, sigue siendo el mismo. El español del siglo XX, el que se habla y se escribe en Hispanoamérica y en España, es muchos españoles, cada uno distinto y único, con su signo propio. ¿Pero realmente hablamos nuestra lengua? Más exacto sería decir que ella habla a través de nosotros. 🔊   20

La lengua es más vasta que la literatura. Es su origen, su manantial y su condición misma de existencia: sin lengua no habría literatura. El castellano contiene a todas las obras que se han escrito en nuestro idioma; también a las que mañana escribirán unos autores que aún no nacen. Muchas naciones hablan el idioma castellano y lo identifican como su legua materna; sin embargo, 25 ninguno de esos pueblos tiene derechos de exclusividad y menos aún de propiedad. La lengua es de todos y de nadie. ¿Y las normas que la rigen? Sí, nuestra lengua, como todas, posee un conjunto de reglas pero esas reglas son flexibles y están sujetas a los usos y a las costumbres: el idioma que hablan los argentinos no es menos legítimo que el de los españoles, los peruanos, los 30 venezolanos o los cubanos. Aunque todas esas hablas tienen características propias, sus singularidades[2] y sus modismos[3] se resuelven al fin en unidad. El

---

[1]*Be it. . .*   [2]características propias, especiales   [3]expresiones idiomáticas

---

🗨 ¿Qué palabras se usan en este párrafo para explicar una característica fundamental de los latinoamericanos?

🗨 En este párrafo Paz dice que el castellano "no sólo trasciende las fronteras geográficas sino las fronteras históricas". Mencione unos ejemplos de los dos tipos de fronteras. ¿Por qué es importante el concepto de fronteras?

🗨 En este párrafo, Paz habla de la llegada del castellano a América. ¿Este movimiento implica cruzar fronteras geográficas o fronteras históricas, o las dos? Explique.

🗨 Palabras desconocidas. En este párrafo hay algunas palabras difíciles que probablemente usted no conoce: **vasta, manantial, propiedad, rigen, albergar.** ¿Qué debe hacer cuando encuentra palabras desconocidas? Para estas cinco palabras, primero determine: si son sustantivos, adjetivos, verbos o adverbios. Luego, busque el contexto en que aparecen. ¿Puede comprender algo? Trate de adivinar (*guess*) el significado

idioma vive en perpetuo cambio y movimiento; esos cambios aseguran su continuidad y ese movimiento su permanencia. Gracias a sus variaciones, el
35 español sigue siendo una lengua universal, capaz de albergar las singularidades y el genio[4] de muchos pueblos. 💬

aproximado de estas palabras. Después si busca una palabra en un diccionario monolingüe, el proceso de analizar el contexto lo/la ayudará a seleccionar la definición correcta.

[4]espíritu, imaginación, ingenio

Comprensión y ampliación

1-15 ¿Cuánto comprende usted? Responda a las siguientes preguntas según la información del artículo.

1. ¿Por qué dice el autor que nuestra comunidad lingüística "se extiende más allá de las fronteras nacionales"?
2. Según el texto, ¿qué tienen en común un argentino, un español, un chileno y un mexicano?
3. ¿Con qué otra palabra se conoce el idioma español?
4. ¿Dónde nació el español?
5. ¿Cuándo llegó el español a América?
6. ¿A quién pertenece la lengua española?
7. ¿Qué quiere decir esta afirmación en su contexto: "¿Pero realmente hablamos nuestra lengua? Más exacto sería decir que ella habla a través de nosotros".
8. ¿Cuál es la relación entre la lengua y la literatura?
9. ¿Tiene reglas fijas el español?
10. ¿Cambia mucho el español de un país a otro?

1-16 Reflexione y converse. Respondan a las siguientes preguntas, según su experiencia personal.

1. ¿Qué quiere decir el autor con lo de "pertenecer a una comunidad lingüística"? ¿Conoce usted otras comunidades lingüísticas además de la del español? ¿A qué comunidad(es) lingüística(s) pertenece usted?

2. ¿Conoce usted el origen de su propia lengua? ¿En qué países se habla? ¿Se habla de manera muy diferente de un lugar a otro? ¿Cuáles son algunas de esas diferencias: el acento, el vocabulario, otras? ¿Puede dar algún ejemplo?

3. ¿Piensa usted que todas las personas de una comunidad lingüística hablan de la misma manera? ¿Utilizan sus padres o sus abuelos las mismas palabras y expresiones cuando conversan sobre un tema específico? ¿Usa usted las mismas palabras y expresiones cuando habla con sus profesores, con el supervisor en su trabajo o con sus amigos? ¿Qué diferencias nota usted?

4. ¿Conoce usted a gente cuya lengua materna es el español? ¿Hay alguna comunidad hispana cerca de donde usted vive? ¿Se habla español en su universidad o en su trabajo?

5. Utilizando un color, señale en el siguiente mapa las regiones en las que se habla el español. Con otro color marque los lugares donde se habla su propia lengua.

2 **1-17 Ampliación. Primera fase.** El español es una lengua que varios millones de hispanos y algunos norteamericanos hablan en los Estados Unidos. Discutan entre ustedes los siguientes puntos y tomen notas.

1. Los medios de comunicación (*media*) en los que se usa el español en este país.
2. Los lugares públicos donde se habla español en este país.
3. Los lugares públicos que ofrecen servicios a los clientes en español o donde los clientes pueden hablar y/o leer documentos en español (instrucciones, folletos, etc.).
4. Consigan un ejemplo de un texto escrito en español.

G **Segunda fase.** Compartan la información de la *Primera fase* con sus compañeros. Expliquen qué tipo de texto consiguieron, dónde lo encontraron y por qué, según ustedes, fue escrito en español.

Aclaración y expansión

Adverbs

- You have used Spanish adverbs and adverbial phrases to express time **(después, a veces)** and place **(aquí, muy cerca).** You have also used them to describe how people feel and how things are done **(bien, muy mal, regular).**

A veces ellos pasan sus vacaciones con sus abuelos **aquí.**	*Sometimes they spend their vacation with their grandparents here.*
Son bilingües y hablan **muy bien** los dos idiomas.	*They are bilingual and speak both languages very well.*

- Spanish may also use adverbs ending in **-mente.** This ending corresponds to English *-ly.* To form these adverbs, add **-mente** to the feminine form of the adjective. If the adjective has the same form for masculine and feminine, simply add **-mente.**

lento/a	Ellos hablan **lentamente.**	*They speak slowly.*
constante	La lengua cambia **constantemente.**	*Language changes constantly.*

- Adjectives with a written accent retain the accent mark when forming adverbs ending in **-mente.**

lógico	Siempre piensan **lógicamente.**	*They always think logically.*

- When two or more adverbs are used in a series, only the last one ends in **-mente.**

  Camina **tranquilamente.** Camina **lentamente.** → Camina **tranquila** y **lentamente.**

- Some commonly used adverbs ending in **-mente** are:

básicamente	generalmente	regularmente
correctamente	normalmente	relativamente
difícilmente	perfectamente	simplemente
fácilmente	realmente	tradicionalmente
frecuentemente	recientemente	tranquilamente

Lengua

The following expressions may be used instead of the adverbs ending in **-mente:**

con frecuencia =
  frecuentemente
en realidad = realmente
en general/por lo general
  = generalmente

1-18 Las actividades de un lingüista. Primera fase. Complete esta narración usando la forma apropiada de los adverbios que corresponden a los adjetivos entre paréntesis.

El profesor Marcos Echeveste es un lingüista muy metódico y trabajador.
(1) _____ (General) se levanta temprano todos los días. Hace ejercicio
(2) _____ (regular) en su cuarto mientras escucha las noticias y después
se baña. Enseguida recoge el periódico y lo lee (3) _____ (tranquilo)
mientras toma una taza de café y unas tostadas en la cocina. Cuando termina,
prepara sus libros y papeles (4) _____ (cuidadoso).
Después de su primera clase, (5) _____ (frecuente) va a la biblioteca. A él
le interesan las lenguas indígenas, y estudia (6) _____ (especial) la
influencia de estas lenguas en el español. Siempre consulta las últimas
publicaciones en su especialidad y las discute con sus alumnos. Éstos dicen que el
profesor Echeveste sabe explicar (7) _____ (claro) y (8) _____
(perfecto) los temas más difíciles.
(9) _____ (Normal), el profesor Echeveste regresa a su casa cerca de las
seis, descansa un rato, cena (10) _____ (ligero) y lee un rato.

Segunda fase. Ahora complete el siguiente texto sobre su rutina. ¿Es semejante
o diferente su rutina de la del profesor Echeveste?

Yo soy un/a estudiante muy (1) _____ y (2) _____. Yo
(3) _____ (general/nunca) me levanto (4) _____. Hago ejercicio
(5) _____ (regular/ocasional) en (6) _____ mientras escucho
(7)_____ (música/las noticias) y después me baño. Enseguida reviso las
notas para mis clases (8) _____ (tranquilo/lento/rápido) mientras
(9) _____ una taza de café en (10) _____. Después de arreglarme
(11) _____ (cuidadoso/rápido), salgo para la universidad.
Después de mi primera clase, (12) _____ (frecuente/regular) voy a la
biblioteca. A mí me interesan (13) _____. Siempre consulto
(14) _____ y artículos de periódicos o de Internet y los discuto con
(15) _____. Mis compañeros/as dicen que yo sé explicar
(16) _____ (claro/detallado) y (17) _____ (perfecto/eficiente) los
temas más difíciles.

Tercera fase. Ahora túrnese con su compañero/a para hacerse preguntas
sobre sus actividades rutinarias y la frecuencia con la que las realizan. Use las
actividades que aparecen más abajo u otras de su elección. Hagan una pregunta
adicional para obtener más detalles.

MODELO: E1:   ¿Haces ejercicio frecuentemente?
　　　　　　　E2:   Sí, hago ejercicio los martes, los jueves y los sábados.
　　　　　　　E1:   ¿Qué deportes prefieres?
　　　　　　　E2:   Prefiero el tenis.

1. mirar programas de televisión
2. ir de compras
3. ver películas
4. comer en restaurantes hispanos
5. escuchar música
6. leer novelas o revistas

1-19 ¿Buenas o malas estrategias? Primera fase. Para reflexionar sobre sus estrategias para aprender español, indique la frecuencia con que usted hace lo siguiente.

Para hablar español mejor y aprender sobre la cultura hispana

Actividades	nunca	a veces	frecuentemente	generalmente	siempre
1. Practico español con amigos hispanos.					
2. Miro canales de televisión hispanos.					
3. Escucho música popular latinoamericana.					
4. Veo películas en español.					
5. Busco información sobre temas interesantes en Internet.					
6. ...					

Para aprender más vocabulario en español

Actividades	nunca	a veces	frecuentemente	generalmente	siempre
1. Leo revistas en español sobre temas que me interesan.					
2. Expreso ideas con el nuevo vocabulario.					
3. Uso el vocabulario nuevo en mis correos electrónicos.					
4. Canto en español cuando escucho a mi cantante favorito/a.					
5. Preparo fichas (*flash cards*) para estudiar el vocabulario.					
6. ...					

2 **Segunda fase.** Compare sus respuestas de la *Primera fase* con las de su compañero/a. ¿Quién de ustedes tiene mejores estrategias para hablar mejor y para aprender más vocabulario? ¿Por qué?

Comparisons of equality

- When comparing two entities (objects/people/events) using adjectives and adverbs, Spanish signals equality with **tan. . . como.**

  La música del Caribe es **tan** popular **como** la música colombiana. | *Music from the Caribbean is as popular as Colombian music.*

  Esa orquesta toca **tan** bien **como** la otra. | *This orchestra plays as well as the other one.*

- To compare two nouns, Spanish signals equality with **tanto(s)/tanta(s). . . como.**

  Colombia produce **tanto** café **como** Centroamérica. | *Colombia produces as much coffee as Central America.*

  Hay **tanta** contaminación en Santiago **como** en la Ciudad de México. | *There is as much pollution in Santiago as in Mexico City.*

  Hay **tantos** tesoros prehispánicos en Perú **como** en México. | *There are as many prehispanic treasures in Peru as in Mexico.*

  Hay **tantas** ruinas interesantes en Perú **como** en México. | *There are as many interesting ruins in Peru as in Mexico.*

- To indicate that two actions are equal or equivalent, Spanish uses **tanto como.**

  Los arqueólogos trabajan **tanto como** los científicos para saber más sobre las culturas antiguas. | *Archeologists work as much as scientists to learn more about ancient cultures.*

Comparisons of inequality

- To express comparisons of inequality between nouns, adjectives, verbs, or adverbs, Spanish uses **más/menos. . . que.**

  Hay **más** hispanohablantes en Colombia **que** en Panamá. | *There are more Spanish speakers in Colombia than in Panama.*

  Hay **menos** palabras de origen árabe en inglés **que** en español. | *There are fewer words of Arab origin in English than in Spanish.*

  Los árabes conquistaron la Península Ibérica **más** fácilmente **que** los romanos. | *The Moors conquered the Iberian Peninsula more easily than the Romans did.*

- Spanish uses **de** instead of **que** before numbers.

  Hay **más de** 400 millones de hispanohablantes en el mundo. | *There are more than 400 million Spanish speakers worldwide.*

  España tiene **menos de** 50 millones de habitantes. | *Spain has fewer than 50 million inhabitants.*

- The following adjectives have both regular and irregular forms.

bueno	**más bueno/mejor**	*better*
malo	**más malo/peor**	*worse*
pequeño	**más pequeño/menor**	*smaller*
joven	**más joven/menor**	*younger*
grande	**más grande/mayor**	*bigger*
viejo	**más viejo/mayor**	*older*

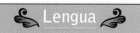

Lengua

To talk about an old person's age, Spanish speakers usually use **mayor. Más viejo** is used to refer to old objects, buildings, etc.

Ella es **mayor que** Pepe.
She is older than Pepe.
Su teléfono celular es **más viejo que** el mío.
Her cell phone is older than mine.

- The regular forms **más bueno** and **más malo** usually refer to a person's moral qualities, whereas **mejor** and **peor** refer to quality and performance.

Berta es **más buena que** su hermana.	*Berta is **better** (a nicer person) than her sister.*
Este edificio es **mejor que** el otro.	*This building is **better** (more suitable, better designed, etc.) than the other one.*

1-20 Unas excavaciones. Primera fase. Usted y su compañero/a participaron en dos expediciones arqueológicas para investigar dos culturas desconocidas. Usted fue a la ciudad de la Cultura A y su compañero/a fue a la de la Cultura B. Comparen los descubrimientos de estas dos expediciones.

Descubrimientos	Cultura A	Cultura B
pirámides	6	6
templos	5	8
tumbas	10	9
esculturas	7	7
pinturas	2	1
caminos	2	4
armas	30	5

Segunda fase. Determinen cuál de las dos culturas representa mejor lo que se dice en las siguientes afirmaciones. Justifiquen su respuesta.

1. Probablemente es más religiosa.
2. Probablemente puede comerciar más y en mejores condiciones.
3. Considera la guerra más importante que el arte.

1-21 Comparaciones. Primera fase. Piense en dos libros que usted ha leído o dos películas que ha visto. Después, debe decir cuáles son y compararlos/as basándose en los siguientes puntos. Su compañero/a debe hacerle preguntas para obtener más información.

MODELO: E1: Los dos libros son *El Quijote* y *El Lazarillo*. Los dos libros tienen muchos personajes, pero *El Quijote* tiene más personajes que *El Lazarillo*.
E2: ¿Y qué personajes son más interesantes?
E1: Los personajes de *El Quijote* son tan interesantes como los de *El Lazarillo*.

1. número de personajes (cuatro, muchos, pocos, etc.)
2. tema (interesante, aburrido, absurdo, etc.)
3. visión de la vida (real, optimista, pesimista, etc.)
4. final (lógico, triste, absurdo, etc.)

Segunda fase. Su compañero debe averiguar qué libro le gusta más y por qué.

The superlative

- To talk about the highest/utmost or lowest degree of a quality, Spanish uses *definitive article* + *noun* + **más/menos** + *adjective* + **de.** You may delete the noun when it is clear to your reader or listener to what you refer.

La lengua es **el elemento más importante de** una cultura.	*Language is the most important element of a culture.*
Muchos elementos constituyen una cultura, y **el más importante de** todos es la lengua.	*Various elements make up a culture, and the most important one of all is language.*

- **Más** or **menos** is not used with **mejor, peor, mayor,** and **menor.**

Las mejores palabras de cualquier lengua son las que expresan amor.	*The best words in any language are those that express love.*
La mejor carne se encuentra en Argentina.	*The best meat comes from Argentina.*

1-22 Los/Las mejores o los/las peores. Háganse preguntas para averiguar las preferencias u opiniones de cada uno. Digan por qué.

MODELO: La mejor comida: la italiana, la mexicana o la japonesa.
　　　　　E1: En tu opinión, ¿cuál es la mejor comida?
　　　　　E2: Para mí, es la mexicana. Es muy variada y deliciosa.

1. El lugar histórico más visitado por los turistas: las pirámides de Egipto, las pirámides mayas de Guatemala o la Casa Blanca.

　　――――――――――――――――――――――――――――――――――――――

2. La ciudad hispana más interesante para los norteamericanos: Madrid, Cancún o Buenos Aires.

　　――――――――――――――――――――――――――――――――――――――

3. La lengua más difícil para los norteamericanos: el español, el chino o el francés.

　　――――――――――――――――――――――――――――――――――――――

4. La ciudad con el peor clima en el invierno: San Francisco, Miami o Chicago.

　　――――――――――――――――――――――――――――――――――――――

5. La mejor comida rápida en los Estados Unidos: los tacos, las papas fritas o las hamburguesas.

　　――――――――――――――――――――――――――――――――――――――

6. El peor lugar para aprender español rápidamente: Cancún, Miami o la ciudad donde usted vive.

　　――――――――――――――――――――――――――――――――――――――

7. El mejor vino: el español, el francés o el californiano.

　　――――――――――――――――――――――――――――――――――――――

8. La ciudad más visitada por los europeos: Ciudad de México, Ciudad de Panamá, La Paz.

　　――――――――――――――――――――――――――――――――――――――

Lengua

To express the idea of *extremely* + *adjective,* Spanish may also use an adjective ending in **-ísimo.** If the adjective ends in a consonant, add **-ísimo** directly to the singular form of the adjective. If it ends in a vowel, drop the vowel before adding **-ísimo.**

muy fácil → **facilísimo**
muy caro → **carísimo**

2 **1-23 Los países hispanos. Primera fase.** Cada uno de ustedes debe escoger un país hispano diferente y buscar la siguiente información. Después hablen sobre la información que obtuvieron y comparen sus resultados.

Datos	el país de su elección	el país de su compañero/a
Extensión territorial	_____	_____
Número de habitantes del país	_____	_____
Número de habitantes de la capital	_____	_____
Exportaciones (valor en dólares)	_____	_____
Importaciones (valor en dólares)	_____	_____

G **Segunda fase.** Comparen los resultados obtenidos y decidan cuál es el país que tiene mayor población, tamaño, etc. Después infórmenle al resto de la clase los resultados finales.

Datos	País
Número de habitantes del país	_____
Número de habitantes de la capital	_____
Extensión territorial	_____
Exportaciones (valor en dólares)	_____
Importaciones (valor en dólares)	_____

Algo más

Nominalization

- Both English and Spanish use adjectives and adjective phrases and sentences as nouns. English generally adds the word *one(s);* Spanish simply drops the noun.

La mezquita antigua y **la nueva** están en la misma calle.	*The old mosque and **the new one** are on the same street.*
El edificio de la derecha es de la época de los árabes y **el de la izquierda** es del siglo XVI.	*The building on the right is from the time of the Arabs and **the one on the left** is from the 16th century.*
Esa chica y **la que está junto a la puerta** son estudiantes de intercambio chilenas.	*That girl and **the one by the door** are Chilean exchange students.*

1-24 En un pequeño pueblo. Usted está pasando el verano con una familia en un pequeño pueblo de un país hispano. Usted va a la plaza con un miembro de la familia para conocer a algunas personas del pueblo. Hágale preguntas para obtener información sobre estas personas. Después cambien de papel.

MODELO: E1: ¿Quién/Cómo es la chica que está jugando con el niño?
E2: La que está jugando con el niño es su hermana./Está en mi clase y es muy simpática y estudiosa.

Persona	Identificación	Descripción
el niño rubio	el hijo de la vecina	simpático
la señora alta y morena	la dueña del restaurante	muy agradable
la chica de la falda roja	Ann, una estudiante canadiense	seria y trabajadora
el chico de los pantalones azules	Felipe, un compañero de clase	inteligente y divertido
el señor que está junto al árbol	don Esteban, un amigo de su padre	abogado muy conocido
la señora que está sentada en el banco	la profesora Jiménez	seria y competente

Ampliemos e investiguemos

🔊 A escuchar

La ruana es típica de Colombia. Aunque está muy cerca de la línea del ecuador, en muchas zonas de Colombia hace frío a causa de la altura. La ruana que se usa en la región de Antioquia (ruana antioqueña) es más ligera y tiene rayas.

Objeto de oro precolombino de la cultura quimbaya de Colombia. El Museo del Oro de Bogotá tiene la colección más extensa de piezas precolombinas de oro del mundo.

1-25 La ruana. Usted va a escuchar una de las canciones más conocidas de Colombia, donde se ve la unión del elemento español y el indígena. Antes de escuchar la canción, lea las siguientes oraciones, y después de escucharla, conteste diciendo si son ciertas (**C**) o falsas (**F**).

1. _____ La ruana es una variación de la capa castellana.
2. _____ La ruana no se usa en la época en que se fundan los pueblos en Colombia.
3. _____ El perro y la guitarra acompañan a las personas que fundan pueblos.
4. _____ Uno de los ancestros que se mencionan en la canción es el autor del Quijote.
5. _____ Según la canción, la ruana da calor físico y espiritual.

2 1-26 ¿Qué piensa usted? En la canción que escuchó se habla de la ruana colombiana. Piense en algún tipo de ropa típica de su país. Después dígale a su compañero/a cuál es, descríbala y explíquele quiénes la usan y en qué ocasiones.

 # A escribir

Estrategias de redacción: La descripción

¿Qué es la descripción? ¿Qué describimos? ¿Qué características tiene una buena descripción?

Los expertos dicen que describir es como pintar un cuadro. Cuando describimos les damos vida a los objetos, los eventos, las experiencias y los personajes en un ambiente (*setting*) específico. Para describir, primero ponemos lo que deseamos describir en un espacio y tiempo; luego, hablamos de sus características: forma, tamaño, color, olor (*smell*), textura, etc. Si es necesario, comparamos y contrastamos lo que describimos para señalar sus características propias o únicas. Describimos para darles a otras personas un retrato (*portrait*) de algo o alguien.

Una buena descripción le permite al oyente (*listener*) o lector/a (*reader*) percibir, disfrutar o detestar el sonido, la forma, la textura de algo, la intensidad de una experiencia o un sentimiento. Las siguientes son algunas características básicas de una buena descripción.

1. Usa apropiadamente las imágenes, el color, la textura, la intensidad, etc.
2. Presenta el objeto, el individuo, el evento o la experiencia que describe en un tiempo y espacio apropiados. Una casa de campo se ve, se siente diferente en verano y en invierno. Asimismo (*Likewise*), la experiencia o los sentimientos de estar o sentirse enfermo/a son diferentes de los de estar sano/a.
3. Crea el efecto deseado en el/la lector/a u oyente: éste/a puede sentir, disfrutar, ver o imaginar lo que se describe.
4. Presenta características de lo que se describe usando adjetivos que ayudan a crear imágenes, con colores (rojo, anaranjado), formas (redondo, ovalado, rectangular), sonidos (estridente, silencioso/a, callado/a), sabores (dulce, amargo/a, agrio/a), etc.

Finalmente, describir por escrito (*in writing*) en otra lengua es semejante a hacerlo en su lengua materna. Es un proceso en el que se siguen los siguientes pasos.

a. Después de escoger lo que deseamos describir, determinamos el objetivo de nuestra descripción.
b. Organizamos la información que queremos presentar.
c. Preparamos el vocabulario y las estructuras potenciales (la selección de vocabulario es tan importante como la organización de la información).
d. Escribimos la descripción.
e. Evaluamos constantemente el contenido de la descripción, pensando en el lector.
f. Finalmente, hacemos los ajustes (*adjustments*) necesarios de aspectos formales del texto (puntuación, acentuación, uso de mayúsculas (*capital letters*) o minúsculas, etc.).

La siguiente sección le dará la oportunidad de reconocer y practicar algunas estrategias básicas de la descripción en español. Luego, usted podrá hacer sus propias descripciones. Siempre recuerde que su experiencia con la descripción en su lengua materna, le será muy útil. Use este conocimiento para describir en español.

1-27 Análisis. Lea la siguiente descripción y determine lo siguiente.

1. El grado de interés de la descripción para el lector. La descripción, ¿es interesante o aburrida para usted? ¿Por qué?
2. La organización de la información. En su opinión, ¿la información está organizada lógica y coherentemente o necesita mejorar sustancialmente?
3. El efecto de la descripción. ¿Puede usted visualizar el ambiente, las imágenes, los objetos, los personajes descritos?
4. El uso del vocabulario y las expresiones. ¿Hay un uso eficiente y preciso del vocabulario en este contexto? ¿Hay términos ambiguos o imprecisos?
5. Aspectos formales del texto. ¿Hay errores de puntuación, acentuación, uso de mayúsculas o minúsculas, etc.?

Contexto: El señor Roberto Durán, un ejecutivo importante del Banco Central en Buenos Aires, busca información sobre un lugar ideal para pasar sus vacaciones de verano. Necesita un lugar donde él pueda disminuir el estrés de su vida. Trabaja largas horas y tiene muchas responsabilidades. Un agente de viaje le envía la siguiente información.

La Razón, Agencia de viajes

Estimado señor Durán:

Encontramos un lugar para sus vacaciones de verano. Es la Isla de Pascua. El viaje por avión desde Santiago, Chile, es un poco largo, pero económico. Muchas personas dicen que la isla es bonita. Tiene montañas verdes y un cielo muy azul. Como la isla está rodeada de playas, siempre hay brisa. Las playas tienen olas un poco agitadas y abundancia de gaviotas. El clima es bueno. No es lluvioso, ni frío ni demasiado caliente. Casi siempre hace sol y los días acaban un poco tarde. La isla es tranquila y silenciosa. Algunos creen que es romántica también.
Si usted tiene interés en pasar sus vacaciones allí, estamos a su disposición para facilitarle todos los aspectos de su viaje.

Josefina Paredes

_____

_____

_____

_____

_____

1-28 Preparación. Primera fase. Seleccione uno de los siguientes temas sobre el cual a usted le gustaría escribir.

1. Un lugar ideal en los Estados Unidos para que una familia hispana viva con sus hijos pequeños.

   Lector: Padres de familia que hablan un poco de inglés.
   Propósito (*Purpose*):   Desean encontrar una ciudad o pueblo seguro y con buenas escuelas para sus hijos.

2. Un personaje público norteamericano o de otra nacionalidad que, según usted, todos debemos conocer por su vida ejemplar (*exemplary*).

   Lector: Sus companeros/as de clase
   Propósito: Usted quiere destacar (*pinpoint*) la vida, el carácter y los logros (*accomplishments*) de un personaje público norteamericano o extranjero que muchos no conocen bien.

Segunda fase. Primero, lea nuevamente las estrategias de la redacción en la página 27. Ahora, prepare su descripción.

1. Planifique el texto en general. Haga un bosquejo (*outline*). ¿Qué información (datos) va a incluir? ¿Cómo va a organizar esta información para su lector potencial? Obtenga la información necesaria sobre el lugar o personaje que usted va a describir. Consulte diversas fuentes (*sources*) tales como libros, revistas, periódicos, enciclopedias, Internet, etc. y tome notas.

2. Prepare el vocabulario y estructuras necesarias: escriba las palabras clave (de uso obligatorio y frecuente) para su descripción: sustantivos, adjetivos, verbos, etc. Haga una lista de sinónimos o antónimos que lo/la ayuden a describir el ambiente, los personajes y sus acciones, reacciones, sentimientos, etc. Varíe su vocabulario.
   También, planifique las estructuras gramaticales que va a utilizar: ¿Cómo va a describir? ¿Va a usar verbos que describen, clasifican, etc.? ¿En qué tiempo va a describir o clasificar? ¿Va a usar comparativos?

3. Revise su bosquejo: El propósito de su descripción se cumple (*is fulfilled*) si usted manipula con eficacia las imágenes que usted le presenta al/a la lector/a.

1-29 ¡A escribir! Ahora escriba su descripción paso a paso. A medida que usted escribe, consulte sus notas y evalúe su mensaje. Aclare las ideas confusas o el vocabulario impreciso. Elimine la información innecesaria o tediosa para su lector/a. Verifique si las estructuras gramaticales que usó son correctas. Mejore el estilo de su descripción variando el vocabulario. Use sinónimos y antónimos.

1-30 ¡A editar! Lea su texto con una actitud crítica por lo menos una vez más. Analice el contenido (cantidad, calidad de información para el/la lector/a) y forma del texto (puntuación, acentuación, mayúsculas, minúsculas, uso de la diéresis, etc.). Si es necesario, consulte el Apéndice en la página 407 y haga los cambios necesarios para lograr una buena descripción.

 **A explorar**

G **1-31 Los tesoros del mundo hispano. Primera fase.** En **www.prenhall.com/identidades** ustedes pueden encontrar muchos sitios con información sobre los siguientes temas. Seleccionen uno de ellos.

1. Un sitio donde se puede aprender más sobre la historia de un país hispano: ruinas, fuertes militares, museos, etc.
2. Un/a hispano/a famoso/a en las siguientes áreas: la pintura, la composición de música popular, las ciencias, la arquitectura, los deportes (el tenis, el ciclismo, el golf, el atletismo), la política, etc.
3. Un objeto que represente la capacidad creativa de los hispanos, por ejemplo un artículo de ropa o accesorio (un traje típico, la ruana, la guayabera, etc.), un instrumento musical (el charango, la zampoña (*reed flute*), el arpa paraguaya, las maracas, etc.), un accesorio de decoración (artículos de cerámica, metal, madera, algodón o lana), etc.

Segunda fase. Preparen una descripción de lo que escogieron en la *Primera fase.* Usen la siguiente guía para hablar sobre el lugar/el objeto/la persona/la celebración que escogieron.

1. Den el nombre.
2. Den información sobre el país o región de origen.
3. Descríbanlo/la detalladamente. Hablen de sus características (físicas, psicológicas, sociales) y su función en la comunidad donde existe.
4. Compárenlo/la con algo/alguien similar en la cultura de ustedes.

Tercera fase. Presentación. Compartan con sus compañeros/as la información de la *Segunda fase.* Para crear más interés, usen dibujos, fotos u objetos.

2 **1-32 Símbolos culturales. Primera fase.** Busquen información en Internet sobre uno de los siguientes objetos de un país hispano de su elección.

1. Un billete (*paper currency*).
2. Sellos postales (estampillas).
3. Un escudo nacional (*national seal*).

Segunda fase. Hagan lo siguiente.

1. Identifiquen el país de origen del símbolo.
2. Descríbanlo: ¿Qué ven ustedes? ¿Hay números, figuras humanas o animales, letras, oraciones? ¿Cuáles? ¿De qué colores?
3. ¿Qué dicen los colores, las palabras, las figuras sobre la cultura de origen? ¿Cuáles son los valores (*moral values*) que representan estos símbolos: la justicia, el amor, la solidaridad, la democracia, la fuerza, etc.? ¿Qué elementos materiales se asocian con estos símbolos en el objeto que ustedes estudiaron?
4. Busquen un símbolo similar en su cultura y analicen las semejanzas o diferencias físicas o espirituales con el símbolo de la cultura extranjera.

Tercera fase.   Compartan la información con el resto de la clase.

Expresiones útiles para describir o clasificar un objeto o símbolo

Descripción o clasificación física

Tamaño: grande, pequeño/a, mediano/a, gigantesco/a

Forma: redondo/a, cuadrado/a, rectangular, ovalado/a

Color: rojo, azul, verde, naranja, oscuro, claro, transparente, etc.

Localización con respecto a otros elementos: al lado de, detrás de, entre, cerca de, en el ángulo inferior/superior de. . . , en el centro de. . .

Descripción espiritual

Características espirituales y morales: arrogante, modesto, valiente, puro/a, majestuoso/a, fuerte, débil, etc.

Expresiones útiles para dar una opinión personal

En mi/nuestra opinión. . .

Para mí/mi compañero/a, /él o ella. . .

Según yo/mi compañero/a. . .

Yo creo/Nosotros creemos que. . .

(G) (WWW) 1-33 Sobre La Mancha. Vayan a **www.prenhall.com/identidades** u otro sitio para preparar un viaje turístico de cinco días por La Mancha. Indiquen lo siguiente:

1. Los lugares que desean visitar.
2. Los hoteles donde se van a alojar.
3. Los platos típicos de la región que quieren probar.
4. La artesanía u otros objetos que piensan comprar como recuerdo.

(G) (WWW) 1-34 Aprendiendo español. Primera fase. Ustedes quieren aprender español en un programa de inmersión en un país hispano. Con ayuda de su profesor/a, elijan un país y busquen la siguiente información en Internet. Sigan las instrucciones.

1. Busquen una escuela o academia donde se enseñe el español a extranjeros.
2. En un mapa del país, localicen la ciudad o pueblo donde está la escuela o academia.
3. Averigüen qué cursos son más convenientes para ustedes.

Segunda fase. En clase, describan la escuela o academia y el lugar donde está. Digan si les gusta y por qué.

WWW **1-35 La cultura hispana en los medios de comunicación.** Actualmente se puede acceder a innumerables sitios en Internet que presentan la diversidad cultural del mundo hispano: canales de televisión, periódicos, museos virtuales, canales de música, páginas de Internet de muchas instituciones públicas y privadas de los países hispanos, etc. Vaya a **www.prenhall.com/identidades** y busque la siguiente información.

1. Un periódico o un canal de televisión en español. Diga en qué país se publica el periódico o desde qué país transmite el canal de televisión.
2. Imprima la primera página del periódico, diga qué información contiene y cómo está organizada la información. Si encontró un canal de televisión, busque la guía de programas que ofrece y tome nota de ellos.
3. Por último, compare la información de la primera página del periódico hispano con la de un periódico en inglés que usted lee, o la guía de programas de televisión hispana con la de un canal que a usted le gusta mirar. Observe lo siguiente:

   a. La cantidad de información que tiene: mucha, poca, suficiente.
   b. El tipo de información que presenta.

   Finalmente, después de examinar la primera página del periódico o la programación en español, indique las semejanzas y/o diferencias que usted encontró al compararla con otra(s) en inglés.

Rincón literario

Por Juan de Jáuregui. Real Academia de la Lengua, Madrid.

Miguel de Cervantes Saavedra, autor de *El Quijote,* la obra más importante de la literatura española, nació en Alcalá de Henares, provincia de Madrid, en 1547 y murió en 1616. Tuvo una vida aventurera. Luchó en la batalla de Lepanto contra los turcos, donde perdió el uso de una mano, y después estuvo prisionero en Argel durante cinco años. Escribió varias obras en verso, algunas de ellas para el teatro. Pero el arte que verdaderamente dominó fue el de la novela, con sus *Novelas ejemplares,* y sobre todo con *El Quijote.* Esta obra magna de la literatura española se caracteriza por su rico y variado uso de la lengua española, por su humor y por las agudas descripciones de la sociedad española de la época.

Don Quijote de la Mancha
de Miguel de Cervantes

En un lugar de la Mancha, de cuyo nombre no quiero acordarme, no ha (hace) mucho tiempo que vivía un hidalgo de los de lanza en astillero[1], adarga[2] antigua, rocín flaco y galgo corredor. . . . Frisaba[3] la edad de nuestro hidalgo con los cincuenta años, era de complexión recia, seco de carnes, enjuto[4] de rostro; gran madrugador[5] y amigo de la caza[6]. . . Es, pues, de saber, que este sobredicho hidalgo, los ratos que estaba ocioso (que eran los más del año) se daba a leer libros de caballerías con tanta afición y gusto, que olvidó casi de todo punto el ejercicio de la caza, y aun la administración de su hacienda. . .
(*El ingenioso hidalgo Don Quijote de la Mancha*, parte I)

[1]lugar para poner las lanzas [2]*shield* [3]estaba cerca [4]delgado [5]*early riser* [6]*hunting*

Interpretación

G 1. En Cultura, p. 12, se cuenta brevemente el argumento de *El Quijote.* ¿Puede explicarlo con sus propias palabras al resto del grupo? Don Quijote se volvió loco por mucho leer. En su experiencia, ¿se vuelve loca una persona por leer, escuchar música o ver películas si lo hace todo el tiempo?

2. ¿Conoce algún episodio famoso de la obra *El Quijote*? Si no conoce todas las palabras para explicarlo, dibuje en la pizarra lo que ocurre o busque imágenes que lo/la ayuden a hacerlo.

3. Basándose en lo que conoce del personaje don Quijote, use su imaginación para describirlo en sus propias palabras en un breve párrafo y léalo al resto del grupo.

Lea otra vez el texto. Usted va a hacer una descripción de un/a estudiante ficticio/a de su universidad en el estilo de *Don Quijote de la Mancha.* La descripción debe ser exagerada y chistosa.

En una universidad de. . . , de cuyo nombre no quiero acordarme, vive un/a estudiante (descripción del/de la estudiante). En los ratos que está ocioso/a se da a. . . (describa una pasión típica de sus amigos en la universidad). Se olvida de. . . (describa todas las cosas que ustedes deben hacer).

VOCABULARIO

Construcciones

el acueducto	*aqueduct*
el camino	*road*
la capilla	*chapel*
la catedral	*cathedral*
el edificio	*building*
la iglesia	*church*
la mezquita	*mosque*
la muralla	*(city) wall, rampart*
la obra	*work*
el puente	*bridge*
la sinagoga	*synagogue*
el teatro	*theater*

Lenguas/idiomas

el castellano/español	*Spanish*
el catalán	*Catalan*
el gallego	*Galician*
el latín	*Latin*
el vascuence	*Basque*

Personas

el/la ciudadano/a	*citizen*
la gente	*people*
el habitante	*inhabitant*
el rey/la reina	*king, queen*

País

la ciudad	*city*
la frontera	*border*
el imperio	*empire*
la población	*population*

Tiempo

la época	*time*
el siglo	*century*

Pueblos y grupos étnicos, culturales o religiosos

africano/a	*African*
árabe	*Arab*
cartaginés/cartaginesa	*Carthaginian*
chino/a	*Chinese*
cristiano/a	*Christian*
europeo/a	*European*
fenicio/a	*Phoenician*
griego/a	*Greek*
hebreo/a	*Hebrew*
indígena	*Indian, indigenous, native*
judío/a	*Jew*
mestizo/a	*person of mixed race*
musulmán/musulmana	*Moslem*
romano/a	*Roman*

Fenómenos relacionados con la cultura

el cambio	*change*
el choque	*clash*
la comunidad	*community*

la costumbre	*custom*
la mezcla	*mingling, mixture*
el miembro	*member*
el nacimiento	*birth*
la variedad	*variety*

Características

capaz	*capable*
distinto/a	*different*
étnico/a	*ethnic*
semejante	*similar*

Verbos

añadir	*to add*
aprender	*to learn*
asociar	*to associate*
caracterizar (c)	*to characterize*
comparar	*to compare*
compartir	*to share*
conquistar	*to conquer*
construir	*to build*
convertir (ie, i)	*to convert, to change*
describir	*to describe*
discutir	*to discuss, to argue*
encontrar (ue)	*to find*
escoger (j)	*to choose*
establecer (zc)	*to establish*
explicar (q)	*to explain*
intercambiar	*to exchange*
llegar	*to arrive*
mantener (ie, g)	*to maintain*
nacer	*to be born*
ocurrir	*to occur*
ordenar	*to order*
permanecer/quedarse	*to stay*
reflejar	*to reflect*
tardar	*to last*
traer (g)	*to bring*

Palabras y expresiones útiles

a través de	*through, throughout*
alrededor	*around*
antes	*before*
casi	*almost*
la diferencia	*difference*
durante	*during*
por ejemplo	*for example*
por eso	*that's why*
propio/a	*own*
la semejanza	*similarity*
el significado	*meaning*

* For expressions with **estar + de**, see page 9.

** For adjectives that change meaning when used with **ser** and **estar**, see page 9.

*** For a list of commonly used adverbs, see page 18.

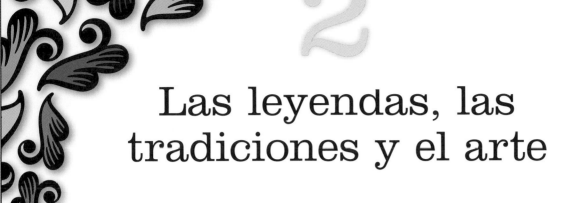

Las leyendas, las tradiciones y el arte

Objetivos comunicativos
- Narrating in the past
- Describing events, peoples, and objects in the past
- Comparing and contrasting traditions, events, and cultural manifestations

Contenido temático y cultural
- Legends and traditions
- Calendars
- Sculpture, painting, and architecture

A leer

Muchas personas piensan que la leyenda de El Dorado, que llevó a tantos conquistadores a lo que es hoy Colombia, tiene su origen en una ceremonia tradicional de la cultura chibcha. Cuando los chibchas tenían un nuevo jefe o cacique, lo cubrían de oro y lo llevaban en una balsa al centro de la laguna de Guatavita, donde se bañaba.

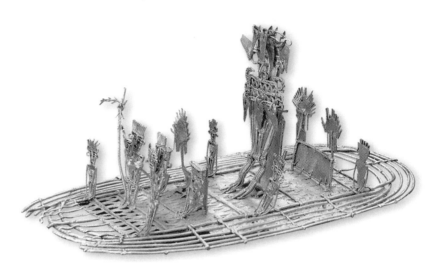

⌾ Cultura ⌾

Los calendarios mayas y aztecas tenían 365 días, pero dividían el año en 18 meses de 20 días y un período final de 5 días. Además de este calendario solar, estas culturas tenían un calendario religioso de 260 días. Si desea saber más sobre estos calendarios, visite www.prenhall.com/identidades

El templo de Quetzalcóatl en Teotihuacan, cerca de la Ciudad de México, tiene forma de pirámide y está adornado con esculturas de este dios, a quien representaban como una serpiente cubierta de plumas. Además de la cultura teotihuacana, en México existieron muchas culturas prehispánicas importantes. Entre ellas se destacan especialmente la de los mayas, y unos siglos después, la de los aztecas.

La Piedra del Sol, también conocida como Calendario Azteca, es uno de los tesoros del Museo de Antropología de la ciudad de México. En esta escultura, los aztecas expresaron su concepto del universo y muchos de sus conocimientos astronómicos.

Terrazas de cultivo de los incas en Perú. La papa y el maíz, originarios de este continente, eran la base de la alimentación de los pueblos indígenas antes de la llegada de los españoles.

Preparación

2-1 Asociación. Asocie cada palabra de la columna de la izquierda con su sinónimo correspondiente en la columna de la derecha.

1. _____ relatos
2. _____ pobladores
3. _____ adelantos
4. _____ tierra
5. _____ agua
6. _____ terremoto
7. _____ prueba
8. _____ asombro

a. mar, océano
b. sorpresa
c. temblor de tierra
d. demostración
e. habitantes
f. avances
g. narraciones, historias
h. suelo

2-2 Grandes civilizaciones. Según el contexto, seleccione la expresión apropiada y complete el siguiente texto.

| los incas | los aztecas | los mayas |
| los griegos | los egipcios | los romanos |

Cuando los españoles llegaron a lo que hoy es México se encontraron con un pueblo guerrero de cultura muy avanzada. Eran (1) _____. Tenían calendarios muy sofisticados para medir el tiempo y templos donde celebraban sacrificios. En México también se encuentran restos de una civilización anterior, la de (2) _____, que construían pirámides, al igual que otras culturas avanzadas como la de (3) _____, al norte de África.

En la América del Sur también existieron civilizaciones importantes. La ciudad de Machu Picchu es un ejemplo de los adelantos de (4) _____, quienes eran arquitectos y agricultores muy hábiles que cultivaban la papa, desconocida en Europa hasta que los españoles la llevaron en el siglo XVI.

Entre las grandes civilizaciones antiguas europeas tenemos a (5) _____, grandes filósofos, estudiosos de la aritmética y la astronomía y creadores de las Olimpiadas. Otra gran civilización fue la de (6) _____, quienes llegaron a tener un gran imperio. Aún hoy se conservan teatros y acueductos de esta civilización que, además, impuso su lengua, el latín, de la que se derivan el español, el francés y el italiano, entre otras.

2-3 Nuestra gente. Sigan las instrucciones a continuación para hablar sobre un grupo originario de su país (los indios apaches, los sioux, los anazasi, etc.) u otro grupo o comunidad importante (los italianos, los alemanes, los chinos, etc.). Apunten algunos datos para después compartir sus ideas con otra pareja.

1. Seleccionen un grupo e indiquen el lugar donde viven/vivían.
2. Describan este lugar.
3. Hablen de su vivienda.
4. Mencionen una costumbre tradicional o antigua que aún mantienen hoy en día.

Estrategias de lectura

1. Infórmese sobre el tema antes de leer.

   a. El título. Al leer el título, "Dos leyendas", ¿en qué piensa? ¿Cuál es la diferencia entre una leyenda y un cuento? Si no lo sabe, busque la palabra "leyenda" (o *legend* en inglés) en un diccionario monolingüe.

   b. Examine rápidamente el texto para descubrir cuáles son las dos leyendas que se presentan.

   c. ¿Qué sabe usted acerca de las leyendas de la Atlántida y de Quetzalcóatl? Si no sabe mucho sobre estos temas, vaya a **www.prenhall.com/ identidades**, tome unos apuntes, y después comente con un/a compañero/a lo que averiguó.

2. Examine el texto antes de leerlo.

   a. ¿Hay material gráfico (mapas, fotos, dibujos, etc.)? ¿Qué relación hay entre estos materiales y lo que usted ya sabe?

   b. La organización del texto. Cada párrafo de un texto tiene una idea principal que está generalmente al comienzo o a veces en otro lugar del párrafo. En conjunto, estas oraciones forman un resumen del texto. Cuando lea un texto, pase su marcador por las oraciones que representan la idea central de cada párrafo. Después lea una vez más estas oraciones para tener una idea del texto en su totalidad.

3. Anticipe el contenido del texto. Lea las oraciones a continuación y, basándose en lo que ya sabe acerca de las dos leyendas que se presentan en el texto, trate de adivinar qué temas van a aparecer.

	Sí	No
a. Se explican las teorías sobre el misterio de la posible existencia de la Atlántida.	_____	_____
b. Se explica cómo la Atlántida fue destruida.	_____	_____
c. Se da información sobre la evidencia arqueológica del lugar donde estaba la Atlántida.	_____	_____
d. Se explica la importancia de la leyenda de Quetzalcóatl para los aztecas.	_____	_____
e. Se habla de la conexión entre la leyenda de Quetzalcóatl y la llegada de los españoles a México.	_____	_____

Después de leer el texto, vuelva a esta lista de temas para ver si acertó en sus predicciones.

LECTURA

Dos leyendas

Las leyendas forman parte de la cultura de los pueblos. En algunos casos, las leyendas tienen una base real que varía y se enriquece con la imaginación de los pueblos. En otros casos, las leyendas representan posibles explicaciones de ciertos misterios incomprensibles para la gente. Así, las leyendas y los mitos han ayudado a resolver incógnitas en el curso de la historia. ◗   5

La Atlántida es una leyenda universal que nos ha llegado a través de los relatos de algunos historiadores, filósofos y escritores de la antigüedad. Estos relatos hablan de un maravilloso continente desaparecido, cuyos habitantes eran altos y hermosos y tenían una civilización y una cultura muy superiores a las civilizaciones europeas y asiáticas.   10

Sin embargo, nadie ha podido comprobar con seguridad si la leyenda está basada en datos históricos que fueron pasando de generación a generación, o si el filósofo griego Platón inventó la existencia de este continente ideal para ilustrar sus teorías políticas. En cualquier caso, esta leyenda ha dado lugar a muchas especulaciones y, aún hoy en día, hay investigadores que acumulan evidencias 15 para demostrar que la Atlántida se encontraba en un lugar o en otro hace miles de años. ◗

Posible localización de la Atlántida.

❓ Las leyendas. Según este párrafo, ¿cuál es el propósito de las leyendas? ¿Qué función tienen en la cultura que las inventa?

❓ ¿Qué ha aprendido? En párrafos 2 y 3, se presentan dos teorías sobre si la Atlántida existió o no. ¿Cuáles son estas teorías?

Casi todos los defensores de la existencia de la Atlántida parecen coincidir en que este gran continente se encontraba donde actualmente está el océano
20 Atlántico, y que por el este llegaba hasta lo que hoy son las islas Canarias, al suroeste de España, y por el oeste hasta Honduras, en el Caribe. También dicen que los atlantes tenían una cultura muy avanzada, con grandes adelantos científicos, pues conocían el calendario, la aritmética y la astronomía, y que además construían edificios prodigiosos, podían transportar pesados monolitos,
25 cultivaban la tierra, y practicaban la escultura, la orfebrería y otras artes. ✑

La leyenda cuenta que, con el paso del tiempo, la conducta de los atlantes cambió y entre ellos comenzó la corrupción. Entonces, los dioses decidieron castigar a los habitantes de la Atlántida e hicieron desaparecer su civilización en un cataclismo espantoso. La leyenda concluye diciendo que ocurrió un
30 terremoto tan tremendo y destructor que partió el continente en pedazos, la mayor parte de los cuales se hundieron[1] en el mar sin dejar rastro. ✑

Otros relatos indican que ciertos pobladores de la Atlántida pudieron escapar en barcos a través de las aguas y llegaron hasta Mesoamérica[2]. Esto explicaría el origen de algunos pueblos como los mayas, los olmecas, los mixtecas y otros.
35 También ayudaría a explicar algunos de los misterios que aún intentan descifrar los historiadores sobre las antiguas civilizaciones de América: sus calendarios, sus conocimientos de astronomía, hidráulica, física y mecánica, su capacidad de trasladar enormes piedras y construir altos edificios, etc. Además, muchos asocian la palabra *atl*, que significa agua en náhuatl[3], con la Atlántida, y
40 consideran esto como una prueba más de la llegada de los atlantes a este continente.

✑ Además de la Atlántida, otras leyendas han tenido consecuencias importantes en la historia de los pueblos, como por ejemplo, la de Quetzalcóatl. Según esta leyenda, varios siglos antes de la llegada de los españoles a lo que es hoy México,
45 Quetzalcóatl, un hombre blanco con barba[4], predicó una religión de amor y enseñó a los pueblos indígenas la agricultura, el trabajo de los metales y las artes. Después de una lucha con el dios del mal, Quetzalcóatl abandonó la ciudad de Tula, pero prometió que iba a regresar, lo que quedó en la memoria de los pueblos indígenas, quienes adoraban al dios Quetzalcóatl y lo representaban
50 como una serpiente con plumas, símbolos de la tierra y el aire. La presencia de los españoles con sus armas de fuego y sus caballos, desconocidos entre los indígenas, causaron gran asombro. Los aztecas creyeron al principio que Hernán Cortés era Quetzalcóatl que venía a cumplir su palabra. Monctezuma, el emperador de los aztecas, lo recibió como a un dios en la capital de su imperio,
55 Technotitlan, facilitando así la conquista de México por los españoles.

La leyenda de la Atlántida y la de Quetzalcóatl son sólo dos ejemplos de las muchas leyendas que las civilizaciones antiguas de este continente, al igual que otras civilizaciones del mundo, crearon y que nos permiten comprender muchas de sus características y su cultura. Para algunos estudiosos de estos temas, las
60 leyendas son tan importantes que han llegado a afirmar que en ellas se encuentra el alma de los pueblos. ✑

❓ El imperfecto. En este párrafo se describe el continente de la Atlántida con estos verbos: **se encontraba, llegaba, tenían, conocían, construían,** etc. Éstas son formas del imperfecto, el cual se usa para hacer descripciones en el pasado.

❓ El pretérito. En este párrafo, se cuenta el cataclismo de la Atlántida con estos verbos: **cambió, comenzó, decidieron, hicieron, ocurrió, partió, se hundieron.** Éstas son formas del pretérito, el cual se usa para narrar historias o una serie de eventos en el pasado.

❓ Prepárese para leer. Antes de leer este párrafo (líneas 42–55), examínelo rápidamente y pase su marcador por todos los nombres de personas y de lugares: Atlántida, Quetzalcóatl, México, etc. Esto lo/la ayudará a comprender mejor el párrafo cuando lo lea con atención.

❓ La conclusión. Muchas veces el último párrafo resume la idea central del texto, pero también extiende la idea un poco más. ¿Qué se dice en el último párrafo acerca de las leyendas que va más allá de (*goes beyond*) lo que se dice en el primer párrafo?

---

[1]*sank*   [2]territorio que se extiende desde el norte de la capital de México hasta Nicaragua
[3]lengua de los aztecas   [4]*beard*

Comprensión y ampliación ————————————————

2-4 Cierto o falso. Indique si las siguientes afirmaciones son ciertas (C) o falsas (F) de acuerdo con la información de la lectura. Si son falsas, indique en qué línea(s) del texto está la respuesta correcta.

1. _____ A veces las leyendas se basan en hechos reales.
2. _____ Se sabe con seguridad dónde se encontraba la Atlántida antes de su destrucción.
3. _____ Platón describe la Atlántida en algunos de sus escritos.
4. _____ Los atlantes cultivaban las artes y tenían conocimientos científicos avanzados.
5. _____ La conducta de los atlantes fue siempre excelente.
6. _____ La Atlántida desapareció como consecuencia de un terremoto muy fuerte.
7. _____ Según una interpretación de la leyenda, los dioses castigaron a los habitantes de la Atlántida.
8. _____ Algunos habitantes de la Atlántida pudieron escapar en barcos y llegar al continente americano.
9. _____ Según algunos, los grandes adelantos de las culturas mesoamericanas tienen su origen en los conocimientos que trajeron los atlantes a este continente.
10. _____ La palabra *atl* quiere decir tierra en la lengua de los aztecas.
11. _____ Los aztecas ya conocían los caballos y las armas de fuego cuando llegaron los españoles.
12. _____ Cuando vieron a los españoles, los aztecas creyeron que Hernán Cortés era Quetzalcóatl.

2-5 El orden correcto. Diga en qué orden sucedieron estas cosas, de acuerdo con la lectura.

_____ Ocurrió un terrible cataclismo.
_____ Escaparon de la Atlántida en barcos.
_____ Llevaron su cultura y sus conocimientos a sus nuevas tierras.
_____ El continente desapareció en el mar.
_____ Algunas personas pudieron sobrevivir.
_____ Llegaron a las costas de Mesoamérica.
_____ Se asentaron en tierras americanas.
_____ Los dioses decidieron castigar a los atlantes.

2 2-6 Vamos a resumir. Lea otra vez el párrafo sobre la leyenda de Quetzalcóatl y subraye tres o cuatro oraciones que usted considera importantes. Comparta estas oraciones con un/a compañero/a y entre los dos escriban un párrafo que resuma las ideas principales de esta leyenda basándose en estas oraciones. Compartan este resumen con el resto de la clase.

Aclaración y expansión

The preterit

Spanish has several tenses to express the past. In this lesson, you will review the preterit and the imperfect.

- Use the preterit to talk about past events, actions, and conditions that are viewed as completed or ended, regardless of the time they lasted (an instant, a short while, or a long period of time).

  En un instante, el mar **cubrió** la costa.

  *In an instant, the sea **covered** the coast.*

  Los sobrevivientes **estuvieron** en el mar durante mucho tiempo.

  *The survivors **were** at sea for a long time.*

- Use the preterit when narrating a sequence of events, actions, and conditions seen as completed in the past. Such a sequence of actions denotes a forward movement of narrative time.

  Después de un largo viaje, **llegaron** a Mesoamérica.

  *After a long journey, they **reached** Mesoamerica.*

  Algunos grupos **se establecieron** cerca de la costa, y otros **continuaron** hacia las tierras altas.

  *Some groups **settled** near the coast, and others **continued** towards the high lands.*

- The preterit may also indicate the beginning of an event or a feeling.

  Se sintieron muy felices cuando **vieron** la costa a lo lejos.

  *They **felt** very happy when they **saw** the coast in the distance.*
  (started to feel)

Regular verbs

	hablar	comer	vivir
yo	hablé	comí	viví
tú	hablaste	comiste	viviste
Ud., él, ella	habló	comió	vivió
nosotros/as	hablamos	comimos	vivimos
vosotros/as	hablasteis	comisteis	vivisteis
Uds., ellos/as	hablaron	comieron	vivieron

Note to the students:
Verbs with spelling changes are in the Appendix, p. 407.

Irregular verbs

- Stem-changing **-ir** verbs

  Stem-changing **-ir** verbs change **e → i** and **o → u** in the **usted, él, ella** and **ustedes, ellos, ellas** forms.

	e → i		o → u
pedir	pidió, pidieron	dormir	durmió, durmieron
preferir	prefirió, prefirieron	morir	murió, murieron

- The verb **dar**

  Dar uses the endings of **-er** and **-ir** verbs.

  dar   di, diste, dio, dimos, disteis, dieron

- The verbs **ir** and **ser**

  Ir and *ser* have identical forms in the preterit. Context will determine the meaning.

  ir
  ser } fui, fuiste, fue, fuimos, fuisteis, fueron

Verbs that do not stress the last syllable in the *yo* and the *usted, él, ella* forms

u in the stem	
andar	anduve, anduviste, anduvo, anduvimos, anduvisteis, anduvieron
estar	estuve, estuviste, estuvo, estuvimos, estuvisteis, estuvieron
poder	pude, pudiste, pudo, pudimos, pudisteis, pudieron
poner	puse, pusiste, puso, pusimos, pusisteis, pusieron
saber	supe, supiste, supo, supimos, supisteis, supieron
tener	tuve, tuviste, tuvo, tuvimos, tuvisteis, tuvieron
i in the stem	
hacer	hice, hiciste, hizo, hicimos, hicisteis, hicieron
querer	quise, quisiste, quiso, quisimos, quisisteis, quisieron
venir	vine, viniste, vino, vinimos, vinisteis, vinieron

The verbs **decir, traer,** and all verbs ending in **-ducir** (e.g., **producir**) have a **j** in the stem and use the ending **-eron** instead of **-ieron** in the **ellos/ellas/ustedes** form. **Decir** also has an **i** in the stem.

j in the stem	
decir	dije, dijiste, dijo, dijimos, dijisteis, dijeron
producir	produje, produjiste, produjo, produjimos, produjisteis, produjeron
traer	traje, trajiste, trajo, trajimos, trajisteis, trajeron

The historical present

As you saw in Chapter 1, Spanish sometimes uses the present tense to refer to past actions in a narration. This use adds interest to a story by making the actions seem more immediate or important.

En ese momento horrible, la gente **corre** hacia los barcos que **están** en el puerto. Muchos **se caen** en las calles y no **logran** llegar al puerto.

*At that horrible moment, people **start** running towards the ships that **are** at the port. Many of them **are falling** down in the streets and cannot **reach** the port.*

2-7 Los preparativos. Los medios de comunicación informaron que en las próximas horas se espera un terrible huracán, acompañado de fuertes lluvias. Los precavidos (*cautious people*) tomaron medidas para sobrevivir. Los imprudentes no les prestaron atención a las noticias y siguieron su vida normal. Indique, al lado de cada número, lo que hicieron los precavidos **(P)** y los imprudentes **(I)**.

1. _____ Compraron agua y comida en lata.

2. _____ Fueron a la playa a ver las olas.

3. _____ Alquilaron una película para verla con unos amigos por la noche.

4. _____ Cubrieron los cristales de las ventanas para protegerlos.

5. _____ Pusieron los muebles de la terraza dentro de la casa.

6. _____ Salieron a pasear en barco por la bahía.

7. _____ Entraron al perro a la casa.

8. _____ Invitaron a unos amigos a cenar fuera.

Lengua

Spanish speakers normally use the present tense after **por poco** (*almost, nearly*) since they are referring to actions that were not completed. Using the present tense expresses that the event was a "close call" or a "near miss." English uses a past tense.

Muchos de los sobrevivientes **por poco mueren** cuando cayeron los edificios.

*Many of the survivors **almost died** when the buildings collapsed.*

2-8 ¡Auxilio! Observen las siguientes escenas y después túrnense para narrar detalladamente lo que ocurrió. Las palabras que aparecen más abajo pueden ayudarlos/las para dar más detalles en su narración.

Expresiones útiles			
Sustantivos		**Verbos**	
incendio/fuego	escaleras	rescatar	prestar ayuda
coche/carro de bomberos	víctimas	apagar	auxiliar
llamas	mangueras	reanimar	tener pánico
ambulancia	sirena	pedir auxilio	tranquilizar(se)
paramédicos	enfermeros/as	inhalar humo	respirar

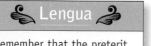
Lengua

Remember that the preterit form of **hay** is **hubo** (*there was, there were*) and that it is invariable: **Hubo un terremoto terrible. Hubo muchos muertos y heridos.**

a.

b.

c.

d.

e.

f.

G **2-9 Las noticias. Primera fase.** Un equipo de reporteros debe entrevistar a UNO de los sobrevivientes del incendio. Escriban una lista de preguntas usando **qué, quién(es), cómo, cuándo, cuánto/a(s), dónde, por qué.**

2 **Segunda fase.** Con un/a compañero/a de otro grupo hagan los papeles de reportero/a y sobreviviente. Intercambien roles. Después preparen una noticia por escrito para dar por televisión.

2-10 Mis orígenes. Primera fase. Escriba en una secuencia lógica los orígenes probables de uno/a de sus parientes o antepasados/as.

Verbos útiles			
llegar	casarse	establecerse	quedarse
mudarse	volver	emigrar	viajar
salir	trabajar	vivir	¿?

MODELO: Mi abuelo **llegó** de Italia con sus padres a este país en el año 1935. **Se establecieron** en Nueva York. Unos años más tarde, mi abuelo **conoció** a mi abuela. La familia de mi abuela también **emigró** de Italia a los Estados Unidos. Después de un tiempo **se casaron** y **se mudaron** a Chicago. Mi abuelo **empezó** a trabajar como mecánico, **compraron** una casa, y **se quedaron** en Chicago.

2 **Segunda fase.** Sin usar sus notas, explíquele a un/a compañero/a la historia de su pariente. Él/Ella debe hacerle al menos tres preguntas para obtener más detalles.

2 **2-11 ¿La vida es un sueño o una pesadilla?** Piense en el mejor o peor día que ha tenido este mes/esta semana. Dígale a su compañero/a todo lo que le sucedió. Su compañero/a debe hacerle preguntas para obtener más detalles.

2 **2-12 Una crisis.** Recuerde un acontecimiento difícil que usted vivió en el pasado: un huracán, un tornado, una advertencia de peligro, un corte de la electricidad, etc. Haga una lista de lo que usted hizo desde el comienzo hasta el fin de la crisis o problema. Después, cuéntele a su compañero/a su experiencia.

MODELO: Supimos que íbamos a tener una tormenta muy fuerte por la radio. Cerramos las ventanas y apagamos las computadoras. Desenchufamos (*We unplugged*) los teléfonos.

A leer

La familia de Carlos IV del pintor español
Francisco de Goya y Lucientes (1746–1828),
uno de los grandes precursores de la pintura
moderna. Las primeras obras de Goya
muestran un ambiente popular y optimista.
Como pintor de la corte, sus cuadros
presentan a los personajes más importantes
de la época, pero su pintura, que siempre
continuó evolucionando, más tarde fue
sombría y pesimista.

La familia presidencial del pintor colombiano Fernando
Botero es una sátira de la sociedad hispanoamericana.
Sus pinturas y esculturas se caracterizan por sus figuras
voluminosas. Hoy en día, Botero es uno de los pintores
hispanoamericanos más conocidos.

Estación de ferrocarril al aeropuerto de Satolas, Lyon, Francia.

La Catedral de Lima, Perú, fue fundada en 1543.
A finales del siglo XVIII comenzó la renovación del
edificio, donde se observa una mezcla de estilos
arquitectónicos. En el Museo de Arte de esta
catedral se encuentran numerosos tesoros artísticos.

En algunos países hispanos han convertido palacios, castillos o
monasterios antiguos en hoteles. En otros casos, han combinado
edificios nuevos con construcciones antiguas como la Hotel Quinta
Real de Zacatecas, México, construido alrededor de una plaza de
toros del siglo XVII y junto a un acueducto del siglo XVI.

Preparación

2-13 Creaciones maestras. Asocie los artistas de la columna de la izquierda con las creaciones artísticas de la columna de la derecha. En algunos casos, más de una respuesta es posible.

1. _____ músico
2. _____ arquitecto
3. _____ pintor
4. _____ escultor

a. pintura
b. edificio
c. retrato (*portrait*)
d. puente
e. ópera
f. escultura
g. dibujo
h. arco inclinado
i. paisaje
j. canción

2-14 ¿Cómo son los artistas y qué hacen? Eliminen la(s) idea(s) que, según ustedes, **no** describe(n) o define(n) a un artista ni su trabajo. Luego expliquen por qué no pertenece(n) allí.

1. En nuestra sociedad clasificamos como artistas a los. . .
   a. profesores universitarios.
   b. escultores.
   c. músicos.
   d. pintores.
   e. muralistas.
   f. arquitectos.

2. En general, la gente piensa que los artistas. . .
   a. siempre mantienen la tradición.
   b. son personas fuera de lo común.
   c. son bohemios.
   d. no tienen educación formal.
   e. son multifacéticos.

3. También piensan que la creación de un/a artista. . .
   a. es siempre el resultado de un caos emocional.
   b. siempre es fácil de entender.
   c. casi siempre provoca controversia.
   d. debe representar la visión que la sociedad tiene de una idea o concepto.

4. Para realizar un proyecto, un arquitecto. . .
   a. nunca se deja influenciar por las ideas de un gran maestro.
   b. hace un plano.
   c. a veces fabrica maquetas (*scale models*).
   d. no dibuja antes lo que desea construir.

www **2-15 Los grandes artistas. Primera fase.** Investigue los siguientes hechos sobre la vida y la obra de UNO de estos artistas: Francisco de Goya, Diego Velázquez, Fernando Botero, Frida Kalho, Antonio Gaudí, Luis Barragán.

1. Lugar de nacimiento.
2. Estudios y lugar donde los realizó.
3. Arte que cultivó y posible influencia de otros artistas famosos.
4. Obra(s) que lo/la hicieron famoso/a.
5. Descripción de UNA de sus obras.
6. Algún dato particularmente interesante para ustedes.

2 **Segunda fase.** Sin leer sus notas, comparta con un/a companero/a la información que consiguió. Su compañero/a debe hacerle al menos tres preguntas.

Estrategias de lectura

1. Use el título para anticipar el contenido.

   a. Lea el título. ¿Comprende todas las palabras? ¿De qué verbo viene la forma *rompiendo*?

   b. ¿Qué significa la frase *fronteras del arte*? ¿Qué tipo de fronteras son?

2. Lea rápidamente el primer párrafo para orientarse. ¿Qué fechas ve? ¿Qué ciudades se mencionan? ¿Qué tipo de artista es Santiago Calatrava?

3. Piense en lo que sabe acerca del tema. ¿Qué sabe acerca de la arquitectura y los arquitectos? Apunte los nombres de los arquitectos que conoce. De los edificios y otras construcciones que usted conoce, ¿cuáles tienen fama como obras arquitectónicas importantes?

LECTURA

Santiago Calatrava: Rompiendo las fronteras del arte

Santiago Calatrava es uno de los arquitectos españoles más originales y reconocidos del mundo. Nació en Valencia en 1951, donde, desde los ocho años, estudió en la Escuela de Artes y Oficios. Posteriormente se graduó en Arquitectura y tomó también cursos de urbanismo en esa misma ciudad. En
5 1975 decidió hacer estudios de posgrado en ingeniería civil y se matriculó en la Universidad Técnica Helvética de Zurich, donde se doctoró en el año 1981. Con una formación tan académica, no se puede decir que Santiago Calatrava sea un autodidacta[1], como tantos de sus contemporáneos. Además, Calatrava habla a la perfección varias lenguas y es un hombre polifacético cuya obra traspasa las
10 fronteras de la arquitectura, del arte y de la ingeniería. 💬

? ¿Qué ha aprendido usted sobre Calatrava al leer el primer párrafo? Anote tres datos.

[1]*self-taught*

Durante sus estudios de doctorado en Zurich conoció a su esposa, que era estudiante de leyes, y allí instaló su primer taller de arquitectura, en una casa que le sirve igualmente de residencia. En esta antigua casa remodelada en su interior con un aspecto moderno y espacioso, Calatrava se dedica a hacer esculturas, dibujos y diseños de muebles, además de sus proyectos arquitectónicos. La [15] influencia de su talento artístico se ve claramente en sus edificios, que parecen esculturas. "A veces, me dedico a hacer composiciones estructurales; si se quiere, también se pueden denominar esculturas", dice Santiago Calatrava.*

En las entrevistas que concede y en sus artículos, las referencias de Calatrava al arte son constantes y lo ayudan a explicar su obra, como la comparación entre [20] los arcos inclinados de un puente y los bañistas de Cézanne[2]. "El arte del siglo XX –dice– se ha visto fuertemente influenciado por el concepto marxista-leninista del arte para todos. Esta idea se ha pasado ya. Estamos volviendo a encontrar la libertad de creación, lo que implica un nuevo puesto para el arquitecto en tanto[3] artista, y para la arquitectura en tanto arte.*" [25]

Después de completar sus estudios de posgrado, Calatrava hizo algunos trabajos de ingeniería y empezó a presentarse a concursos. En 1983 ganó el concurso para reconstruir la estación de Zurich, y en 1984 lo contrataron para hacer el puente de Bach de Roda en Barcelona. En 1989 abrió un segundo taller de arquitectura en París, Francia. En este país es muy apreciado y ha construido la [30] estación del aeropuerto Satolas en Lyon. Su tercer taller lo abrió en Valencia, su ciudad natal, en 1991, para dedicarse a la construcción de un gran complejo arquitectónico, La Ciudad de las Artes y las Ciencias.

Según Calatrava, el puente no debe tener únicamente un valor funcional. De hecho, a lo largo de la historia, los puentes han estado cargados de significados [35] simbólicos: "Si se observa la historia de los puentes durante los siglos XIX y XX —declara Calatrava— se verá que muchos tienen una estructura muy particular, cargada de significado. Unos estaban recubiertos de piedra, otros tenían esculturas en forma de león o barandillas; en el puente de Alejandro III de París, incluso hay lámparas sostenidas por ángeles. Esta actitud desapareció [40] al finalizar la Segunda Guerra Mundial. Fue necesario reconstruir con rapidez cientos de puentes en toda Europa. Por pura necesidad surgió una escuela de diseño funcional. Un buen puente era un puente simple y, sobre todo, económico." Sin embargo, hoy en día la arquitectura funcional tiene también su propósito estético, y es por eso que el puente se ha revalorizado como símbolo [45]

El Puente de la Barqueta en Sevilla, España, del arquitecto español Santiago Calatrava.

*Philip Jodidio, *Santiago Calatrava*, Taschen, 1998, Köln, pp. 6–8
*Ibidem, p. 8

[2]Pablo Cezanne, pintor impresionista francés (1839–1906)   [3]como

---

? Este párrafo trata de la casa de Calatrava. ¿Qué artes practica Calatrava?

? ¿Qué dice Calatrava acerca del arte del siglo XX? ¿De qué manera es diferente del arte de ahora?

? ¿Qué ha aprendido? ¿Qué tres grandes proyectos hizo Calatrava entre 1983 y 1991? ¿En qué ciudades europeas hizo estos proyectos?

El Museo de Arte de Milwaukee del arquitecto español Santiago Calatrava.

de identidad. Entre los puentes más famosos de Calatrava están el del Alamillo, en Sevilla, el puente de Campo Volantin en Bilbao y el de la estación del metro de Valencia.* 💬

50 El Museo de Arte de Milwaukee es uno de los primeros trabajos de Calatrava en Estados Unidos. Situado a la orilla del Lago Michigan en Milwaukee, el edificio parece un cisne[4] con las alas abiertas, y la revista *Time* lo declaró el mejor diseño arquitectónico del año 2001. Los visitantes acceden al museo por un puente peatonal diseñado también por Calatrava. Recientemente, Calatrava ha sido elegido para realizar la estación terminal de trenes del conjunto de la Zona Cero

55 en Manhattan. Esto demuestra la importancia que tiene este español universal en la arquitectura mundial.

*Ibidem, pp. 26–28.

[4]*swan*

💬 ¿Qué ha aprendido? Lea otra vez este párrafo. ¿Qué dos épocas (*historical periods*) se identifican en la historia de los puentes? ¿Qué estilo se asocia con cada época?

Comprensión y ampliación

2-16 Cierto o falso. Indique si las siguientes afirmaciones son ciertas (**C**) o falsas (**F**) de acuerdo con la información de la lectura. Si son falsas, indique en qué línea(s) del texto está la respuesta correcta.

1. _____ Santiago Calatrava nació en Suiza.
2. _____ El famoso arquitecto es autodidacta.
3. _____ Santiago Calatrava vive en Valencia hoy en día.
4. _____ En su estudio, Calatrava también hace esculturas y pinturas.
5. _____ Las obras arquitectónicas de Calatrava se basan en sus propias esculturas.
6. _____ Calatrava cree que la arquitectura y el arte no tienen ninguna relación.
7. _____ Según Calatrava, el único propósito del puente hoy en día es funcional.
8. _____ El Museo de Milwaukee tiene la forma de un ave con alas abiertas.
9. _____ Este museo recibió un premio importante en 2001.
10. _____ Calatrava fue elegido para realizar una obra muy importante en Nueva York.

2-17 Agrupaciones. Vuelva a leer el texto y busque la información que se pide más abajo. Debe subrayar las palabras en el texto y después escribirlas.

1. un pintor importante según Calatrava
2. tres edificios de Calatrava
3. tres países donde Calatrava ha trabajado
4. un material de construcción
5. dos formas de expresión artística

2-18 Para pensar y comentar. Lean las siguientes citas (*quotations*) textuales y, luego, túrnense para preguntar y responder.

Calatrava habla a la perfección varias lenguas y es un hombre polifacético cuya obra traspasa las fronteras de la arquitectura, del arte y de la ingeniería.

1. ¿Qué lenguas habla Santiago Calatrava? ¿Y usted?
2. ¿Qué ventajas tiene hablar distintas lenguas?
3. ¿Puede explicar la expresión "es un hombre polifacético"?
4. ¿Qué significa la palabra "fronteras" en este contexto?
5. ¿Conoce usted otros países? ¿Cuáles?
6. ¿Qué otro tipo de fronteras se pueden cruzar?

"El arte del siglo XX –dice– se ha visto fuertemente influenciado por el concepto marxista-leninista del arte para todos. Esta idea se ha pasado ya. Estamos volviendo a encontrar la libertad de creación, lo que implica un nuevo puesto para el arquitecto en tanto artista, y para la arquitectura en tanto arte."

1. ¿Qué quiere decir *el arte para todos*? ¿Conoce algún ejemplo de este tipo de arte? ¿Cuál?
2. En su opinión, ¿qué es más importante, la libertad de creación o la utilidad del arte? ¿Por qué?
3. ¿Conoce algún ejemplo de arquitectura que pueda ser considerado arte? ¿Cuál?
4. ¿Cree usted que el verdadero artista es siempre independiente? ¿Por qué?
5. ¿Conoce alguna obra de arte (pintura, escultura, arquitectura, etc.) que sirva a intereses políticos, económicos o religiosos?

Según Calatrava, el puente no debe tener únicamente un valor funcional. De hecho, a lo largo de la historia, los puentes han estado cargados de significados simbólicos: "Si se observa la historia de los puentes durante los siglos XIX y XX —declara Calatrava— se verá que muchos tienen una estructura muy particular, cargada de significado. Unos estaban recubiertos de piedra, otros tenían esculturas en forma de león o barandillas; en el puente de Alejandro III de París, incluso hay lámparas sostenidas por ángeles. Esta actitud desapareció al finalizar la Segunda Guerra Mundial. Fue necesario reconstruir con rapidez cientos de puentes en toda Europa. Por pura necesidad surgió una escuela de diseño funcional. Un buen puente era un puente simple y, sobre todo, económico."

1. ¿Conoce alguna ciudad con un puente importante? ¿Por qué es importante el puente?
2. ¿Es un puente sólo funcional o es también famoso por otra razón?
3. Imagínese la ciudad sin ese puente. ¿Qué efectos va a tener esto en la ciudad?
4. ¿Ha visto fotos de algún puente de Calatrava? Describa el puente.
5. Explique en otras palabras la cita de Calatrava sobre el puente.

Aclaración y expansión

The imperfect

- The imperfect is another tense that you use when talking about the past. Contrary to the preterit, which expresses the beginning or end of an event, action, or condition, the imperfect describes the nature of an event, action, or condition while it was going on, but does not make reference to its beginning or end.

In Spanish, the imperfect is used to:

- express habitual or repeated actions in the past

Goya **terminaba** muchos de sus cuadros de noche. Según la tradición, **usaba** un sombrero donde **ponía** pequeñas velas encendidas para tener la luz que **necesitaba.**

*Goya **finished** many of his paintings at night. According to tradition, **he used to wear** a hat on which he **would place** small lighted candles to have the light he **needed.***

- describe characteristics and conditions in the past

Las primeras pinturas de Goya en Madrid **eran** más alegres y **tenían** colores brillantes. Años después, cuando él **estaba** viejo y enfermo, sus pinturas **eran** sombrías y dramáticas.

*The first paintings of Goya in Madrid **were** cheerful and **had** brilliant colors. A few years later, when he **was** old and sick, his paintings **were** somber and dramatic.*

- express an action, event, or state that was in progress in the past

Nosotros **mirábamos** las pinturas de Goya mientras la guía nos **hablaba** sobre su vida.

*We **were looking** at Goya's paintings while the guide **was telling** us about his life.*

- tell time in the past

Eran las cuatro de la tarde cuando salimos del museo.

*It **was** four in the afternoon when we left the museum.*

- mention age in the past

Goya **tenía** 86 años cuando murió.

*Goya **was** 86 years old when he died.*

- express intent or future time in relation to a past time

El director del museo dijo que la próxima exposición de pinturas de Picasso **iba** a ser en el Museo Guggenheim de Bilbao.

*The director of the museum said that the next exhibit of Picasso's paintings **was going** to be in Bilbao's Guggenheim Museum.*

Lengua

To express habitual or repeated actions in the past, you may also use the imperfect of the verb **soler** + infinitive.

Goya **solía** pintar de noche porque prefería terminar sus cuadros con luz artificial.

*Goya **used to** paint at night because he would rather finish his paintings with artificial light.*

You may also use the imperfect progressive especially if you want to emphasize the ongoing nature of the action, event, or state.

Pedro **estaba hablando** de Calatrava con su hermano.

Pedro was talking about Calatrava with his brother.

Remember that the imperfect form of **hay** is **había** (*there was, there were, there used to be*) and that it is invariable: **Había un puente muy moderno. Había unos puentes muy modernos.**

Imperfect of regular and irregular verbs

Regular verbs			
	hablar	comer	vivir
yo	hablaba	comía	vivía
tú	hablabas	comías	vivías
Ud., él, ella	hablaba	comía	vivía
nosotros/as	hablábamos	comíamos	vivíamos
vosotros/as	hablabais	comíais	vivíais
Uds., ellos/as	hablaban	comían	vivían

Irregular verbs	
ir:	iba, ibas, iba, íbamos, ibais, iban
ser:	era, eras, era, éramos, erais, eran
ver:	veía, veías, veía, veíamos, veíais, veían

2-19 Un gran arquitecto catalán. Complete esta narración usando la forma correcta del imperfecto.

Hoy en día, los expertos consideran que Antonio Gaudí es uno de los grandes arquitectos del mundo y el máximo representante del movimiento modernista catalán de finales del siglo XIX y comienzos del XX.

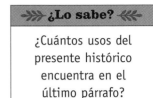

Cuando Gaudí (1) _____ (ser) joven, muchas veces (2) _____ (tener) que quedarse en su casa debido a fiebres reumáticas y no (3) _____ (poder) participar en los juegos de sus compañeros. Él (4) _____ (tener) una gran imaginación, y le (5) _____ (gustar) observar la naturaleza y estar solo. Después de terminar la carrera de arquitectura, Gaudí se quedó en Barcelona. A medida que los años (6) _____ (pasar), Gaudí (7) _____ (adquirir) más y más fama. Por eso, muchas familias ricas de Barcelona lo (8) _____ (contratar) para diseñar y construir sus casas. Gracias a esto, tenemos algunos ejemplos magníficos del arte de Gaudí. Pero a pesar de su fama, su estilo de vida (9) _____ (ser) cada vez más sencillo, y mientras (10) _____ (crear) obras arquitectónicas extraordinarias, como el Templo de la Sagrada Familia, Gaudí (11) _____ (vestirse) con gran sencillez, (12) _____ (vivir) modestamente y (13) _____ (dormir) en una pequeña cama en su estudio. Las personas que no lo (14) _____ (conocer) y lo (15) _____ (ver) en la calle, (16) _____ (pensar) que (17) _____ (ser) una persona muy pobre.

En 1926 un tranvía lo atropella y muere poco después en un hospital. Nadie se da cuenta al principio de que este anciano es Gaudí, el arquitecto de tanto renombre.

El Templo de la Sagrada Familia en Barcelona, España.

2-20 La casa/ El apartamento de mi infancia. Primera fase. Descríbale a su compañero/a cómo era la casa o el apartamento donde usted vivía cuando era niño/a. Después su compañero/a debe hacer lo mismo.

Vocabulario útil		
planta/piso	fachada (*façade*)	claro/a
balcón	arcos	oscuro/a
cuarto/habitación	ventanas/ventanales	atractivo/a
terraza	columnas	alto/a
jardín	portal	bajo/a
ático	escaleras	elegante

Segunda fase. Ahora, como por arte de magia, usted vuelve a su infancia y descubre que vivía en una mansión diseñada por el famoso arquitecto Santiago Calatrava. Descríbale detalladamente esa mansión a su compañero/a. Hable de lo siguiente: el estilo (moderno, clásico, rústico, español, colonial, europeo, etc.), el tamaño, el número de cuartos, el color y la decoración interior.

2-21 Picasso y yo. Primera fase. Pablo Picasso hacía las siguientes actividades cuando era niño. ¿Qué hacía usted?

Para divertirse, Pablo Picasso. . .	**Para divertirme, yo. . .**
1. conversaba con sus amigos y su familia.	_____
2. a veces jugaba con amigos en el parque.	_____
3. leía libros de cuentos fantásticos.	_____
4. dibujaba animales y figuras en su cuaderno.	_____
5. pintaba figuras usando colores brillantes.	_____

Para aprender más, él. . .	**Para aprender más, yo. . .**
6. siempre les hacía preguntas a sus profesores.	_____
7. le pedía libros de arte a su padre.	_____
8. iba a la biblioteca frecuentemente.	_____
9. pintaba bajo la dirección de su padre.	_____
10. pasaba horas pensando en nuevos proyectos.	_____

Segunda fase. Ahora, compare sus respuestas con las de un/a compañero/a. ¿Usted y su compañero/a se divertían y aprendían de la misma manera? En la opinión de ustedes, ¿quién solía divertirse más y aprender más: Pablo Picasso, usted o su compañero/a?

2-22 ¡Qué años aquellos! Descríbale a un/a compañero/a lo que usted solía hacer en las siguientes circunstancias cuando tenía 15 años. Él/Ella le va a hacer preguntas para obtener más información. Luego, intercambien roles.

1. Cuando usted se levantaba con el pie izquierdo (*were off to a bad start*).
2. Cuando tenía ganas de pasarlo bien.
3. Cuando quería impresionar a alguien importante para usted.
4. Cuando quería hacer algo que a sus padres no les gustaba.

②
WWW
2-23 Las construcciones antiguas. Primera fase. Escojan alguna construcción antigua (el acueducto de Segovia, las pirámides de Egipto o de México, el Coliseo de Roma, etc.) y explíquenle a otra pareja lo siguiente.

1. Cómo era esa construcción, quiénes la usaban y para qué.
2. Cuál era el material usado en la construcción.
3. Algunos detalles interesantes que tenía esa construcción.

Segunda fase. Comparen esa construcción antigua con una moderna que ustedes conozcan (acueductos o represas (*dams*), el hotel Luxor en forma de pirámide en Las Vegas, estadios, teatros, etc.) teniendo en cuenta su tamaño, belleza y uso.

Más expresiones útiles para comparar
al igual que
como
tanto en. . . como en. . .
de la misma manera/forma (que)
del mismo modo
al contrario de
a diferencia de

Algo más

Pero and sino

Although **pero** and **sino** are the Spanish equivalents of *but*, they are not interchangeable. The statement preceding **pero** may be affirmative or negative, but the statement preceding **sino** must be negative. **Sino** conveys the meaning of *on the contrary* or *but instead*.

En Perú, hay indígenas que son bilingües, **pero** hablan quechua en casa y español con los turistas.	*In Peru, there are indigenous people who are bilingual, **but** they speak Quechua at home and Spanish with the tourists.*
Hay otros que **no** hablan español, **sino** quechua, y generalmente viven en pueblos pequeños.	*There are others who **do not** speak Spanish, **but** Quechua, and they usually live in small towns.*

If you use a conjugated verb with **sino,** you must add **que** before the verb.

Esos indígenas **no** hablan español, **sino que** hablan quechua.	*Those indigenous people **do not** speak Spanish, **but instead** they speak Quechua.*

2-24 La arquitectura española e hispanoamericana. Complete las siguientes oraciones con **pero** o **sino (que)** y, después, verifique sus respuestas con su compañero/a.

1. Los edificios que se construían en Hispanoamérica en la época colonial seguían el estilo de los edificios españoles, _____ algunos de ellos tenían decoraciones indígenas.

2. Las plazas características de las ciudades coloniales, no estaban en las afueras, _____ en el centro.

3. Los principales edificios coloniales no eran de madera, _____ de piedra.

4. Hoy en día, la mayor parte de los arquitectos no siguen los estilos de antes, _____ quieren hacer edificios modernos e innovadores.

5. A muchas personas no les gustan los diseños demasiado modernos e innovadores, _____ poco a poco más personas descubren la belleza de estos diseños.

6. Cuando Calatrava diseñó el Puente del Alamillo, algunas personas pensaron que no se podía sostener, _____ en la actualidad es uno de los puentes más admirados del mundo.

2-25 ¿Qué piensa usted? Complete las siguientes frases y después compárelas con las que completó su compañero/a.

1. Yo no sé mucho sobre las culturas indígenas de Hispanoamérica, pero _____.

2. Yo pienso que los extraterrestres no movieron las piedras enormes de las construcciones indígenas, sino (que) _____.

3. Yo no pienso visitar _____, sino _____.

4. A mí me interesa(n) _____, pero _____.

5. A mis amigos no les gusta(n) _____, sino _____.

Ampliemos e investiguemos

A escuchar

2-26 Entrevista a una pintora. Usted va a escuchar una entrevista informal a Montse Casacuberta, una joven pintora catalana. Sus cuadros se han exhibido en importantes galerías de arte en diferentes ciudades españolas. En un momento de la entrevista, la pintora habla del cuadro que aparece aquí. Antes de escuchar la entrevista, mire el cuadro y lea las siguientes oraciones incompletas. Después, complételas de acuerdo con lo que escuchó.

Una pintura de
Montse Casacuberta.

1. Montse Casacuberta comenzó a pintar. . .

   a. cuando era niña.
   b. a los quince años.
   c. cuando era mayor.

2. Montse tuvo su primer estudio cuando. . .

   a. iba a la academia de pintura.
   b. ya tenía sus hijos.
   c. terminó sus estudios universitarios.

3. La carrera de Montse ha sido lenta básicamente porque. . .

   a. le gusta trabajar lentamente.
   b. tenía muchas obligaciones familiares.
   c. no pintó durante unos años.

4. Los dos temas principales de la pintura de Montse son. . .

   a. los niños y las familias.
   b. sus cosas y los paisajes.
   c. las ciudades catalanas.

5. El cuadro que describe la pintora es de. . .

   a. un paisaje catalán.
   b. un jardín de Barcelona.
   c. una parte de su casa.

6. Montse cree que al tener que combinar la pintura con otras responsabilidades, su trabajo es. . .

   a. más rápido y superficial.
   b. intenso, pero más sereno.
   c. familiar y sencillo.

2-27 Una entrevista. Hágale preguntas a su compañero/a para tratar de averiguar lo siguiente.

1. su artista preferido/a
2. razón o motivo de esta preferencia
3. tipo de arte que prefiere (moderno, clásico, impresionista, etc.)
4. su opinión sobre el arte de Montse Casacuberta
5. lo que le gusta más de la pintura de Montse

 A escribir

Estrategias de redacción: La narración

Narracíon es contar, relatar, presentar unos personajes y una secuencia de eventos ya sean ficticios o verdaderos.

La narración puede tener diversos propósitos: entretener, informar, instruir, explicar, crear suspenso, tensión, etc.

Asimismo, la narración puede ser larga o corta y tener una gran variedad de formas. Si nos interesa relatar la vida y hazañas (*deeds*) de un héroe real o ficticio, escribiremos una épica; para entretener a nuestros amigos, una anécdota. Una fábula nos ayuda a enseñar una lección importante; con gran imaginación y mucha habilidad, podremos crear un cuento o una novela; para mantener viva la memoria de una vida, escribiremos nuestra propia autobiografía o la biografía de otra persona.

Las siguientes son algunas consideraciones básicas sobre la narración.

1. Una buena narración exige (*demands*) la manipulación eficiente de: los personajes (con sus cualidades, sentimientos), la acción (rápida, lenta), el ambiente (rural, cosmopolita, misterioso, exótico, etc.), el tiempo (presente, pasado) y el orden (cronológico, retrospectivo, asociativo) en el que el evento o experiencia ocurre.

2. Una experiencia o evento se puede relatar desde dos perspectivas: la del narrador protagonista (participante: yo, nosotros) o la del narrador testigo (observador: él, ella, ellos).

3. Una narración tiene la siguiente estructura.

   a. Primero, presenta a los personajes, determina el ambiente y el comienzo de la acción.
   b. Luego, presenta y desarrolla la acción principal y crea las tensiones que rodean esta acción.
   c. Finalmente, presenta un desenlace, es decir, resuelve los conflictos o tensiones creados por el narrador (final cerrado) o le da la opción al lector de imaginar el final (abierto).

4. Un buen relato utiliza estrategias lingüísticas específicas para determinar la agilidad o movimiento de la narración. Así, el uso abundante de verbos (acción), el uso mínimo de detalles y las oraciones breves, acompañadas de expresiones adverbiales de tiempo (anoche, ayer, más tarde, a menudo, a las 5 de la tarde), le darán un paso ágil a la narración. Una narración lenta, por el contrario, tendrá muchos detalles, más descripción (adjetivos) y oraciones más largas.

A medida que su conocimiento del español aumente, usted se dará cuenta de que narrar por escrito en otra lengua es muy similar a narrar en su propia lengua. Implica una tarea con varias fases.

1. Planificación del texto en general.
2. Preparación del vocabulario y estructuras necesarias.
3. Redacción del texto.
4. Revisión constante y, a veces, simultánea del contenido y forma del texto.
5. Reescribir algunas oraciones para lograr el objetivo deseado y editar los aspectos formales del texto, etc.

En la siguiente sección, usted podrá reconocer y practicar algunas estrategias básicas de la narración comunes a todas las lenguas. Luego, tendrá la oportunidad de crear o escribir sus propias narraciones. No olvide que la experiencia que usted tiene narrando en su lengua materna le será muy útil al escribir un relato en español.

2-28 Análisis. Lea cada una de las siguientes narraciones y determine estos aspectos.

1. El grado de agilidad o movimiento: rápido, lento. ¿Por qué?
2. El ambiente: rural, cosmopolita, exótico, etc.
3. El tiempo: presente, pasado.
4. El tipo de narrador: protagonista, observador.
5. La estructura de la narración: presentación, desarrollo, desenlace.

Narración A	Narración B
El terremoto ocurre un triste día de invierno. Llueve y el sol empieza a esconderse. Los trabajadores del campo recogen sus herramientas de trabajo y se preparan para volver a casa. Los empleados de los lujosos edificios del centro de la ciudad disfrutan de una calentita taza de té. Parece ser un día como cualquier otro. Exactamente a las 5:10 de la tarde, y con una rapidez increíble, todo cambia. Primero, se escucha un fuerte ruido subterráneo que paraliza a todos. Luego, se siente un fuerte movimiento de tierra. La tierra parece sacudirse contra una roca. Todos corren como locos en todas direcciones. Con mucha prisa y con un pánico indescriptible, nadie mira por donde pasa. Viejos, jóvenes y niños gritan, lloran, llaman a sus seres queridos, piden ayuda divina, confiesan sus pecadillos. Piensan que el mundo llega a su fin. El tiempo se detiene, el desastre parece eterno. El terremoto dura exactamente un minuto y treinta segundos. Al terminar la furia de los dioses y volver la calma, se descubren sus terribles efectos: hay cientos de muertos, miles de heridos, pueblos completamente destruidos. Es un desastre tan impactante que nadie lo puede olvidar.	El terremoto ocurrió un triste día de invierno. Llovía y el sol empezaba a esconderse. Nosotros, los trabajadores del campo, recogíamos nuestras herramientas de trabajo y nos preparábamos para volver a casa. Los empleados de los lujosos edificios del centro de la ciudad disfrutaban de una calentita taza de té. Parecía ser un día como cualquier otro. Exactamente a las 5:10 de la tarde, y con una rapidez increíble, todo cambió. Primero, escuchamos un fuerte ruido subterráneo que nos paralizó a todos. Luego, sentimos un fuerte movimiento de tierra. La tierra parecía sacudirse contra una roca. Todos corrimos como locos en todas direcciones. Con mucha prisa y con un pánico indescriptible, nadie miraba por donde pasaba. Viejos, jóvenes y niños gritábamos, llorábamos, llamábamos a nuestros seres queridos, pedíamos ayuda divina, confesábamos nuestros pecadillos. Yo pensé que el mundo estaba llegando a su fin. El tiempo se detuvo, el desastre parecía eterno. El terremoto duró exactamente un minuto y treinta segundos. Al terminar la furia de los dioses y volver la calma, descubrimos sus terribles efectos: había cientos de muertos, miles de heridos, pueblos completamente destruidos. Fue un desastre tan impactante que nadie lo pudo olvidar.

2-29 Preparación. Primera fase. Seleccione uno de los siguientes eventos o experiencias para su narración.

1. Un evento histórico importante en la vida de mi pueblo/ciudad/estado/país.
2. Una experiencia hermosa en mi vida o en la vida de alguien importante para mí.
3. Un desastre/evento/una experiencia que me enseñó algo.
4. Un sueño/Una pesadilla que se hizo realidad.
5. Una historia imaginada (no vivida).

Segunda fase. Ahora, prepárese para escribir su narración.

1. Planifique el texto en general. Haga un bosquejo. ¿Qué información piensa incluir? ¿Cómo va a organizar esta información de una manera clara y atractiva para su lector potencial? Si va a narrar un hecho histórico, obtenga la información necesaria. Si usted va a relatar experiencias de otros, consulte con esas personas y tome notas para recordar mejor. Si prefiere escribir sobre algo imaginado, prepare las ideas generales y los detalles que harán más interesante su narración, etc.
2. Prepare el vocabulario y estructuras necesarias: escriba las palabras clave (de uso obligatorio y frecuente) en su narración. Haga una lista de sinónimos o antónimos que lo/la ayuden a crear un ambiente interesante y a describir personajes, a hablar de sus acciones, reacciones, sentimientos, etc. Recuerde que un buen narrador presenta imágenes y describe lugares, eventos y personajes usando un vocabulario rico y variado.

    También, planifique las estructuras gramaticales que va a utilizar: ¿Va a narrar en el pasado? ¿Va a usar el pretérito, el imperfecto, el presente, una combinación de ellos?
3. Revise su bosquejo: el éxito de su narración depende de la eficacia con la que usted manipuló los elementos básicos de la redacción. Lea nuevamente la sección sobre este tema.

2-30 ¡A escribir! Ahora escriba su narración paso a paso. A medida que usted escribe, debe consultar sus notas y evaluar el contenido de lo que ha escrito. Cuando termine su texto o antes, si así lo desea, escriba de nuevo y aclare las ideas confusas o poco claras. Elimine los detalles innecesarios y aburridos para su lector/a. Asegúrese de que usó las estructuras gramaticales correctas. Mejore el estilo de su narración evitando la repetición de vocabulario. Use sinónimos y antónimos.

Expresiones útiles relacionadas con la cronología	
al principio/al comienzo	al (día, mes, año) siguiente
antes (de)/después (de)	más tarde
entonces	luego (de que)
en aquel entonces	posteriormente
al + infinitivo	tan pronto como
mientras	por fin
al mismo tiempo	finalmente
cuando	al final

2-31 ¡A editar! Lea su texto críticamente por lo menos una vez más. Analice el contenido y forma del texto y escriba nuevamente lo necesario para lograr el objetivo deseado. Revise los aspectos formales del texto: la puntuación, la acentuación, las mayúsculas, las minúsculas, el uso de la diéresis, etc.

 **A explorar**

2-32 Mundo de leyendas. Primera fase. En **www.prenhall.com/identidades** encontrarán numerosas leyendas y mitos de varios países de Hispanoamérica. Seleccionen una/o de ellas/os.

Segunda fase. Preparen una explicación sobre este mito o leyenda siguiendo el siguiente esquema.

1. Nombre del mito o de la leyenda.
2. Información sobre el país de origen o el grupo étnico de donde viene.
3. Resumen del mito o la leyenda.
4. Semejanzas o diferencias con alguna otra leyenda o mito que ustedes conozcan.

Tercera fase. Presentación. Compartan con sus compañeros/as este mito o leyenda, utilizando un póster con dibujos o fotos para hacer más interesante su presentación.

2-33 Todo el mundo tiene algo que contar. Primera fase. Si vive cerca de una comunidad hispana o tiene amigos hispanohablantes, prepare un pequeño cuestionario en español para entrevistar a una persona. En esta entrevista debe obtener la siguiente información.

1. Origen de la persona.
2. Alguna anécdota o episodio importante de la vida de esta persona que se relacione con una leyenda, mito o superstición.

Segunda fase. Comparta con el resto de la clase la información obtenida. Las siguientes expresiones pueden serle útiles.

Expresiones útiles para reportar
. . . dice/cuenta que. . .
. . . me dijo/contó que. . .
. . . recuerda que. . .

2-34 Las supersticiones en el mundo del trabajo. Primera fase. En la vida diaria y en todas las áreas de actividad humana hay mitos, tabúes y supersticiones. Lea la lista de supersticiones, marque las que usted conoce y añada una más a la lista. Después compare sus respuestas con las de un/a compañero/a.

1. Es malo pasar por debajo de una escalera.
2. Ver un pájaro negro volando cerca trae mala suerte.
3. Es fatal encontrarse con un gato negro de noche.
4. Una mujer embarazada (*pregnant*) no debe mirar un eclipse de luna.
5. . . .

Segunda fase. Visite **www.prenhall.com/identidades** y después de escoger un país y dos profesiones, busque otras supersticiones y mitos. Comparta su lista con su compañero/a y discutan si ustedes conocen mitos o supersticiones semejantes.

2-35 Los arquitectos y sus obras. Primera fase. En **www.prenhall.com/identidades** encontrarán numerosos edificios famosos. Seleccionen uno de ellos e investiguen sobre sus características, el país y lugar en que se encuentra, el arquitecto que lo construyó u otra información relevante.

Segunda fase. Preparen una explicación sobre este edificio siguiendo el esquema a continuación.

1. Nombre del edificio.
2. Información sobre el país y lugar donde se encuentra el edificio.
3. Información sobre el arquitecto que lo construyó.
4. Historia del edificio, fecha de su construcción y estilo del mismo.

Tercera fase. Presentación. Hagan una presentación sobre este edificio, utilizando un póster con dibujos o fotos.

2-36 El arte de nuestra comunidad. Primera fase. Busque información sobre algún museo, alguna exposición de arte u otra atracción artística de su comunidad. Después prepare información sobre los siguientes temas.

1. Su autor/a.
2. Las características de la obra.
3. El valor y significado para la comunidad.
4. Su opinión personal de la obra.

Segunda fase. Presentación. Comparta con el resto de la clase la información obtenida.

2-37 Haciendo conexiones: el arte y la historia. Algunos pintores, como Velázquez y Goya, trabajaron para la Corte española. Otros reflejan los problemas sociales de su tiempo en su pintura. Busque información sobre algún artista y prepare una presentación incluyendo los siguientes puntos.

1. Siglo en que vivió.
2. Algunos acontecimientos importantes.
3. Los personajes: ¿quiénes eran, qué hacían, cómo se vestían?

📄 Rincón literario

Pablo Picasso pintó miles de obras en sus noventa años de vida, muchas de las cuales se encuentran hoy en las mejores colecciones y museos del mundo. Uno de sus cuadros más famosos es

Guernica de Picasso

Guernica, llamado así en honor a una pequeña ciudad del norte de España, que fue bombardeada durante la Guerra Civil española, en 1937, causando numerosas muertes de civiles. Hoy en día *Guernica* se encuentra en el Museo Reina Sofía de Madrid, donde miles de personas lo admiran como un símbolo universal de los horrores de la guerra.

Algunos escritores se han referido al cuadro *Guernica* en sus obras, entre ellos Rafael Alberti, un fragmento de cuyo poema puede leerse a continuación. Rafael Alberti nació en El Puerto de Santa María (Cádiz) el 16 de diciembre de 1902 y murió en el mismo lugar en 1999. Es uno de los mayores representantes de la conocida Generación del 27. Se exilió durante la Guerra Civil y vivió en México, Argentina, Italia y Francia para regresar a España en 1977, una vez restablecida la democracia. En 1983 recibió el Premio Cervantes.

En este poema, el poeta se dirige al pintor utilizando la forma "tú". El uso del pretérito enfatiza el recuerdo del momento dramático en que Picasso pintó el cuadro. Además, los personajes del cuadro adquieren valor simbólico. Así, por ejemplo, el toro representa a los españoles, que están matándose unos a otros en la gran plaza de toros, que es España.

Tú hiciste aquella obra
Rafael Alberti

Tú hiciste aquella obra y le pusiste un título.
Ese y no otro. Siempre,
desde el primer llanto[1] del mundo,
las guerras fueron conocidas,
5   las batallas tuvieron cada una su nombre.
Tú habías vivido una:
la primera más terrible de todas[2]. . .
Pero cuando después,
a casi veinte años de distancia,
10   fue tocado aquel toro,
el mismo que arremete por tus venas[3],
bajaste sin que nadie lo ordenara
a la mitad del ruedo,

---

[1]*cry (el comienzo del mundo)*   [2]Se refiere a la Primera Guerra Mundial. Entonces Pablo Picasso vivía en Francia.
[3]rushes through your veins

al centro ensangrentado de la arena de España. . .
15 Y embestiste[4] con furia,
levantaste hasta el cielo tu lamento,
los gritos del caballo
y sacaste a las madres los dientes de la ira
con los niños tronchados[5],
20 presentaste por tierra la rota espada del defensor caído. . .
la angustia, la agonía, la rabia y el asombro de ti mismo,
tu pueblo,
del que saliste un día. . .
Lo llamaste Guernica.
25 Y es el pueblo español
el que está siempre allí,
el que tuvo el arrojo de poner en tu mano
esa luz gris y blanca que salió entonces de su sangre
para que iluminaras su memoria.

[4]*charged*   [5]*crushed*

Interpretación

1. Mire el cuadro de Picasso con atención e indique en él los siguientes elementos que se mencionan en el poema de Alberti. Compare sus respuestas con las de un/a compañero/a.

   a. el toro
   b. el caballo
   c. las madres con ira
   d. los niños tronchados
   e. la rota espada

2. Las siguientes palabras expresan sentimientos negativos en el poema: furia, lamento, ira, angustia, rabia. ¿Cómo expresa el pintor estos sentimientos en el cuadro?
3. El poeta habla de la luz gris y blanca que sale de la sangre del pueblo español. En su opinión, ¿qué consigue expresar el pintor en el cuadro con estos tonos de color?
4. En el poema se indica con otras palabras que el cuadro sirve para que no olvidemos este episodio dramático de la guerra. ¿Puede señalar en el poema los versos que se refieren a esta idea?
5. ¿Puede explicar los siguientes versos?

   ". . . bajaste sin que nadie lo ordenara
   a la mitad del ruedo,
   al centro ensangrentado de la arena de España."

VOCABULARIO

Construcciones

el arco	*arch*
el museo	*museum*
la pirámide	*pyramid*
el templo	*temple*
la terraza	*terrace*

Conocimientos

la aritmética	*arithmetic*
la astronomía	*astronomy*
el calendario	*calendar*
la ingeniería	*engineering*

Pueblos y grupos étnicos y culturales

el/la azteca	*Aztec*
el/la maya	*Maya*

Profesiones

el/la arquitecto/a	*architect*
el/la escritor/a	*writer*
el/la escultor/a	*sculptor*
el/la filósofo/a	*philosopher*
el/la ingeniero/a	*engineer*
el/la músico/a	*musician*
el/la pintor/a	*painter*

La geografía

el continente	*continent*
la isla	*island*
el lago	*lake*
el/la mar	*sea*
el océano	*ocean*
la tierra	*land, earth*
el sol	*sun*
el universo	*universe*

El arte

el dibujo	*drawing*
la canción	*song*
la escultura	*sculpture*
la orfebrería	*goldsmithery, silversmithery*
el paisaje	*landscape*
la pintura	*painting*
el retrato	*portrait*

En la sociedad

el adelanto	*advance*
la corrupción	*corruption*
la guerra	*war*

En la tierra

el cultivo	*cultivation*
el maíz	*corn*

la papa	*potato*
la piedra	*stone*

Animales

el caballo	*horse*
la serpiente	*snake, serpent*

Leyendas

la antigüedad	*antiquity*
el comienzo	*beginning*
el/la dios/a	*god, goddess*
el misterio	*mystery*
el relato	*story, tale, narration*

Características

autodidacto/a	*self-taught*
complejo/a	*complex*
eficaz	*efficient*
hermoso/a	*beautiful*
maravilloso/a	*marvelous*
pesado/a	*heavy*
rico/a	*rich*

Verbos

apreciar	*to appreciate*
ayudar	*to help*
castigar	*to punish*
comenzar (c, ie)	*to begin*
comprobar (ue)	*to check, to verify*
cruzar (c)	*to cross*
conseguir (i)	*to get*
cultivar	*to cultivate, to grow*
desaparecer (zc)	*to disappear*
diseñar	*to design*
hundir	*to sink*
inventar	*to invent*
regresar	*to return*
saber	*to know*

Palabras y expresiones útiles

además	*besides*
actualmente	*at the present time*
cualquier/a	*any*
hoy en día	*nowadays*
pero/sino	*but*
por poco	*almost, nearly*
sin embargo	*nevertheless*
una vez	*once*

3

La cultura popular

Objetivos comunicativos
- Describing the origins, purposes, and features of cultural products and practices
- Expressing preferences and tastes

Contenido temático y cultural
- Handicrafts
- Music and dance
- Graffiti and street murals
- Regional festivities
- Popular wisdom expressed in proverbs and sayings

A leer

La paja es un producto natural que los artesanos usan mucho para hacer sombreros. Los sombreros de jipijapa, un tipo de paja, reciben su nombre del lugar donde se originaron, el pueblo de Jipijapa en Ecuador.

La confección de telas de uso práctico o decorativo fue por siglos un trabajo típicamente femenino en las comunidades indígenas de la América Latina. Sin embargo, hoy en día, tanto hombres como mujeres tejen hermosas mantas multicolores y ponchos. En el pasado, sus productos se vendían en las calles o en los mercados locales, pero hoy en día también se compran en tiendas de artesanía locales y del extranjero.

Hasta hace pocos años, muchos artistas creaban hermosas piezas de cobre o plata como teteras, copas, bandejas y marcos. Actualmente también es común usar estos metales con piedras como el lapislázuli y el ónix.

En los hogares hispanos donde se valora el arte popular, frecuentemente se encuentran objetos prácticos de barro o cerámica como ensaladeras, tazas o jarras. También es posible ver algunos objetos decorativos como móviles o platos ornamentales de gran colorido con motivos indígenas pintados a mano.

Preparación

3-1 Asociación. Asocie los objetos de la izquierda con los materiales de la derecha. Algunos objetos se pueden asociar con más de un material.

1. _____ un plato decorativo
2. _____ un jarrón
3. _____ una manta
4. _____ un tapiz (*tapestry*)
5. _____ un sombrero
6. _____ un suéter
7. _____ un móvil
8. _____ un sillón

a. madera
b. lana
c. cerámica
d. cobre
e. plata
f. algodón
g. ónix
h. paja

3-2 Identificación. Primera fase. Identifique lo que hacían nuestros antepasados con los siguientes materiales

1. _____ Fabricaban jarras para guardar agua.
2. _____ Hacían joyas.
3. _____ Confeccionaban calzado (*footwear*) para protegerse los pies.
4. _____ Hacían armas para cazar (*hunt*) animales y para defenderse.
5. _____ Tejían mantas.
6. _____ Construían botes para transportarse por el agua.

a. la lana de algunos animales
b. el cuero de animales
c. la caña
d. las piedras
e. el barro
f. la plata

Segunda fase. Indique si los siguientes objetos tenían un propósito utilitario **(U)**, artístico **(A)** o los dos **(U/A)**.

1. _____ mantas
2. _____ joyas
3. _____ calzado
4. _____ armas
5. _____ jarra
6. _____ botes

3-3 La artesanía en casa. Primera fase. Piense en un objeto artesanal en su casa o en la casa de algún familiar o amigo. Indique lo siguiente:

1. el nombre del objeto artesanal
2. el lugar de origen del objeto
3. la forma del objeto y el material que se usó para hacerlo
4. el color del objeto y otras características

Segunda fase. Descríbale el objeto artesanal a su compañero/a compartiendo la información que preparó en la *Primera fase*. Su compañero/a debe hacerle preguntas para obtener más información sobre el objeto.

Estrategias de lectura

1. Infórmese sobre el tema antes de leer.

   a. El título. ¿Qué significa para usted "el arte popular"? ¿Qué tipo de arte es?
   b. Piense en lo que ya sabe sobre el arte. Con un/a compañero/a, escriban una lista de ejemplos del arte popular.

2. Examine el texto antes de leerlo.

   a. Observe las fotos en las páginas 72 y 73, ¿qué tipo de arte popular representan?
   b. La organización del texto. La primera oración de cada párrafo generalmente presenta una idea importante del texto. Subraye la idea central de cada párrafo. Ahora, lea estas oraciones para tener una visión total del texto.

3. Anticipe el contenido del texto. Pensando en lo que usted ya sabe acerca del arte popular, lea las oraciones a continuación y trate de adivinar qué temas van a presentarse en el texto. Después de leer el texto, vuelva a esta lista de temas para ver si acertó en sus predicciones.

	Sí	No
a. En el texto se comenta sobre la diferencia entre la artesanía y el arte popular.	_____	_____
b. En el texto se habla de unos museos y galerías de arte de Latinoamérica.	_____	_____
c. Se mencionan varios materiales que usan los artesanos.	_____	_____
d. Hay información sobre los textiles.	_____	_____

LECTURA

El arte popular

La diferencia entre la artesanía y el arte popular es discutible y, según algunos, inexistente. Nadie puede negar que muchos artesanos de América Latina son verdaderos artistas, por la originalidad y genialidad con que trabajan materiales como el barro, la madera, el cobre, el cuero, la lana, la paja, el
5 mimbre[1], etc. En el pasado, la artesanía tenía tradicionalmente un sentido utilitario, es decir, se hacían objetos que eran necesarios y tenían fines principalmente domésticos o rituales. Los artesanos sólo eran conocidos dentro de su propia comunidad; fuera de ella, se mantenían anónimos. Creaban de acuerdo a cánones milenarios que establecían un equilibrio entre la forma y la
10 función del objeto. 💬

Sin embargo, durante el siglo XX la artesanía utilitaria se transformó en un arte popular decorativo con fines estéticos. Fue así como la artesanía comenzó a valorarse más y a venderse fuera de la comunidad del artesano, en función de la demanda. Hoy, el artesano ya no es alguien desconocido, sino más bien
15 apreciado como artista innovador por el público urbano y cosmopolita que

💬 ¿Qué ha aprendido? En el primer párrafo se presenta el tema. Según el párrafo, ¿cuáles son dos características de la artesanía tradicional?

[1]*wicker*

Muchos de los artesanos que tallan la madera crean verdaderas obras de arte.

❓ ¿Artesano o artista? En este párrafo usted leyó sobre algunas características de los artistas. ¿Cuáles son? Mencione dos.

❓ En el resto del texto, va a aprender más acerca de varios tipos de artesanía. Mire otra vez las fotos de las páginas 72 y 73. ¿Qué fotos ilustran las artesanías mencionadas en el texto?

⋙ ¿Lo sabe? ⋘

La pronunciación de la palabra **cocer** varía, dependiendo de la región de origen del hablante. Casi todos los españoles pronuncian la **c** de **cocer** como la **th** en la palabra *thorn* del inglés. En el resto del mundo hispano, la **c** entre vocales generalmente se pronuncia como una **s**. Por lo tanto, sólo por el contexto sabemos si el hablante se refiere a **coser** (*to saw*) o a **cocer** (*to cook*).

compra su arte. Así nace un arte basado en la tradición cultural, el cual exalta la individualidad del artista, su maestría técnica y su originalidad dentro de esa tradición. Hoy en día los objetos creados por algunos artesanos se firman y se coleccionan; también existe un diálogo abierto entre el artista y el consumidor, quien puede imponer sus gustos, dependiendo del dinero que desea gastar. 💬 20

No obstante[2], la artesanía, como expresión de arte popular, continúa considerándose inferior al arte. Por eso, casi nunca se encuentra en las galerías de arte. La mayoría de los artesanos, por otro lado, vive en precarias condiciones económicas y sólo algunos de ellos consiguen superar su nivel de vida.

Algunas de las artesanías más apreciadas de América Latina son la cerámica, los 25 textiles, los objetos de madera o de caña, la pintura popular, la cestería, los objetos de cobre y otros metales, las figuras de cartón y el arte hecho con plumas. 💬

El arte de trabajar el barro es muy antiguo. La técnica de aplicar pinturas antes o después de cocer los objetos y la del bruñido, que consiste en pulir la superficie 30 del barro con una piedra hasta sacarle brillo, se conocían en algunas regiones de América mucho antes de la llegada de los españoles.

La elaboración de textiles es también un arte muy antiguo. En México, Guatemala y Perú, por ejemplo, data de aproximadamente 1.500 años antes de Cristo. Las mujeres indígenas utilizaban un telar de cintura para hacer tejidos 35 que protegían del frío a sus familias. Aún en nuestros tiempos se utiliza el telar de cintura para tejer servilletas, manteles y otras telas ornamentales con diseños tradicionales. Varios siglos después, los españoles trajeron el telar de pedales que tradicionalmente hacían funcionar los hombres. Éste permitía utilizar materias primas, como la lana, para fabricar telas más anchas y así hacer ponchos o 40 mantas.

La elaboración de objetos de cobre se diversificó mucho durante el último siglo. En la actualidad hay verdaderos artistas populares que hacen gran variedad de objetos decorativos y utilitarios de gran belleza. Lo mismo ocurre con las tallas de madera, de las cuales no se conservan muchas de la época prehispánica. 45

En definitiva, la variedad y la belleza de la artesanía y el arte popular en América Latina son la expresión de pueblos trabajadores dotados de un gran sentido de la estética, que saben utilizar los recursos que tienen a mano de una manera inteligente y productiva.

[2]*However*

Comprensión y ampliación ⫸ ⫷⫷ ⫷⫷ ⫷⫷ ⫷⫷ ⫷⫷ ⫷⫷ ⫷⫷ ⫷⫷

3-4 Cierto o falso. Indique si las siguientes oraciones son ciertas **(C)** o falsas **(F)** de acuerdo con la información que se ofrece en la lectura. Si son falsas, indique en qué línea(s) del texto está la respuesta correcta.

1. _____ En América Latina la artesanía y el arte popular son casi lo mismo.

2. _____ Tradicionalmente los objetos artesanales debían servir para algo.

3. _____ En el siglo XX se prohibió el arte popular y los artesanos debían mantenerse anónimos.

4. _____ Hoy en día la mayoría de los artesanos son ricos y populares.

5. _____ Los españoles trajeron a América el arte de cocer el barro.

6. _____ Las mujeres indígenas usaban telares antes de la llegada de los españoles.

7. _____ La lana se utiliza para hacer ponchos o mantas.

8. _____ En el último siglo se hicieron objetos de cobre muy variados.

9. _____ No se conservan muchas tallas de madera anteriores a la llegada de los españoles.

10. _____ Los indígenas de América Latina sabían utilizar bien sus recursos naturales.

3-5 Identificación. El departamento de arte de su universidad está organizando una exposición sobre la artesanía hispana. Usted debe escribir las etiquetas de identificación de cada objeto señalando el tipo de artesanía con la que se asocia.

Objetos

1. _____ una taza de barro

2. _____ servilletas multicolores

3. _____ un plato decorativo que pintó un artesano

4. _____ un reloj de cobre con incrustaciones de lapislázuli

5. _____ un cesto de mimbre para guardar el pan

Tipo de artesanía

a. la cestería

b. los textiles

c. la artesanía hecha con metales

d. la cerámica

e. la artesanía pintada a mano

3-6 Sinónimos. Elija el adjetivo que tenga el significado más parecido a la palabra en negrita.

1. En el pasado, la artesanía tenía tradicionalmente un sentido **utilitario.**

    a. casual
    b. práctico
    c. estético

2. Hoy, el artesano ya no es alguien desconocido, sino más bien apreciado como artista **innovador.**

    a. famoso
    b. original
    c. excéntrico

3. La mayoría de los artesanos, por otro lado, vive en **precarias** condiciones económicas.

    a. estrechas
    b. perfectas
    c. previstas

4. Aún en nuestros tiempos se utiliza el telar de cintura para tejer servilletas, manteles y otras telas **ornamentales.**

    a. utilitarias
    b. caras
    c. decorativas

3-7 ¿Qué significa? Con sus propias palabras, o mediante paráfrasis, explique por escrito el significado de las citas. Después intercambie su explicación con un/a compañero/a.

1. "La diferencia entre la artesanía y el arte popular es discutible y, según algunos, inexistente."
2. "Creaban objetos artesanales de acuerdo a cánones milenarios."
3. "Existe un diálogo abierto entre el artista y el consumidor."
4. "La artesanía, como expresión de arte popular, continúa considerándose inferior al arte."

Aclaración y expansión

The preterit and the imperfect

- Both the preterit and the imperfect express past time in Spanish. When talking about the past, Spanish speakers must choose which tense to use. In general terms, the preterit is used to refer to actions or situations that the speaker views as completed within a specific time period, whereas the imperfect views actions or situations as ongoing in the past. Following are guidelines to decide whether to use the preterit or the imperfect when referring to past events or situations.

- When telling a story, use the imperfect to provide the background information, and the preterit to tell what happened. With the imperfect, descriptive information is given and there is no forward movement of time; with the preterit, there is a forward movement of time, since normally one action is over before the next action starts.

Era una mañana muy calurosa de julio y **había** mucha gente en la plaza. En los numerosos puestos, los colores de los objetos de cerámica **parecían** más brillantes. (background/descriptive information)	*It **was** a very hot afternoon in July and **there were** a lot of people in the plaza. In the many stalls, the colors of the ceramic objects **seemed** brighter.*
Mis amigos **comieron** algo ligero, **compraron** unos platos de cerámica, y **regresaron** al hotel. (forward movement of time)	*My friends **ate** something light, **bought** some ceramic plates, and **returned** to the hotel.*

- An ongoing action or condition is expressed with the imperfect, and the completed action that interrupts it is expressed with the preterit.

Más tarde en el restaurante, todos **estaban** muy contentos y **conversaban** animadamente cuando **oyeron** un ruido. Un camarero **que caminaba** con unos platos **tropezó** con una silla y todos los platos **se cayeron** al piso.	*Later on at the restaurant, they **were** all very happy and **were talking** animatedly when they **heard** a noise. A waiter who **was walking** with some dishes **bumped** into a chair and all the plates **fell** to the floor.*

Verbs with different English equivalents in the preterit and imperfect

● When certain Spanish verbs are used in the preterit, the English equivalents are different from their imperfect forms.

	imperfect	**preterit**
conocer	Los artesanos **conocían** al Sr. Mora.	Ese artesano **conoció** al Sr. Mora ayer.
	*The artisans **knew** Mr. Mora.* (were acquainted with)	*That artisan **met** Mr. Mora yesterday.* (met for the first time)
saber	Juan **sabía** que los precios de ese artesano eran los mejores del pueblo.	Yo **supe,** por casualidad, que los precios de ese artesano eran los mejores del pueblo.
	*Juan **knew** that the prices of that artisan were the best in town.* (knew, had information/ knowledge)	*I **found out**, by chance, that the prices of that artisan were the best in town.* (learned, discovered)
poder	Nosotros **podíamos** visitar los talleres de los artesanos, pero estaban muy lejos.	Juan **pudo** visitar uno de los talleres de los artesanos porque un amigo lo llevó.
	*We **could** visit the artisans' shops, but they were far away.* (were able; it was possible to visit; no specific action implied)	*Juan **managed** to visit the shop of one of the artisans because a friend took him.* (succeeded in; accomplished/did it)
querer	Yo **quería** comprar unos ponchos en el mercado.	Juan **quiso** comprar unos ponchos en el mercado, pero no pudo.
	*I **wanted** to buy some ponchos in the market.* (wished, had a desire to)	*Juan **tried** to buy some ponchos in the market, but he couldn't.* (attempted; implies a lack of success)

Lengua

In the negative, the preterit of **querer** conveys the idea of refusing to do something.

No quiso pagar mil pesos por el plato de cobre.
He did not want to pay one thousand pesos for the copper plate.
(refused to do it and did not do it)

3-8 Unas artesanas. Primera fase. Completen esta narración con el pretérito o el imperfecto, según el contexto.

(1) _____ (ser) las nueve de la mañana, el cielo (2) _____ (estar) nublado y (3) _____ (hacer) calor. Margarita (4) _____ (salir) rápidamente de su casa y (5) _____ (ir) a la pequeña cabaña que (6) _____ (estar) a unos pocos metros de su casa. Allí, todos los días, su hermana Gabriela y ella (7) _____ (usar) telares de cintura para hacer manteles y servilletas que después (8) _____ (vender) en el mercado. Cuando Margarita (9) _____ (entrar) en la cabaña, su hermana (10) _____ (estar) arrodillada y (11) _____ (tejer) cuidadosamente un mantel que (12) _____ (querer) terminar esa semana. En realidad, (13) _____ (ser) un mantel precioso que (14) _____ (tener) unas flores de Pascua en el centro y también en los bordes. El color rojo de las flores, el amarillo de los pistilos y el verde de las hojas (15) _____ (contrastar) con el fondo blanco del mantel y se (16) _____ (poder) apreciar más la perfección del trabajo. Mientras Gabriela (17) _____ (trabajar) en el mantel, Margarita (18) _____ (hacer) las servilletas. Finalmente, el viernes por la tarde las hermanas (19) _____ (poder) terminar todo.

Al día siguiente, Gabriela y Margarita (20) _____ (salir) a primera hora para el mercado del pueblo. Cuando (21) _____ (llegar), (22) _____ (poner) el mantel sobre una tela en el piso para mostrárselo a los clientes. Al poco rato, (23) _____ (llegar) una turista norteamericana que (24) _____ (examinar) el mantel con curiosidad y entonces les (25) _____ (preguntar) el precio. Margarita (26) _____ (saber) cuánto (27) _____ (valer) su trabajo, pero le (28) _____ (pedir) un poco más. Después de regatear unos minutos, la artesana y la turista (29) _____ (llegar) a un acuerdo. La turista (30) _____ (irse) muy contenta con su nuevo mantel y las chicas (31) _____ (regresar) a su casa con suficiente dinero para cubrir sus necesidades y empezar de nuevo otro proyecto.

Segunda fase. Uno/a de ustedes va a hacer el papel de Margarita y el/la otro/a el papel del padre o de la madre. Margarita debe explicar lo que ocurrió en el mercado. El padre/La madre debe hacerle preguntas para obtener más detalles.

② **3-9 En una playa del Caribe.** Observen los siguientes dibujos y después túrnense para describir las escenas y narrar detalladamente lo que ocurrió.

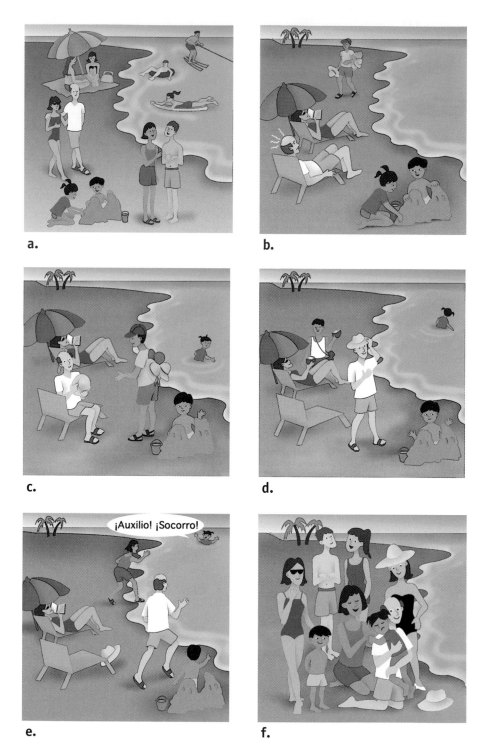

a.

b.

c.

d.

e.

f.

2 **3-10 Un viaje inolvidable. Primera fase.** Piense en un viaje real o imaginario que ocurrió hace unos años y hable con su compañero/a sobre el viaje cubriendo los puntos siguientes.

1. Lo que sabía sobre el lugar antes de visitarlo.
2. Algo nuevo que averiguó o supo después de llegar.
3. Lo que quería hacer allí.
4. Lo que pudo y no pudo hacer.
5. La(s) persona(s) que conoció.
6. Un objeto o una costumbre representativo/a de la cultura popular del lugar.

Segunda fase. Decidan entre ustedes cuál fue el viaje más interesante y por qué. Compartan esta información con sus compañeros.

3-11 ¡Un plan de viaje frustrado! Primera fase. Recuerde o imagínese un plan de viaje frustrado que usted o alguien que usted conoce tenía pero no pudo realizar. Tome notas que incluyan la siguiente información.

1. Explique el plan del viaje.

   a. Describa el lugar adonde pensaba(n) ir.
   b. Describa el ánimo de las personas antes del viaje.

2. Explique el problema que arruinó el plan.

   a. Diga cómo supo del problema.
   b. Dé por lo menos tres detalles de lo que ocurrió.

3. Describa las reacciones.

   a. ¿Cómo reaccionaron las otras personas?
   b. ¿Cómo reaccionó usted?

4. Indique la solución.

   a. ¿Cómo se resolvió la situación?
   b. ¿Cómo se sintió usted? ¿Cómo se sintieron los otros?

2 **Segunda fase.** Su compañero/a debe escuchar sus planes frustrados y hacerle preguntas para obtener más información. Después, cambien de papel.

A leer

Las cuevas de Altamira, también conocidas como "La Capilla Sixtina del arte cuaternario", están situadas en Cantabria, al norte de España. Gran parte del techo y las paredes están decoradas con pinturas rojas y negras de animales, tales como bisontes, ciervos, jabalíes y caballos. Se cree que estas pinturas, de un realismo extraordinario, tienen unos 14.000 años.

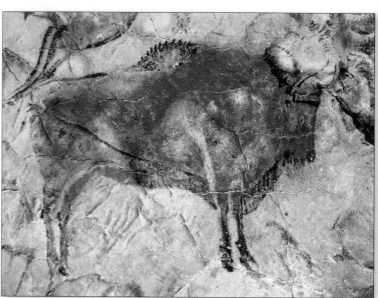

La Cueva de las Manos —ubicada en la provincia de Chubut, en la Patagonia argentina— es una caverna de 30 metros de longitud y 15 de altura donde se encuentran impresiones de manos en negativo y en positivo de color rojo, ocre, amarillo, verde, blanco y negro, así como otros dibujos. Estas pinturas datan de 7.350 a. C.

Los murales mexicanos constituyen la manifestación artística más importante de ese país en el siglo XX. Los murales de José Clemente Orozco en las paredes y la cúpula de la antigua capilla del Hospicio Cabañas de Guadalajara son la admiración de mexicanos y extranjeros.

La influencia de los muralistas mexicanos se observa en los murales que adornan las paredes exteriores de muchos edificios de Los Ángeles.

Preparación

3-12 ¿Qué mensajes comunican? Primera fase. En las calles de muchas de las grandes ciudades del mundo se pueden ver murales de diferentes tipos y con diversos mensajes. Marque con una equis (**X**) los mensajes que, según usted, intentan comunicar los murales que usted ha visto.

1. _____ Protestan contra la violencia.
2. _____ Denuncian la injusticia social.
3. _____ Representan la visión que tienen los artistas del futuro.
4. _____ Promocionan productos de gran consumo (*consumption*).
5. _____ Cuentan visualmente la historia de un pueblo o nación.
6. _____ Honran la labor admirable de algún líder del lugar.

② Segunda fase. Hable con su compañero/a para obtener la siguiente información.

1. Dónde vio el mural que marcó en la *Primera fase.*
2. Cómo era el mural.
3. Su opinión sobre el mural o el muralista.

② 3-13 ¿Bien o mal ubicado? Primera fase. Marquen con una **X** los lugares que, según ustedes, son más apropiados para hacer un mural. Expliquen por qué.

1. _____ La fachada de una iglesia.
2. _____ El patio de una escuela.
3. _____ El interior de una prisión.
4. _____ Un salón del Museo de Bellas Artes.
5. _____ La fachada de un edificio de apartamentos.
6. _____ La pared de una tienda en un barrio pobre.

Ⓖ 3-14 Un mural para la posteridad. Primera fase. Ustedes son un grupo de jóvenes que quieren diseñar un mural que represente su realidad. Hagan lo siguiente.

1. Indiquen dónde quieren hacer el mural, ¿en la ciudad o en el campo? Si es en la ciudad, ¿dónde? ¿Por qué?
2. Determinen el lugar específico, ¿en el interior o en el exterior de un edificio? ¿Por qué?
3. Describan el diseño del mural. ¿Tendrá figuras y letras? ¿Será en colores o en blanco y negro? ¿Tendrá un mensaje claro o un mensaje en código? ¿Qué dirá el mensaje? ¿Por qué es importante este mensaje?

Segunda fase. Compartan la información de la *Primera fase* con otro grupo. Luego, con su grupo, determinen cuál de los dos murales —el de ustedes o el del otro grupo— tendrá información más útil para las generaciones futuras. ¿Por qué?

Estrategias de lectura

1. Infórmese sobre el tema antes de leer.

   a. El título. Por el título sabemos que el texto trata de los murales de Los Ángeles, California. ¿Hay muchos o pocos murales en Los Ángeles? ¿Serán (*Are they probably*) modernos, impresionistas, realistas, conservadores, innovadores, etc.?

   b. Piense en lo que ya sabe. ¿Qué tipo de ciudad es Los Ángeles? ¿Con qué cosas asocia mentalmente a esta ciudad? Con un/a compañero/a o solo/a, escriba una lista de las características de Los Ángeles.

   c. Recuerde lo que ya ha aprendido. ¿Qué aprendió en las actividades de preparación sobre los murales? Haga una lista de las características que recuerda de los murales.

2. La organización del texto. La primera oración de cada párrafo presenta una idea importante del texto. En conjunto, estas oraciones forman un resumen del texto. Pase su marcador por la primera oración de cada párrafo. Ahora, lea estas oraciones para tener una idea del texto en su totalidad.

3. Anticipe el contenido del texto. Basándose en lo que ya sabe acerca del texto, lea las oraciones a continuación y trate de adivinar qué temas van a aparecer en el texto.

	Sí	No
a. En el texto se comenta sobre los murales de la ciudad de Los Ángeles.	_____	_____
b. Se explican los comienzos del muralismo chicano en Los Ángeles.	_____	_____
c. Se menciona a unos famosos muralistas mexicanos.	_____	_____
d. Se habla de los murales de varios grupos étnicos en California, no sólo de los chicanos.	_____	_____

Después de leer el texto, vuelva a estas oraciones para ver si acertó en sus predicciones.

LECTURA

Los murales de Los Ángeles: Voces vibrantes, grandes muros

de Joyce Gregory Wyels

Américas, febrero 2000

Los Ángeles, California —abastecedora de la cultura pop, incubadora de tendencias, epicentro del espectáculo— se ha adueñado de otro título: Capital Mundial de los Murales.

Más de mil quinientos murales avivan las paredes de los distritos comerciales y
5 de espectáculo, los barrios y las playas, interpretando en colores deslumbrantes[1]

[1]*dazzling*

? ¿Ha comprendido? En este párrafo, se establece una oposición entre dos tipos de arte. ¿Cuáles son?

? La descripción. En este párrafo se presenta una descripción vívida de un barrio en el este de Los Ángeles. Haga una lista de los tres temas de murales que se mencionan. Use sus propias palabras, para asegurarse de comprender bien lo que dice el texto.

? Un poco de historia. En este párrafo se menciona el movimiento de derechos civiles de los años sesenta. ¿Cuál es la conexión entre este movimiento y los murales chicanos?

? Comparaciones. En este párrafo se mencionan unas semejanzas entre los muralistas chicanos y los grandes muralistas mexicanos. ¿Cuáles son? También se menciona una diferencia. ¿Cuál es?

? ¿Quién pinta un mural? ¿Un solo artista o un grupo? ¿Qué dice el texto?

y desteñidos[2] por el sol un pasado, un presente y un futuro idealizados. A pesar de la creciente reputación de la ciudad como centro de bellas artes, los murales de Los Ángeles tienen poco que ver con los museos y las exposiciones que deleitan a las multitudes, sino que surgen de otra fuente, de las personas cuyas voces son pocas veces escuchadas, de la gente común que rara vez se ve 10 representada en las colecciones de los museos.

En el este de Los Ángeles, los murales están a la vista, y la energía popular transforma los bloques de apartamentos, escuelas, mercados y garajes en inmensas galerías al aire libre. Un paseo por cualquier calle importante de este enclave latinoamericano revela escenas de guerreros aztecas y revolucionarios 15 mexicanos, líderes de derechos civiles e iconos religiosos, y conmovedores[3] monumentos que recuerdan las jóvenes víctimas de la violencia de las pandillas[4] callejeras.

Los vibrantes murales chicanos del este de Los Ángeles fueron los primeros que distinguieron a esta ciudad como centro de la expresión artística. Las pinturas 20 traen a la memoria el proyecto de obras WPA de los años treinta, los frescos de los maestros del Renacimiento italiano, y en última instancia, si uno se remonta lo suficiente en el tiempo, los dibujos de cazadores y presas[5] en las cavernas prehistóricas.

El movimiento de derechos civiles de los años sesenta y setenta actuó como 25 incentivo para los muralistas chicanos. Influenciados por el movimiento *Black Power*, los estudiantes activistas se unieron a los trabajadores agrícolas y urbanos y a los líderes indígenas en busca de una identidad cultural. En la tradición de los grandes muralistas mexicanos, el arte al aire libre se transformó en un vehículo de comunicación y educación, y los murales públicos se convirtieron en 30 un fenómeno popular en el que participaba la vecindad entera.

Inspirados en los vigorosos murales de Diego Rivera, José Clemente Orozco y David Alfaro Siqueiros, los muralistas chicanos adoptaron símbolos míticos mexicanos para evocar el orgullo[6] cultural. Al igual que Los Tres Grandes, evitaron las sutilezas[7] y recurrieron a los colores vivos y las imágenes 35 contundentes. Pero si bien el movimiento muralista chicano tiene sus orígenes en los celebrados murales mexicanos, como otras tantas tradiciones importadas, ha adquirido un toque peculiar en el sur de California. Por una parte, observa el historiador Marco Sánchez, "en México, Siqueiros, Orozco y Rivera pintaron murales en espacios interiores. Incluso si se trataba[8] de un patio cerrado, siempre 40 estaban protegidos. Pero los murales chicanos se encuentran en los costados de las panaderías y los negocios, callejones y bloques de apartamentos, todos lugares que tienen muy bajo nivel social".

Uno de los primeros lugares en los que se pintaron los murales chicanos fue Estrada Courts, una urbanización del este de Los Ángeles. Invitado a pintar 45 algunos murales en 1974, Charles "Gato" Félix reclutó la colaboración de artistas y de pandillas callejeras y otros jóvenes. El grupo emprendió un proyecto que se llevó a cabo en cinco años, dando origen a no menos de cincuenta murales y atrayendo la atención internacional.

[2]*discolored* [3]*moving* [4]*gangs* [5]*prey* [6]*pride* [7]*subtleties* [8]*it was*

50 En la actualidad, el arte público de Los Ángeles utiliza la energía y la creatividad de artistas de todos los sectores sociales; sus murales reflejan la escala y la variedad de la creciente metrópolis. A pesar de las maquinaciones políticas y las presiones económicas, Los Ángeles, con su afición por la autopromoción[9], su amor por lo ostentoso y especialmente por la creativa mezcla de culturas que 55 conforman su población, es digna de su título de "capital mundial de los murales".

[9]*self-advertisement/propaganda*

Comprensión y ampliación

3-15 Completar. Complete las siguientes ideas basadas en la lectura.

1. Los murales de Los Ángeles se encuentran en. . .

    a. lugares muy diversos.
    b. los centros comerciales solamente.
    c. los museos de arte.

2. El arte de los murales y el de los museos son. . .

    a. semejantes.
    b. diferentes.
    c. comparables.

3. Los temas de los murales son. . .

    a. universales.
    b. guerreros.
    c. variados.

4. Los murales de Los Ángeles se inspiran en la tradición muralista. . .

    a. chicana.
    b. mexicana.
    c. chilena.

5. Los murales están dirigidos al pueblo como medio de educación y de. . .

    a. manipulación.
    b. comercialización.
    c. comunicación.

6. Los murales se convirtieron en un arte popular en el que participaban los. . .

    a. vecinos.
    b. artistas.
    c. chicanos.

7. Los murales tienen colores. . .

    a. oscuros.
    b. extraños.
    c. brillantes.

3-16 Sinónimos. Elija el sinónimo más apropiado para reemplazar las palabras en negrita en las siguientes citas tomadas del texto.

1. "Los murales de Los Ángeles tienen poco que ver con los museos y las exposiciones que **deleitan** a las multitudes."

   a. disgustan   b. encantan   c. sorprenden

2. "Más de mil quinientos murales **avivan** las paredes de los distritos comerciales y de espectáculo, los barrios y las playas."

   a. animan   b. cubren   c. complementan

3. "El movimiento de derechos civiles de los años sesenta y setenta actuó como **incentivo** para los muralistas chicanos."

   a. estímulo   b. distracción   c. reflexión

4. Inspirados en los **vigorosos** murales de Diego Rivera, José Clemente Orozco y David Alfaro Siqueiros, los muralistas chicanos adoptaron símbolos míticos mexicanos para evocar el orgullo cultural.

   a. enormes   b. sombríos   c. enérgicos

5. Pero los murales chicanos se encuentran en los **costados** de las panaderías y los negocios, callejones y bloques de apartamentos, todos lugares que tienen muy bajo nivel social.

   a. paredes interiores   b. pisos bajos   c. paredes laterales

6. Sus murales reflejan la escala y la variedad de la creciente **metrópolis.**

   a. ciudad   b. región   c. población

7. Los Ángeles, con su afición por la autopromoción, su amor por lo **ostentoso** y especialmente por la creativa mezcla de culturas que conforman su población, es digna de su título de "capital mundial de los murales".

   a. caro   b. espectacular   c. variado

3-17 Resumiendo ideas. Primera fase. Las siguientes oraciones resumen algunas de las ideas más importantes del texto. Busque e indique el párrafo donde se encuentran en el texto.

1. Los murales sirven para expresar ideas y preocupaciones de la gente común que no suelen expresarse en los museos.
2. A través de los murales se puede educar al pueblo.
3. Hoy en día los murales son muy variados porque sus artistas también lo son.

2 **Segunda fase.** Ahora comparen sus respuestas a la *Primera fase* y expresen si están de acuerdo o no con las afirmaciones anteriores y por qué.

Aclaración y expansión

Indirect object nouns and pronouns

Indirect object pronouns			
me	*to/for me*	nos	*to/for us*
te	*to/for you* (familiar)	os	*to/for you* (familiar)
le	*to/for you* (formal), *him, her, it*	les	*to/for you* (formal), *them*

- Indirect object nouns and pronouns express *to whom* or *for whom* an action is done.

  El guía **me** mostró los murales.   *The guide showed **me** the murals.*

- Use indirect object pronouns even when the indirect object noun is stated explicitly. Note that **a** always precedes the indirect object noun.

  Yo **le** mandé la foto del mural a Carolina.

  Yo **le** mandé **a Carolina** la foto del mural.

  *I sent the photo of the mural **to Carolina**.*

  *I sent **Carolina** the photo of the mural.*

- Because **le** and **les** can refer to *him, her, it, you* (singular or plural), or *them*, a sentence like **Yo le(s) mandé una foto del mural** can be ambiguous if the context does not make it clear to whom **le(s)** refers. To eliminate ambiguity in these cases, **le** and **les** are often clarified with the preposition **a** + *noun*, as you saw above, or preposition + *pronoun*. This structure may also be used for emphasis.

  El guía **le** habla **a usted**.

  Les dio las entradas **a ellos**.

  *The guide is talking **to you**.*
  (not to him)

  *He gave the tickets **to them**.*
  (not to you).

- For emphasis, use **a mí, a ti, a nosotros/as,** and **a vosotros/as** with the corresponding indirect object pronouns.

  Pedro **me** regaló la entrada **a mí**.

  *Pedro gave the ticket **to me**.*
  (not to someone else)

- Indirect object pronouns are placed either before a conjugated verb or after an infinitive or present participle; when placed after the infinitive or present participle, they are attached to those forms.

  Él **les** va a pintar un mural a los niños.
  Va a pintar**les** un mural a los niños.
  Les está explicando a los niños lo que va a hacer para preparar la pared.

  *He is going to paint a mural **for the children**.*
  *He is explaining **to the children** what he is going to do to prepare the wall.*

  Está explicándo**les** a los niños lo que va a hacer para preparar la pared.

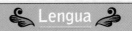

Lengua

As you can see in the examples, Spanish, like English, can change the order in which the indirect and direct object nouns appear in a sentence. But regardless of position, **a** must always be used before the indirect object noun.

Lengua

Remember that all words stressed on the third syllable from the end of the word must have a written accent; therefore, when the indirect object is attached to the present participle, a written accent is needed: **explicando** (no accent), but **explicándoles.**

3-18 ¿Qué hago por mi mejor amigo? Primera fase. Imagínese que su mejor amigo está muy ocupado terminando el proyecto de un mural para su barrio. De la siguiente lista, diga qué hace usted por él. Después añada dos actividades más y comparta sus ideas con su compañero/a.

MODELO: prestar mis notas de clase cuando está ausente
Le presto mis notas de clase cuando está ausente.

1. preparar comida mientras él trabaja
2. lavar la ropa
3. mandar correos electrónicos
4. comprar los materiales que necesita
5. dar ideas para el mural
6. prestar dinero si lo necesita
7. . . .
8. . . .

Segunda fase. Ahora, hagan una lista de lo que sus mejores amigos/as hacen por ustedes. Después, seleccionen las dos cosas que ustedes consideran más importantes. ¿Por qué?

MODELO: Nuestros amigos nos dan consejos en los momentos difíciles.
Nos envían tarjetas cuando están de viaje.

3-19 En un mercado. Primera fase. Ustedes están de compras en un mercado de artesanías en un país hispanoamericano y quieren llevarles regalos a algunos de sus familiares y amigos, incluyendo a su compañero/a. Primero, cada uno de ustedes debe hacer una lista de estas personas. Después, escojan el regalo apropiado para cada persona y hablen sobre lo que piensan comprarle.

MODELO: E1: Le pienso comprar un móvil a mi hermana mayor.
E2: Y yo voy a llevarle un poncho a mi hermano.

Segunda fase. Cambien de pareja y cuéntenle a su nuevo/a compañero/a qué le regaló su compañero/a anterior. Añadan algún detalle como, por ejemplo, cuándo lo van a usar, dónde lo van a poner, etc.

3-20 De compras. Ahora usted está en una tienda artesanal para comprarle un regalo a alguien muy importante para usted. Dígale al/a la dependiente/a qué regalos tiene en mente y descríbale cómo es la persona que va a recibir el regalo. El/La dependiente/a va a describirle la mercancía que tiene y también va a hacerle algunas recomendaciones.

MODELO: E1: Estoy buscando un regalo para una amiga. No sé qué regalarle, hay tantas cosas bonitas. Quizás una ruana, o un plato de cerámica o de cobre.

E2: Tenemos unas ruanas de lana muy bonitas y unos platos de cerámica preciosos, pero no tenemos platos de cobre. ¿El regalo es para una persona joven o mayor?

E1: Es joven. Tiene unos 22 años.

E2: Entonces, ¿por qué no le lleva una ruana? Son muy prácticas y para la gente joven son perfectas. Le voy a mostrar unas que recibí ayer.

Gustar and similar verbs

- The verb **gustar** is not used the same way as the English verb *to like*. **Gustar** is similar to the expression *to be pleasing* (to someone).

Me gusta este mural.   *I **like** this mural.*
                        (This mural is pleasing to me.)

Note that with the verb **gustar,** the subject is the person or thing that is liked, and it normally follows the verb. The indirect object shows to whom something is pleasing.

- Generally, only two forms of **gustar** are used for each verb tense. If one person or thing is liked, use **gusta/gustó/gustaba.** If two or more persons or things are liked, use **gustan/gustaron/gustaban.** To express what people like or do not like to do, use **gusta/gustó/gustaba** followed by one or more infinitives.

Les gusta la música popular.   *They **like** popular music.*
Nos gustaron las artesanías que   *We **liked** the handicrafts that*
  Berta compró.   *Bertha bought.*
Me gustaba cantar y tocar la guitarra *I **liked** to sing and play the guitar*
  cuando trabajaba con los niños.   *when I worked with the children.*

- To emphasize or clarify to whom something is pleasing, use **a** + *pronoun* (**a mí, a ti, a él/ella/usted,** etc.) or **a** + *noun*.

A mí me gustó mucho el mural de   *I **liked** Diego Rivera's mural a lot,*
Diego Rivera, pero **a Claudia le**   *but **Claudia liked** the murals of*
gustaron más los murales de David   *David Alfaro Siqueiros more.*
Alfaro Siqueiros.

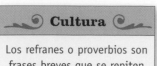

Cultura

Los refranes o proverbios son frases breves que se repiten tradicionalmente. Tienen temas muy variados y casi siempre transmiten una enseñanza o una ironía. Algunos de estos refranes forman parte del lenguaje cotidiano de muchos hispanos.

● Other verbs that follow the pattern of **gustar** are

caer bien	to *like* (a person)
caer mal	to *dislike* (a person)
disgustar	to *annoy*, to *displease*
encantar	to *take delight in*, to *love* (in a general sense; e.g., to love animals, hiking, etc.)
fascinar	to *fascinate*
importar	to *be important to*, to *matter*
interesar	to *interest*
parecer	to *seem*
quedar	to *fit* (clothing), to *have something left*

3-21 Mis gustos. Primera fase. Complete la siguiente tabla según sus preferencias. Después compare sus respuestas con las de su compañero/a.

MODELO: diseños indígenas

E1: A mí me gustan los diseños indígenas. ¿Y a ti?
E2: A mí también me gustan./A mí no me gustan. Prefiero los diseños modernos.

	me fascina/n	me encanta/n	me gusta/n	no me gusta/n
la arquitectura moderna				
los murales de colores vivos				
las pinturas clásicas				
la música mexicana				
los ponchos de lana				
los móviles de cerámica				

Segunda fase. Con otra pareja, comenten sobre las coincidencias en sus gustos. Si ustedes cuatro tienen gustos similares, compartan esta información con el resto de la clase.

3-22 ¿Qué les gusta hacer? Basándose en las actividades de estas personas, digan qué les gusta/interesa/encanta hacer a ellos. Usen su imaginación y añadan un comentario adicional.

MODELO: Visita muchos países diferentes.

1.
2.
3.
4.
5.
6.

E1: Le gusta viajar y puede hacerlo porque tiene mucho dinero. ¿Estás de acuerdo?

E2: Sí, y además siempre viaja en primera./No, no estoy de acuerdo contigo. Pienso que es una mujer de negocios. Trabaja en una compañía multinacional y le gusta estar en contacto con sus clientes.

1. Habla con los chicos de las pandillas de la ciudad.
2. Van a ver los murales de Rivera, Orozco y Siqueiros en México.
3. Salen de la ciudad los fines de semana y caminan por el campo o la playa.
4. Habla con escritores y grupos chicanos en los cafés.
5. Va a los mercados de artesanía.
6. Pinta murales en edificios del este de Los Ángeles.

3-23 Nuestras opiniones. Primera fase. Den su opinión sobre los siguientes temas y expliquen por qué piensan así. Las siguientes expresiones les van a ser útiles para expresar su opinión.

¿Qué opinión tiene(s) sobre/de. . .?	Opino que. . .
¿Qué opina(s) sobre/de. . .	
¿Qué piensa(s)/cree(s) de. . .	Pienso/Creo que. . .
¿Qué te/le parece. . .?	Me parece que. . .

MODELO: los graffiti en los sitios públicos o las paredes de edificios

E1: ¿Qué piensas sobre los graffiti en los sitios públicos o las paredes de edificios?

E2: Me parece una forma excelente de expresarse en público. Además, creo que por lo general son bellos y decoran la ciudad. Y tú, ¿qué opinas?

E1: Pues yo creo que ensucian las paredes. No me gustan.

1. el estudio de idiomas desde la escuela primaria
2. las pandillas en las ciudades
3. los murales pintados por miembros de la comunidad
4. el uso de fondos del gobierno para realizar proyectos artísticos
5. el transporte público en las ciudades
6. los mercados artesanales en el centro de la ciudad

Segunda fase. Discutan las diferentes opiniones y compartan con la clase la opinión de la mayoría de los miembros del grupo. En caso de un empate (*tie*), deben presentar los dos puntos de vista.

3-24 ¡A conocernos mejor! Primero, lea la siguiente lista y anote sus respuestas. Después piense qué puede decir para explicar sus gustos o antipatías. Finalmente, entreviste a su compañero/a para saber su opinión.

1. Algo que le disgusta
2. Alguien que le cae bien
3. Un personaje público que le cae mal
4. Algo que le interesa más en la actualidad

3-25 Los proverbios. Los proverbios son una manifestación de la cultura popular. Lea los proverbios que están más abajo y haga lo que se indica a continuación.

> Ojos que no ven, corazón que no siente.
> Aunque la mona se vista de seda, mona se queda.
> Llamar al pan, pan, y al vino, vino.
> Mientras en mi casa estoy, rey soy.
> Estar en el pueblo y no ver las casas.
> Quien más tiene, más quiere.

1. Diga cuál es el proverbio que le gusta más y por qué.
2. Mencione una situación en la que se puede usar este proverbio.
3. Diga si hay un proverbio similar en inglés y cuál es.

Algo más

Hace with time expressions

Hace + *length of time* + **que** + *preterit* indicates the time that has passed since an action was completed. This idea is expressed as *ago* in English. Note in the sentences below that you can change the order of the words. If you begin the sentence with the preterit tense of the verb, do not use **que**.

Hace tres años **que** compré este poncho.   *I bought this poncho three years ago.*
Compré este poncho **hace** tres años.

Hace + *length of time* + **que** + *present tense* indicates that an action began in the past and continues into the present. If you begin the sentence with the present tense of the verb, do not use **que**.

Hace una hora **que** estamos   *We've been in the market for*
en el mercado.   *one hour.*
Estamos en el mercado **hace** una hora.

3-26 ¿Cuánto tiempo hace? Primero, completen individualmente la siguiente tabla de acuerdo con sus experiencias personales, usando **hace** y el pretérito. Después, entreviste a su compañero/a según el modelo.

MODELO: visitar el mercado de la Plaza Mayor   el año pasado

E1: ¿Cuánto tiempo hace que visitaste el mercado de la Plaza Mayor?

E2: Hace un año que visité el mercado de la Plaza Mayor (lo visité).

acciones	fechas
asistir a un evento artístico	_____
comprar una camiseta con el nombre de un artista famoso	_____
leer un artículo sobre artesanía	_____
ver un mural por primera vez	_____
tomar una foto de la naturaleza	_____
ir a una exposición de pintura	_____

3-27 Una entrevista. Primera fase. Completen las siguientes oraciones con información personal.

1. Mi programa favorito de televisión es. . .
2. Veo ese programa hace. . .
3. Mis artistas/pintores favoritos son. . .
4. Veo sus programas/películas/obras de arte hace. . .
5. Mi deporte favorito es. . .
6. Asisto a los partidos o los veo en la televisión hace. . .
7. El deporte que yo practico es. . .
8. Lo practico hace. . .

Segunda fase. Ahora háganse preguntas para obtener información sobre los gustos de su compañero/a.

Ampliemos e investiguemos

 A escuchar

3-28 Tengo una muñeca. Antes de escuchar cada canción infantil, lea las siguientes oraciones incompletas. Después, escoja la letra que mejor completa cada oración, de acuerdo con la canción.

1. La ropa de la muñeca es de color. . .

    a. blanco.
    b. azul.
    c. verde claro.

2. Una prenda de vestir que se menciona en la canción es una. . .

    a. falda.
    b. chaqueta.
    c. camisa.

3. La muñeca está en cama porque. . .

    a. se cayó.
    b. tiene sueño.
    c. tiene catarro.

4. Normalmente se usa una cuchara para dar jarabe, pero en la canción usan un. . .

    a. tenedor.
    b. cuchillo.
    c. cucharón.

5. El número más alto que mencionan en la canción es el. . .

    a. cuarenta y dos.
    b. treinta y dos.
    c. veinticuatro.

Las canciones infantiles, que pasan de generación en generación, son una manifestación importante de la cultura popular. La letra de estas canciones a veces varía entre los países hispanos.

3-29 El patio de mi casa. Escoja la letra que mejor completa cada oración de acuerdo con la canción.

1. El patio de la casa de la canción es. . .

   a. igual a los otros patios.
   b. más grande que los demás.
   c. diferente al patio del vecino.

2. Cuando llueve, el patio de la canción tiene. . .

   a. móviles.
   b. agua.
   c. más flores.

3. Los niños que cantan esta canción deben. . .

   a. sentarse.
   b. pararse.
   c. agacharse.

4. Según la canción, los niños que no se agachan no saben. . .

   a. cantar.
   b. bailar.
   c. nadar.

5. Según la canción, cuando no quieren a una persona, esta persona. . .

   a. va a sufrir mucho.
   b. no va querer a nadie más.
   c. va a tener un nuevo enamorado.

6. La letra del abecedario que **no** se menciona en la canción es la. . .

   a. jota.
   b. efe.
   c. eme.

3-30 Una entrevista. Primero, lean las siguientes preguntas y piensen en cuáles serían sus respuestas. Después, túrnense para hacerse las preguntas.

1. ¿Qué le gustó más de "Tengo una muñeca"? ¿El ritmo? ¿El tema? ¿La rima? ¿La música? ¿Y de "El patio de mi casa"?
2. En su infancia, ¿cantaba usted canciones que incluían el alfabeto o los números? ¿Cuáles eran esas canciones?
3. ¿Qué le gustaba hacer a usted cuando era niño/a?
4. Describa con detalles su actividad favorita de niño/a. Piense en un incidente en particular y cuéntelo.
5. ¿Qué le disgustaba hacer cuando era niño/a?

 **A escribir**

Resumen de estrategias de redacción: La narración

A continuación se encuentra un resumen de las estrategias de la narración. Para explicaciones más detalladas, vaya a la página 101.

1. Planifique cuidadosamente los personajes, la acción, el ambiente, el tiempo y el orden en que ocurre la historia.
2. Decida la perspectiva desde la cual va a relatar la historia: la del narrador protagonista o la del narrador testigo.
3. Estructure bien el relato:

    a. Primero, presente a los personajes, determine el ambiente y comience la acción.
    b. Luego, presente y desarrolle la acción principal y cree las tensiones que provocan la acción.
    c. Finalmente, presente un desenlace apropiado.

4. Planifique las estrategias lingüísticas que le permitan manipular la agilidad o movimiento de la narración:

    a. para lograr una narración ágil: use verbos, dé pocos detalles y construya oraciones breves.
    b. para lograr una narración lenta: incluya muchos detalles, use adjetivos para describir y construya oraciones más largas.

3-31 Análisis. Lea la narración a continuación y determine lo siguiente.

1. El grado de agilidad o movimiento: rápido, lento.
2. La descripción de la escena y los personajes: buena o mala. ¿Por qué?
3. El tiempo: presente, pasado.
4. El tipo de narrador: protagonista, observador.
5. La estructura de la narración: presentación, desarrollo, desenlace.

Narración

Lector: Público de la sección **Viajeros** del periódico *El Sur*
Propósito: Captar el interés de viajeros potenciales

¿Una fiesta o una guerra de tomates?

¿Alguna vez recibió una invitación para una fiesta de tomates? Si esto le parece un sueño fantástico, permítanos contarle lo que un colega y yo vimos en nuestro viaje.

Partimos de Lima, Perú, la última semana de agosto. Hacía mucho viento y frío. Cuando llegamos a Buñol, una pintoresca ciudad en Valencia, España, hacía mucho calor y estábamos cansados. Por eso, decidimos ir al hotel a descansar. El día del evento, nos despertamos alrededor de las 7:00 de la mañana, hacía un sol esplendoroso; salimos a tomar un café, pero nos llevamos una gran sorpresa: el café, que pagamos en euros, nos costó más caro que en Perú.

Desde temprano se veía mucha agitación y alegría por la ciudad. Muchos camiones repletos de tomates circulaban por las calles; algunas personas preparaban un "palo jabón", un poste cubierto de jabón que varios jóvenes intentarían escalar para obtener su trofeo, un jamón.

Después de unas horas, empezaron a llegar grandes multitudes a la plaza. Había españoles y también extranjeros que esperaban con ansia el evento. Sin excepción, todos los participantes llevaban camisetas y pantalones y parecían listos para empezar esta guerra. Los camiones del municipio transportaban tomates y a algunos de los jóvenes participantes. Nos dimos cuenta de que a pesar del calor nadie bebía en las calles ni llevaba botellas. Alguien nos dijo que estaba prohibido llevarlas para evitar accidentes. De repente escuchamos un cohete y todo el mundo comenzó a pisar los tomates que caían de los camiones. Luego, todos recogieron los tomates y se los lanzaron a otras personas que estaban alrededor. Empezaba *La tomatina*.

Durante este loco juego, todos reían, gritaban, saltaban, se caían, se levantaban, lanzaban tomates y al mismo tiempo intentaban evadirlos. De repente sonó un segundo cohete y todos dejaron de lanzar tomates. Lentamente, los participantes se miraron a la cara y descubrieron rostros, algunos conocidos, bajo el jugo y la pulpa del tomate. *La tomatina* llegaba a su fin, por esta vez. Al término de *la guerra de tomates* todos se sentían diferentes; también contaban con un nuevo grupo de amigos. Todos pensaban encontrarse el año siguiente.

3-32 Preparación. En preparación para *A redactar*, elija una de las siguientes opciones y haga lo que se indica.

Opción #1

1. Mencione dos festividades o celebraciones —nacionales, regionales o personales— de su infancia: una que a usted le gustaba y otra que no le gustaba.

2. Para cada festividad o celebración, dé algunas razones para explicar por qué le gustaba o no.

3. Piense en la última vez que usted asistió a esta festividad o celebración.
   a. Describa el lugar donde se celebró.
   b. Describa a las personas que asistieron (su apariencia, sus sentimientos, etc.)

4. Haga un recuento de lo que ocurrió desde el comienzo hasta el fin.

Opción #2

1. Busque en Internet algunos festivales hispanos que usted vio en Internet. Diga cuál le gustó más y cuál le gustó menos. En **www.prenhall.com/identidades** usted también podrá encontrar festivales hispanos.

2. Diga por qué le gustó uno más que el otro.

3. Tome notas sobre los siguientes aspectos del evento que le gustó más.
   a. La descripción que se hace del lugar donde éste se celebra.
   b. La descripción que se hace de los participantes y el ambiente de este festival (la apariencia y sentimientos de los participantes, etc.).

4. Haga un informe de lo que ocurre desde el comienzo hasta el fin, según el artículo que usted leyó en Internet.

3-33 ¡A escribir! Primera fase. Antes de escribir sobre el festival, escoja al lector con quien desea compartir su narración. Luego, diga por qué quiere contarle esta historia a esta persona o público, y después determine desde qué perspectiva va a narrar su historia.

1. un amigo/a
2. el público del Club de español de su universidad
3. su profesor/a de español

Segunda fase. Ahora escriba su narración. A medida que usted lo hace, use las notas que tomó en la actividad 3-32. Evalúe la efectividad de su narración (el grado de agilidad o movimiento, la calidad de la descripción del ambiente, los personajes, los eventos, el tiempo); asegúrese que narra desde la perspectiva correcta; analice la estructura de su narración (presentación, desarrollo, desenlace).

3-34 ¡A editar! Después de unas horas, vuelva a leer su narración, pensando en su lector. Aclare las ideas confusas y el vocabulario impreciso. Agilice el ritmo de la narración, si es necesario. Mejore el estilo de su narración variando el vocabulario. Use sinónimos y antónimos. Verifique si las estructuras gramaticales que usó son apropiadas. Revise la ortografía, los acentos, la puntuación, etc. Las reglas de acentuación están en el Apéndice, página 407.

 A explorar

3-35 Las artesanías hispanas. Primera fase. En **www.prenhall.com/ identidades** encontrarán enlaces sobre la artesanía de distintos países. Seleccionen un país.

Segunda fase. Preparen un informe sobre la artesanía típica de ese país.

1. El tipo de artesanía.
2. Información sobre los objetos. ¿Para qué sirven? ¿Cuándo se comenzaron a hacer y por qué?
3. Descripción de los materiales que se utilizan en la artesanía del país seleccionado.
4. Semejanzas o diferencias con la artesanía de otro país que usted conozca.

Tercera fase. Presentación. Compartan con sus compañeros la información sobre la artesanía del país elegido, utilizando dibujos, fotos o las imágenes de Internet para mantener el interés de su público.

3-36 ¡Viaje al pasado! Primera fase. En el rol de estudiantes principiantes de arqueología, averigüen sobre uno de los siguientes temas en Internet. En **www.prenhall.com/identidades**, pueden encontrar algunos sitios con información útil.

1. Un utensilio/artefacto de alguna cultura prehispánica.
2. Dos accesorios que llevaban las mujeres u hombres prehispánicos.
3. Textiles prehispánicos y coloniales.
4. Una ruina histórica de alguna cultura indígena en el mundo hispano.

Busquen la siguiente información.

1. Nombre de la pieza, accesorio, tipo de tela, ruina.
2. Comunidad étnica/cultural donde se encontró y descripción.
3. Período en que se hizo o se usaba la pieza.
4. Funciones que tenía este utensilio/accesorio/tela/ruina en la comunidad donde existía.

Segunda fase. Prepárense para compartir esta información con otro grupo, usando la información de la *Primera fase*, además de fotografías o las imágenes de Internet. Den sus impresiones sobre el artefacto/utensilio o la ruina: ¿Les pareció interesante, útil, novedoso/a, ingenioso/a, etc.? En el caso de los artefactos/utensilios/accesorios/telas, ¿se usan en la actualidad? ¿Dónde? ¿Cómo?

3-37 Los murales. En **www.prenhall.com/identidades** encontrarán información sobre Diego Rivera, uno de los creadores de la tradición muralista mexicana. Preparen una presentación para el resto de la clase que incluya lo siguiente.

1. Breve biografía de Diego Rivera. (Utilicen los tiempos en el pasado.)
2. Descripción detallada de uno de sus murales.

3-38 Comparación. Primera fase. En **www.prenhall.com/identidades** encontrarán información sobre los muralistas José Clemente Orozco y Jaime Guevara. Busquen la siguiente información sobre cada uno de los dos artistas.

1. lugar de nacimiento
2. época en que vivieron o viven
3. cuatro datos importantes de su biografía
4. título de uno de sus murales más famosos
5. dimensiones del mural y lugar donde se encuentra
6. tema y características del mural

Segunda fase. Preparen una presentación para la clase incluyendo una comparación entre la vida y la obra de estos dos muralistas y entre los murales seleccionados.

➤➤➤ ¿Lo sabe? ◄◄◄

Además de los murales, los graffiti y las pintadas también usan las paredes para expresar ideas y mensajes por medio de la pintura. Los graffiti, según los expertos, se distinguen de las pintadas en que dan más importancia a la forma, incluidos el color o el estilo de letra. Las pintadas, por el contrario, enfatizan el mensaje. La palabra italiana *graffiti* se hizo popular en los años 60 para designar principalmente a los escritos callejeros inconformistas y provocadores que proliferaron en Francia y en toda Europa por esos años. En España tuvieron su auge a mediados de la década de los ochenta.

3-39 Las pintadas virtuales. Primera fase. En **www.prenhall.com/ identidades** usted encontrará unas paredes virtuales con pintadas y graffiti. Vaya a la página y haga lo siguiente.

1. Seleccione un tema que le interesa: la política, la ecología, etc.
2. Lea varias pintadas sobre ese tema. Seleccione una que le guste y escríbala en su cuaderno. Explique con sus propias palabras el significado de la pintada.

Segunda fase. Ahora seleccione una pintada que **no** comprenda, cópiela en su cuaderno y haga lo siguiente.

1. Trate de explicar brevemente lo que, según usted, probablemente significa. ¡Use su imaginación!
2. Piense en un tema sobre el que quiera manifestar una opinión y haga su propia pintada en un papel o cartón.
3. Prepárese para presentar y explicar el significado de su pintada en clase.

Rincón literario

≫≫ ¿Lo sabe? ≪≪

Cuando una palabra termina en vocal y la siguiente empieza también en vocal (o con "h") se produce una sinalefa, es decir, las dos vocales se unen y se pronuncian en una sola sílaba.
Ejemplo:
Que-por-ma-**yoe**-ra-por-ma-yo

Los romances son una manifestación artística importantísima de la cultura popular hispana. Son poemas de versos de ocho sílabas (octosílabos), que durante siglos circularon de boca en boca. Contaban anécdotas de personajes famosos, aunque también podían ser canciones de amor o lamentos de prisioneros. El origen de los romances es medieval. En una época en que la mayoría de la población no sabía leer ni escribir ni, por supuesto, existían los medios de comunicación que tenemos hoy en día, la gente los memorizaba y su función era la de informar o entretener en las reuniones. Los viajeros los llevaban de un lado a otro, añadiendo a su repertorio los que aprendían en los lugares por donde pasaban. Hoy en día existen varias recopilaciones con miles de romances que se han conservado. Este fondo cultural se conoce como el romancero.

Romance del prisionero

Que por mayo era, por mayo,
cuando hace la[1] calor,
cuando los trigos encañan[2]
y están los campos en flor,
5   cuando canta la calandria[3]
y responde el ruiseñor[4],
cuando los enamorados
van a servir al amor;
sino[5] yo, triste, cuitado[6],
10   que vivo en esta prisión;
que ni sé cuándo es de día
ni cuándo las noches son,
sino por un avecilla[7]
que me cantaba al albor[8].
15   Matómela[9] un ballestero[10];
déle Dios mal galardón[11].

[1]En el lenguaje popular castellano la palabra calor aparece a menudo como de género femenino.   [2]*grow tall*   [3]*lark, type of bird*   [4]*nightingale*   [5]excepto   [6]*troubled*   [7]ave pequeña   [8]por la mañana   [9]forma antigua de "me la mató". El pronombre "la" se refiere al "avecilla". El uso de "me" enfatiza el cariño que el prisionero sentía por el ave que mató el ballestero.   [10]*crossbowman*   [11]*reward (ironic; sense of "punishment")*

Interpretación

1. Señale en el romance los versos que describen las cosas que suceden durante el mes de mayo. ¿Ocurren las mismas cosas donde usted vive? ¿Hace calor? ¿Hay campos de cereales como el trigo? ¿Cantan los pájaros? ¿Es mayo el mes del amor? ¿Qué cosas pasan en el mes de mayo donde usted vive?
2. Señale en el romance los versos que se refieren a la condición en que se encuentra el prisionero. ¿Cómo imagina usted la prisión en que se encuentra?
3. ¿Por qué se queja el prisionero? ¿Qué desgracia (*misfortune*) le pasó?
4. En muchas canciones y poemas que reflejan la cultura popular se habla de las duras condiciones de la vida. Piense en la letra de alguna canción de jazz, de flamenco, de *country* o de *rap* que exprese algo semejante y compártala con la clase.

VOCABULARIO

Materiales

el algodón	*cotton*
el barro	*clay*
la cerámica	*ceramics, pottery*
el cobre	*copper*
la lana	*wool*
la madera	*wood*
la paja	*straw*
la plata	*silver*

En el mercado

la artesanía	*handicrafts*
la bandeja	*tray*
la ensaladera	*salad bowl*
la jarra	*pitcher*
la manta	*blanket, poncho*
el mantel	*tablecloth*
la muñeca	*doll*
el plato	*plate*
la servilleta	*napkin*
la taza	*cup*
el tejido	*weaving*
la tela	*fabric*
el telar	*loom*
la tetera	*teapot*

Lugares

la cueva	*cave*
la escuela	*school*
la galería	*gallery*
el hogar	*home*
el taller	*workshop, shop*
la tienda	*store*

En un edificio

el costado/lado	*side*
la pared	*wall*
el techo	*roof*

Personas

el/la artesano/a	*artisan*
el/la extranjero/a	*foreigner*
el/la guerrero/a	*warrior*
el/la guía	*guide*
el/la líder	*leader*
el/la muralista	*muralist*
la pandilla	*gang*
la víctima	*victim*

Características

agrícola	*agricultural*
callejero/a	*popular, of the streets*
desconocido/a	*unknown*
inexistente	*nonexistent*
mundial	*world*
oscuro/a	*dark*
trabajador/a	*hard working*
utilitario/a	*utilitarian*

Verbos

adornar	*to decorate*
caer bien	*to like (a person)*
caer mal	*to dislike (a person)*
coleccionar	*to collect*
conocer (zc)	*to know, to meet*
crear	*to create*
disgustar	*to annoy, to displease*
encantar	*to take delight in, to love (not in the romantic sense)*
ensuciar	*to dirty, to soil*
firmar	*to sign*
gustar	*to like*
importar	*to be important to, to matter*
interesar	*to interest*
mostrar (ue)	*to show*
parecer	*to seem*
pintar	*to paint*
poder (ue)	*to be able to, can*
prestar	*to lend*
quedar	*to have something left, to fit (clothing)*
regalar	*to give a present*
tejer	*to weave, to knit*
valorar	*to value*
vender	*to sell*

Palabras y expresiones útiles

al/en el extranjero	*abroad*
a pesar de	*in spite of*
los derechos civiles	*civil rights*
fuera	*outside*
hace	*ago*
hasta	*until*
el nivel de vida	*standard of living*
por casualidad	*by chance*
según	*according to*

4

Nuestro entorno físico

Objetivos comunicativos
- Reporting on geography and the environment
- Discussing causes and effects of current environmental problems
- Predicting future occurrences
- Reacting and commenting on social and environmental issues

Contenido temático y cultural
- Natural resources
- Natural phenomena
- Economy and industry
- Pollution and preservation of resources

A leer

La zona más característica de la topografía de España es la Meseta Central, la cual ocupa un poco más de la tercera parte del país y tiene una elevación que varía entre los 600 y los 900 metros. En la Meseta Central hay muchos castillos, entre ellos éste del siglo XII pertenece a la Orden de Calatrava. Madrid, situada en esta meseta, es la capital más alta de Europa. El clima de esta zona es frío en invierno, muy caluroso en verano y más bien seco, ya que rara vez llueve. Hay pocos árboles, pero se destaca el cultivo de los cereales y también de la uva para hacer vino.

La pampa, una enorme extensión de tierra llana y fértil donde se cultivan cereales y se cría un ganado de excelente calidad, forma la base económica de Argentina. Domingo Faustino Sarmiento, uno de los escritores argentinos más conocidos, la describe como "la imagen del mar en la tierra".

Los paisajes de la Patagonia, en el sur de Chile y Argentina, son espectaculares. Los glaciares, las colonias de pingüinos y los parques nacionales le ofrecen al viajero la oportunidad de disfrutar plenamente de la naturaleza. En invierno, los vientos helados, las temperaturas bajo cero y la niebla dificultan mucho los viajes por esta zona.

Muchas de las tierras del norte de México, como el desierto de Sonoma en México, son áridas y secas, igual que una gran parte de la zona suroeste de los Estados Unidos.

La selva amazónica ocupa cerca del 60% del territorio peruano. El contraste climático entre el litoral y la selva es extraordinario. En la selva llueve gran parte del año y su densa vegetación ayuda a purificar el aire, por lo que es conocida como el "pulmón" del planeta. Todo lo contrario es el litoral peruano, una de las zonas más áridas del mundo, al igual que el norte de Chile.

Preparación

4-1 Asociación. Escoja la característica geográfica que usted asocia con los siguientes lugares. Algunos tienen dos respuestas.

1. _____ Yucatán
2. _____ Cuba
3. _____ Mediterráneo
4. _____ Gibraltar
5. _____ Los Andes
6. _____ Atacama
7. _____ Titicaca
8. _____ Amazonas
9. _____ Los Pirineos
10. _____ Silicon

a. cordillera
b. montañas
c. río
d. desierto
e. estrecho
f. península
g. isla
h. mar
i. lago
j. valle

4-2 Clasificación. Agrupe las siguientes palabras bajo la columna apropiada.

valle
península
desierto
frío
meseta

húmedo
océano
estrecho
lago
llano

archipiélago
prado
cordillera
selva
tropical

seco
bosque
mar
río
montaña

Terrenos elevados	Climas	Extensiones de tierra	Cuerpos de agua	Palabras relacionadas con la vegetación

Ⓖ **4-3 A cada uno lo suyo.** Estas personas quieren hacer un viaje. Diga cuál es el mejor destino para cada una, según sus preferencias o circunstancias.

1. Al señor Ojeda no le gustan nada los climas tropicales, pero le fascina la playa. Quiere ir a un lugar en los Estados Unidos donde haya playa y bastante vida nocturna.

2. Los Ortiz son una familia mexicanoamericana con gustos diferentes. Al señor Ortiz y a su esposa les encanta estar al aire libre, escuchar música y leer. Sus hijos María Jesús y Augusto, por otro lado, prefieren pasar el tiempo con sus amigos deportistas. Tanto María Jesús como Augusto esquían, juegan al tenis, hacen ciclismo y, cuando pueden, salen a bailar. El año pasado pasaron sus vacaciones en el campo, en casa de los abuelos, pero se aburrieron muchísimo. Este año esperan pasar las vacaciones en un lugar diferente y más divertido.

3. La señora Marta Espinoza sufre de reumatismo. Su médico le ha recomendado que se mude a un lugar con clima seco, pero cálido. También le recomienda que camine diariamente para evitar que sus músculos se atrofien. Según el médico, es importante que la señora Espinoza busque un lugar sin contaminación ambiental (*air pollution*) para evitar ataques de asma.

Estrategias de lectura

1. Infórmese sobre el tema antes de leer.

   a. El título. Por el título de la primera parte de la lectura, es evidente que el texto trata de la geografía de España. ¿En que consistiría una geografía "privilegiada"? No se preocupe si no es experto/a en geografía. Ponga sus ideas por escrito o hable sobre esto con otro/a estudiante de la clase.

   b. Piense en lo que ya sabe. ¿Qué sabe usted acerca de la geografía de España? Mire el mapa de la Península Ibérica. ¿Qué características topográficas tiene España? ¿Cuáles son las posibles implicaciones históricas, políticas o sociales para un país como España que forma parte de una península?

   c. Recuerde lo que ya ha aprendido. De los términos geográficos que aprendió en las actividades de *Preparación*, ¿cuáles son útiles para hablar de la geografía de España?

2. El tema del texto. La primera oración de cada párrafo repite la idea central del texto sobre España. Pase su marcador por la primera oración de cada párrafo. En su opinión, ¿cuál será el tema del texto?

LECTURA

España: una geografía privilegiada

España es un país muy variado desde el punto de vista geográfico y, con Portugal, ocupa la Península Ibérica. Esta península está rodeada por el mar Mediterráneo al este y al sureste, por el océano Atlántico al oeste y por el mar Cantábrico al norte. También al norte se encuentra una franja de altas montañas, ₅ los Pirineos, que separan a España de Francia. Y al sur, donde se juntan el mar Mediterráneo y el océano Atlántico, se encuentra el estrecho de Gibraltar, que separa a Europa de África. ₁₀ Además, España tiene dos archipiélagos importantes: las islas Baleares, en el mar Mediterráneo, y las islas Canarias, en el océano Atlántico, frente a la costa de Marruecos. Portugal ocupa la franja más ₁₅ occidental de la península, al sur de Galicia, una de las regiones más verdes y lluviosas de España.

La Península Ibérica

La variedad de los paisajes de España es extraordinaria, desde los húmedos valles de Galicia hasta las zonas casi desérticas de Castilla y La Mancha. Desde los ₂₀ fértiles campos de Valencia hasta los prados y montañas de Asturias, todo lo cual origina también múltiples tipos de climas.

España no sólo tiene espléndidas playas a lo largo de sus costas, sino que además es el segundo país más montañoso de Europa. A menudo, estas montañas señalan importantes límites climatológicos. Las montañas del Cantábrico, por ₂₅ ejemplo, marcan una zona de división climatológica bien definida entre la España lluviosa, con un clima extremadamente variable, donde se sitúan el País Vasco, Cantabria, Asturias y Galicia, y la España seca, con un clima caracterizado por escasas lluvias y un sol implacable.

Naturalmente, la variedad geográfica de España se refleja en su variedad cultural ₃₀ y lingüística. Cada región tiene su historia y sus características, sus costumbres y sus tradiciones.

? Organizar la información. En este texto informativo, el mapa puede ayudarle a organizar la información para recordar los detalles. Con su lápiz, indique en el mapa los nombres geográficos que aparecen en el texto. (Mediterráneo, Cantábrico, Pirineos, etc.)

? ¿Qué significa? La palabra "franja" aparece dos veces en el primer párrafo. No es necesario usar el diccionario, podrá adivinar el significado basándose en el contexto. ¿Cuál es el significado más probable? (a) grupo (b) paisaje   (c) punto   (d) línea

? ¿Qué ha aprendido? El tercer párrafo trata de dos grandes zonas climatológicas de España. Dibuje en su mapa la línea que marca la división. ¿Cómo son los dos climas?

Más Estrategias de lectura

1. Buscar la coherencia. Lea el título del texto sobre Hispanoamérica y luego lea la primera oración. ¿Qué tema se ve aquí? ¿Es nuevo este tema, o ya lo vio en el texto sobre la geografía de España?

2. Buscar vocabulario relevante. Lea rápidamente el texto y pase su marcador sobre todos los términos (montaña) y nombres geográficos (Andes) que reconozca. Estas palabras conocidas le facilitarán la comprensión del texto.

Hispanoamérica: la variedad de un continente

Si en España hay una gran variedad geográfica, en Hispanoamérica, por tratarse de un continente, esta variedad es todavía mayor: regiones heladas, selvas y bosques tropicales, desiertos, lagos, volcanes, ríos caudalosos y enormes montañas.

5 En cuanto a cadenas montañosas, los Andes, que se extienden a lo largo de la costa occidental de la América del Sur, dominan el paisaje de los países que atraviesan. Es la cordillera más larga del mundo sobrepasa los 7.500 kilómetros y su cumbre más alta, el Aconcagua, es también la más alta de todo el hemisferio americano. La continuación de este sistema montañoso se extiende a través de 10 todo el continente hasta terminar en los picos helados de Alaska.

El altiplano boliviano tiene una altura media de 3.500 metros. Allí está La Paz, la capital más alta del mundo. Al este del altiplano se encuentran los valles y los llanos del Oriente. Los llanos ocupan un 70% del territorio nacional y se unen a las selvas de Brasil al este y a la región semiárida del Chaco al sureste.

En medio de los Andes, entre Perú, Bolivia, Chile y Argentina, está el Altiplano, una meseta con una altura media de 3.500 metros, donde se encuentra el lago navegable más alto del mundo, el Titicaca. En el altiplano chileno se encuentra el desierto de Atacama, considerado por muchos como el desierto más árido del 15 mundo, donde prácticamente no hay vegetación, sino dunas y paisajes lunares, y donde, en algunos lugares, casi nunca llueve. Al este de los Andes, a medida que disminuye la altura, el paisaje cambia totalmente, y se encuentran valles, planicies onduladas, selvas y llanos.

¿Qué significa? ¿Conoce la palabra Altiplano? Si no la conoce, puede descifrar su significado. La palabra "Altiplano" está compuesta de dos palabras fáciles: alti (alto) y plano. Usando estas pistas (*hints*), ¿cómo se dice Altiplano en inglés?

Hispanoamérica

Suramérica tiene tres grandes sistemas fluviales. El río Amazonas es el más caudaloso[1] del mundo y el segundo en longitud, después del Nilo. Nace en los Andes del Perú y cruza el continente de oeste a este. Cuenta con más de mil afluentes[2] y en algunos lugares tiene unos seis kilómetros de ancho. Las tierras de esta región constituyen la Amazonía, la mayor selva tropical del mundo. Al sur, entre Uruguay y Argentina, se encuentra el Río de la Plata, formado por los ríos Paraná y Uruguay, que constituye una importante vía comercial. El río Orinoco, otro río muy importante, desemboca[3] al norte de Venezuela.

En Centroamérica, al igual que en las islas del mar Caribe y México, hay playas bellísimas que atraen a turistas de todo el mundo. En Centroamérica también se encuentran numerosos bosques tropicales, lagos y montañas. Tanto en Suramérica como en Centroamérica y México hay volcanes que, a través de los años, han ocasionado numerosas pérdidas de vidas y propiedades. Es muy curioso el caso del volcán Paricutín en México, que surgió de repente en un campo de labor en el estado de Michoacán en 1943, y dos años más tarde ya tenía 460 metros de altura.

Esta visión panorámica de Hispanoamérica demuestra que es indiscutiblemente una tierra de gran variedad y contrastes geográficos.

---

[1]*carries the greatest amount of water*   [2]*tributaries*   [3]*flows*

Comprensión y ampliación

4-4 ¿Cómo son? Primera fase. Resuma por escrito la información de los tres primeros párrafos de la lectura en un párrafo mucho más breve. Empiece de la siguiente manera:

España es un país. . .

Ahora, haga lo mismo con los seis párrafos de la lectura que se refieren a Hispanoamérica:

La variedad de Hispanoamérica es enorme porque. . .

Segunda fase. Lea varias veces su resumen escrito y después, sin mirarlo, explíquele oralmente el contenido del mismo a un/a compañero/a. Si es necesario, use las mapas en las páginas 112 y 114.

4-5 Diga lo que sabe. Primera fase. Basándose en la información del texto y en sus propios conocimientos, escriba para cada zona una frase que describa alguna de sus características geográficas y/o climáticas. Asegúrese de que sus frases contengan las respuestas de al menos dos de las siguientes preguntas: ¿Qué es/son? ¿Cómo es/son? ¿Dónde está/están?

MODELO: Los Pirineos: Son unas montañas muy altas que se encuentran entre el sur de Francia y el norte de España.

1. El Mediterráneo
2. Gibraltar
3. Cuba
4. Galicia
5. Los Andes
6. Titicaca
7. Atacama
8. El Amazonas
9. El Río de la Plata
10. El Pacífico

Segunda fase. Elijan una de las zonas geográficas de la *Primera fase* y hagan una pequeña investigación en Internet para ampliar sus conocimientos y hacer una breve presentación en clase. Deben cubrir los siguientes puntos o algún otro que les interese:

1. nombres de la(s) comunidad(es) que vive(n) allí o en sus costas/márgenes
2. lengua(s) que hablan
3. algún antecedente histórico, cultural, político interesante

Aclaración y expansión

Se + *verb* for impersonal and passive expressions

● Spanish uses **se** + *singular verb* in impersonal statements—those in which the subject is not expressed. An infinitive, a clause, or sometimes an adverb follows the singular verb. This is done in English with indefinite subjects such as *they, you, people,* or *one.*

Se puede cruzar la cordillera de los Andes en el verano.	*You can cross the Andes mountain range in the summer.*
Se dice que las minas de estaño de Bolivia son las más grandes del mundo.	*They say that the tin mines in Bolivia are the largest in the world.*
Se trabaja mucho en las minas.	*They work a lot in the mines.*

- Spanish uses **se** + *singular* or *plural verb* + *noun* in statements emphasizing the occurrence of an action rather than the person(s) responsible for that action. The noun (what is sold, exported, offered, etc.) usually follows the verb, and who does the action is not expressed. This is normally done in English with the passive voice (*is/are/was/were* + *past participle*).

Se vende carne argentina en muchos países del mundo.	*Argentinian meat **is sold** in many countries around the world.*
Se exportan flores colombianas a los Estados Unidos durante todo el año.	*Colombian flowers **are exported** to the United States year round.*

4-6 ¿Dónde se hace esto? Primera fase. Asocie las siguientes actividades con los lugares donde normalmente ocurren. En algunos casos, más de una respuesta es posible.

1. _____ Se cultivan muchos cereales en. . .
2. _____ Se observan glaciares en. . .
3. _____ Se usan las llamas para llevar carga en. . .
4. _____ Se extrae mucho petróleo en. . .
5. _____ Se cazan animales salvajes en. . .
6. _____ Se toma el sol y se nada en. . .
7. _____ Se encuentra mucho estaño (*tin*) en. . .
8. _____ Se cultiva la caña de azúcar en. . .

a. las playas de México.
b. las costas del sur de Chile.
c. las pampas.
d. las selvas amazónicas.
e. las minas de Bolivia.
f. el lago Maracaibo de Venezuela.
g. el altiplano andino.
h. varias islas del Caribe.

2 Segunda fase. Ahora con un/a compañero/a hablen de otro lugar en su país o en otra parte del mundo donde se hace lo mismo que se menciona en los lugares de la *Primera fase*. Finalmente, compartan sus ideas con otra pareja.

2 4-7 ¡Alguien precavido vale por diez! Escriban una lista de lo que se debe hacer, tener, etc. antes de cruzar un desierto y expliquen por qué. Después compartan su lista con otra pareja.

MODELO: Se debe llevar un mapa para no perderse.

WWW 2 4-8 Para ganar un viaje. Primera fase. Hay un concurso (*contest*) en su universidad para ganar un viaje de estudios a cualquiera de los lugares que aparecen más abajo. Los dos estudiantes que presenten la mejor propuesta ganarán el premio. Preparen una propuesta que cubra los siguientes puntos.

1. la localización geográfica y la moneda que se usa en el lugar
2. el presupuesto (*budget*) que se necesita para el viaje
3. lo que se debe llevar para este viaje
4. lo que se puede ver/visitar allí
5. el tipo de proyecto que se puede preparar sobre el viaje al volver

Bariloche y el lago Nahuel Huapi	el desierto de Atacama
la Isla de Pascua	las Islas Galápagos
la región amazónica/los bosques tropicales	las líneas de Nazca
el altiplano boliviano	los glaciares del sur

G Segunda fase. Presenten la propuesta a los miembros del grupo o a la clase. Después, decidan entre todos cuál es la mejor propuesta.

4-9 El progreso nos puede crear problemas. Primera fase. El progreso y los deseos de vivir cómodamente a veces afectan el medio ambiente. Escoja uno de los problemas que aparecen más abajo y anote algunas ideas basándose en las siguientes preguntas.

1. ¿Qué se dice en los periódicos, revistas, televisión, etc. sobre este problema?
2. ¿Cuáles son las causas del problema?
3. ¿Se hace algo para resolverlo? Si es así, ¿quién(es) o qué institución lo hace?
4. Según usted, ¿qué se debe hacer?

La tala indiscriminada de árboles y los fuegos ponen en peligro las selvas y los bosques tropicales.

El león es una de las muchas especies animales que están en peligro de extinción.

Los automóviles y los aviones permiten que las personas se trasladen de un lugar a otro con rapidez y comodidad. Sin embargo, el enorme consumo del petróleo y sus derivados a nivel mundial contribuye a la contaminación del ambiente.

El uso de pesticidas preocupa a muchos científicos.

G **Segunda fase.** Formen grupos de acuerdo al problema que escogieron. Después, comparen sus respuestas y escojan las mejores.

Tercera fase. Hagan una presentación oral o escrita basándose en la información que tienen.

A leer

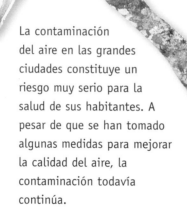

La contaminación del aire en las grandes ciudades constituye un riesgo muy serio para la salud de sus habitantes. A pesar de que se han tomado algunas medidas para mejorar la calidad del aire, la contaminación todavía continúa.

Los vertidos de industrias y ciudades han contaminado las aguas de ríos, lagos y mares. Como resultado, muchas especies acuáticas están en peligro de extinción.

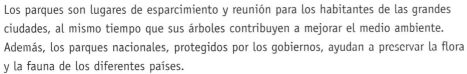

Los parques son lugares de esparcimiento y reunión para los habitantes de las grandes ciudades, al mismo tiempo que sus árboles contribuyen a mejorar el medio ambiente. Además, los parques nacionales, protegidos por los gobiernos, ayudan a preservar la flora y la fauna de los diferentes países.

Preparación

4-10 Los tesoros del mar. Observe este gigantesco acuario y conecte la definición con el nombre en el dibujo.

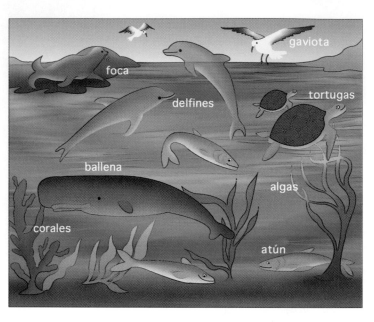

1. _____ Es un ave generalmente blanca que vuela mucho. Vive en las costas y se alimenta de los peces que están en el mar.
2. _____ Se encuentran bajo el mar y forman verdaderas colonias unidas entre sí. Se usan para hacer joyas y adornos.
3. _____ Los científicos piensan que estos animales son muy inteligentes. Se comunican entre ellos y con los humanos a través de silbidos (*whistles*).
4. _____ Estos peces abundan en muchos mares. Se pueden comer con mayonesa, apio y cebolla en ensaladas y sándwiches. Se incluyen en los menús de muchos restaurantes.
5. _____ Este animal enorme es en realidad un mamífero (*mammal*) que puede medir más de 30 metros de longitud. Algunos son de color oscuro por encima y blanco por debajo, y se encuentran en todos los mares.
6. _____ Estos animales caminan lentamente y ponen sus huevos en la arena.
7. _____ Éste es un mamífero que vive en el mar. Tiene extremidades en forma de aleta (*flipper*) que usa para movilizarse. Se cría cerca de la costa.
8. _____ Éstas son plantas que viven preferentemente en el agua dulce o salada, y generalmente son de variados colores.

2 4-11 ¿Problema o solución? Primera fase. Indiquen si los siguientes son problemas **(P)** o soluciones a problemas **(S)** relacionados con el mar.

1. _____ La extinción de algunas especies marinas.
2. _____ La limpieza de los derramamientos (*spilling*) de petróleo.
3. _____ El envenenamiento (*poisoning*) del mar.
4. _____ La destrucción de algunas variedades de peces.
5. _____ Una política coordinada para la pesca a nivel nacional e internacional.
6. _____ La aplicación de planes de conservación y recuperación de especies amenazadas (*threatened*).
7. _____ La comercialización ilimitada de algunas especies.
8. _____ La protección de la riqueza marina.

Segunda fase. Ahora determinen cuál de los problemas mencionados en la *Primera fase* se debe resolver con más urgencia. ¿Por qué?

4-12 ¿Qué se debe hacer? Primera fase. El Ministerio de Industria y Comercio de Chile ha organizado un concurso para concienciar a la población del país sobre los problemas del medio ambiente que deben solucionarse urgentemente. A continuación se encuentran los problemas presentados por el ministerio y las propuestas de tres concursantes. Seleccionen la mejor propuesta para determinar quién es el/la finalista.

Problemas: El aire de Santiago está contaminado a niveles peligrosos.
Los locos (*abalone*) están en peligro de extinción.

Concursante: Sra. Marisa Padilla
Región de residencia: Bío-Bío (Concepción)
Oficio o profesión: Economista

Problema: La contaminación del aire

Propuestas:

1. Se deben cerrar las industrias que contaminan el medio ambiente.

2. No se debe permitir la circulación de automóviles particulares viejos.

Problema: La posible extinción de los locos

Propuestas:

1. Se debe multar (*fine*) a las compañías que violan la veda (período de prohibición) de los locos.

2. No se debe permitir que las compañías extranjeras exploten la producción de los locos.

Concursante: Srta. Ana Curileo
Región de residencia: Metropolitana (Santiago)
Oficio o profesión: Estudiante de Ingeniería Marina

Problema: La contaminación del aire

Propuestas:

1. Se debe caminar más y usar menos los medios de transporte.
2. No se debe permitir el cigarrillo.

Problema: La posible extinción de los locos

Propuestas:

1. Se debe promover el cultivo más sistemático de los locos.
2. Se debe legislar sobre la explotación de los locos y firmar acuerdos con los países que pescan en las costas chilenas.

Concursante: Sr. Jorge Vial
Región de residencia: Austral (Punta Arenas)
Oficio o profesión: Capitán de barco jubilado

Problema: La contaminación del aire

Propuestas:

1. Se debe educar a los niños sobre la contaminación del medio ambiente.
2. No se debe permitir el uso de las chimeneas.

Problema: La posible extinción de los locos

Propuestas:

1. Se debe prolongar la veda de los locos por 50 años más.
2. Se debe encarcelar a los violadores de la veda.

Segunda fase. Analicen como mínimo dos propuestas. Discutan las ventajas y desventajas de cada una y, luego, elijan una. Compartan con otra pareja su decisión y justifíquenla.

Estrategias de lectura

1. Infórmese sobre el tema antes de leer.

   a. El título. ¿Qué asocia con el título "Mares vivos"? ¿Qué vive en el mar? Entre todos, hagan una lluvia de ideas (*brainstorm*), escribiendo todas las palabras que sepan.

   b. Piense en lo que ya sabe. Si el texto trata de los problemas ambientales relacionados con el mar, ¿de qué tipo de problemas se va a hablar en el texto? Escriba una lista de los problemas ambientales relacionados con el mar.

   c. Recuerde lo que ya ha aprendido. ¿Qué aprendió sobre la contaminación del mar en las actividades de *Preparación?* Haga una lista de los temas que recuerda.

2. La organización del texto. El texto está dividido en tres partes. A continuación está la lista de los temas de las tres partes. Examine rápidamente el texto para tener una idea general de qué se trata. Luego, ponga en orden los temas de acuerdo con el orden en que aparecen en el texto.

   _____ Los problemas causados por la civilización moderna.
   _____ La riqueza de la vida marina.
   _____ La misión de la organización WWF/Adena.

3. Anticipe el contenido. En el primer párrafo del texto se presenta una leyenda tradicional relacionada con el mar. Con lo que usted sabe acerca de las leyendas, responda **Sí** o **No** a las siguientes oraciones relacionadas con esta leyenda.

	Sí	No
a. Se sitúan generalmente en el presente.	_____	_____
b. Suelen incluir elementos de la naturaleza entre los personajes.	_____	_____
c. Nos parecen realistas desde nuestra perspectiva moderna.	_____	_____
d. Muchas de ellas tratan del origen de elementos de la naturaleza.	_____	_____

≫≫ ¿Lo sabe? ≪≪

WWF/Adena es una organización creada en 1961 por el inglés Sir Meter Scout para proteger las especies en peligro de extinción y los lugares vitales para la supervivencia del planeta.

LECTURA

Mares vivos

Adaptado de **http://www.wwf.es/mares_ecosis.php**

Una leyenda bosquimana[1] cuenta que al principio de los tiempos el mundo estaba vacío, sólo había aguas negras y estériles; una mañana el sol se enamoró del mar y de la fusión entre la luz y el agua nacieron todas las criaturas que hoy viven en el mundo. Como decía Homero, el mar es fuente de todo y, de
5 algún modo todos somos hijos del mar, por lo tanto, el mundo en que vivimos no debería llamarse planeta Tierra, sino planeta Agua, Mar u Océano. Los mares ocupan la mayor parte de la superficie de nuestro planeta. Son el hogar de millones de seres muy distintos, desde el miscroscópico plancton hasta la colosal ballena azul, pasando por los corales, las tortugas, los delfines, las aves marinas,
10 las focas y las numerosas especies comerciales como el atún. Del mar y los océanos obtenemos oxígeno, alimentos, minerales y medicamentos. En él se esconden muchos tesoros por descubrir, medicinas contra las enfermedades más temibles, una gran despensa[2] y millones de especies desconocidas.

Sin embargo, durante años, los seres humanos han abusado del medio marino,
15 esquilmando[3] las poblaciones de peces, envenenándolo con sustancias contaminantes provenientes de ciudades, la agricultura y la industria, dañando las costas y destruyendo así una gran parte de sus riquezas. Como consecuencia, la salud de los mares se encuentra hoy en peligro.

En lo que a los mares respecta, España tiene una importancia internacional de
20 primer orden, ya que las aguas de tres mares y océanos distintos bañan sus costas de casi 8.000 kilómetros, dando lugar a una enorme variedad de ecosistemas y formas de vida.

Nuestro objetivo para MARES:

WWF/Adena pretende frenar[4] la degradación de los mares y costas españoles,
25 aumentando la protección de la riqueza marina y promoviendo una mejor gestión pesquera nacional e internacional. Sus tres objetivos principales son:

1. Conservar las especies y hábitats marinos
   —Trabajando para que aumenten, en número y superficie, las áreas marinas y costeras protegidas.
30 —Exigiendo la aplicación de planes concretos de conservación y recuperación de especies amenazadas como las tortugas marinas, la foca monje, cetáceos[5], corales.
   —Denunciando aquellas agresiones que atenten contra la supervivencia de dichas especies: turismo agresivo y contaminante, redes de transporte.
35 2. Promover la pesca sostenible
   —Observando de cerca el impacto de la flota española en la vida marina.
   —Apoyando y fomentando la pesca artesanal en España.
   —Evitando la pesca y comercialización de peces inmaduros.

---

[1]de una tribu de África meridional, al norte de la región del Cabo   [2]*food supply*
[3]*exhausting*   [4]*stop*   [5]*cetacean*

En esta leyenda se cuenta el origen de las criaturas del mar. ¿Qué personajes espera encontrar?
   a. el agua y la tierra
   b. el sol y el agua
   c. la noche y el día
   d. el fuego y la tierra

¿Qué criaturas marinas aparecen en este párrafo? Pase su marcador por todos los nombres de animales que vea. ¿Cuáles son?

Anticipar el contenido. En las líneas 24–46, se habla de los tres objetivos de la organización. ¿Cuáles son estos tres objetivos?

Las palabras desconocidas. Casi todos los textos que uno lee tienen palabras desconocidas. Por ejemplo, ¿comprende todas las palabras en "Apoyando y fomentando la pesca artesanal en España"? (línea 37) Sin usar el diccionario, escriba su versión del significado de esta frase. Después, busque las palabras desconocidas.

3. Frenar la contaminación marina
   —Identificando y corrigiendo las principales fuentes de vertidos contaminantes[6]: pesticidas agrícolas, vertidos industriales, disruptores hormonales[7], etc.   40
   —Luchando para lograr la aplicación de la legislación nacional y comunitaria sobre contaminación terrestre y marina; y velando por el cumplimiento de los acuerdos internacionales para la conservación de   45
   mares y océanos.

La definición de este Programa Marino de WWF/Adena se inició con la realización de tres informes sobre la situación actual del medio marino en España; estos informes analizan la situación de la pesca, contaminación y degradación costera, y ecosistemas y especies.   50

---

[6]*polluting substances*   [7]sustancias químicas que pueden alterar el equilibrio hormonal humano y animal por la exposición a ellas

Comprensión y ampliación

4-13 Cierto o falso. Indique si las siguientes afirmaciones son ciertas (**C**) o falsas (**F**) de acuerdo con la información de la lectura. Si son falsas, indique en qué línea(s) del texto está la respuesta correcta.

1. _____ Nuestro planeta tiene mayor superficie de agua que de tierra.
2. _____ El mar nos proporciona sustancias que se usan en tratamientos médicos.
3. _____ El mar goza de muy buena salud.
4. _____ España está rodeada de mar por todas partes.
5. _____ El turismo es peligroso para los mares.
6. _____ La organización Adena quiere prohibir todo tipo de pesca.
7. _____ Las tortugas marinas se extinguieron hace tiempo.
8. _____ Los vertidos industriales contaminan los mares.
9. _____ Según Adena, los peces pequeños no deben pescarse.
10. _____ Adena quiere que se respeten los convenios internacionales para la protección de los mares.

4-14 A comentar. Primera fase. Conteste con sus propias palabras las siguientes preguntas sobre la lectura.

1. ¿Qué decía Homero sobre el mar?
2. ¿Qué tipos de animales encontramos en el mar?
3. ¿Qué otros beneficios nos ofrece el mar?
4. ¿De qué manera(s) el hombre hace daño al mar?
5. ¿Cuáles son los objetivos de la organización WWF/Adena?
6. ¿De qué manera pretende Adena conseguir sus objetivos?
7. ¿Cómo podemos proteger las especies en peligro?
8. ¿Cómo se puede evitar la contaminación de los mares?

2 Segunda fase. En parejas o grupos hagan una lista de los problemas más importantes que sufren los mares y otra lista con posibles soluciones. Comenten sus listas con el resto de la clase.

Aclaración y expansión

The future tense

● In addition to the present tense of **ir + a +** *infinitive* to express the future, Spanish also uses the future tense.

Vamos a ver los glaciares mañana.	*We are going to see the glaciers tomorrow.*
Veremos los glaciares mañana.	*We'll see the glaciers tomorrow.*

● The Spanish future tense can also be used to express probability or conjecture. English normally uses expressions such as *probably, may, might,* and *I/we wonder*.

—¿Dónde **estará** el guía?	*I wonder where the guide is./Where could the guide be?*
—**Estará** en el autobús.	*He's probably on the bus. /He must be on the bus.*

● The future tense is formed by adding the future endings **-é, -ás, -á, -emos, -éis, -án** to the infinitive of **-ar, -er,** and **-ir** verbs.

	Future tense		
	hablar	**comer**	**vivir**
yo	hablar**é**	comer**é**	vivir**é**
tú	hablar**ás**	comer**ás**	vivir**ás**
Ud., él, ella	hablar**á**	comer**á**	vivir**á**
nosotros/as	hablar**emos**	comer**emos**	vivir**emos**
vosotros/as	hablar**éis**	comer**éis**	vivir**éis**
Uds., ellos/as	hablar**án**	comer**án**	vivir**án**

● There are only nine irregular verbs in the future tense. These verbs have irregular stems, but the endings are the same as those of the regular verbs.

infinitive	new stem	future forms
poder	**podr-**	podré, podrás, podrá, podremos, podréis, podrán
querer	**querr-**	querré, querrás, querrá, querremos, querréis, querrán
saber	**sabr-**	sabré, sabrás, sabrá, sabremos, sabréis, sabrán
poner	**pondr-**	pondré, pondrás, pondrá, pondremos, pondréis, pondrán
tener	**tendr-**	tendré, tendrás, tendrá, tendremos, tendréis, tendrán
salir	**saldr-**	saldré, saldrás, saldrá, saldremos, saldréis, saldrán
venir	**vendr-**	vendré, vendrás, vendrá, vendremos, vendréis, vendrán
decir	**dir-**	diré, dirás, dirá, diremos, diréis, dirán
hacer	**har-**	haré, harás, hará, haremos, haréis, harán

Lengua

Remember that the future form of **hay** is **habrá** (*there will be*) and that it is invariable: **Habrá una inundación debido a las lluvias. Habrá muchas tierras inundadas debido a las lluvias.**

4-15 Los planes de Adena. Según el artículo *Mares vivos*, Adena planea mejorar la situación de las costas españolas. Lean otra vez el final del artículo e indiquen los planes de esta organización en las áreas que aparecen más abajo.

MODELO: La riqueza marina
La explotación indiscriminada de algunas especies en vías de extinción.
E1: Adena aumentará la protección de la riqueza marina.
E2: Y también exigirá la aplicación de planes de conservación.

1. La comercialización ilimitada de algunas especies
2. La pesca artesanal
3. La pesca internacional
4. La pesca de peces muy pequeños
5. Las fuentes de vertidos contaminantes
6. La legislación nacional y comunitaria

4-16 ¡A cruzar la cordillera! Usted y un grupo de amigos desean visitar Chile y cruzar la cordillera de los Andes. Usted está hablando con un/a agente de viajes para planear la excursión. Hágale preguntas para averiguar lo que aparece en la columna de la izquierda. Su compañero/a hará el papel del/de la agente y le contestará de acuerdo con lo que aparece en la columna de la derecha, mostrándole los lugares en el mapa de la página 127.

MODELO: fecha de salida de Los Ángeles — 21 de enero, 11:15 p.m.
E1: ¿Qué día/Cuándo saldremos de Los Ángeles?
E2: Saldrán el 21 de enero a las 11:15 de la noche.

1. línea aérea en la que van a viajar — LanChile
2. duración del vuelo — unas doce horas
3. número de días en Santiago — dos días y medio
4. lugares que van a visitar — el cerro Santa Lucía, el Palacio de la Moneda, la ciudad de Valparaíso y otros lugares
5. día y hora de salida para Puerto Montt — 24 de enero, 4:15 p.m.
6. fecha del comienzo del cruce de los Andes — 25 de enero, 8:00 a.m.
7. lugares que van a ver ese día — el volcán Osorno, los saltos de Petrohué y el lago Todos los Santos
8. medios de transporte que van a usar — autobús y barco
9. lugar donde van a pasar la noche — un hotel cerca del lago
10. hora de llegada a Bariloche — 26 de enero, 6:30 p.m., en barco

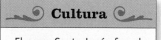

Cultura

El cerro Santa Lucía fue el lugar donde se fundó la ciudad de Santiago en 1541. El Palacio de la Moneda es la residencia oficial del Presidente de Chile. Con el fin de descentralizar, hace algunos años el congreso chileno se mudó al puerto de Valparaíso.

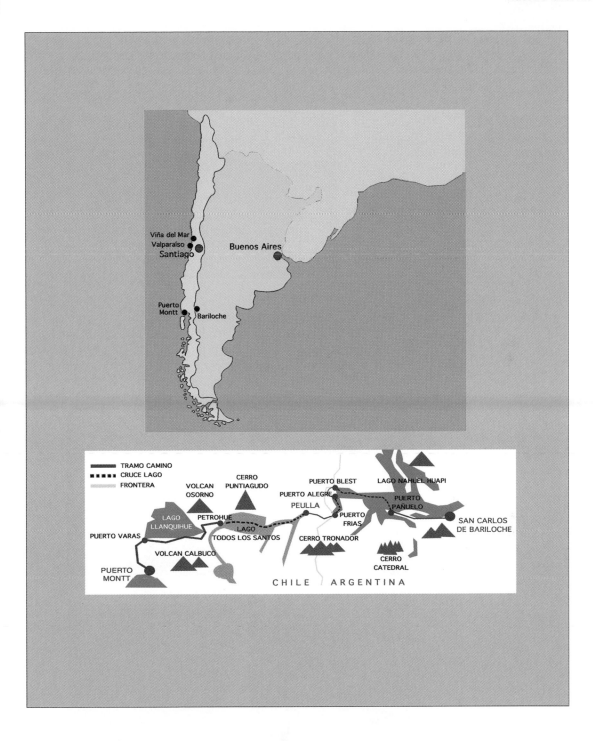

2 **4-17 ¡Qué desastre! Primera fase.** Observen las siguientes escenas y túrnense para decir qué creen ustedes que hará o no hará la gente del lugar para causar lo que ustedes ven. Su compañero/a, quien puede estar o no estar de acuerdo con usted, debe dar su opinión.

MODELO: E1:   El agua de esta playa estará contaminada, ¿verdad?
       E2:   Es probable. La contaminación vendrá de los barcos petroleros que vemos allá lejos. *o*
              No lo creo/No estoy de acuerdo contigo. Los peces mueren por muchas razones, además de la contaminación.

Segunda fase. Ahora sugieran qué se debe hacer para resolver cada problema.

4-18 ¿Qué ocurrirá en nuestro planeta? Primera fase. Lean el siguiente artículo tomado de la revista *Muy interesante* y, según la gravedad del problema, pongan en orden de prioridad (1 a 5) los diferentes problemas que se mencionan.

¿Qué va a suceder en nuestro planeta Tierra?

Los investigadores han estimado que el aumento de 1,4 a 5,8° C en las temperaturas tendrá estas consecuencias:

- Subirá el nivel del mar de 0,009 a 0,88 metros hasta el año 2100, amenazando a millones de personas que habitan las zonas costeras y al turismo que verá que algunas playas han desaparecido y que nieva menos. En América del Norte, por ejemplo, esa crecida[1] intensificará la erosión en la costa.
- Empeorará[2] en algunas partes de África la desertificación como respuesta a la escasez[3] de lluvias y suelos húmedos.

- Disminuirá en muchos países asiáticos la producción agrícola y, por extensión, la seguridad alimentaria.
- Menguará[4] en Australia y Nueva Zelandia la barrera de coral y sus habitantes tendrán problemas con el agua.
- Posibilidad de inundaciones en Europa. En Sudamérica, las inundaciones y las sequías serán frecuentes.

[1]aumento [2]Será peor [3]disminución, insuficiencia
[4]Será menor, disminuirá

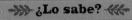

¿Lo sabe?

En los países hispanos se usa el sistema métrico decimal para medir la temperatura. ¿Sabe usted cuál es el equivalente de 5,8° centígrados (Celsius) en Fahrenheit?

Segunda fase. Comparen el orden de prioridad de los problemas con el resto de la clase para llegar a un consenso sobre cuáles son los tres más graves.

Tercera fase. Discutan los temas de mayor interés entre ustedes y ofrezcan algunas soluciones.

Direct object nouns and pronouns

- Direct object nouns receive the action or effect of the verb directly and answer the question *what?* or *whom?* in relation to the verb. When direct object nouns refer to a specific person, a group of persons, or to a pet, the word **a** precedes the direct object. This **a** is called the personal **a** and has no equivalent in English.

Nosotros veremos **los glaciares** mañana.	*We'll see **the glaciers** tomorrow.* (What will we see? The glaciers.)
Veremos **a David** mañana.	*We'll see **David** tomorrow.* (Whom will we see? David.)

● Direct object pronouns replace direct object nouns. These pronouns refer to people, animals, or things already mentioned and, like in English, they are used to avoid repeating the noun.

Direct object pronouns	
me	*me*
te	*you* (familiar, singular)
lo	*you* (formal, singular), *him, it* (masculine)
la	*you* (formal, singular), *her, it* (feminine)
nos	*us*
os	*you* (familiar, plural, Spain)
los	*you* (formal and familiar, plural), *them* (masculine)
las	*you* (formal and familiar, plural), *them* (feminine)

● Place the direct object pronouns before the conjugated verb form. In negative sentences, place the direct object pronoun between **no** and the verb.

—¿Vieron las ballenas?   *Did you see the whales?*
—Sí, **las** vimos ayer.   *Yes, we saw **them** yesterday.*
—Y yo no **las** vi. ¡Qué lástima!   *And I didn't see **them**. What a shame!*

● With compound verb forms, composed of a conjugated verb and an infinitive or present participle, you may place the direct object pronoun before the conjugated verb, or attach it to the accompanying infinitive or present participle.

No pude ver el documental sobre el mar anoche. **Lo** voy a ver/Voy a ver**lo** esta tarde.   *I couldn't see the documentary about the sea last night. I'm going to see **it** this afternoon.*
La playa estaba muy sucia. **La** están limpiando/Están limpiándo**la** ahora.   *The beach was very dirty. They are cleaning **it** now.*

Lengua

Remember that words that stress the next-to-last syllable do not have a written accent if they end in a vowel: **limpiando.** If a direct object pronoun is attached, the stress falls on the third syllable from the end and a written accent is needed: **limpiándola.**

4-19 ¿Cuida o destruye usted el medio ambiente? Marque con una X la respuesta que representa su comportamiento (*behavior*) frente al medio ambiente. Si tiene otra respuesta, escríbala en el espacio indicado. Después compare sus respuestas con las de su compañero/a.

Para proteger el aire

1. ¿Cómo calienta su casa o apartamento? ¿Usa leña (*wood*)?
   a. _____ No la caliento con leña, sino con electricidad.
   b. _____ La caliento con gas, no con leña.
   c. _____

2. ¿Usa aerosoles?
   a. _____ No los uso porque destruyen el aire que respiramos.
   b. _____ Los uso de vez en cuando si me gusta mucho el perfume.
   c. _____

3. ¿Con qué frecuencia cambia el aceite de su automóvil?
   a. _____ Lo cambio cada 4.000 kilómetros.
   b. _____ Lo cambio cuando me acuerdo.
   c. _____

Para proteger el agua

4. ¿Tira desperdicios (*waste/trash*) en ríos, lagos o mares?

    a. _____ Nunca los tiro al agua. Los pongo en un depósito de basura.

    b. _____ Si tengo prisa, los tiro en cualquier lugar.

    c. _____

5. ¿Qué hace usted si le sobra pintura después de pintar su casa o apartamento?

    a. _____ La tiro en la basura o en un lavadero (*sink*) en el sótano.

    b. _____ La guardo hasta que se anuncia una recolección de sustancias tóxicas.

    c. _____

Para cuidar la tierra

6. Cuando va de picnic, ¿cómo y dónde prepara usted la comida?

    a. _____ Generalmente mi familia la prepara en casa en nuestra estufa de gas.

    b. _____ La preparamos en el fuego en el lugar que visitamos, pero después apagamos el fuego.

    c. _____

7. ¿Planta usted árboles en el jardín de su casa o en su barrio?

    a. _____ Los planto en casa, pero nunca los planto en mi barrio porque no es mi obligación hacerlo.

    b. _____ Siempre participo en campañas para plantarlos en cualquier barrio.

    c. _____

Para evitar la contaminación acústica

8. ¿Pone usted música muy alta?

    a. _____ La pongo sólo en casa o en mi carro.

    b. _____ Nunca la pongo porque me molesta a mí y también a otras personas.

    c. _____

4-20 Para proteger el medio ambiente. **Primera fase.** Marque las cosas que usted hace o no hace para cuidar el medio ambiente. Después, entreviste a su compañero/a y comparen sus respuestas.

MODELO: usar platos y cubiertos desechables frecuentemente

    E1: ¿Usas platos y cubiertos desechables frecuentemente?

    E2: Sí, los uso frecuentemente./No, no los uso frecuentemente. ¿Y tú?

	Sí	No
1. reciclar periódicos	_____	_____
2. tirar las latas de aluminio a la basura	_____	_____
3. comprar papel reciclado para escribir	_____	_____
4. usar transporte público	_____	_____
5. dejar envolturas (*wrappers*) y latas de refresco vacías en lugares públicos	_____	_____
6. recoger botellas de plástico en la playa o en un parque	_____	_____
7. mantener la casa/el apartamento muy frío en verano	_____	_____
8. usar la lavadora sólo cuando hay bastante ropa	_____	_____

Segunda fase. En pequeños grupos hagan una lista de las diez cosas más importantes que las personas pueden hacer para cuidar el medio ambiente. Comparen su lista con la de otros miembros de la clase. En caso de discrepancia, defiendan su posición.

2 4-21 Un día de campo. Primera fase. Ustedes tienen que preparar un informe sobre lo que hacen las personas en los parques. Ustedes conocen a algunas de las personas que están en el parque y a otras no. Túrnense para hacerse preguntas sobre lo que están haciendo. Contesten las preguntas con los nombres de las personas que conocen, o con una descripción de las que no conocen.

MODELO: E1:   El Sr. Benítez está cocinando la carne. *o* Alguien está cocinando la carne.

E2:   ¿Dónde la está cocinando? *o* ¿Quién la está cocinando?

E1:   La está cocinando/Está cocinándola en la barbacoa. *o* Un hombre alto con una camiseta y unos vaqueros la está cocinando/está cocinándola.

Segunda fase. Ahora escriban el informe con sus observaciones. Indiquen si algunas de estas personas no demuestran interés por cuidar las áreas verdes. Hagan algunas recomendaciones sobre lo que se debe hacer para proteger el parque.

G 4-22 ¡Ayude a defender la vida! Primera fase. El gobierno está organizando una campaña nacional para concienciar a la población sobre el estado de sus costas, mares, lagos y parques, y necesita voluntarios. Escojan un área en la que puedan colaborar, y expliquen qué van a hacer y cómo lo van a hacer.

1. Identificación de lugares o áreas con problemas ecológicos serios.
2. Educación al público sobre el medio ambiente.
3. Conservación de los recursos naturales.
4. Protección de especies animales en peligro de extinción.

Segunda fase. Ahora compartan con otro grupo que trabajó en su área y comparen sus proyectos. ¿Cuál de ellos es más viable y más efectivo? ¿Por qué?

Algo más

The infinitive

● In Spanish, the infinitive is the only verb form that may function as a noun and be used as the subject of a sentence. English uses an *-ing* verb form.

Vivir y **estudiar** en un país es la mejor forma de aprender el idioma.	*Living* and *studying* in a country is *the best way to learn the language.*

● In Spanish, the infinitive is also used after a preposition, while English generally uses the *-ing* verb form.

Iremos al desierto de Atacama antes de **salir** para Santiago.	*We'll go to the Atacama desert before **leaving** for Santiago.*
Al **llegar** a Santiago, llamaremos a nuestros amigos.	*Upon **arriving** in Santiago, we'll call our friends.*

4-23 Un sueño hecho realidad. Complete esta narración sobre un viaje a Machu Picchu con el infinitivo o el gerundio.

(1) _____ (Visitar) la ciudad de Machu Picchu fue siempre uno de mis mayores deseos. Finalmente, el otoño pasado tuve la oportunidad de (2) _____ (viajar) a Perú y (3) _____ (conocer) ese fascinante lugar. Cuando salí de Miami estaba (4) _____ (llover) mucho, y yo pensé que no era la mejor manera de (5) _____ (comenzar) el viaje, pero después, durante el vuelo, conocí a otros estudiantes que iban en la misma excursión y me encantó (6) _____ (conversar) con ellos durante el viaje. Cuando aterrizamos en Lima, el guía nos estaba (7) _____ (esperar) en el aeropuerto y nos llevó al hotel para (8) _____ (dejar) el equipaje y (9) _____ (descansar) hasta las doce. A esa hora nos reunimos y fuimos a (10) _____ (almorzar) y a (11) _____ (visitar) la ciudad. A la mañana siguiente tomamos un avión para Cuzco. ¡Qué ciudad tan interesante! (12) _____ (Pasear) por la ciudad fue nuestra actividad principal el primer día. En un mercado, vimos a unas mujeres que tejían unas mantas preciosas (13) _____ (combinar) lanas de diferentes colores. A la mañana siguiente tomamos el tren para (14) _____ (ir) a Machu Picchu. Parte del recorrido fue al lado del río Urubamba, y cuando llegamos al final del viaje, en medio de los Andes, no se veía la ciudad por ninguna parte. Entonces el guía nos explicó que Machu Picchu estaba entre dos montañas y que íbamos a (15) _____ (subir) en un pequeño autobús para (16) _____ (poder) ver la ciudad. Cuando finalmente llegamos a Machu Picchu, yo no podía (17) _____ (creer) lo que estaba (18) _____ (ver). ¡Era una verdadera maravilla!

G 4-24 Para ahorrar energía. Su universidad ha organizado un concurso para escoger el mejor plan para ahorrar energía en el campus. Preparen una lista de las cosas que se deben hacer de inmediato y otras que se pueden hacer más adelante. Después, presenten su plan a la clase y, entre todos, decidan cuál es el mejor.

Lengua

When expressing how things are done, use the **-ando** and **-iendo** verb forms (Spanish gerund). This is similar to the *by + -ing* verb form in English.

Nuestra organización protege la calidad del aire **controlando** las emisiones de los autos.

*Our organization protects the air quality **by controlling** car emissions.*

Ampliemos e investiguemos

A escuchar

4-25 El Niño. Usted va a escuchar parte de una conferencia sobre el importante fenómeno climático El Niño. Antes de escuchar la conferencia, lea las oraciones incompletas que aparecen más abajo y, si lo considera necesario, tome apuntes para tener más datos. Después, complete las oraciones de acuerdo con lo que escuchó.

Las fuertes lluvias, uno de los efectos de El Niño, traen como consecuencia inundaciones que a veces destruyen pueblos enteros.

1. Según escucharon en la conferencia, los dos países donde se sintieron los primeros efectos de El Niño son ——————— y ———————.

2. Según los expertos, si se comparan los efectos de El Niño en otras temporadas, los de este año serán ———————.

3. Los peores efectos de El Niño ocurrieron en los años ——————— y ———————.

4. De acuerdo con datos de las Naciones Unidas, las pérdidas más grandes ocasionadas por El Niño fueron superiores a los ——————— de dólares.

5. Los expertos piensan que los cuatro países más afectados este año serán ———————, ———————, ——————— y ———————.

6. El Niño afectará más a estos países entre los meses de ——————— y ———————.

7. Se espera que habrá mal tiempo con lluvias, calor y vientos en la región norteamericana que está al norte de México durante el ——————— y parte de la ———————.

8. Los expertos creen que no habrá cambios climáticos en el norte de ———————, ——————— y ———————.

4-26 Una experiencia inolvidable. Cuéntele a un/a compañero/a si alguna vez usted ha vivido una situación climática extrema, por ejemplo, una ola de calor, una ola de frío, una inundación, una nevada muy fuerte, un tornado, etc. Explíquele qué hizo usted y cuáles fueron las consecuencias de esa situación. Su compañero/a debe hacerle preguntas para obtener más información.

 **A escribir**

Estrategias de redacción: La exposición

Utilizamos la exposición con varios propósitos y en una variedad de circunstancias y contextos. Este género discursivo nos ayuda a presentar un tema, un problema o una idea. También nos permite explicar, aclarar, analizar, definir o argumentar diferencias de opinión sobre un asunto. Un buen ejemplo es la columna editorial de un periódico. ¿Cuándo fue la última vez que usted leyó la exposición de algún experto sobre un problema social, ambiental, educativo o económico en dicha sección? ¿Fue convincente el/la autor/a? Si es así, ¿cómo lo/la convenció a usted? ¿Le presentó evidencia de manera clara y concisa? ¿Presentó diversos puntos de vista sobre el tema y además defendió bien su visión personal con ideas lógicas y coherentes?

Hay varios factores que determinan el éxito de un texto expositivo:

- Primeramente el escritor debe determinar su público: ¿A quién va destinado su mensaje? ¿A un grupo de compañeros, a los lectores de una revista técnica, o a los de una publicación menos erudita? En resumen, ¿cuánto sabe su público sobre el tema? Si no sabe mucho, ¿cómo puede informarle y captar su interés? Si es un público especializado, ¿cómo puede su texto aportar ideas nuevas sobre el tema?

- En segundo lugar, y de acuerdo con el público lector y el tema sobre el que escribe, el escritor debe seleccionar los datos e información pertinentes y organizarlos clara y concisamente para lograr una mejor comprensión del mensaje.

- También, el escritor debe precisar el propósito de su mensaje: ¿Para qué lo escribe? ¿Para analizar un concepto, para ofrecer una solución, para aclarar ideas complejas o mal interpretadas, para argumentar una postura personal, etc.?

- Además, es importante que el escritor despierte interés por el tema entre su público potencial; una de las estrategias más usadas es crear un título llamativo a través de una pregunta que genere interés.

La estructura básica de un texto expositivo tiene una introducción, que presenta de manera atractiva el tema, un cuerpo, en el que se exponen y/o sustentan las ideas de los expertos o las del propio autor, y una conclusión, que resume todas las ideas planteadas a través del ensayo.

En general, la exposición se caracteriza por la presentación enfocada y sustentada de información sobre un tema. Con este fin, algunos ensayistas prefieren despersonalizar el mensaje, haciéndolo más imparcial. Por eso,

- usan con frecuencia formas impersonales, como por ejemplo: **Se piensa. . . , Se dice. . . , Mucha gente cree que. . . , Es evidente/verdad/ imprescindible. . .** , etc.

● seleccionan cuidadosamente el vocabulario para ser percibidos como objetivos.

Algunas expresiones útiles para la exposición

Lengua impersonal:
Es evidente/lógico/verdad que
Se dice/piensa/cree que. . .

Algunos verbos para expresar una opinión:
Opinar que. . .
Proponer que. . .
Sostener/Afirmar/Argumentar que. . .
Concluir que. . .
Estar en desacuerdo con. . .
Estar de acuerdo con. . .

Personas que participan en un debate o discusión:
Los partidarios
Los opositores
Los expertos/peritos/conocedores

Para expresar causa:
A causa de. . .
Por. . .
Debido a. . .

Para expresar efecto:
Por consiguiente,
Por eso,
Por esa razón,
Por lo tanto,

4-27 Análisis. Lea la siguiente carta y luego determine o identifique lo siguiente.

1. El lector potencial a quien va dirigida esta carta.
2. El propósito de la autora de la carta.
3. La estructura del mensaje. ¿Puede usted ver una introducción, un cuerpo y una conclusión?
4. Las características de la lengua que utiliza la escritora.

Estimado señor editor:

Después de leer su artículo ¿Y a usted le importa el medio ambiente? resulta imposible ignorar la preocupante realidad que se vive en nuestro planeta. Por eso, escribirle era la opción más sensata para continuar el diálogo con usted y sus lectores sobre las actitudes y los comportamientos de los ciudadanos comunes frente al medio ambiente.

No se necesita ser experto para darse cuenta de que el planeta Tierra, al igual que sus habitantes, su flora y fauna, tiene serios problemas. Tampoco es un secreto que el hambre, la extinción de muchas especies animales y vegetales, el agujero de la capa de ozono, la contaminación del aire, de los mares y ríos, etc. son causados por el desinterés, la apatía e irresponsabilidad del ser humano a través de los siglos. Lo trágico es que nadie quiere admitir su culpa ni tampoco hacer cambios para tratar de salvar un planeta ya casi destruido. Todo parece girar en un círculo vicioso.

La tierra no produce como antes porque se abusó de ella y se continúa haciéndolo. Por consiguiente, la falta de comida en el mundo causa hambre y desnutrición. Si se está desnutrido, las defensas del cuerpo disminuyen tanto que éste es más susceptible de contraer enfermedades. Si se está enfermo de gravedad, no se puede trabajar, por lo tanto, los niveles nacionales de producción bajan. Si no se produce, las economías no crecen y, en algunos casos, colapsan. ¿Se puede hacer algo o ya no hay nada que hacer? ¿Moriremos todos de cáncer de la piel, de sida o de hambre? ¿Cómo se puede romper este círculo de destrucción para garantizarles a los niños por lo menos una vida tan larga como la que usted y yo hemos vivido?

Finalmente, termino preguntándole: ¿Qué se debe hacer para salvar el planeta? ¿Y qué se puede hacer para despertar interés e incentivar una actitud proteccionista del medio ambiente? Si no se hace nada, ¿qué más veremos a corto plazo?

Atentamente,
Preocupada

4-28 Preparación. Vuelva a leer la carta de Preocupada y prepárese para responder a las tres preguntas en el último párrafo. Los siguientes pasos le serán útiles.

1. Identifique el público potencial del texto que usted piensa escribir: los lectores del periódico donde se publicó la carta, los estudiantes que leen el periódico de su universidad, los lectores de una revista especializada, etc.

2. Determine el tipo de texto que desea escribir: una carta al periódico local, un artículo para una revista científica, un ensayo para su clase de Medioambiente, etc.

3. Indique su objetivo al escribir este texto.

4. Dependiendo de su público lector, seleccione la información que va a incluir en su texto.

5. Planifique algunas estrategias para captar el interés de sus lectores: dándole un título provocativo a su texto, haciendo preguntas, incitando a la reflexión, etc.

4-29 ¡A escribir! Ahora responda a las preguntas de Preocupada utilizando la información que recogió en *Preparación*.

4-30 ¡A editar! Después de unas horas, lea una vez más su escrito, pensando en su lector. Afine sus ideas, aclare aquellos puntos confusos y asegúrese de que el vocabulario sea preciso. Mejore el estilo de su texto variando el vocabulario. Use sinónimos y antónimos. Verifique si las estructuras gramaticales que usó son apropiadas. Revise la ortografía, los acentos, la puntuación, etc.

 A explorar

4-31 La geografía de Iberia. En **www.prenhall.com/identidades** encontrará un mapa interactivo con información sobre las distintas regiones de la Península Ibérica. Elija una de estas regiones y haga un pequeño informe sobre la geografía de esta región para presentar en la clase, incluyendo:

- el clima
- el tipo de vegetación
- las montañas y ríos más importantes
- la influencia que tienen los elementos anteriores en la economía

4-32 La geografía de la América hispana. En www.prenhall.com/ identidades encontrará mapas con información básica sobre países de la América hispana. Elija un país y prepare un informe para compartir con sus compañeros en clase. Incluya la siguiente información.

- Algunos datos básicos: población del país, tipo(s) de clima, superficie territorial, población actual y población estimada a mediados del siglo XXI.
- Algunas características topográficas del lugar: montañas, ríos, volcanes, valles, etc.
- La producción nacional. ¿Qué produce el país? ¿De qué manera influye el clima en la producción agrícola del país?
- Alguna información interesante o novedosa para compartir con la clase.

4-33 Parques Nacionales. Primera fase. Hagan una búsqueda de parques nacionales en **www.prenhall.com/identidades**. Seleccionen uno de los muchos parques localizados en países hispanos. Lean la información sobre el parque y preparen la siguiente información para hacer una presentación en clase.

1. localización del parque
2. características del clima de la región
3. ríos, volcanes, lagos u otras características geográficas importantes
4. especies de plantas y fauna más importantes

Segunda fase. Preparen un cartel que contenga un mapa y varias fotografías relevantes del parque. Pueden escribir los datos obtenidos sobre el parque en el cartel. Preséntenle a la clase la información que obtuvieron.

4-34 Problemas del medio ambiente. Primera fase. Hagan una lluvia de ideas para elaborar una lista con los problemas más comunes del medio ambiente. Comparen su lista con las del resto de la clase y preparen una lista final. De la lista final, cada grupo va a seleccionar un problema sobre el que va a investigar y discutir lo siguiente.

1. Las causas probables del problema.
2. El efecto del problema en el medioambiente a corto y largo plazo.
3. La(s) posible(s) solución/soluciones del problema.

Segunda fase. Imaginen que ustedes tienen que presentar un informe sobre el problema ante las Naciones Unidas. Elaboren un párrafo para exponer el problema cubriendo los siguientes puntos:

1. identificación y localización del problema
2. explicación breve sobre la(s) causa(s) del problema
3. una o dos posibles soluciones para el problema

WWW 4-35 Organizaciones ecologistas. En los países hispanos, al igual que en el resto del mundo, hay numerosas organizaciones ecologistas que trabajan para preservar la tierra y sus recursos. En **www.prenhall.com/identidades** usted encontrará algunas de estas organizaciones. Escoja una e indique lo siguiente:

1. localización de la organización
2. uno o dos objetivos de la organización
3. una o dos acciones para resolver o protestar por algún problema ecológico

WWW 4-36 Desastres ecológicos. Primera fase. Lea un artículo en Internet en el que se denuncie un desastre ecológico causado por los seres humanos: un derrame de petróleo, un incendio, el desecho de sustancias químicas o basura, erosión de terrenos, etc. Haga lo siguiente.

1. Identifique el tipo de desastre y los responsables de éste.
2. Diga dónde y cómo ocurrió.

G Segunda fase. Preparen una hoja informativa que le enseñe a la población del lugar a prevenir un desastre ecológico. La hoja informativa debe incluir los siguientes datos.

1. el tipo de desastre
2. una enumeración de las acciones irresponsables de los ciudadanos o las compañías
3. una descripción de los efectos de esta conducta en el medio ambiente
4. algunas recomendaciones para resolver el problema o eliminar el peligro para la vida humana/animal/vegetal

Rincón literario

La ciudad y el puerto de Valparaíso.

Neftalí Ricardo Reyes, conocido como Pablo Neruda, nació en Parral, Chile, en 1904. A los veinte años publicó un libro que le dio fama inmediata, *Veinte poemas de amor y una canción desesperada*. Fue cónsul y embajador de Chile en varios lugares del mundo, entre ellos Barcelona y París, donde se relacionó con los poetas más importantes de su generación. Algunas de sus obras más conocidas son *Residencia en la tierra* (1933) y *Canto general* (1950). Su gran personalidad y espíritu vanguardista influyeron mucho en los poetas jóvenes. Durante su estancia en España en 1934 publicó la revista *Caballo verde para la poesía* en la que defendía una poesía conectada a la realidad cotidiana y concreta. En esta línea publicó más tarde sus *Odas elementales* (1954). Neruda recibió el premio Nobel en 1971 y murió en Isla Negra, Chile, en 1973. Neruda, uno de los grandes poetas de Hispanoamérica, dedicó numerosos poemas a su continente —sus ríos, sus mares, su vitalismo y la fuerza de su naturaleza—. En la "Oda a Valparaíso", que se presenta a continuación, se describe uno de los muchos terremotos y temporales de lluria y viento que afectan a la portuaria ciudad chilena y su capacidad de recuperación. Como recurso poético efectivo, Neruda utiliza la personificación, presentando a la ciudad como a un marinero que defiende a su nave contra el violento oleaje.

Oda a Valparaíso
Pablo Neruda

VALPARAÍSO,

qué disparate[1]
eres,
qué loco,
puerto loco,
5 qué cabeza
con cerros,
desgreñada[2],
no acabas
de peinarte,
10 nunca
tuviste
tiempo de vestirte,
siempre
te sorprendió
15 la vida,
te despertó la muerte, [. . .]
te agarró el terremoto,
corriste
enloquecido,
20 te quebraste las uñas,
se movieron
las aguas y las piedras,
las veredas,
el mar,
25 la noche,
tú dormías
en tierra,
cansado
de tus navegaciones,
30 y la tierra,
furiosa,
levantó su oleaje
más tempestuoso
que el vendaval[3] marino,
35 el polvo
te cubría
los ojos, [. . .]
las sólidas
casas de los banqueros

40 trepidaban
como heridas ballenas,
mientras arriba
las casas de los pobres
saltaban
45 al vacío
como aves
prisioneras
que probando las alas
se desploman[4].
50 Pronto,
Valparaíso,
marinero,
te olvidas
de las lágrimas,
55 vuelves [. . .]
a pintar puertas
verdes,
ventanas
amarillas, [. . .]
60 Aquí termino, esta
oda,
Valparaíso,
tan pequeña
como una camiseta
65 desvalida, [. . .]
recibiendo
el rocío
de los mares, el beso
del ancho mar colérico
70 que con toda su fuerza
golpeándose en tu piedra
no pudo
derribarte[5],
porque en tu pecho austral
75 están tatuadas
la lucha,
la esperanza,
la solidaridad
y la alegría
80 como anclas
que resisten
las olas de la tierra.

[1]*How absurd (you are)* [2]*disheveled* [3]*strong wind* [4]*collapse* [5]*destroy you*

Interpretación

1. En esta oda el poeta utiliza la segunda persona del singular (tú) para dirigirse a la ciudad de Valparaíso. Pase su marcador por todos los elementos gramaticales (verbos, pronombres) que el poeta usa para dirigirse a Valparaíso.

2. El poeta describe la ciudad de Valparaíso como una persona. ¿Cuáles son los rasgos físicos que la identifican como un ser humano? ¿Cómo se viste?

3. ¿Qué ocurrió mientras la ciudad-marinero dormía? ¿Qué les pasó a las casas de los ricos? ¿Y a las de los pobres?

4. ¿Qué pasa después del terremoto? ¿Qué tatuaje lleva grabado el marinero-ciudad en su pecho? ¿Qué características y valores humanos le atribuye el poeta a la ciudad en los últimos versos?

VOCABULARIO

Geografía

el altiplano	highland
la altura	height
el bosque	forest, woods
el campo	countryside
la cordillera	mountain range
el desierto	desert
el estrecho	strait
la franja	strip
el llano	plain
la meseta	plateau
la montaña	mountain
el paisaje	landscape
la playa	beach
el prado	meadow
el río	river
la selva	jungle
el valle	valley
el volcán	volcano

El tiempo

el invierno	winter
la niebla	fog
el otoño	autumn
la primavera	spring
el verano	summer
el viento	wind

Flora y fauna

el árbol	tree
la especie	species
el pez	fish
la uva	grape
la viña	vineyard

El medio ambiente

la basura	garbage
la calidad del aire	air quality
la contaminación	pollution
los desperdicios	waste, trash
el fuego	fire
la medida	measure
el vertido	spill

Puntos cardinales

el este	east
el norte	north
el oeste	west
el sur	south

Medidas

el kilómetro	kilometer
el metro	meter
el pie	foot

Características

alto/a	high, tall
caluroso/a	hot
frío/a	cold
helado/a	frozen
húmedo/a	humid
lluvioso/a	rainy
montañoso/a	mountainous
seco/a	dry
variado/a	varied

Verbos

contaminar	pollute, contaminate
criar	to raise
enamorarse (de)	to fall in love (with)
evitar	to avoid
llover (ue)	to rain
mejorar	to improve
multar	fine
ocupar	to occupy
pescar (q)	to fish
preocupar	to (cause) worry, to preoccupy
preservar	to preserve
proteger (j)	to protect
recoger (j)	to gather
tirar	to throw away, to dispose of
variar	to vary

Palabras y expresiones útiles

a lo largo de	along, all through
de repente	suddenly
el peligro	danger
la pérdida	loss
la riqueza	wealth, riches
la salud	health

5

Las relaciones humanas

Objetivos comunicativos
- Describing and interpreting social behaviors
- Apologizing and giving excuses
- Expressing wishes, hope, emotions, and advice

Contenido temático y cultural
- Urban and rural societies
- Social and family relationships patterns
- Acceptable and unacceptable social behavior

A leer

Al igual que en otras culturas, las relaciones familiares entre los hispanos son un componente básico de la sociedad. En general, la familia de hoy tiende a ser más pequeña, especialmente en las grandes ciudades. Aunque se observa más movilidad en las familias, ya sea por estudios o mejores oportunidades de trabajo, entre sus miembros se sigue manteniendo el cariño y la unidad familiar.

Las reuniones de amigos y familiares en los cafés y otros lugares públicos ayudan a mantener las relaciones entre ellos. La movilidad que caracteriza a otras culturas es menos evidente en algunos países hispanos, ya que muchas familias viven en la misma casa o apartamento durante años y siguen en contacto con los mismos amigos. Sin embargo, los problemas económicos o políticos hacen que muchas personas se muden a las grandes ciudades o emigren a otros países.

La felicidad de estos novios muestra la ilusión y el amor que existe entre ellos. Para una pareja de enamorados, lo más importante del mundo es estar cerca de la persona amada.

La vida de una pareja de novios es diferente a la vida de un matrimonio con hijos. Con la llegada de los hijos, la pareja adquiere nuevas responsabilidades y pierde gran parte de su libertad. Todo esto se compensa con la felicidad y el cariño que pueden dar los hijos.

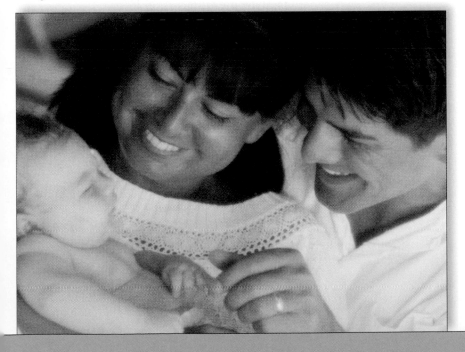

Preparación

5-1 Preparación. Primera fase. Marque con una **X** los sentimientos y actividades que caracterizaban las relaciones con sus amigos durante su adolescencia.

1. _____ Pasar tiempo juntos.
2. _____ Visitar a menudo a los/las amigos/as comunes.
3. _____ Sentirse acompañado/a.
4. _____ Hacer buenas migas (*to get along well*) a pesar de las diferencias.
5. _____ Pelear por cosas sin importancia.
6. _____ Salir a ver películas juntos.
7. _____ Ir a fiestas juntos.
8. _____ Tener un relación inquebrantable (*unbreakable*).
9. _____ Salir a bailar a discotecas.
10. _____ . . .

Segunda fase. Ahora compare sus respuestas con las de su compañero/a, considerando los aspectos siguientes.

- Actividades que usted y sus amigos realizaban juntos.
- Actitud frente a las diferencias de opinión o gustos.

Cuente una anécdota personal que se refiera a un aspecto de lo que le ha dicho anteriormente.

5-2 ¿Qué representan mis amigos? Primera fase. Diga qué significan para usted sus amigos.

1. _____ Son una parte esencial de mi vida.
2. _____ Somos inseparables.
3. _____ Nos queremos como hermanos/as.
4. _____ Nos enviamos correos electrónicos frecuentemente.
5. _____ Nos vemos los fines de semana porque estamos muy ocupados.
6. _____ Somos muy compatibles.
7. _____ Salgo con mis amigos, pero también me gusta estar solo/a.
8. _____ Representan lazos (*ties*) fuertes con mi pasado, mi presente y mi futuro.

Segunda fase. Piense en alguna(s) experiencia(s) que muestre(n) las buenas relaciones que usted tiene con sus amigos y compártala(s) con su compañero/a.

5-3 Reciprocidad. Marque con una **X** cómo se demuestran reciprocidad usted y su mejor amigo/a. Después, compare sus respuestas con las de otro/a estudiante.

1. _____ Nos invitamos a salir.
2. _____ Nos preocupamos el/la uno/a por el/la otro/a, especialmente en momentos difíciles.
3. _____ Nos perdonamos después de una discusión fuerte.
4. _____ Nos regalamos cosas con frecuencia.
5. _____ Nos dedicamos tiempo mutuamente.
6. _____ Nos visitamos aunque vivimos lejos.
7. _____ Nos toleramos las diferencias de gustos.

2 **5-4 Una amistad duradera.** Hablen de un/a amigo/a que ustedes conocieron durante la escuela primaria o secundaria y cuya amistad han mantenido hasta el presente. Incluyan como mínimo la siguiente información:

1. fecha en que se conocieron
2. las circunstancias del encuentro
3. las primeras impresiones que tuvieron el/la uno/a del/de la otro/a
4. una experiencia que afianzó (*strengthened*) su amistad

Estrategias de lectura

1. Infórmese sobre el tema antes de leer.

   a. El epígrafe. Lea el título y la cita de Aristóteles en la página 150. ¿Está de acuerdo con la idea de que la amistad es lo más necesario para la vida? Si no está de acuerdo, ¿qué es para usted más importante que la amistad? ¿Por qué dice Aristóteles que los ricos y poderosos necesitan amigos más que nada?

   b. Piense en la amistad y en las etapas de la vida. Este texto trata de las amistades del narrador durante uno o dos años de su vida cuando estaba en la universidad. ¿Es más importante la amistad para los jóvenes que para los adultos? Hable con un/a compañero/a sobre qué significan los buenos amigos para los jóvenes. ¿Qué es más importante, tener un buen grupo de amigos o tener novio/a?

2. Examine el texto antes de leerlo.

   a. ¿Se puede adivinar qué tipo de texto es? ¿Hay material gráfico (mapas, fotos, dibujos, etc.) que lo indiquen?

   b. ¿Quién habla en este texto? Examine el texto rápidamente para buscar los nombres de los personajes que se mencionan. Marque los siguientes nombres: Ana, Víctor, Tomás, Miriam, Silvia, Bea, Jordi. ¿Es el narrador del texto uno de ellos u otra persona cuyo nombre no aparece en la narración? ¿Cómo lo sabe?

3. Anticipe el contenido del texto. Lea las oraciones a continuación. Por lo que sabe acerca de los jóvenes y por lo que ha visto al examinar el texto, trate de adivinar si las afirmaciones son ciertas (**C**) o falsas (**F**). Si no lo sabe, no se preocupe. Podrá averiguar las respuestas después de leer el texto.

   a. _____ Ana es la novia del narrador.

   b. _____ Ana es la ex novia del narrador.

   c. _____ Víctor y Tomás son amigos del narrador.

   d. _____ Silvia es la novia de Tomás.

   e. _____ Al narrador le resultó imposible tener novia y amigos al mismo tiempo.

Cultura

Francisco Lapuerta (1962) es profesor de filosofía en un instituto de enseñanza media de Barcelona. Es autor del libro *Schopenhauer a la luz de las filosofías de Oriente* y de la novela *Diario de un joven aristotélico,* de donde se ha tomado el siguiente texto. En esta obra se analizan algunos conceptos básicos de la filosofía de Aristóteles desde el punto de vista de un estudiante que lee *Ética a Nicómaco* del famoso pensador griego.

❓ En el primer párrafo el narrador habla de la etapa de su vida cuando él y Ana eran novios. Al leer, preste atención al efecto que tuvo su relación con Ana en su relación con sus amigos. ¿Salían mucho con los amigos, o se mantenían alejados?

❓ En la última oración del primer párrafo el narrador se refiere a "una sociedad. . . de dos miembros. ¿Quiénes son los dos miembros?

❓ Al principio del segundo parrafo, el narrador dice que su vida cambió completamente. Antes de leer el párrafo, trate de adivinar a qué se refiere. ¿Qué le pasó al narrador?

LECTURA

"La amistad es lo más necesario para la vida. En efecto, sin amigos nadie querría vivir, aunque tuviera todos los otros bienes; incluso los que poseen riquezas, autoridad o poder parece que necesitan sobre todo amigos."
Aristóteles

La amistad
Francisco Lapuerta

Hace unos años, cuando Ana y yo salíamos juntos, supe lo que era prescindir de los amigos porque al no tener la sensación de que los necesitaba dejé de frecuentarlos y acabé perdiéndolos casi por completo. Entonces a mí no me preocupaba lo más mínimo el tema. Si estaba bien con Anita, ¿para qué quería otros compromisos? Me pasaba el tiempo con ella, y poco a poco nos fuimos 5 distanciando de la gente del colegio, hasta llegar a saludarlos por la calle sin necesidad de pararnos para preguntarnos qué tal nos va la vida. Anita y yo formábamos una sociedad de amigos muy minoritaria, pues nunca hubo en ella más de dos miembros.

Sin embargo, la sociedad se vino abajo un día de septiembre, hace ya más de un 10 año, y entonces me encontré perdido en la más triste de las soledades. No voy a relatar ahora lo que pasó. Tuve suerte porque al poco tiempo me matriculé en la universidad y abandoné para siempre la esclavitud de Mercacentro[1] para convertirme en un estudiante con deseos de rehacer su vida. Conocí a Víctor,

Unos jóvenes toman café en un bar al aire libre. En el Puerto de Barcelona hay muchos lugares para entretenerse, como cafés y pequeñas tiendas.

[1]*nombre de un centro comercial ficticio de Barcelona*

15 quien al principio me pareció un pedante, pero pronto hicimos buenas migas, y recuperé la amistad de un antiguo compañero de clase que estaba repitiendo curso en la modalidad de Ciencias. También apareció en la Facultad de Humanidades Tomás, un chico algo callado, muy buena persona, del que poco a poco me he ido haciendo inseparable, y trabamos pronto amistad con Miriam, Silvia y Bea. Al
20 poco de comenzar las clases de 1°, Silvia se lió con[2] Jordi y ambos desaparecieron de este nuevo círculo de amigos para aparecer alguna vez en una fiesta o en una salida de discoteca, sobre todo desde que Jordi obtuvo el carnet de conducir[3], convirtiéndose en el transporte más habitual cuando salíamos de la ciudad. Así pues, mis amigos son lo bastante recientes como para que me preocupe todavía en
25 afianzar lazos con ellos, y lo bastante antiguos (más o menos, un año y tres meses) como para pensar que hay detrás mucha experiencia compartida. No puedo decir que sean relaciones inquebrantables las que tengo con ellos, pues todos sabemos que el año que viene podríamos dispersarnos al tomar otras clases; en cualquier caso, creo no ser el único que admitiría ahora mismo que este puñado de amigos
30 son un componente imprescindible en la vida. 🔊

La nuestra es una amistad nueva, formada en el inicio del curso pasado, y que todos somos conscientes de este hecho lo demuestra el interés que desde entonces hemos puesto unos y otros en mantener la continuidad de estas pequeñas costumbres ya tan arraigadas, como comprar los viernes vino y
35 Coca-cola para llenar litronas de calimocho, quedar por las tardes en el Santa-Sed, ver partidos del Barça o hacer fiestas en casa de Víctor cuando sus padres se ausentan. Nos llamamos por teléfono y quedamos: vamos al cine a ver pelis de acción, a jugar con Óscar a las últimas novedades para CD-ROM, a la sierra de Collserola a rodar en bicicleta; o hacemos campanas para ir a las tiendas de
40 discos a curiosear, o a pasear por el Puerto y tomar algo en una bocatería. 🔊

Mi vida cuando salía con Ana era mucho más limitada, quizás porque a ella le chiflaban[4] las películas de Walt Disney y me obligaba a verlas en el vídeo de su casa, sin que se le ocurriera otra cosa mejor. En la primavera dábamos paseos cogidos de la mano por el Parc Güell, yo la invitaba a palomitas[5], y el domingo por
45 la tarde solíamos ir a una discoteca a bailar, pero nunca nos vimos en la necesidad de coger un autobús nocturno. Nos gustaba la música de *Nacho Cano*[6]. 🔊

El Parque Güell (Parc Güell en catalán), una de las obras más conocidas del arquitecto Antoni Gaudí, iba a ser originalmente un conjunto residencial privado, pero al fracasar el proyecto se abrió al público en 1922. Los caminos, algunos bajo columnas inclinadas, y los bancos ondulados que recuerdan el movimiento de una serpiente invitan a los visitantes a caminar o descansar mientras disfrutan de una vista panorámica de la ciudad de Barcelona. En 1984, la UNESCO lo declaró patrimonio de la humanidad.

[2]*se hizo novia de*   [3]*permiso de/para manejar*   [4]*fascinaban*   [5]popcorn
[6]*músico español muy popular entre los jóvenes*

🔖 ¿Qué pasa en el segundo párrafo? Trate de adivinar las respuestas a las siguientes preguntas. Si no puede responder, debe leer el párrafo otra vez antes de continuar.

1. ¿Qué hace el narrador después de romper con su novia?
2. Los amigos que menciona, ¿son nuevos amigos, o amigos que conoce desde hace mucho tiempo?
3. Según el narrador, ¿qué pasará el próximo año?

🔖 Si no sabe unas palabras. . . En este párrafo el narrador menciona algunas de sus actividades con sus amigos. Lea otra vez la lista de actividades y pase su marcador por todas las palabras conocidas, por ejemplo vino, Coca-cola, hacer fiesta. ¿Qué actividades comprende? ¿Qué idea se forma usted de la vida que llevan juntos el narrador y sus amigos?

🔖 Interpretar al leer. En este párrafo el narrador dice que su vida con Ana era más limitada de lo que es ahora su vida con sus amigos. Teniendo en cuenta las actividades del narrador y sus amigos, ¿por qué era más limitada su vida con Ana que su vida de ahora?

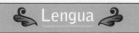

Cuando rompimos, después de que pasara lo que pasó, me di cuenta de que me había quedado sin amigos y sentí una cierta angustia; entonces comencé a sospechar que no se puede tener amigos y novia a la vez. En cuanto volví a la universidad, me dio por cultivar lo primero y desechar la posibilidad de lo segundo. Ahora comprendo que Aristóteles tiene muchísima razón cuando dice que uno puede amar sin ser amado, pero no se puede ser amigo sin la *reciprocidad*. 50

Comprensión y ampliación

5-5 ¿Qué hacemos con los amigos? Primera fase. En el texto se contrastan dos experiencias diferentes de relaciones interpersonales: la relación amorosa y la relación entre amigos. Indique cuáles son las actividades que el narrador compartía con su pareja **(P)** y cuáles son las que compartía con su grupo de amigos **(G)**.

1. _____ Dar paseos por el Parque Güell.
2. _____ Quedar por las tardes en el *Santa-Sed*.
3. _____ Ir a la sierra a montar en bicicleta.
4. _____ Ir a bailar a una discoteca.
5. _____ Ir al cine a ver películas de acción.
6. _____ Ver videos de Walt Disney en casa.
7. _____ Pasear por el Puerto.
8. _____ Tomar algo en una bocatería.

2 Segunda fase. Indique en la tabla cuáles son las actividades que usted hace normalmente solo/a, con un/a amigo/a, en pareja o en grupo. Después, añada dos actividades más y marque las columnas correspondientes. Finalmente, comparta la información con su compañero/a y explique por qué prefiere hacer algunas actividades solo/a, con un/a amigo/a, en pareja o en grupo.

Actividades	Solo/a	Con un amigo/a	En pareja	En grupo
Escuchar música				
Ir a un bar				
Comer en un restaurante				
Hacer deporte				
Ir al cine				
Estudiar				
¿?				
¿?				

5-6 La amistad. Primera fase. En las siguientes citas del texto aparecen los conceptos de "amistad" y "amigo/s". Indique si se trata de conceptos abstractos **(CA)**, o alusiones a una experiencia personal **(EP)**.

1. _____ La amistad es lo más necesario para la vida.
2. _____ Sin amigos nadie querría vivir.
3. _____ Formábamos una sociedad de amigos muy minoritaria, pues nunca hubo en ella más de dos miembros.
4. _____ Recuperé la amistad de un antiguo compañero de clase.
5. _____ La nuestra es una amistad nueva.
6. _____ Me di cuenta de que me había quedado sin amigos.
7. _____ No se puede tener amigos y novia a la vez.
8. _____ No se puede ser amigo sin la *reciprocidad*.

② **Segunda fase.** Ahora digan si están de acuerdo o no con cada cita. Luego, indiquen si han tenido ustedes alguna experiencia personal **(EP)** semejante a las de las citas. Cuéntenla.

Aclaración y expansión

Reflexive verbs and pronouns

● True reflexive verbs are those that express what people do *to* or *for* themselves. The reflexive pronouns that accompany these verbs refer back to the subject, who is the doer and the receiver. In English, this is sometimes expressed by pronouns ending in *-self* or *-selves*.

Reflexive verbs

Cuando va a salir con su novia, mi hermano **se baña, se peina** y **se viste** rápidamente para no llegar tarde.

*When he is going out with his girlfriend, my brother **bathes, combs** his hair, and **gets dressed** quickly so he doesn't arrive late.*

Non-reflexive

Por la mañana, él **lava** el coche, lo **seca** y lo **limpia** por dentro.

*In the morning, he **washes** the car, **dries** it, and **cleans** it on the inside.*

Reflexive verbs and pronouns		
yo	me lavo	*I wash myself*
tú	te lavas	*you wash yourself*
Ud.	se lava	*you wash yourself*
él/ella	se lava	*he/she washes himself/herself*
nosotros/as	nos lavamos	*we wash ourselves*
vosotros/as	os laváis	*you wash yourselves*
Uds.	se lavan	*you wash yourselves*
ellos/ellas	se lavan	*they wash themselves*

● Reflexive pronouns, which follow the same rules of placement as object pronouns, are placed before the conjugated verb. When a conjugated verb is followed by an infinitive or a present participle, place the reflexive pronouns either before the conjugated verb or attach them to the accompanying infinitive or present participle.

Nuestros invitados **se van a levantar** temprano.

Nuestros invitados **van a levantarse** temprano.

Alicia **se está maquillando** en el baño.

Alicia **está maquillándose** en el baño.

*Our guests **are going to get up** early.*

*Alicia **is putting on make-up** in the bathroom.*

● When referring to parts of the body and articles of clothing, use articles **el, la, los, las** instead of possessives (e.g., **mi, su**) with reflexive verbs.

Mi hermano **se lavó las** manos, **se puso la** chaqueta nueva, y **se miró** en el espejo una vez más antes de salir para recoger a su novia.

*My brother **washed his** hands, **put on his** new jacket, and **looked at himself** in the mirror one more time before leaving to pick up his girl friend.*

● There are other verbs in Spanish that use reflexive pronouns in conveying mental and physical states. With these verbs, the reflexive pronouns do not necessarily convey the idea of doing something to or for oneself.

Me preocupo por mi familia y **me sentí** muy triste cuando recibí la noticia de la enfermedad de mi tío. Según me dijeron, **se enfermó** la semana pasada.

*I **worry** about my family and I **felt** very sad when I heard the news about my uncle's illness. According to what they told me, he **got sick** last week.*

● Some verbs change meaning when used with reflexive pronouns.

acostar	*to put to bed*	**acostarse**	*to go to bed, to lie down*
dormir	*to sleep*	**dormirse**	*to fall asleep*
ir	*to go*	**irse**	*to go away, to leave*
levantar	*to raise, to lift*	**levantarse**	*to get up, to stand up*
llamar	*to call*	**llamarse**	*to be called*
parecer	*to seem*	**parecerse**	*to look like*
quedar	*to be (located)*	**quedarse**	*to stay*
quitar	*to take away*	**quitarse**	*to take off* (take away from oneself)
sentar	*to seat*	**sentarse**	*to sit down*

Reciprocal verbs

● Use the plural reflexive pronouns **nos, os, se** to express reciprocal actions. In English, these actions are usually expressed by using the phrase *each other* or *one another*.

Cuando **se saludan,** los hombres **se dan** la mano o **se abrazan;** las mujeres generalmente **se besan.**

*When **greeting each other,** men **shake** hands or **embrace;** women generally **kiss each other.***

Lengua

The following Spanish verbs must always be used with reflexive pronouns:

arrepentirse   *to repent*

jactarse   *to boast*

quejarse   *to complain*

5-7 La rutina de una madre soltera. Una agencia del gobierno está realizando investigaciones sobre la calidad de vida de las madres solteras en los barrios hispanos de los Estados Unidos. Para participar en la investigación, las madres deben escribir un texto que refleje sus actividades en un día típico. Para saber lo que esta madre soltera escribió, escoja el verbo adecuado según el contexto, y después use la forma correcta en la narración.

acostar	acostarse	lavar	lavarse
bañar	bañarse	quedar	quedarse
despertar	despertarse	sentar	sentarse
dormir	dormirse	vestir	vestirse

Por experiencia propia, sé que la vida de las madres solteras que trabajan fuera de la casa y tienen hijos pequeños es muy complicada. Para mí, las relaciones con mi hija son muy importantes, pero mi trabajo también lo es y, hasta ahora, he podido combinar ambas cosas. Yo (1) _____ muy temprano, tan pronto suena el despertador. A mí no me gusta ducharme por la tarde, así que (2) _____ por la mañana. Después, busco la ropa que me voy a poner para ir a la oficina y (3) _____. Cuando estoy lista, preparo a Laurita. A ella le gusta (4) _____ hasta las nueve, pero entre semana esto no es posible porque yo tengo que llegar al trabajo a las nueve, así que la (5) _____ a las siete y media. Ella (6) _____ la cara y yo la (7) _____ porque Laurita sólo tiene tres años y, como es natural, no sabe hacerlo sola. Las dos desayunamos rápidamente, (8) _____ los dientes y salimos de la casa. Como yo la llevo a la guardería en auto, primero (9) _____ a Laurita en el asiento especial para niños de su edad. Después, yo (10) _____ frente al volante, manejo hasta la guardería, que (11) _____ cerca de donde vivimos, dejo a Laurita, y sigo a la oficina. Mi jefa es muy comprensiva y mi jornada de trabajo es muy corta, pues sólo (12) _____ en la oficina hasta las doce y media. El resto del trabajo lo hago en mi computadora en casa y lo envío electrónicamente.

A eso de la una recojo a Laurita en la guardería y regresamos a casa. Ella descansa, mira televisión un rato o juega en su cuarto. Mientras tanto, yo como algo ligero, trabajo en la computadora, leo mi correo electrónico, empiezo a preparar la comida, y algunos días (13) _____ la ropa. Después llevo a Laurita al parque. Allí ella juega con algunos de sus amiguitos y yo converso con otros padres. Antes de comer, (14) _____ a Laurita y así está limpia para la hora de la cena y para ir a la cama más tarde. Después de la cena, conversamos un rato, la (15) _____ en su cama y le leo un cuento. Luego yo voy a mi cuarto y (16) _____ también. Miro televisión o leo un rato, y después apago la luz y (17) _____ temprano para repetir la misma rutina al día siguiente. Los fines de semana son totalmente diferentes y las dos disfrutamos el cambio muchísimo.

5-8 Para conocerse mejor. Háganse preguntas para saber más sobre sus emociones y su personalidad, y así conocerse mejor.

MODELO: sentirse triste

> E1: ¿En qué momentos/Cuándo te sientes triste?
>
> E2: Me siento triste cuando veo a una persona muy enferma. ¿Y tú?
>
> E1: Pues yo me siento triste cuando tengo mucha tarea los fines de semana y no puedo salir con mis amigos.

1. sentirse feliz
2. sentirse frustrado/a
3. preocuparse
4. ponerse contento/a
5. ponerse nervioso/a
6. enfadarse

Lengua

The verb **ponerse** followed by an adjective means *to become*.

Ana **se puso nerviosa** cuando vio a su ex novio. *Ana **became** nervous when she saw her former boyfriend.*

The verb **ponerse** followed by articles of clothing is the equivalent of *to put on*.

Ana **se puso un suéter** para pasear por el puerto con sus amigos. *Ana **put on** a sweater to walk around the harbor with her friends.*

5-9 Antes y ahora. Primera fase. Complete la siguiente tabla con las actividades y reacciones de usted y sus amigos cuando eran pequeños/as y ahora. Después, compare sus respuestas sobre el pasado con las de su compañero/a.

actividades/reacciones	cuando éramos pequeños/as	ahora
hora en que se despertaban		
ropa que se ponían		
cómo se entretenían		
cosas por las que se preocupaban		
cuándo se enojaban		
de qué se quejaban con frecuencia		

Segunda fase. Primero comparen los siguientes puntos y después, comenten entre ustedes cuáles son las áreas donde hay cambios y los motivos de estos cambios.

1. La manera en que se entretenían antes y ahora.
2. Las cosas por las que se enojaban antes y hoy en día.
3. Las cosas de que se quejaban antes y en la actualidad.

5-10 Termómetro de reciprocidad. Primera fase. Piensen en las relaciones entre buenos/as amigos/as en general y digan si comúnmente hacen o no las siguientes cosas. Después comparen sus respuestas con las de su compañero/a.

MODELO: saludarse con cariño

E1: En mi opinión/Para mí los buenos amigos se saludan con cariño cuando se ven.

E2: Es verdad, y generalmente los hombres se abrazan y las mujeres se besan.

	Sí	No
1. ayudarse en los momentos difíciles	_____	_____
2. llamarse frecuentemente	_____	_____
3. prestarse dinero en caso de necesidad	_____	_____
4. criticarse a menudo	_____	_____
5. darse consejos cuando los necesitan	_____	_____
6. contarse detalladamente sus actividades diarias	_____	_____
7. visitarse con frecuencia los fines de semana	_____	_____
8. pelearse por cosas sin importancia	_____	_____
9. felicitarse el día del cumpleaños	_____	_____
10. mandarse mensajes electrónicos	_____	_____

Segunda fase. Ahora preparen una lista de las seis actitudes/comportamientos que ustedes consideran más importantes para mantener unas buenas relaciones entre amigos. ¿Por qué? Después comparen su lista con las del resto de la clase.

5-11 Consejos para la felicidad de una pareja. ¿Qué consejos le darían ustedes a una pareja que comienza su relación y quiere mantenerse unida para siempre? Digan lo que deben y no deben hacer usando los verbos de la siguiente lista u otros que consideren adecuados.

MODELO: decirse   irse

E1: En mi opinión, deben decirse siempre la verdad. Las mentiras pueden destruir una relación.

E2: Tienes razón, nunca deben decirse mentiras. Y también deben irse de vacaciones solos de vez en cuando.

respetarse	criticarse	gritarse	regalarse
comprenderse	quererse	preocuparse	ayudarse
comunicarse	apoyarse	pelearse	demostrarse

A leer

Las relaciones entre padres e hijos pueden tener momentos de tensión, especialmente cuando los padres quieren que sus hijos hagan algo que no desean hacer. Pero también suele haber muchos momentos buenos en las relaciones familiares.

Un elemento básico de las relaciones humanas es la intercomunicación. Las personas que hablan continuamente de sí mismas no tienen una verdadera comunicación con los demás porque no les dan la oportunidad de hablar.

La envidia y los celos son sentimientos negativos que pueden hacer muy infelices a las personas. En cambio, las personas que tienen una actitud positiva ante las situaciones difíciles pueden llegar a aceptarlas y a disfrutar más de la vida.

Hay que tener consideración y pensar en los demás para mantener unas buenas relaciones.

Hay muchas personas que no saben escuchar y siempre quieren hacer su voluntad. Poco a poco pierden a sus amigos, y a veces es necesario hablarles directamente para ver si reaccionan.

El amor y la amistad requieren un esfuerzo diario para que duren.

Preparación

5-12 Asociación. Primera fase. Asocie los siguientes comportamientos con el tipo de personalidad correspondiente.

1. _____ Un padrastro no permite que sus hijastros miren televisión.
2. _____ Una persona se siente infeliz cuando otros tienen algo que ella no puede tener.
3. _____ Una madre castiga a su hijo porque él se porta (*behaves*) mal.
4. _____ Unos padres no aceptan a la pareja de su hijo.
5. _____ Alguien no tolera que su pareja converse con una persona del sexo opuesto.
6. _____ Usted se irritó cuando su mejor amigo expresó una opinión con la que usted no está de acuerdo.
7. _____ Una persona se pone furiosa cuando alguien de su grupo de amigos pospone algún plan del grupo para hacer algo solo.
8. _____ Una madre nunca disciplina a sus hijos.

a. intolerante
b. permisivo/a
c. celoso/a
d. exigente
e. estricto/a
f. controlador/a
g. envidioso/a
h. impulsivo/a

2 Segunda fase. Basándose en los comportamientos citados en la *Primera fase* y en las posibles reacciones de los personajes, escriban un breve guión para ser representado en la clase.

5-13 ¿A quién le pasa? Primera fase. Identifique a la(s) persona(s) que puede(n) tener las siguientes reacciones o comportamientos: una persona casada **(PC)**, una persona soltera y enamorada **(PE)**, una persona soltera que no quiere ningún compromiso **(PS)**. ¡Ojo! Puede haber más de una respuesta correcta.

1. _____ Cuestiona el significado del concepto de la amistad de otras personas.
2. _____ Se preocupa si su relación con su pareja no funciona.
3. _____ Siente celos de las personas que se acercan a la persona con quien sale.
4. _____ Se siente desesperado/a porque la familia de su novio/a no lo/la acepta.
5. _____ Se pone nervioso/a porque la gente piensa que le gusta la vida fácil.
6. _____ Se irrita fácilmente cuando alguien le dice que es necesario comprometerse para ser feliz.
7. _____ Tiene dificultad para mantener relaciones sentimentales a largo plazo.
8. _____ Se desespera porque necesita su independencia emocional.
9. _____ Le molesta el individualismo excesivo de la persona a quien ama.
10. _____ Tiene problemas con su pareja porque quiere controlar la vida de su hijastro/a.

2 Segunda fase. Comparta una experiencia que tuvo con uno de los siguientes tipos de personas: un/a celoso/a, un/a perfeccionista, una persona excesivamente individualista. Asegúrese de contestar las siguientes preguntas al contar su experiencia.

1. ¿Qué pasó?
2. ¿Qué hizo esta persona?
3. ¿Cómo reaccionó usted?

G **5-14 ¡Cada loco con su tema! Primera fase.** Preparen un cuestionario que los/las ayude a determinar si en su clase hay personas con las siguientes características de personalidad: celosos, reservados, perfeccionistas excesivos, serviciales.

Segunda fase. Con el cuestionario que prepararon en la *Primera fase*, entrevisten a los miembros de otros grupos. Después hagan lo siguiente:

1. Analicen la información que recolectaron. El número de personas entrevistadas, el porcentaje que respondió afirmativa o negativamente a cada pregunta.
2. Preparen sus conclusiones como grupo. ¿Qué porcentaje de los entrevistados es celoso, reservado, perfeccionista excesivo, servicial?

Si no hay personas con tales características, ¿a qué conclusión llegó el grupo?

Estrategias de lectura

1. Infórmese sobre el tema antes de leer.
   a. El formato de los textos. Examine el formato de los textos. ¿Qué tipo de textos son? ¿Cómo lo sabe?
   b. El título. Lea el título. Si se trata de cartas y reflexiones, ¿sobre qué reflexionamos cuando escribimos cartas? ¿Sobre asuntos personales (la amistad, el amor, problemas en el trabajo), o sobre asuntos más bien impersonales (problemas sociales, la política)? Si no lo sabe, revise (*look over*) rápidamente las cartas y busque algunas palabras que lo/la ayuden a adivinarlo.

2. Examine el texto antes de leerlo.
   a. ¿A quién se dirigen las cartas, a un hombre o a una mujer? ¿Cómo lo sabe?
   b. ¿Quién(es) escribe(n) las cartas? ¿Una persona o varias personas? ¿Son hombres, mujeres o ambos? ¿Cómo lo sabe?

3. Anticipe el contenido del texto.
   a. Lea el comienzo (1 ó 2 oraciones) de cada carta. Pase su marcador sobre estas oraciones y señale las palabras que están relacionadas con el tema de la carta o con alguna característica de la persona que escribe la carta.
   b. Ya que sabe algo acerca de las cartas, lea las siguientes afirmaciones y trate de adivinar sin son ciertas (**C**) o falsas (**F**). Si no lo sabe, no se preocupe. Podrá averiguar las respuestas después de leer las cartas.

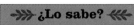

¿Lo sabe?

La **o** entre números lleva un acento ortográfico: **1 ó 2.** ¿Sabe usted por qué?

Carta 1:

1. _____ La autora de la carta tiene un problema matrimonial.
2. _____ La autora de la carta piensa que su marido es demasiado permisivo con la hija de ella.

Carta 2:

3. _____ El autor de la carta tiene problemas con sus padres.
4. _____ La familia de su esposa no lo quiere aceptar.

Carta 3:

5. _____ La autora de la carta es estudiante.
6. _____ Ella tiene problemas de convivencia con su compañera de cuarto.

Carta 4:

7. _____ El autor escribe sobre la amistad.
8. _____ Para el autor de la carta es difícil tener amigos y también mantener su independencia.

LECTURA

El rincón de Minerva

Carta 1

Querida Minerva:

Cuando me casé con mi segundo marido, él se comprometió a ocuparse de mi hija y a tratarla como si fuera su propia hija. Al principio su relación era buena. A él le gustaba enseñarle juegos nuevos y se interesaba por todo lo que ella hacía o decía. Sin embargo, esto fue cambiando poco a poco. Ahora él interviene cada vez que mi hija no se porta bien, y yo considero que sus castigos son demasiado duros y desproporcionados. Por ejemplo, si no termina su plato a la hora de comer, le prohíbe ver la televisión durante una semana. Por supuesto, ella se rebela cada vez más y reacciona violentamente. Es más, creo que lo odia. Aunque mi hija tiene sólo nueve años, él es muy exigente y no tolera algunos comportamientos propios de su edad. Él me acusa de ser demasiado permisiva y de estar maleducando a mi hija. Naturalmente, todo esto crea conflictos entre nosotros y nuestra relación se va deteriorando. Yo quiero salvar mi matrimonio, pero al mismo tiempo quiero que mi hija sea feliz. ¿Qué puedo hacer?

Una madre preocupada 💬

¿Qué ha comprendido? ¿Es demasiado permisivo o demasiado estricto el marido de la autora de la carta? ¿Qué cosas hace el marido?

Carta 2

Querida Minerva:

Hace tres años que estoy casado con una mujer excepcional a la que conocí en mi lugar de trabajo. Somos de razas y culturas diferentes, pero eso nunca fue un problema entre nosotros. Es más, hemos aprendido a respetar y a disfrutar las diferencias. Sin embargo, ella está muy unida a su familia, pero su familia no me acepta ni me ha aceptado nunca. Piensan que ella ha traicionado a su raza y a su cultura y me tratan poco menos que como a un intruso. Yo sé que para ella es muy duro tener que soportar las críticas, pero para mí es humillante saber que me desprecian y que todos desearían verla con otro hombre. Para ella la familia es sagrada y por eso no puede ignorar sus opiniones. Yo deseo que se aleje de ellos o que por lo menos se haga respetar poniendo fin a sus críticas. Estoy desesperado porque me da la impresión de que puede dejarse influir por ellos y abandonarme un día. Realmente no sé qué hacer y le agradezco cualquier consejo que usted pueda darme.

Un desesperado 💬

> ¿Qué opina usted de la situación descrita (*described*) por el autor de esta carta? ¿Por qué los padres de su mujer no lo aceptan? En su opinión, ¿qué conflicto o problema tiene la mujer?

Carta 3

Querida Minerva:

Soy una chica de 20 años. Estudio y vivo en una universidad de prestigio, pero este año me han ido muy mal los estudios, he faltado mucho a clase, y creo que voy a recibir malas notas en varias asignaturas. La culpa de todo es que mi novio me ha dejado por otra. Cuando lo conocí, pensé inmediatamente que era el hombre de mi vida, y la verdad es que tuvimos una relación muy buena durante tres meses. Compartíamos gustos musicales, íbamos al cine, nos relacionábamos con otros amigos, etc. Pero un día me enteré —y no por él— de que había invitado a otra chica a pasar un fin de semana en una cabaña que sus padres tienen junto al lago. A mí me dijo una mentira y me puse furiosa. Fue muy duro darme cuenta de su traición. Desde entonces todo fueron excusas y él se alejó de mí mientras yo me moría de los celos. Los celos me han hecho hacer cosas muy tontas, como pasarme la noche llorando y no poder ir a clase al día siguiente, y peor que eso: insultar a la nueva novia de mi ex novio en la universidad, armando un escándalo considerable. Yo sé que uno pierde su dignidad cuando muestra públicamente su rabia y sus celos, pero yo no sé qué hacer para controlarme. Por favor, ayúdeme.

Una celosa perdida 💬

> ¿Qué ha comprendido? La autora de esta carta tiene dos problemas. En su opinión, ¿cuáles son?

Carta 4
Estimada Minerva:

Tengo ciertas ideas que quisiera compartir con usted y sus lectores, y que pongo a continuación. Supongo que todos nos hemos encontrado en más de una ocasión con una persona que asegura constantemente que es nuestro amigo, pero se comporta con una mentalidad individualista. Pues, eso es lo que más me molesta de los "amigos" de hoy. Tener amigos que sólo piensan en sus ideas, sus planes y sus posibilidades en vez de las del grupo es como no tenerlos. Evidentemente la independencia y la iniciativa propia son importantes, pero no deben ser más que las del grupo. Es importante pensar en las personas que están alrededor de uno. Es más, los intereses y deseos personales se deben supeditar a los del grupo, de lo contrario no tendríamos amigos.

Finalmente, quisiera comentar que hay ciertos individuos que confunden su independencia con desconsideración hacia los demás. Vivimos en un mundo con otros, no en una isla. No podemos vivir sin amigos y, para tenerlos, hay que elegir entre "yo" o "nosotros". Estoy seguro de que la mayoría de las personas que tiene una mentalidad de grupo triunfará sobre la minoría inmadura y egoísta. Ojalá que no olvidemos el significado de la palabra AMIGO.

Un verdadero amigo 💬

¿Qué significa para el autor de esta carta ser un buen amigo? ¿Qué cosas hacen los que no son amigos de verdad?

Comprensión y ampliación

5-15 ¿Cuál es el problema? En sus propias palabras escriba una frase en la tabla de abajo que describa el tema o problema principal que se plantea en cada carta. A continuación, identifique dos consecuencias que se derivan del asunto o problema planteado e inclúyalas en la tabla.

Cartas	Asunto/Problema	Consecuencia	Consecuencia
1			
2			
3			
4			

5-16 Con otras palabras, en otros contextos. Primera fase. Expliquen con otras palabras las siguientes ideas que aparecen en las cartas.

Carta 1. Nuestra relación se va deteriorando.
Carta 2. Me tratan poco menos que como a un intruso.
Carta 3. Fue muy duro darme cuenta de su traición.
Carta 4. Los intereses y deseos personales se deben supeditar a los del grupo.

Segunda fase. Ahora piensen en otros contextos en que se podrían usar esas afirmaciones.

MODELO: Tengo 17 años y mis padres no me comprenden. Ya no tenemos nada en común. Ellos me prohíben salir por la noche, pero a veces yo salgo. Nuestra relación se va deteriorando.

5-17 Ayudemos a Minerva. Primera fase. En su respuesta a "Una celosa perdida" (carta 3), Minerva quiere hacerle algunas recomendaciones. En su opinión, ¿cuál de las siguientes sugerencias debería incluir Minerva en su carta? Hablen de las ideas e intenten seleccionar la más apropiada. Si no les gusta ninguna, escriban una que les guste más.

a. _____ Es mejor que abandones tus estudios ahora, para no gastar el dinero de tus padres. Con el tiempo, te sentirás mejor y podrás volver a la universidad el próximo semestre cuando tengas tu propio dinero.

b. _____ No dejes que los celos te consuman. Ve al Centro de Salud de tu universidad y pide cita con un psicólogo.

c. _____ La nueva pareja de tu ex novio es una víctima de este chico, igual que tú. Hazte amiga de ella y trata de convencerla de que lo deje.

d. _____ (Otra idea) _____

Segunda fase. Ahora, escriban la respuesta de Minerva.

Aclaración y expansión

Present subjunctive

- In earlier chapters you have practiced the present, past, and future tenses. These tenses belong to the indicative mood, which means that the speaker or writer is stating a fact, or what he or she believes to be a fact.

Pedro no **llamó** a su novia anoche porque ella **estaba** en una reunión de negocios, pero esta noche la **va a llamar.**

*Pedro **didn't talk** to his girlfriend last night because she **was in a** business meeting, but he **is going to call** her tonight.*

● Verbs in the subjunctive mood are usually found in sentences that have two parts (clauses), each with a different subject. When the verb in the first clause expresses wishes, hope, advice, emotional reactions, and doubt, then the verb in the second clause will be in the subjunctive mood. The first part of the sentence is usually the main clause, and the second part is usually the dependent clause.

When the first clause expresses ...	with verbs like these ...	the verb in the second clause is in the subjunctive mood. For example:
Wishes, hope, advice	querer, aconsejar, desear, esperar, preferir	**Espero que** sus padres la **comprendan.** *I hope that her parents understand her.*
Emotions, likes or dislikes	alegrarse de, sentir, temer, molestar, gustar, encantar	**Me alegro de que estudies** español. *I am happy that you are studying Spanish.*
Impersonal expressions that convey opinions, wishes, emotions, advice	es necesario que es bueno que es difícil que es esencial que es importante que es inaceptable que es mejor que es raro que es recomendable que es terrible que es triste que	**Es necesario que hables** con claridad. *It's necessary that you speak clearly.* **Es recomendable que** los jóvenes **terminen** sus estudios antes de casarse. *It is recommended that young people finish their studies before getting married.*

● With the verb **decir** and **insistir,** use the subjunctive in the dependent clause when expressing a wish or an order. When reporting information, use the indicative.

Expressing a wish/an order

Sus padres le **dicen** a Magda que **venga** a verlos esta noche.

*Magda's parents tell her **to come** visit them tonight.*

Reporting information

Los padres **dicen** que Magda **viene** a verlos esta noche.

*Her parents say that Magda **is coming** to see them tonight.*

● Always use the subjunctive with the expression **ojalá (que),** which comes from Arabic, originally meaning *may Allah grant that . . .*

Ojalá que Magda y sus padres **se comprendan.**

*I **hope** that Magda and her parents **(will) understand** each other.*

● When there is only one subject in the sentence, or when you are not
addressing or speaking about someone in particular, use an infinitive after the
conjugated verb.

Magda **quiere hablar** con sus
  padres hoy.
Es necesario **hablar** con claridad.

*Magda **wants to talk** with her*
  parents today.
*It's necessary **to speak** clearly.*

	hablar	comer	vivir
yo	hable	coma	viva
tú	hables	comas	vivas
Ud., él, ella	hable	coma	viva
nosotros/as	hablemos	comamos	vivamos
vosotros/as	habléis	comáis	viváis
Uds., ellos/as	hablen	coman	vivan

conocer	conozca, conozcas. . .	salir:	salga, salgas. . .
decir:	diga, digas. . .	tener:	tenga, tengas. . .
hacer:	haga, hagas. . .	traer:	traiga, traigas. . .
oír:	oiga, oigas. . .	venir:	venga, vengas. . .
poner:	ponga, pongas. . .	ver:	vea, veas. . .

Verbs with irregular subjunctive forms	
dar:	**dé, des, dé, demos, deis, den**
estar:	**esté, estés, esté, estemos, estéis, estén**
ir:	**vaya, vayas, vaya, vayamos, vayáis, vayan**
saber:	**sepa, sepas, sepa, sepamos, sepáis, sepan**
ser:	**sea, seas, sea, seamos, seáis, sean**

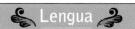

Lengua

The verb **estar** follows the
Spanish rules of accentua-
tion and therefore has written accents in the forms
esté, estés, estéis, estén,
but not in **estemos.** The
verb **dar** has a written
accent in **dé** to differentiate
it from the preposition **de.**

The present subjunctive form
of **hay** is **haya** and it is
invariable: **Espero que haya
un consejero en la oficina.
Espero que haya varios
consejeros en la oficina.**

● Stem-changing **-ar** and **-er** verbs follow the same pattern as the present
indicative.

pensar: **pie**nse, **pie**nses, **pie**nse, pensemos, penséis, **pie**nsen
volver: **vue**lva, **vue**lvas, **vue**lva, volvamos, volváis, **vue**lvan

● Stem-changing **-ir** verbs have two stem changes in the present subjunctive.
The stem change in the present indicative appears in the present subjunctive in
exactly the same pattern. In addition, there is a second change in the **nosotros**
and **vosotros** forms.

e → ie, i

preferir: pref**ie**ra, pref**ie**ras, pref**ie**ra, pref**i**ramos, pref**i**ráis, pref**ie**ran

e → i

pedir: p**i**da, p**i**das, p**i**da, p**i**damos, p**i**dáis, p**i**dan

o → ue, u

dormir: d**ue**rma, d**ue**rmas, d**ue**rma, d**u**rmamos, d**u**rmáis, d**ue**rman

5-18 Necesito ayuda. Un estudiante universitario que necesita ayuda en sus relaciones con sus amigos le escribe la siguiente carta a la sección de consejos del periódico. Para saber lo que escribió, complete la siguiente narración usando el infinitivo que aparece entre paréntesis o el presente de indicativo o de subjuntivo, según el contexto.

Querida María de los Ángeles:

Le escribo porque me siento muy solo. Yo sé que (1) _____ (ser) una persona de carácter fuerte. Además, me (2) _____ (gustar) dominar la conversación cuando estoy en un grupo. Según mi madre, siempre espero que mis amigos (3) _____ (hacer) lo que yo quiero y que (4) _____ (adaptarse) a mis planes. Sin embargo, últimamente lo estoy pasando muy mal porque he notado cambios en la actitud de mis amigos. Cuando quiero que ellos (5) _____ (ir) conmigo a algún lugar, siempre me dan una excusa y ya no me llaman a casa como antes. Para mí, es importante (6) _____ (tener) personas a mi alrededor y por eso es muy triste que mis amigos no (7) _____ (querer) acompañarme. Además, tengo la impresión de que cuando nos reunimos en un café, no desean que yo (8) _____ (participar) mucho en la conversación. Yo quiero que la situación (9) _____ (cambiar), pero no sé cómo decirles que me voy a adaptar al grupo y que mi conducta va a ser diferente de ahora en adelante. ¿Debo (10) _____ (hablar) francamente con ellos?

Espero que sus consejos me (11) _____ (ayudar) a resolver esta situación, pues quiero que mis amigos (12) _____ (aceptar) mis nuevas intenciones. Ojalá que esto (13) _____ (ocurrir) pronto porque necesito (14) _____ (disfrutar) de la compañía de mis amigos.

Un arrepentido

Ⓖ **5-19 Un/a chico/a muy tímido/a.** Uno/a de sus compañeros/as tiene muy pocos amigos, casi no habla cuando está en un grupo, y está cada vez más aislado/a. Todos ustedes quieren ayudarlo/la. Combinen los verbos y expresiones con las actividades que aparecen más abajo para decirles a los otros miembros del grupo cómo van a tratar de animarlo/la.

pedir	preferir	aconsejar	recomendar
alegrarse de	(no) es bueno que	es importante que	es triste que

MODELO: ir al cine con el grupo el sábado   salir los fines de semana

E1: Yo le aconsejo que vaya al cine con el grupo el sábado.
E2: Y yo siempre le digo que es importante que salga los fines de semana.

1. ir al partido de fútbol el domingo
2. sentarse con otros estudiantes en la cafetería
3. salir con más frecuencia con sus amigos
4. estar en su cuarto tantas horas
5. hablar más con sus compañeros
6. participar en las actividades del Club de Español
7. mirar programas dramáticos
8. . . .

❷ **5-20 Para conocernos mejor.** Ustedes son empleados/as de una compañía que los/las ha trasladado a otra ciudad. Quieren organizar una reunión con sus vecinos para así conocerse mejor y crear buenas relaciones personales. Sus nuevos amigos en la ciudad les han ofrecido su ayuda. Escojan la tarea adecuada para cada uno de ellos, según sus experiencias y habilidades. Después, digan qué esperan/quieren/necesitan que cada uno/a haga y justifiquen su decisión.

MODELO: Pilar trabaja en una tienda de discos.   preparar una ensalada
          Alberto cocina muy bien.   conseguir buena música

E1: Yo espero que Pilar consiga buena música. Ella sabe mucho de música bailable.
E2: Muy buena idea. Y yo quiero que Alberto prepare una ensalada. Es un cocinero excelente. Él dijo que podía hacer algo para la comida.

Amigos

1. Paula y Lidia son dueñas de un restaurante.
2. Jorge es decorador.
3. Javier trabaja en una licorería.
4. Los Ramírez viven en el barrio hace tiempo.
5. Los hijos de los Mena son jóvenes y fuertes.
6. A la señora Cortés le gustan las flores.
7. Juan Mendive tiene un coche grande.
8. Amelia sabe mucho de computadoras.

Tareas

hacer las invitaciones
llamar a los vecinos que conocen
hacer una paella
comprar los refrescos y traerlos
preparar un ponche
poner las mesas y las sillas en el jardín
hacer los arreglos florales para las mesas
arreglar la sala y las mesas

5-21 Lo que se debe y no se debe hacer. Su hermano menor va a visitar a sus abuelos que viven en Uruguay. Túrnense para decirle qué es importante, bueno, malo, etc. que haga o no haga durante su visita de acuerdo con los siguientes dibujos.

MODELO: Es importante que te levantes
para saludar a los amigos de tus abuelos.

5-22 ¿Comportamiento correcto o incorrecto? Primera fase. Un/a amigo/a suyo/a va a ir a un curso de verano en un país hispano y quisiera saber más sobre el comportamiento adecuado en diferentes situaciones sociales. De acuerdo con lo que usted sabe sobre las reglas sociales del mundo hispano, clasifique los siguientes comportamientos.

comportamiento	correcto	incorrecto
ponerse de pie cuando está de visita y llegan unas personas mayores		
tratar de tú a las personas desconocidas		
comer con los antebrazos (*forearms*) sobre la mesa		
ir a las tiendas de las ciudades con pantalones cortos y camiseta		
despedirse individualmente de todas las personas en reuniones pequeñas		
silbar en un partido cuando ocurre una buena jugada		
llevar una gorra dentro de un edificio		
poner los pies en una silla desocupada en clase		
dejar pasar a las personas mayores		

Segunda fase. Compare sus respuestas con las de su compañero/a y digan qué le van a recomendar a su amigo/a.

MODELO: quedarse conversando con las otras personas en la mesa después de comer
E1: Le voy a recomendar que se quede conversando un rato con las otras personas en la mesa después de comer.
E2: De acuerdo, y si no puede quedarse es importante que explique por qué.

Algo más

More equivalents of *to become*

You have already used the verb **ponerse** + *adjective* meaning *to become* when expressing a physical or emotional change.

Mi amigo Pedro **se puso triste** cuando se peleó con su novia.	*My friend Pedro **got sad** when he broke up with his girlfriend.*

Other Spanish verbs that express changes in conditions or states when followed by adjectives or nouns are also equivalents of *to become.*

● Use **volverse** + *adjective* when expressing a more sudden and/or violent change, which may be permanent in some cases.

Uno de mis amigos **se volvió loco.** Sus padres sufrieron mucho y **se volvieron** muy **pesimistas.**	*One of my friends **went mad (insane).** His parents suffered a lot and **lost hope (became pessimistic).***

● Use **convertirse en** + *noun* when expressing a change from what is considered the norm or routine.

El joven dice que dejó su trabajo en Mercacentro para **convertirse en** un **estudiante** universitario. Su amigo Jordi obtuvo el carnet de conducir y **se convirtió en** el **chófer** del grupo cuando salían de la ciudad.	*The young man says that he left his job at Mercacentro **to become** a university **student.** His friend Jordi got his driver's license and he **became** the **driver** for the group when they left the city.*

● Use **hacerse** + *noun* or *adjective* when expressing a change that normally occurs through the person's efforts.

Al principio, el joven se encontró perdido en la universidad, pero poco a poco **se hizo amigo** de otros estudiantes. Uno de sus amigos **se hizo abogado.** Otro comenzó un negocio y **se hizo rico.**	*At the beginning, the young man felt lost at the university, but little by little he **made friends** with other students. One of his friends **became a lawyer.** Another one started a business and **got rich.***

5-23 El primer hijo. Una madre cuenta a su diario sus impresiones sobre los primeros meses después del nacimiento de su hijo. Complete su narración con la forma correcta de los verbos **ponerse, volverse** o **convertirse** para saber todo lo que le ocurrió.

Querido diario:

Cuando mi esposo y yo supimos que íbamos a tener nuestro primer hijo, (1) ____nos pusimos____ muy contentos. Unos meses después nació Carlos, y nuestra vida cambió totalmente. Cada vez que el niño lloraba, yo corría a cargarlo (*pick him up*) y poco a poco (2) ____me convertí____ en la esclava de mi hijo, pues él quería estar en mis brazos casi todo el tiempo. Mi vida consistía en cargar al niño, cambiarle los pañales (*diapers*), alimentarlo, y tratar de calmarlo cuando lloraba. Como consecuencia, me sentía nerviosa y (3) ____me puse, me ponía____ muy deprimida. El cansancio y la falta de sueño eran tan grandes que creía que (4) ____me volvía____ loca, pues aunque mi esposo me ayudaba después del trabajo y durante los fines de semana, no era suficiente. Él (5) ____se puso____ muy preocupado y me dijo que teníamos que hablar seriamente con el pediatra, así es que fuimos a verlo. Después de examinar al niño, el pediatra nos dijo: "Muchos padres (6) ____se ponen____ tan nerviosos con la llegada del primer hijo que le transmiten ese nerviosismo al bebé. Además, están tan atentos a todos sus movimientos que (7) ____se convierten____ en policías que vigilan al bebé todo el tiempo. A un niño no le va a pasar nada por llorar varias veces al día. El problema es más de ustedes que del bebé".

Esa noche cargué a mi hijo, pero también lo dejé llorar un rato en su cuna. Después, le di su chupete (*pacifier*), lo arropé, y se quedó dormido. Poco a poco el niño se fue acostumbrando a esta nueva rutina, cada vez lloraba menos, y (8) ____se convirtió____ en un bebé modelo que hoy duerme como un ángel.

2 **5-24 Mis reacciones. Primera fase.** Marque en la columna adecuada la
frecuencia con que usted reacciona en las diferentes situaciones.

Situaciones	Siempre	Casi siempre	A veces	Nunca
Me pongo nervioso/a cuando tengo que hablar en público.				
Me pongo irritado/a cuando hablo y nadie me escucha.				
Me pongo enojado/a cuando alguien trata de tomar mi lugar en una cola.				
Me pongo contento/a cuando mi familia me llama por teléfono.				
Me pongo muy alegre cuando mis amigos me felicitan por mi cumpleaños.				
Me pongo molesto/a cuando critican a mis amigos.				
Me pongo furioso/a si alguien me deja plantado/a (stands me up).				
Me pongo nostálgico/a cuando no veo a mi familia por mucho tiempo.				

Segunda fase. Ahora compare sus respuestas con las de un/a compañero/a.
Compartan **una** experiencia que cada uno de ustedes tuvo que muestra esta
reacción.

Ampliemos e investiguemos

 **A escuchar**

5-25 Una situación complicada. Dos compañeras de clase, Marta y Berta, hablan sobre unos amigos. Antes de escuchar la conversación, lea las oraciones incompletas que aparecen más abajo. Después escoja la opción que mejor completa cada oración, de acuerdo con lo que escuchó.

1. Berta está preocupada porque. . .

    a. se peleó con su novio.
    b. sus notas no son buenas.
    c. tiene problemas con una amiga.

2. El domingo pasado, Berta fue al cine. . .

    a. con una amiga.
    b. sola.
    c. con Lupe y su novio.

3. La persona que se sintió mal y tuvo que ir al médico fue. . .

    a. la madre de Victoria.
    b. la mamá de Berta.
    c. el novio de Lupe.

4. A la salida del cine, Berta se encontró con. . .

    a. Lupe.
    b. el novio de Lupe.
    c. su amiga Marta.

5. El tema de la conversación en el café fue. . .

   a. la película que vieron.
   b. la relación entre Lupe y su novio.
   c. las peleas de Marta y su novio.

6. Lupe no le devuelve las llamadas a Berta porque. . .

   a. no quiere hablar con ella.
   b. está enferma.
   c. no recibe los mensajes en su celular.

7. Lupe está disgustada con Berta porque. . .

   a. piensa que quiere conquistar a su ex novio.
   b. no la invitó al cine.
   c. la llama muy poco por teléfono.

8. Al final de la conversación, Marta dice que va a. . .

   a. ver una telenovela.
   b. reunirse con unas compañeras de clase.
   c. tratar de arreglar el problema.

2 **5-26 Un malentendido.** Usted y su compañero/a van a hacer los papeles de Marta y Lupe. Marta debe cubrir los siguientes puntos en su explicación para convencer a Lupe de que todo fue un malentendido. Lupe no es fácil de convencer y debe presentar su punto de vista a todo lo que le diga Marta.

1. El cambio de planes entre Berta y Victoria.
2. El motivo de la reunión entre Berta y Pepe.
3. La preocupación de Berta.

 ## A escribir

Estrategias de redacción: La exposición

En el Capítulo 4 se presentó lo que era un texto expositivo, y en este capítulo se continúa la práctica de este tipo de redacción. A continuación se presenta una síntesis de lo que usted debe hacer antes de escribir su texto. Para más detalles, vea la página 176.

- Determine el público a quien va destinado su mensaje (la carta, el ensayo, el artículo).
- En segundo lugar, determine el propósito de su mensaje.
- Luego, seleccione los datos e información pertinentes y organícelos con claridad y concisión. No se olvide de darle a su texto cohesión y coherencia.
- Encuentre formas de atraer la atención de su público lector.

5-27 Análisis. Lea el siguiente texto expositivo sobre las relaciones humanas. Luego, siga las instrucciones a continuación.

1. Primero, identifique al lector potencial de este ensayo: ¿Es un público general o un público experto sobre un tema en especial? ¿Es el público de una revista seria (científica o técnica) o el de una revista de entretenimiento?
2. Después identifique el propósito del ensayo: ¿Por qué o para qué escribe el autor del texto? ¿Para entretener al público? ¿Solamente para aconsejar al público? ¿Para entretener y aconsejar? ¿Para hablar de una experiencia personal? ¿Para llamar la atención del público sobre un problema serio?
3. Con respecto a la organización de la carta, observe la estructura del mensaje: ¿Puede usted ver una introducción, un cuerpo y una conclusión? ¿Cómo conecta las ideas el autor del ensayo? ¿Puede usted identificar algunas expresiones que indican orden? Subráyelas.
4. Determine las características de la lengua que utilizó el escritor: ¿Puede usted identificar las partes del texto en que el autor logra (*reaches*) su propósito? ¿Qué expresiones usa para aconsejar? Subráyelas.
5. Ahora marque la(s) estrategia(s) que el autor utiliza para lograr la confianza y el interés del lector:

   _____ Usa **usted** cuando se dirige al lector para mostrarle respeto.
   _____ Usa **tú** cuando se dirige al lector porque lo considera su amigo.
   _____ Usa lenguaje técnico.
   _____ Da ejemplos con los que el lector se puede identificar.

Escuchar, pero escuchar para comprender
Alfonso Aguiló Pastrana

Cada persona está permanentemente dándose a conocer, irradiando mensajes, comunicando. A través de esos mensajes —la mayoría de ellos no directamente conscientes—, cada persona se gana la confianza o desconfianza de quienes le rodean.

Si tienes un carácter irascible[1], voluble o inmoderado, es difícil que llegues a crear confianza a tu alrededor. Si no coinciden tus hechos con tus palabras, tampoco. Si eres demasiado distante o mordaz[2], o escuchas poco, menos aún. *Es preciso escuchar, pero escuchar con verdadera intención de comprender.*

Hay personas que quizá escuchan bastante, pero no escuchan para comprender, sino que escuchan para contestar, para *colocar* sus ideas o sus aventuras en cuanto tengan el más mínimo resquicio[3]. Mientras escuchan, sólo prestan atención a las ocasiones que su interlocutor les brinda para hablar entonces ellos de sí mismos. Apenas les interesa lo que oyen y, en cuanto pueden, interrumpen con su consejo vehemente, con su historieta aburrida, con su opinión reiterativa y no solicitada, con su verborrea[4] agotadora. No se esfuerzan en dar consejos útiles, se limitan a recomendar lo que piensan que a ellos les ha funcionado bien.

Para acertar con cualquier consejo —parece bastante obvio, pero quizá no esté de más decirlo—, hay primero que dedicar atención al problema y hacerse cargo bien de qué le pasa a la persona a quien se lo vamos a dar. Mi experiencia en conversaciones de orientación personal, sobre todo en los casos más delicados y complejos, es que casi siempre, después de un buen rato de escuchar con atención, acabas sacando conclusiones sensiblemente diferentes a las que venías predispuesto al comenzar la conversación.

Hay padres, por ejemplo, que se quejan amargamente diciendo cosas como «No entiendo a mi hijo. Está en una edad muy difícil. Es tremendo, es que. . . ¡ni me escucha!». Y quizá en la propia formulación de la queja está la raíz del problema: parecen decir que no entienden a su hijo porque no los escucha, cuando para entenderlo lo que deben hacer es sobre todo escuchar al hijo, no que los escuche él. Muchos de estos casos se habrían resuelto —o pueden aún resolverse— con una adecuada actitud de escucha, *escuchando con verdadera intención de comprender a la otra persona, y no sólo en el plano intelectual, sino también en el emocional,* puesto que no basta con entender *lo que piensa,* también hay que entender *lo que siente.* Porque la vida no es sólo lógica, ni sólo emoción, sino las dos cosas.

[1]*irritable* [2]*cruel* [3]*chance, opportunity* [4]*verboseness/wordiness*

5-28 Preparación. Primera fase. La revista *Vida en pareja* publicó la siguiente encuesta para ayudar a las personas a detectar problemas que pueden causar una crisis en la relación de pareja si no son corregidos. Conteste esta encuesta individual y anónimamente.

¿Crisis en su relación de pareja?

Si usted responde afirmativamente a la mayoría de las preguntas, entonces es importante que reconozca que hay un problema y que busque ayuda. Pero, no se desespere. Nunca es tarde para corregir errores.

Esta lista de preguntas no es exhaustiva. Sólo le pedimos que reflexione sobre las causas que generalmente pueden provocar una crisis entre dos personas que se aman.

	Sí	No
1. ¿Pasa suficiente tiempo con su pareja?	——	——
2. ¿Comen juntos cuando es posible?	——	——
3. ¿Siente usted ganas de conversar con su pareja con frecuencia?	——	——
4. ¿Prefiere mirar televisión o trabajar en Internet en vez de conversar con su pareja?	——	——
5. ¿Planifican ustedes salidas juntos?	——	——
6. ¿Comparten actividades rutinarias?	——	——
7. ¿Tienen gustos muy diferentes?	——	——
8. ¿Se pelean por motivos insignificantes, tales como adónde ir, a qué hora verse, qué comer, etc.?	——	——
9. ¿Se ayudan siempre en momentos de necesidad?	——	——
10. ¿Se demuestran cariño mutuamente?	——	——
11. ¿Se respetan mutuamente, a pesar de las diferencias de opinión?	——	——
12. ¿Piensa usted en su pareja cada vez que planifica una actividad?	——	——

G **Segunda fase.** Ahora analicen los datos que ustedes tienen. Calculen el número de respuestas afirmativas o negativas a cada pregunta y lleguen a algunas conclusiones que se aplican (*apply*) a su grupo.

> MODELO: La mayoría/El . . .% de los entrevistados respondió NO a la pregunta número 1.
>
> CONCLUSIÓN: Si las personas entrevistadas no pasan suficiente tiempo con su pareja, uno de los dos se va a sentir solo. Si se siente solo, es posible que busque compañía en otras personas y la relación se deteriore.

Expresiones útiles

Para hablar del número de entrevistados y sus respuestas
El 90 por ciento de los entrevistados/as afirma que. . .
De cuatro entrevistados, . . .respondió/respondieron afirmativamente a la pregunta. . .
La mayoría de los entrevistados afirma/sostiene/respondió que. . .
Sólo una minoría. . .

Para formular conclusiones
En conclusión, . . .
Basándonos en (*Based on*) las respuestas a la pregunta número. . . podemos afirmar/concluir que. . .
Los entrevistados respondieron/contestaron. . . a la pregunta número. . . , lo cual nos indica que. . .

5-29 ¡A escribir! Utilizando los resultados de su encuesta, escriba un artículo para los lectores de la revista *Vida en pareja* en la que comparte con los lectores los datos que usted recogió.

- Identifique cada problema potencial y su efecto en la relación de pareja.
- Organice sus datos de manera lógica y coherente.
- Ofrezca su opinión sobre cada problema y dé recomendaciones.

5-30 ¡A editar! Lea su artículo críticamente por lo menos una vez más. Analice el contenido (cantidad, calidad de información para el/la lector/a) y forma del texto (cohesión y coherencia de las ideas), la mecánica del texto (puntuación, acentuación, mayúsculas, minúsculas, uso de la diéresis, etc.). Cambie lo que sea necesario para lograr una buena exposición.

 A explorar

5-31 Los amigos. Primera fase. Hagan una lista de las características que más aprecian ustedes en la amistad. Escriban su propio refrán sobre la amistad y léanlo a la clase.

Segunda fase. Primero, en **www.prenhall.com,** busquen refranes que se refieran a las relaciones humanas. Luego, identifiquen algunas características de la lista en la *Primera fase* que se reflejan en los refranes que ustedes encontraron. Prepárense para compartir sus ideas con la clase.

5-32 La mujer de hoy en el mundo hispano. En **www.prenhall.com** encontrará numerosos artículos sobre la mujer hispana. Elija un artículo sobre la mujer hispana que se refiera a:

- su trabajo
- sus hijos
- su pareja

Escriba un resumen para compartir en clase teniendo en cuenta lo siguiente.

1. ¿Cuál es la idea más importante del artículo?
2. ¿Qué semejanzas ve usted entre lo que se expone en el artículo y lo que usted conoce?
3. ¿Qué diferencias encuentra?

5-33 ¿Quién es realmente un/a amigo/a? Primera fase. Vaya a **www.prenhall.com/identidades** y seleccione dos o tres citas que representan su visión de la amistad. Escriba una interpretación de la cita en una o dos líneas.

MODELO: *Cita:* No busques un amigo para matar las horas, búscalo con horas para vivir. (Gibran Jalil)
Interpretación: Los amigos son las personas con quienes vivimos experiencias en la vida; no son personas con quienes simplemente pasamos un momento.

Segunda fase. Imagínese que en su universidad han ocurrido algunos eventos que demuestran intolerancia y falta de madurez entre los/las alumnos/as. Su consejero/a le ha pedido a usted que escriba un documento con sus recomendaciones sobre cómo cultivar y mantener una relación amistosa con los compañeros/as de cuarto para distribuirlo en las diversas residencias. Escriba el documento incluyendo la siguiente información.

- Mencione dos o tres problemas serios muy comunes entre los compañeros/as de cuarto.
- Indique qué tipo de problemas revelan estos comportamientos: intolerancia, rigidez, falta de diálogo, obsesión, imprudencia, insensibilidad, etc.
- Dé una o dos recomendaciones para cada problema.

5-34 Problemas de personalidad. Primera fase. Algunos problemas de personalidad pueden afectar negativamente las relaciones interpersonales. Busque información en **www.prenhall.com/identidades** sobre estos tipos de personalidad: los hipersensibles, los sometidos, los codependientes, los bidependientes, etc. Describa las características de dos tipos de personalidad e indique lo siguiente.

- ¿Qué comportamientos tienen?
- ¿Cómo se relacionan con otras personas?
- ¿Qué problemas puede ocasionar su personalidad en las relaciones con otras personas?

Segunda fase. Ahora piense en una persona en su familia o en su círculo de amigos que tiene uno de los tipos de problemas sobre los cuales usted leyó en la *Primera fase.* Prepare algunos consejos que usted le daría a esta persona. Escríbalos y compártalos con la clase sin mencionar el nombre de la persona.

5-35 Los acontecimientos y las relaciones interpersonales. Primera fase.
En **www.prenhall.com/identidades,** lea una noticia o un artículo en un periódico que ejemplifique un cambio en las relaciones entre las personas de un grupo, un barrio, una ciudad, etc. Tome notas mientras lee, o subraye algunos datos importantes.

Segunda fase. Prepare una breve presentación para compartir esta información con sus compañeros/as. Las siguientes preguntas lo/la pueden ayudar a preparar su presentación.

1. ¿Qué ocurrió y dónde?
2. ¿Quiénes estuvieron involucrados en el evento o acontecimiento?
3. ¿Qué provocó el cambio de comportamiento?
4. ¿De qué manera el evento cambió las relaciones interpersonales? ¿Qué hicieron las personas individualmente o como grupo?
5. ¿Qué sugerencias les da usted a las personas que podrían encontrarse en una situación semejante en el futuro?

Rincón literario

Laura Restrepo, escritora colombiana.

Laura Restrepo nació en Bogotá en 1950. Su primer libro, *Historia de un entusiasmo* (1986) es un reportaje sobre el proceso de paz entre el presidente Belisario Betancourt y el grupo revolucionario M-19. A causa de su participación en ese proceso, tuvo que exiliarse en México. Allí escribió su primera novela, *La isla de la pasión* (1989), basada en un incidente real de la historia de México. Sus siguientes novelas tienen como escenario la sociedad colombiana y sus problemas. Por su obra, *Delirio,* recibió el Premio Alfaguara de Novela 2004.

La multitud errante (2001), de la cual presentamos un fragmento a continuación, se basa en la realidad de muchos colombianos que han sido desplazados por la violencia. Aproximadamente mil personas se ven obligadas a abandonar sus casas cada día para buscar un nuevo sitio donde vivir. En esta novela, el personaje principal, llamado Siete por Tres por tener 21 dedos entre manos y pies, recorre los caminos de Colombia buscando a su madre adoptiva, quien desapareció cuando fue secuestrada por el ejército. En el fragmento, el personaje principal recorre los barrios más recientes y más pobres que construyen los desplazados que llegan del campo a la ciudad.

La multitud errante

Laura Restrepo

Pobre ciudad con corazón de acero, pensó Siete por Tres; poderoso corazón coronado por trece chimeneas pintadas de rojo y blanco, que lanzan contra el cielo llamaradas azules y eternas.

—Sospecha uno que esas llamas ya requemaron el aire —le he escuchado decir más de una vez— y que dentro de poco no vamos a respirar. ¿Cómo no va a hacer calor, si vivimos montados en semejante estufa?

Siguió subiendo hasta que la férrea solidez de la refinería se disolvió en espejismo, y de tanto tubo y tanto tanque no llegaron hasta sus ojos sino destellos[1] de sol. En cambio, iba cobrando fuerza en sus oídos el ruido de un martilleo[2] constante, incansable, prolongado como una obsesión. Lo producían las familias de advenedizos[3] que por cada rancho que ya existía iban levantando otros dos: aquí clavaban tablas[4] y pegaban ladrillos[5], allá ajustaban latas, más arriba se las arreglaban con palos y cartones. A medida que Siete por Tres ascendía encontraba ranchos más endebles[6], más inmateriales, hasta que los últimos le parecieron construidos en el aire, de sólo anhelo, de puro martillar.

Suspendidas en la blancura calcinada del mediodía, dos mujeres cocinaban sobre una parrilla improvisada en la calle de tierra, y un viejo descalzo trasteaba[7] un colchón. Un perro amarillo se ensañó[8] ladrándole a sus zapatos nuevos y un grupo de niños dejó de patear un balón de trapo para mirarlo pasar.

[1]*sparkles* [2]*hammering* [3]*newcomers* [4]*boards* [5]*bricks* [6]*weak* [7]*dragged along* [8]*enraged*

Interpretación

1. En el pasaje citado, señale el párrafo que se refiere a la construcción improvisada de viviendas. ¿Ve usted una progresión en el tipo de materiales que se usan?
2. ¿Cómo se imagina las casas que se describen? ¿Ha visto o sabe de barrios que se han construido así?
3. Siete por Tres es el personaje principal, testigo de lo que se describe. ¿Qué otros personajes aparecen en el fragmento citado? ¿Qué hacen estos personajes?
4. En el fragmento citado no sólo se describe lo que el personaje ve y piensa, sino también lo que oye y el calor que probablemente siente. ¿Qué palabras o expresiones del texto indican que hace calor?

VOCABULARIO

Relaciones personales

la amistad	*friendship*
el amor	*love*
el cariño	*affection, love*
los celos	*jealousy*
la envidia	*envy*
el sentimiento	*feeling*

Personas

el/la compañero/a	*classmate*
la esposa	*wife*
el esposo	*husband*
el hijo	*son*
el hijastro	*stepson*
la hijastra	*stepdaughter*
el marido	*husband*
la mujer	*woman, wife*
la novia	*girlfriend, fiancée*
el novio	*boyfriend, fiancé*
la pareja	*couple*

Características

antiguo/a	*old, antique*
callado/a	*quiet*
celoso/a	*jealous*
duro/a	*hard*
egoísta	*selfish*
envidioso/a	*envious*
infeliz	*unhappy*
reciente	*recent*
triste	*sad*
verdadero/a	*true, truthful*

Verbos

abrazar (c)	*to embrace*
aconsejar	*to advise*
alegrarse (de)	*to be happy/glad (about)*
amar	*to love*
aparecer (zc)	*to appear, to come into view*
besar	*to kiss*

compartir	*to share*
comprender	*to understand*
disfrutar	*to enjoy*
enfadarse	*to get angry*
entretener (g, ie)	*to entertain*
esperar	*to wait for, to hope*
lavar	*to wash*
molestar	*to annoy, to bother*
pedir (i, i)	*to ask (for)*
pelear	*to fight*
pensar (ie)	*to think*
perder (ie)	*to lose*
preferir (ie, i)	*to prefer*
preocuparse	*to worry*
prohibir	*to prohibit*
quejarse	*to complain*
querer	*to want, to love*
repetir (i, i)	*to repeat*
reunirse	*to get together*
romper	*to break (up)*
salir (g)	*to go out*
saludar	*to greet*
sentir(se) (ie, i)	*to feel, to be sorry*

Palabras y expresiones útiles

a la vez	*at the same time*
a menudo	*often*
dar un consejo	*to advise, to give advice*
dar un paseo	*to take a walk*
estar enamorado/a	*to be in love*
juntos/as	*together*
la mentira	*lie*
los demás	*the others, the rest*
ojalá	*I /we hope*
poco a poco	*little by little*
tener razón	*to be right*
la verdad	*truth*

For verbs that change meaning when used reflexively, see page 154.
For Spanish equivalents of *to become*, see page 171.
For impersonal expressions, see page 200

6

Cambios sociales y políticos

Objetivos comunicativos
- Analyzing present and past social conditions and political issues
- Providing recommendations
- Expressing opinions, doubts, and concerns about the outcomes of social changes

Contenido temático y cultural
- Democracy and dictatorships
- Human rights
- Social issues

A leer

Durante el período colonial, los españoles estaban a cargo del gobierno de los pueblos americanos. Los criollos, nacidos de padres españoles en el continente americano, no tenían la oportunidad de participar en el gobierno y fueron los que lucharon para lograr la independencia en el siglo XIX. Simón Bolívar, conocido como el Libertador, fue uno de los grandes patriotas de ese siglo.

Después de la independencia hasta nuestros días, las luchas internas y los problemas sociales en casi todos los pueblos hispanoamericanos han traído como consecuencia la presencia de dictadores en diferentes momentos históricos. Por ejemplo, en Argentina, Juan Manuel de Rosas gobernó despóticamente durante más de veinte años en el siglo XIX, y en la República Dominicana, Rafael Leónidas Trujillo, gobernó desde 1930 hasta el atentado que le costó la vida en 1961.

Juan Manuel de Rosas

❊❊ ¿Lo sabe? ❊❊

Simón Bolívar fue también un escritor excelente, como lo demuestran sus cartas, especialmente su *Carta de Jamaica*, la cual escribió mientras se encontraba en esa isla. Otro gran patriota hispanoamericano, José Martí, está considerado como uno de los grandes escritores de la lengua española. Martí vivió gran parte de su vida en los Estados Unidos, donde escribió muchas de sus obras.

La Organización de Estados Americanos (OEA), establecida en 1890 bajo otro nombre, es la organización internacional más antigua del mundo. Con sede en Washington D.C., los objetivos de la OEA son promover y consolidar la democracia, ayudar al desarrollo económico, social y cultural, y erradicar la pobreza en los países americanos.

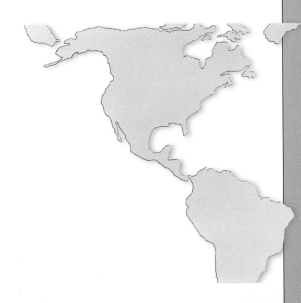

La educación es básica para el progreso de los pueblos. Aunque algunos gobiernos han hecho grandes esfuerzos para mejorar el nivel educativo de los pobres, los indígenas que viven en las zonas más remotas han quedado marginados.

Preparación

6-1 Los esclavos o los indígenas. Marque los hechos que se asocian con los esclavos negros **(E)**, los indígenas **(I)** o ambos **(A)**.

1. _____ Provenían de África.
2. _____ Vivían en el continente americano antes del descubrimiento de éste.
3. _____ Los europeos los conquistaron.
4. _____ Los vendían en mercados.
5. _____ Eran explotados por los europeos.
6. _____ Fueron excluidos y discriminados.
7. _____ Vivían en climas muy diferentes al de su lugar de origen.
8. _____ Eran vasallos (*vassals*) del rey.
9. _____ Realizaban los trabajos manuales más duros como, por ejemplo, la explotación de las minas.
10. _____ Tenían dueños.

ⓖ 6-2 ¿Aceptable o inaceptable? Primera fase. Discutan si los siguientes conceptos y conductas son aceptables o inaceptables en su país. Luego indiquen con qué grupo(s) o comunidad(es) se puede asociar cada concepto.

Concepto	Aceptable	Inaceptable	Grupo o comunidad
La esclavitud			
La humillación			
La libertad			
La violación de los derechos humanos			
La explotación			
El castigo físico			
El maltrato			
La opresión			
La discriminación			
El respeto			

Segunda fase. Discutan cuál de los conceptos o conductas en la *Primera fase* es el/la peor para una comunidad y digan por qué.

ⓦⓦⓦ 6-3 Personas agraviadas. Primera fase. Busquen en Internet o en libros la
② siguiente información sobre un personaje de la historia nacional o internacional que experimentó en carne propia uno de los siguientes sufrimientos: la esclavitud, la violación de sus derechos, la opresión, el castigo físico, la discriminación.

- Lugar de origen de la persona.
- Vejaciones o maltratos que sufrió la víctima.
- Término del sufrimiento o solución del problema.
- Momento en que la comunidad local o internacional se dio cuenta de este sufrimiento. ¿Cómo se supo esta información?

Segunda fase. Compartan con la clase la información que tienen sobre este personaje. Pueden organizar su presentación con fotografías o con *PowerPoint* si es posible.

Estrategias de lectura

1. Infórmese sobre el tema antes de leer.

   a. El título. Lea el título: "Los esclavos y los indígenas". Piense en la palabra "esclavos". Haga una lista breve de nombres, fechas y otra información asociados con la esclavitud en América del Norte y América del Sur.

   b. Ahora considere la palabra "indígenas" en el título. Haga una lista breve de la información que usted asocia con la palabra "indígenas" en el continente americano.

2. Examine el texto antes de leerlo.

   a. Examine el texto rápidamente y pase su marcador sobre los nombres propios (*proper nouns*). Clasifique las palabras de acuerdo con el continente que representan: África, Europa, América del Sur, América del Norte.

   b. Basándose en las listas de palabras que hizo para la sección 1.a., ¿cree usted que el texto trata sobre los esclavos y América del Sur o los esclavos y América del Norte? ¿Por qué piensa así?

3. Anticipe el contenido del texto.

   a. Lea la primera oración de cada párrafo del texto. Pase su marcador por la idea principal de cada oración.

   b. Escriba en tres o cuatro oraciones sencillas el contenido que piensa encontrar al leer el texto completo.

LECTURA

Los esclavos y los indígenas

Uno de los hechos más tristes y condenables en la historia de los pueblos americanos ha sido la esclavitud. La injusticia de privar de su libertad y mantener oprimidos a otros seres humanos, bajo el total poder de unos cuantos, resulta inadmisible. Sin embargo, en otras épocas ésta era una práctica común y
5 aceptable entre quienes sustentaban el poder, aunque siempre existieron voces que se levantaron en contra de esta indiscutible violación de los derechos humanos. 🗨

Los africanos, procedentes de países como Senegal, Congo o Angola, llegaron a las colonias españolas como esclavos desde principios de la conquista. Debido
10 a la explotación, al abuso y a las enfermedades traídas por los europeos al Nuevo Mundo, los indígenas morían por decenas. Entonces, para compensar la pérdida de la mano de obra[1] indígena, los europeos se dedicaron al tráfico de mujeres y hombres africanos. Éstos eran capturados por los mismos europeos o vendidos por sus propios caciques a los traficantes, conocidos entonces como
15 negreros. 🗨

🗨 Introducción. El primer párrafo generalmente introduce el texto y presenta la idea central. Al leer el párrafo, trate de identificar la idea central del texto.

🗨 ¿Ha comprendido? ¿Cuándo empezó el tráfico de esclavos africanos en el Nuevo Mundo? ¿Por qué empezó?

[1] *labor*

Las condiciones bajo las cuales transportaban a estos futuros esclavos en los barcos que atravesaban el océano eran inhumanas. El hacinamiento[2] era total en los estrechos y sucios compartimentos de los buques, con escasez de agua y de comida y en las peores condiciones sanitarias. Además, el viaje duraba muchos meses y, a veces, más de un año. 20

Si lograban sobrevivir la penosa travesía, la situación de los futuros esclavos no mejoraba al llegar a tierras americanas, pues eran sometidos a castigos, malos tratos y humillaciones. Por ejemplo, se separaba a los miembros de las familias y se les marcaba como al ganado para venderlos en los mercados de esclavos. Además, al exhibirlos en estos mercados, se les aplicaba betún en los rostros para 25 que parecieran más atractivos y saludables.

Al hablar de la esclavitud en Hispanoamérica, normalmente se piensa en la región del Caribe, donde la influencia de las diversas culturas africanas se manifiesta en muchas áreas. Pero es preciso recordar que la esclavitud también existió en otras regiones, pues una vez vendidos, muchos de los esclavos tenían 30 que soportar largos viajes en los cuales pasaban de lugares húmedos y calurosos a otros fríos y secos, atravesando terrenos abruptos y cordilleras altísimas como nunca habían visto. Cuando llegaban a su destino, tenían que hacer los trabajos más duros, como la explotación de las minas, o realizaban trabajos en la agricultura y el servicio doméstico. 35

Independientemente del lugar donde residían, la vida diaria de estos esclavos era en general degradante y penosa. Tenían que cumplir rigurosas jornadas de trabajo descalzos y con escasa ropa, cargando grillos[3] y cadenas, y amenazados por el látigo[4] de sus opresores. Los que vivían en las sierras andinas, tenían que soportar temperaturas muy frías a las que no estaban acostumbrados. Algunas 40 investigaciones indican que había esclavos negros a mediados del siglo XVI en la zona minera de Potosí, en el Alto Perú, hoy Bolivia, donde se encontraba una de las minas de plata más ricas de la época colonial. También hay pruebas que muestran que en la segunda mitad del siglo XVI se le pidió autorización a la corona española para traer entre 1.500 y 2.000 esclavos africanos al año para 45 trabajar en las minas.

Con la abolición de la esclavitud, a consecuencia de las guerras de independencia, sus condiciones de vida mejoraron algo. Sin embargo, a pesar del sufrimiento y la opresión de sus antepasados, se mantuvieron marginados y, en muchos casos, fueron víctimas de la exclusión y la discriminación. Como se 50 indica en *La declaración conjunta de las organizaciones de comunidad negra de la región andina:* "La abolición de los esclavos en América fue un proceso a medias. De este crimen de lesa humanidad[5] fueron compensados los amos, pero los pueblos negros no recibimos nada a cambio; los derechos de ciudadanía se conquistaron por la lucha de nuestras comunidades muchos años después". 55

La situación de los indígenas después de la llegada de los españoles a América tiene muchas semejanzas con la de los esclavos. Aunque a los indígenas no se les consideraba esclavos, sino vasallos del rey de España, se les obligó a trabajar en las minas y en las haciendas, y sufrieron innumerables maltratos y vejaciones, a pesar de que muchos sacerdotes y personajes importantes los defendieron. Por 60 ejemplo, el testamento[6] de la reina Isabel la Católica dice claramente que se respete a los indígenas y sus propiedades y que "sean justamente tratados, y si

? Palabras desconocidas. Es normal encontrar palabras que no comprenda al leer. ¿Conoce la palabra "betún"? Vuelva a leer el párrafo y trate de adivinar el significado general de la palabra.

? ¿Dónde vivían los esclavos cuya vida se describe en este texto? Al leer los próximos dos párrafos, verá si se trata de los esclavos del Caribe o los de otra parte de América Latina. ¿Dónde trabajaban?

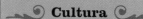

❧ Cultura ❧

La mayoría de las guerras de independencia en América Latina tuvieron lugar entre 1804 y 1825. Cuba tardó muchos años más en conseguir su independencia, la cual obtuvo después de la Guerra Hispanoamericana. Puerto Rico pasó a ser territorio norteamericano y en la actualidad es un Estado Libre Asociado.

? La situación de los indígenas: Lea este párrafo para contestar estas preguntas: 1. ¿Eran esclavos los indígenas? 2. ¿Qué orden dio el rey Carlos V de España acerca del trato de los indígenas? 3. ¿Se cumplió la orden?

[2]*crowded conditions* [3]*shackles* [4]*whip* [5]*crime against humanity* [6]*will*

Ilustración de una crónica de la época colonial donde se muestra el tratamiento que recibían muchas mujeres indígenas.

algún agravio han recibido, lo remedien". Unos años después, su nieto, el rey Carlos V, prohibió enviar a los indígenas a las minas y aclaró que en los casos en que su labor era indispensable, debían recibir pago por su trabajo. Sin embargo, la actitud de muchos de los conquistadores, unida a la distancia y la dificultad en las comunicaciones entre España y el Nuevo Mundo, no facilitaron el cumplimiento de estas órdenes.

A lo largo de los siglos, los descendientes de los pueblos africanos e indígenas han contribuido a fomentar la riqueza de los poderosos en las minas, las plantaciones y las haciendas. Fueron, además, instrumentales en las luchas por la independencia y en las guerras internas de las nuevas naciones hispanoamericanas en el siglo XIX. Con su trabajo, sus creencias y sus manifestaciones culturales han contribuido a la formación y el desarrollo de estas naciones hasta nuestros días y, aunque su situación ha mejorado a través de los años, todavía no han alcanzado el lugar que merecen en la sociedad contemporánea.

Comprensión y ampliación

6-4 Cierto o falso. Indique si las siguientes oraciones son ciertas (**C**) o falsas (**F**) de acuerdo con la información que se ofrece en la lectura. Si son falsas, indique en qué línea(s) del texto está la respuesta correcta.

1. _____ Los europeos llevaron a los africanos como esclavos al continente americano para sustituir la mano de obra indígena.
2. _____ Los negreros eran los africanos que sus propios caciques vendían a los europeos.
3. _____ Los barcos de esclavos no cumplían las mínimas condiciones de higiene.
4. _____ A muchos esclavos se les marcaba como al ganado.
5. _____ Los africanos se quedaron a vivir solamente en la región del Caribe.
6. _____ Las minas, la agricultura y el servicio doméstico eran los trabajos que más comúnmente se asignaban a los esclavos.
7. _____ La discriminación de los africanos se acabó con la abolición de la esclavitud.
8. _____ Según las leyes españolas, los indígenas eran considerados esclavos.
9. _____ Los africanos y los indígenas participaron en las luchas por la independencia de los países latinoamericanos.
10. _____ Hoy en día, la situación social de los africanos y de los indígenas en Latinoamérica es igual a la de los blancos.

6-5 Más allá de la expresión. Invente como mínimo dos contextos diferentes para las siguientes acciones o situaciones que aparecen en el texto.

MODELO: privar de su libertad

CONTEXTO 1 El jurado decidió por unanimidad privar de su libertad al individuo que cometió el crimen en el barrio donde vivimos.
CONTEXTO 2 El artista dice que censurar su cuadro es privarlo de su libertad de expresión.

1. morir por decenas
2. ser capturado/a
3. exhibirse en los mercados
4. soportar largos viajes
5. conquistar
6. recibir pago por su trabajo

6-6 Un testimonio. Rodrigo es uno de los esclavos de África que fue vendido en tiempos de la conquista de América. Escriba un testimonio de las experiencias de Rodrigo basándose en los detalles que usted leyó y lo que sabe de la historia.

MODELO: Me llamo Rodrigo y tengo. . . años. Un día caluroso caminaba cerca de mi casa cuando. . .

1. Edad aproximada y circunstancias en que fue capturado/a.
2. Su viaje en barco y las condiciones del viaje.
3. Lo que sintió y lo que vio a su llegada al continente americano.
4. Su traslado a un mercado público para ser vendido/a.
5. Descripción de sus nuevos amos y del trabajo que lo/la obligaban a hacer.
6. Las circunstancias de su liberación.

Aclaración y expansión

Present perfect

- Use the present perfect to refer to a past action, event, or condition that has some relation to the present. Both Spanish and English use an auxiliary verb (**haber** in Spanish and *to have* in English) and a past participle to form the present perfect.

La erradicación de la pobreza **ha sido** uno de los objetivos de la OEA.

*Eradication of poverty **has been** one of the objectives of the OAS. (and continues to be)*

Sus miembros **han defendido** los derechos humanos y la libertad de expresión a través de los años.

*Its members **have defended** human rights and freedom of speech through the years. (they still do)*

- Place object and reflexive pronouns before the conjugated form of **haber.**

Los miembros de la OEA **se han reunido** en diferentes países para firmar documentos importantes.

*The members of the OAS **have met** in various countries to sign important documents.*

- To form the present perfect, use the present of the verb **haber** and the past participle of the main verb. All past participles of **-ar** verbs end in **-ado** while past participles of most **-er** and **-ir** verbs end in **-ido.**

haber		
	Present tense	past participle
yo	he	
tú	has	
Ud., él, ella	ha	hablado
nosotros/as	hemos	comido
vosotros/as	habéis	vivido
Uds., ellos/as	han	

- If the stem of an **-er** or **-ir** verb ends in a vowel, use a written accent on the **i** of **-ido.**

No he **leído** las noticias sobre las últimas decisiones de la OEA.

I haven't read the news on the latest decisions of the OAS.

Verbs that end in **-uir** do not add the written accent since **ui** is considered a diphthong.

construir → **construido**

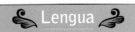

Lengua

The present perfect of **hay** is **ha habido** (*there has been, there have been*) and it is invariable. Ha habido un problema por la falta de recursos. Ha habido muchos problemas por la falta de recursos.

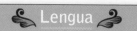

Lengua

To state that something has just happened, use the present tense of **acabar** + **de** + *infinitive,* not the present perfect.

Acaban de aprobar una resolución para ayudar a las comunidades indígenas. *They **have just passed** a resolution to help Indian communities.*

● Some common **-er** and **-ir** verbs that have irregular past participles are:

Irregular past participles			
abrir	**abierto**	poner	**puesto**
cubrir	**cubierto**	resolver	**resuelto**
decir	**dicho**	romper	**roto**
escribir	**escrito**	ver	**visto**
hacer	**hecho**	volver	**vuelto**
morir	**muerto**		

● Compounds of verbs with an irregular past participle follow the same pattern.

cubrir-descubrir → **descubierto**
escribir-describir → **descrito**
poner-componer → **compuesto**

6-7 Los cambios sociales. Marque los tres hechos, eventos o invenciones que en su opinión han producido más cambios en la sociedad. Después explíquele a su compañero/a los cambios positivos o negativos que han producido. Su compañero/a le debe hacer preguntas para obtener más información.

MODELO: la incorporación de la mujer a la fuerza laboral

E1: En mi opinión, la incorporación de la mujer a la fuerza laboral ha sido uno de los hechos que ha cambiado más la vida de las familias. El padre ya no es la única persona que mantiene a la familia y la mujer se siente más independiente, pero los hijos han tenido que ir a guarderías.
E2: Y en tu opinión, ¿el número de divorcios ha aumentado por esto?
E1: Sí,.../No,...

1. _____ el teléfono celular
2. _____ las tarjetas de crédito
3. _____ el derecho de la mujer al voto
4. _____ la aviación
5. _____ las computadoras
6. _____ la cirugía láser

6-8 ¿Qué han hecho por su comunidad? Primera fase. Haga una lista de lo que usted y su(s) amigo(s) o familia han hecho últimamente para contribuir al mejoramiento de su comunidad. Después compartan lo que escribieron en su lista y háganse preguntas para obtener información adicional.

MODELO: E1: En mi ciudad hay muchas personas desamparadas (*homeless*). Mi amigo Pedro ha trabajado en la construcción de viviendas para esas personas.
E2: ¿Sabes cuántas viviendas ha construido?
E1: Ha construido dos, y quiere que yo lo ayude el próximo verano.

Yo	Mi(s) amigo(s)	Mi familia
___	___	___
___	___	___
___	___	___
___	___	___
___	___	___

G **Segunda fase.** Ahora escojan las dos contribuciones que les parecieron mejores y explíquenle a la clase o a otro grupo por qué las escogieron y qué beneficios le traerán a la comunidad.

2 **6-9 Para mejorar la educación y preparar a los ciudadanos.** Su universidad ha tomado ciertas medidas para mejorar la educación de los alumnos y/o hacerlos miembros útiles de la sociedad. Túrnense para comentar estas medidas y expresar su opinión.

MODELO: aumentar el número de becas

> E1: La universidad ha aumentado el número de becas para los estudiantes de bajos recursos económicos.
> E2: Me parece una idea excelente porque sin las becas no pueden continuar sus estudios.

1. Establecer un programa de reciclaje.
2. Reducir el número de requisitos (*requirements*).
3. Ofrecer más oportunidades para conocer otras culturas.
4. Organizar más actividades en la comunidad.
5. Pedir la opinión de los estudiantes sobre el presupuesto (*budget*).
6. Crear nuevos programas para erradicar el problema de las drogas.
7. Invitar a personas famosas a dar conferencias.
8. Combinar estudios en la universidad y trabajo en organizaciones sin fines de lucro (*non profit*).

2 **6-10 A resolver problemas. Primera fase.** Preparen una lista de cuatro problemas que existen en las comunidades donde ustedes viven o en alguna ciudad del país. Después, escojan los dos problemas que les parezcan más importantes.

Segunda fase. Comenten entre ustedes lo siguiente y hagan recomendaciones para mejorar la situación.

1. Qué se ha hecho para solucionar los problemas.
2. Qué resultados ha dado.
3. Qué no se ha hecho que ustedes creen que debe hacerse.

A leer

Mireya Moscoso fue elegida Presidenta de Panamá en 1999. El papel de la mujer en la sociedad ha cambiado mucho en las últimas décadas. Hoy en día, tanto en España como en los países hispanoamericanos, muchas mujeres ocupan puestos importantes en el mundo de los negocios y la política. También han comenzado a ejercer profesiones típicamente masculinas, como las de policías, militares, bomberos y pilotos de aviación.

Uno de los centros comerciales más conocidos de Buenos Aires, Argentina, es Galería Pacífico. El impacto de las costumbres de consumo norteamericanas, tanto de comida rápida como de productos como la ropa y la música, es cada vez mayor en América Latina, sobre todo entre los jóvenes, algunos de los cuales también se reúnen en los centros comerciales para pasar sus horas de ocio.

Los cultivos de coca en algunos países hispanoamericanos constituyen uno de los grandes problemas sociales de los últimos años. En Colombia, muchos campesinos se dedican al cultivo ilegal de la coca para sobrevivir en territorios controlados por la guerrilla. El narcotráfico es uno de los problemas más serios de la sociedad actual y, para evitarlo, se ha planteado la legalización de las drogas en algunos países.

Aunque la globalización tiene indudables ventajas económicas y sociales, también ha traído problemas. Por ejemplo, en los Estados Unidos se perdieron muchos empleos en la industria de la confección de ropa por la mano de obra más barata en el norte de México. Últimamente, muchas de estas fábricas mexicanas, conocidas como maquiladoras, también han cerrado, ya que se puede encontrar mano de obra aún más económica en algunos países asiáticos.

☙ Cultura ☙

El uso de las hojas de coca forma parte de la cultura indígena del altiplano. Estas hojas se usan en infusiones con fines medicinales para aliviar dolores de cabeza o de estómago, afecciones a la garganta, y también para el soroche o mal de altura, que normalmente afecta a las personas que visitan el altiplano. Además, los indígenas mascan las hojas de coca para tener la energía necesaria y realizar los duros trabajos que constituyen parte de su vida diaria. Para más información, visite *www.prenhall.com/ identidades*

Preparación

6-11 ¡Secretos de dos no son de Dios! Dos adolescentes de 14 años viven en un dormitorio en el internado (*boarding house*) religioso donde estudian. Comparten circunstancias especiales: ambas están lejos de sus padres y en un país con un gobierno dictatorial. Marque con una **X** los posibles temas de conversación que estas chicas tienen antes de dormirse.

1. _____ La familia
2. _____ Los amigos
3. _____ La comida que comen los militares
4. _____ La apariencia de algunas amigas
5. _____ El dictador
6. _____ Las religiosas de la escuela
7. _____ Secretos de amor
8. _____ La política energética de los países hispanos
9. _____ Los horrores asociados con la vida bajo la dictadura (*dictatorship*)
10. _____ Los 'secretos' de tener un bebé

6-12 A cada uno lo suyo (*to each his own*). Primera fase. Imagínese la vida en un internado católico para chicas en 1950 en un país de Latinoamérica. Escriba cada expresión a continuación bajo la columna apropiada.

mosquitero
  (*mosquito net*)
enfermería
bizcocho de
  cumpleaños

sor
  (*religious Sister*)
aventuras
sollozos
  (*sobs*)

novenas
delatar (*denounce*)
hermanos
  mayores
familia

cuadro de Jesús
tranquilidad

Casa	Internado	Ambos lugares

Segunda fase. Escriba dos párrafos para comparar la vida de las alumnas internas en un convento latinoamericano con su vida de estudiante de la escuela secundaria. Use algunas de las expresiones de la *Primera fase* en su comparación.

Cultura

Julia Álvarez es una escritora nacida en la República Dominicana y radicada en los Estados Unidos desde su adolescencia. Su padre escapó de la persecución política de la dictadura en su país y emigró con su familia a los Estados Unidos. Casi toda la obra literaria de Julia Álvarez, escrita en inglés, reflexiona sobre su experiencia de ser latina en la cultura norteamericana. Su primera novela, *How the García Girls Lost their Accents,* tiene un marcado carácter autobiográfico. En ella nos presenta los problemas de una familia que, como la suya, tuvo que abandonarlo todo para aprender a vivir en un mundo y una cultura totalmente diferentes. En otra de sus novelas, *In the Time of the Butterflies,* Álvarez relata la historia real de cuatro mujeres que en su país lucharon contra la misma dictadura que obligó al padre de Álvarez al exilio. Estas cuatro hermanas, conocidas como "Las mariposas", sacrificaron las comodidades de su clase social al ir enterándose de las injusticias y atropellos que ocurrían en la época del dictador Trujillo, y acabaron asesinadas.

② **6-13 ¡Soy una tumba!** Recuerde un secreto que alguien le confió en su adolescencia. Después, cuéntele esta experiencia a su compañero/a cubriendo los siguientes puntos.

Insert note to student: See the Cultura box on page 196.

- Identifique el tipo de secreto: de amor, de familia, de la escuela, etc.
- Diga dónde estaba cuando supo el secreto y describa el lugar.
- Describa los sentimientos de la persona que le contó el secreto y los de usted.
- Si es posible, cuente el secreto.
- Finalmente, diga cómo este secreto ha afectado la relación entre usted y la persona que le confió el secreto.

Estrategias de lectura

1. Infórmese sobre el tema antes de leer.

   a. El nombre del personaje. Este texto trata sobre una persona que se llama Sinita. Considere el diminutivo "-ita". ¿Para qué se usan los diminutivos en español? ¿Cree usted que Sinita es una niña o una persona adulta?

   b. En la página 196, lea la nota cultural sobre Julia Álvarez, la autora del texto. ¿De qué país es esta escritora? ¿Qué se dice en la nota sobre el título *En el tiempo de las mariposas*? El texto que va a leer está tomado de esa novela.

2. Examine el texto antes de leerlo.

   a. Examine el texto rápidamente y pase su marcador sobre los nombres propios. Son nombres de personas. Clasifíquelos de acuerdo con estas categorías: 1. amigas y familiares de Sinita; 2. figuras religiosas; 3. personajes políticos.

   b. Basándose en las listas que hizo en 2.a., trate de adivinar cuál es el tema del texto:

      i. Dos amigas hablan de un secreto.
      ii. Dos amigas rezan (*pray*) en una iglesia.
      iii. Un dictador prepara un complot con sus consejeros.

3. Anticipe el contenido del texto.

   a. Pase su marcador por la primera oración de los dos primeros párrafos. Estas oraciones le dicen el tema del texto.

   b. Lea rápidamente el texto (no pase más de tres minutos). Trate de encontrar las ideas principales. Luego, con un/a compañero/a, escriban en tres o cuatro oraciones sencillas el contenido que piensan encontrar al leer el texto completo.

LECTURA

En el tiempo de las mariposas

Julia Álvarez

Pasaron dos semanas antes de que Sinita me confiara su secreto. Yo ya me había olvidado, o lo había sepultado en el fondo de la mente, temerosa de lo que podía llegar a saber. Estábamos atareadas[1] con las clases, y haciendo nuevas amigas. Casi todas las noches alguna muchacha venía a visitarnos debajo del mosquitero, o íbamos nosotras. Dos eran visitantes regulares, Lourdes y Elsa, y 5 pronto las cuatro empezamos a hacer todas las cosas juntas. Al parecer, éramos algo distintas: Sinita era alumna de caridad y todas se daban cuenta; Lourdes era gorda, aunque nosotras, las amigas, le decíamos que sólo agradablemente amasadita, cuando nos preguntaba, y preguntaba todo el tiempo; Elsa era bonita, como si necesitara convencer de ello a los demás; al parecer, no esperaba serlo, 10 y ahora se veía obligada a demostrarlo. Y yo no podía mantener la boca cerrada cuando tenía algo que decir.

La noche en que Sinita me confió el secreto de Trujillo no pude dormir. Ese día no me había sentido bien, pero no le dije nada a sor Milagros por temor a que me encerrara[2] en la enfermería y tuviera que quedarme en la cama, escuchando 15 a sor Consuelo leer novenas para los enfermos y moribundos. Además, si se enteraba Papá, podía cambiar de idea y dejarme en casa, donde ya no habría aventuras.

Estaba de espaldas, mirando la carpa blanca del mosquitero y preguntándome quién más estaría despierta. En la cama contigua, Sinita empezó a llorar 20 despacio, como si no quisiera que nadie se diera cuenta. Esperé un poco, pero no paraba de llorar. Por fin, me acerqué a su cama y levanté el mosquitero.

—¿Qué te pasa? —le pregunté.

Tardó un segundo en tranquilizarse antes de contestar.

—Es por José Luis. 25

—¿Tu hermano? —Todas sabíamos que había muerto el verano pasado. Por eso Sinita vestía de negro ese primer día.

Su cuerpo se estremeció por los sollozos. Me subí a su cama y le acaricié el pelo, igual que me hacía Mamá cuando tenía fiebre.

—Cuéntamelo, Sinita, a lo mejor te hace bien. 30

—No puedo —susurró—. Pueden matarnos a todos. Es el secreto de Trujillo.

Pues todo lo que había que decirme era que no podía saber algo para que fuera absolutamente imprescindible que lo supiera.

—Vamos, Sinita. Yo te conté cómo nacen los bebés.

[1]ocupadas [2]to lock up

? Introducción. El primer párrafo generalmente presenta a los personajes y el ambiente del texto. Al leer el párrafo, conteste las siguientes preguntas: 1. ¿Cuántos personajes se mencionan? 2. ¿Dónde están? 3. ¿Cuántos años tienen probablemente? Indique en el texto dónde encontró la información para contestar las preguntas.

? ¿Qué tipo de colegio es? ¿Qué tipo de aventuras pueden tener las niñas en el colegio que no pueden tener en casa? Lea el párrafo y trate de contestar las preguntas.

? Adivinar palabras desconocidas sin usar el diccionario. En esta sección del texto encontrará algunas palabras desconocidas, como "se estremeció" o "sollozos". El contexto inmediato lo/la ayudará a comprenderlas. Por ejemplo, en el texto se dice que Sinita estaba llorando y que su cuerpo se estremeció por los sollozos. Es posible que usted no conozca esa expresión, pero Sinita está llorando porque está pensando en la muerte de su hermano. ¿Cómo se mueve el cuerpo cuando una persona llora muy fuerte?

? Sinita acaba de mencionar "el secreto de Trujillo". ¿A qué secreto se refiere Sinita? ¿Qué pasó en la familia de Sinita?

35 Necesité usar mi persuasión, pero al final empezó a hablar. Me dijo cosas acerca de ella que yo no sabía. Pensaba que siempre había sido pobre, pero resultó que su familia antes era rica e importante. Incluso tres de sus tíos, hasta eran amigos de Trujillo. Pero se volvieron contra él cuando vieron que estaba haciendo cosas malas.

40 —¿Cosas malas? —la interrumpí—. ¿Trujillo estaba haciendo cosas malas? —Era como si me hubiera enterado de que Jesús había golpeado[3] a un bebé o que Nuestra Santa Madre no hubiera concebido sin pecado. —No puede ser cierto— le dije, pero en el corazón empezaba a sentir un resquicio de duda.

—Espera— susurró Sinita, y sus dedos delgados encontraron mi boca en la
45 oscuridad—. Déjame terminar.

—Mis tíos tenían un plan para hacerle algo a Trujillo, pero alguien los delató, y los mataron en el acto. —Sinita inhaló hondo, como para apagar las velitas del bizcocho de cumpleaños de su abuela.

—Pero, ¿qué cosas malas hacía Trujillo para que ellos quisieran matarlo? —volví
50 a preguntar. No podía dejarlo pasar. En casa, Trujillo colgaba de la pared junto al cuadro de Jesús Nuestro Señor rodeado de bellísimos corderos[4].

Sinita me contó todo lo que sabía. Para cuando terminó, yo estaba temblando.

[3]*hit*   [4]*lambs*

> La narradora está sorprendida al escuchar a Sinita. ¿Por qué? ¿Qué opinan los miembros de la familia de Sinita acerca de Trujillo?

> ¿Dónde está el cuadro de Trujillo en la casa de la narradora? ¿Cree usted que la familia de la narradora admira a Trujillo?

Comprensión y ampliación

6-14 ¿Qué pasó? Primera fase. Conteste las siguientes preguntas de comprensión y análisis.

1. ¿Dónde transcurre la acción, probablemente? ¿Cómo se imagina usted el lugar?
2. En su opinión, ¿quién está narrando la acción?
3. ¿A cuántos personajes se mencionan en el texto? ¿Cómo se llaman? ¿Qué relación tienen entre ellos?
4. ¿Quiénes son sor Milagros y sor Consuelo?
5. ¿Por qué llora Sinita?
6. ¿Con qué seres sobrenaturales asociaba la narradora a Trujillo? ¿Por qué?
7. ¿Qué descubre la narradora en su conversación con Sinita?
8. Según usted, ¿qué cosas le contó Sinita a la narradora para que esta última (*the latter*) se quedara temblando?

Segunda fase. Ahora explique en un párrafo breve lo que ocurre en esta escena.

6-15 Circunloquios. Explique con sus propias palabras el significado de las siguientes palabras o expresiones en negrita (*bold*) del texto.

1. Pasaron dos semanas antes de que Sinita me **confiara su secreto.**
2. Estábamos **atareadas** con las clases.
3. Además, si se enteraba Papá, podía **cambiar de idea** y dejarme en casa.
4. Tardó un segundo en **tranquilizarse** antes de contestar.
5. Pensaba que siempre había sido **pobre.**
6. Su cuerpo se estremeció por los **sollozos.**
7. Necesité usar mi **persuasión,** pero al final empezó a hablar.
8. **Para cuando terminó,** yo estaba temblando.

Aclaración y expansión

Present subjunctive with expressions of doubt

- When the verb in the main clause expresses doubt or uncertainty, use a subjunctive verb form in the dependent clause.

  Dudo que el cultivo de la coca **disminuya** en los próximos años.

  *I **doubt** that coca cultivation **will diminish** in the next few years.*

- Normally, doubt is implied when the verbs **creer** and **pensar** are used in the negative in the main clause; therefore, subjunctive is used in the dependent clause.

  No creo que los narcotraficantes **rompan** sus relaciones con la guerrilla.

  *I **don't believe** that drug traffickers **will break** their relations with the guerrillas.*

- Use the subjunctive with impersonal expressions that denote doubt or uncertainty, such as **es dudoso que, es difícil que, es posible que,** and **es probable que.**

  Es difícil que una persona adicta **deje** la droga.

  *It's **difficult** for an addict **to give up** drugs.*

- Use the indicative with impersonal expressions that denote certainty, such as **es cierto que, es verdad que, es obvio que, es seguro que** and **es indudable que** (*there is no doubt that*).

  Es obvio que necesitamos programas para prevenir el uso de las drogas entre los jóvenes.

  *It's **obvious that** we **need** programs to avoid the use of drugs among young people.*

- The subjunctive is normally used with the expressions **tal vez** and **quizá(s)** since they convey uncertainty.

  Tal vez/Quizá(s) comiencen un programa aquí.

  ***Perhaps** they **will start** a program here.*

6-16 ¿Qué ocurre en una dictadura? Marque en la columna correspondiente las actividades que usted cree que ocurren o no en una dictadura. Después, túrnense para intercambiar opiniones con su compañero/a.

MODELO: La policía vigila a las personas.

E1: Yo creo/pienso que la policía vigila a algunas personas.
E2: Estoy de acuerdo, pero dudo/no creo que pueda vigilar a todo el mundo.

	Sí	No
1. Hay libertad de expresión.	___	___
2. El gobierno censura lo que se publica en los periódicos.	___	___
3. Las personas pueden moverse con completa libertad en el país.	___	___
4. El ejército (*military*) apoya al dictador.	___	___
5. Los robos y la inseguridad aumentan.	___	___
6. Hay presos políticos en las cárceles.	___	___
7. El dictador asume el control parcial o total del país.	___	___
8. Los ciudadanos votan libremente por sus representantes políticos.	___	___

6-17 Los cambios en la sociedad. Túrnense para opinar sobre los siguientes temas. Deben dar su opinión y justificarla.

MODELO: las oportunidades de trabajo para el hombre y la mujer

E1: Yo creo que existen las mismas oportunidades de trabajo para el hombre y la mujer. (*o* Yo dudo/no creo que existan. . .)
E2: No estoy de acuerdo contigo. Creo que los hombres tienen más oportunidades que las mujeres. (*o* Dudo/No creo que las mujeres tengan las mismas oportunidades que los hombres. Por ejemplo, menos mujeres ocupan puestos importantes en la política y los negocios.)

1. los efectos de la globalización en las naciones industrializadas y en las pobres
2. la atención médica hoy en día
3. los efectos de la televisión en la conducta de los jóvenes
4. la vivienda para los pobres o los desamparados
5. las oportunidades de una educación universitaria para todos
6. la ayuda para las madres solteras

6-18 En el siglo XXI. Primera fase. En los últimos años, muchos adelantos científicos han tenido efectos importantes en nuestra sociedad. Las siguientes son algunas predicciones para la sociedad del siglo XXI. Clasifíquelas de acuerdo con la certeza, posibilidad, probabilidad, etc. de que ocurran.

Predicciones	Seguro	Probable	Posible	Dudoso	Imposible
Usaremos robots para hacer todas las tareas domésticas.					
Los autos usarán otros combustibles en vez de gasolina.					
Se usarán otras fuentes de energía para calentar nuestras viviendas.					
Las personas vivirán hasta los 150 años.					
La ropa tendrá sensores especiales para adaptarse al clima.					
Se encontrará la cura para el cáncer.					
Se erradicará la pobreza en el mundo.					
Habrá paz entre todas las naciones.					
El euro será la moneda mundial.					
No podremos consumir productos del mar porque estarán contaminados.					

2 **Segunda fase.** Comparen sus respuestas y discutan entre ustedes las predicciones. Si creen que ocurrirán en ciertas fechas, inclúyanlas en sus respuestas.

MODELO: Habrá aeropuertos especiales para los viajes interplanetarios de los ciudadanos.

E1: Es seguro que muy pronto habrá aeropuertos para los viajes interplanetarios de los ciudadanos. Habrá mucha demanda para esos viajes.

E2: No, no lo creo./No estoy de acuerdo contigo. Es imposible que tengamos esos aeropuertos porque los viajes interplanetarios cuestan mucho. (o Estoy de acuerdo contigo. Es probable que tengamos esos aeropuertos para el año 2030.)

G **6-19 El terrorismo. Primera fase.** Entre todos piensen en algunos de los problemas que afectan a la sociedad en la actualidad como el terrorismo, la guerra, el sida, el narcotráfico, la contaminación, el hambre, etc. En pequeños grupos, elijan uno de esos problemas y hablen entre ustedes para preparar unas listas que cubran los siguientes puntos.

1. Lo que ustedes creen que las naciones deben hacer para enfrentarlos o protegerse
2. Lo que es probable que hagan
3. Lo que dudan que puedan hacer

Segunda fase. Preparen un informe oral para presentar entre todos ante la clase.

Algo más

Past participles used as adjectives

● The past participle is invariable when it is used as part of the verb in a perfect tense, but when it is used as an adjective, it agrees with the noun it modifies.

Los miembros de la OEA **han terminado** de redactar los proyectos.	*The members of OAS* **have finished** *writing the projects.*
Los **proyectos terminados** están sobre el escritorio del Secretario General de la OEA.	*The* **finished projects** *are on the desk of the OAS General Secretary.*

● Use **estar** + *past participle* to express a state or condition which is the result of an ongoing or previous action.

La policía se preocupa por la cantidad de drogas que entra en el país.	*The police are worried about the quantity of drugs that come into the country.*
La policía **está preocupada.**	*The police* **are worried.**
Unos oficiales escribieron un informe sobre la situación.	*Some officials wrote a report on the situation.*
El informe **está escrito.**	*The report* **is written.**

6-20 La salud pública. El Ministerio de Salud ha establecido centros de salud en la región sur del país para atender a los campesinos y a sus familias. Complete la siguiente noticia publicada en el periódico *El espectador* para saber qué se ha hecho para mejorar la asistencia médica en el campo. Debe elegir entre la forma apropiada del pretérito perfecto (*present perfect*) o del participio pasado (*past participle*) de los verbos entre paréntesis.

El Ministerio de Salud (1) _____ (anunciar) un nuevo programa para proveer asistencia médica a los campesinos de la región sur del país. Ésta es una de las zonas más (2) _____ (aislar) del territorio nacional, y durante años sus habitantes no (3) _____ (recibir) los servicios que se ofrecen en otras zonas del país. Ya se (4) _____ (construir) tres centros donde se prestarán servicios de emergencia. Para casos en los que sea necesario una atención más especializada, helicópteros del ejército, debidamente (5) _____ (preparar) para transportar enfermos, podrán aterrizar junto a los centros. El Ministerio (6) _____ (contratar) a dos médicos para atender a los pacientes en cada uno de los centros y a varios enfermeros y enfermeras. Las enfermeras (7) _____ (contratar) ya (8) _____ (comenzar) a vacunar a los niños de la zona inmediata. La Dra. Maribel Zárate, Ministra de Salubridad, viajará el próximo viernes 12 de agosto para inaugurar el primer centro y explicar los planes del gobierno para continuar mejorando la asistencia médica en el campo.

6-21 La mujer en la microempresa (*small business*). En los últimos años, el Banco Interamericano de Desarrollo (BID) ha ayudado a unas cien mil mujeres hispanoamericanas de bajos ingresos a través de varios programas. Lean lo que el BID ha hecho y discutan qué efectos ha tenido esta ayuda en la vida de estas mujeres. Pueden usar los verbos que aparecen más abajo u otros de su elección.

ayudar	dar	facilitar	garantizar	ofrecer	prestar

MODELO: programas de entrenamiento para las mujeres en los negocios

E1: ¡Qué bueno! Han entrenado a las mujeres, y ahora ellas saben trabajar mejor.
E2: Y seguramente las mujeres entrenadas también han ayudado a otras mujeres.

1. préstamos (*loans*) pequeños para los negocios
2. garantía de asistencia técnica a las mujeres
3. facilidades para pagar el alquiler
4. oportunidad para vender sus productos
5. ayuda para pagar las deudas
6. independencia económica

Ampliemos e investiguemos

 ## A escuchar

6-22 Las noticias del día. Usted va a escuchar parte del noticiero de una estación de radio. Antes de escucharlo, lea las oraciones incompletas que aparecen más abajo. Después, escoja la opción que mejor complete cada oración, de acuerdo con lo que escuchó.

Los contenedores han facilitado mucho el comercio entre los países, pero al mismo tiempo pueden usarse para encubrir el tráfico de drogas o armas.

1. Encontraron el cargamento de cocaína en un puerto...

   a. panameño.
   b. colombiano.
   c. norteamericano.

2. El cargamento venía en un barco con bandera de...

   a. Panamá.
   b. Colombia.
   c. los Estados Unidos.

3. La droga fue encontrada por...

   a. un oficial que quiso permanecer anónimo.
   b. un perro estrella de la DEA.
   c. una máquina de rayos X.

4. Este año, Duque ha encontrado drogas...

   a. tres veces.   b. cinco veces.   c. diez veces.

5. Según el sargento Acosta, el héroe de esta jornada ha sido...

   a. la DEA.   b. el capitán del barco.   c. su perro.

6. La droga estaba escondida en un cargamento de...

   a. banderas.   b. bolsas plásticas.   c. café.

6-23 Un informe (*report*). Se comenta que van a disminuir los fondos destinados al mantenimiento de los perros que se usan en la lucha contra las drogas. Imagínese que usted es el sargento Acosta y está muy preocupado con estos rumores. Escríbale un breve informe a sus superiores explicando la importancia de los perros en la lucha antidroga y dando como ejemplo lo que hizo el perro Duque en el puerto de Miami.

 **A escribir**

Estrategias de redacción: La exposición

En este capítulo se continúa la práctica de la exposición. Esto le permitirá revisar algunos conceptos básicos de la exposición y aprender algunas estrategias para captar la atención de su público lector.
Piense en lo siguiente antes de escribir su texto.

- El público que va a leer su mensaje (la carta, el ensayo, el artículo).
- La selección y organización de los datos e información pertinentes. Recuerde darle cohesión y coherencia a su texto.
- El propósito de su mensaje.
- Las formas de captar la atención de su público.

Para más detalles, vea las páginas 135–136 and 175.

Algunas estrategias útiles para captar la atención de sus lectores

El interés del lector por un texto puede depender de varios factores.

- El tema del escrito puede despertar el interés del lector. El deseo de saber o el interés de aprender pueden mover a un público a leer un texto. Así, al escribir un texto expositivo, mantenga en mente los intereses y el conocimiento del público que leerá sus escritos.
- El enfoque que le damos a un texto puede tener un efecto positivo o negativo en el lector. En general, el escritor puede mantener la atención del lector presentando datos, información, conceptos, etc. de la manera más atractiva posible. Esto se puede lograr dándole una orientación concreta, real y práctica al asunto.
- La selección y organización de ideas puede motivar o desmotivar a un lector. Con frecuencia, el párrafo introductorio juega un papel determinante en la lectura de un texto. Por eso, seleccione las ideas principales que apoyan su opinión y organícelas de manera que produzcan un impacto en sus lectores.
- El humor visual o verbal con frecuencia despierta el interés de los lectores. Cuando se presenta con palabras, éste debe contener ideas y conceptos conocidos por el público lector.
- La ironía, el contraste o la sorpresa también sirven como elementos motivadores. Los lectores que se identifican con un mensaje irónico pueden disfrutarlo; asimismo, las diferencias, los contrastes o las novedades pueden captar el interés del lector; los secretos y lo desconocido lo mantienen interesado.
- La selección cuidadosa de las palabras estimula al lector. Utilice verbos que le den vida a su texto. Por ejemplo, los verbos que denotan movimiento físico le dan agilidad a la acción. Además, use palabras que inciten al lector a reflexionar, reaccionar, etc.
- Los títulos y subtítulos representan una ayuda visual. De hecho, muchos lectores los leen rápidamente para decidir si leerán o no el texto completo. De ahí que las primeras palabras del título o subtítulo deben ser atractivas para el lector. Escriba títulos o subtítulos cortos, atractivos, directos.
- Las opiniones de alguien conocido pueden llamar la atención del lector. Cuando sea pertinente, cite a alguien famoso. Seguramente entre sus lectores encontrará a personas que se dejen influenciar por lo que dicen los famosos.
- El símil ayuda al lector a "visualizar" el tema de un texto. A través de la comparación, de la presentación verbal de imágenes vivas, el lector puede "ver" puntos de vista diferentes sobre el mismo tema. El propósito del escritor es incitar al lector a reflexionar sobre un tema de una manera nueva.

6-24 Análisis. Esta carta apareció en un periódico universitario. Léala y siga las siguientes instrucciones:

1. Primero, identifique al lector potencial de la carta. ¿Es un público general o un público en particular? ¿Qué público es?
2. Después determine el propósito de la carta. ¿Por qué o para qué se escribió esta carta? ¿Para entretener al público? ¿Para aconsejar a alguien? ¿Para informar a alguien sobre algo? ¿Para convencer a alguien?
3. Con respecto a la organización de la carta, observe la estructura del mensaje. ¿Puede usted ver una introducción, un cuerpo y una conclusión? ¿Cómo se han conectado las ideas dentro de la carta? Identifique algunas expresiones que indican orden. Subráyelas.
4. Indique las características de la lengua que utilizó el escritor. ¿Puede usted identificar las secciones de la carta donde el autor trata de lograr su propósito? ¿Qué formas lingüísticas usa para informar, expresar sus expectativas y preocupaciones? Subráyelas.

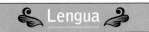

Lengua

The Spanish word **rector/a** is the equivalent of president of a university.

Estimados alumnos y comunidad universitaria:

Después de muchísima reflexión y discusión con el profesorado y el directorio de la universidad, deseo informarles de algunos hechos que nos preocupan y de algunas decisiones que hemos tomado sobre dos problemas serios que nos afectan a todos.

En primer lugar, desde hace varios meses y en repetidas ocasiones, los alumnos de esta universidad han demostrado su preocupación y malestar relacionados con el aumento del precio de la matrícula. Las manifestaciones y protestas han llegado a la violencia en algunos casos. Lamentamos que ocurran estos hechos en una universidad como la nuestra que tradicionalmente ha defendido el diálogo respetuoso y la libre expresión de opinión entre sus miembros. No obstante, es indudable que la violación de las normas de respeto de nuestro recinto universitario ha afectado nuestra convivencia, algo que no podemos tolerar.

En segundo lugar, en los dos últimos meses, tantos los alumnos como el personal administrativo se han quejado de la comida poco saludable de las cafeterías. De hecho, una gran mayoría de los alumnos ha decidido no consumir ningún producto en las cafeterías de los diferentes campus. La administración de la universidad históricamente se ha preocupado por la salud de sus miembros, y esta vez no haremos una excepción. El cuidado de la salud de todos es una de nuestras prioridades. Esperamos que tanto los alumnos como el personal administrativo no duden del compromiso que la administración de la universidad tiene con cada uno de ustedes.

Por lo anteriormente expuesto, la universidad cumple con la obligación de informar a la comunidad universitaria sobre las siguientes medidas que esperamos solucionen los problemas indicados.

Con respecto a las protestas violentas, la universidad ha decidido prohibirlas. Es necesario que las diferencias de opiniones se canalicen de manera constructiva y pacífica, a través del diálogo constante, como lo indican los reglamentos. En relación con la calidad de la comida de las cafeterías, se ha formado una comisión para estudiar la situación. La universidad espera que los estudiantes presenten sus quejas a este organismo. Nos interesa que tanto los estudiantes como los trabajadores reciban las vitaminas y minerales necesarios para mantener una buena salud.

Finalmente, esperamos que estas nuevas medidas nos ayuden a crear condiciones de armonía y convivencia entre nosotros. Es importante que cultivemos la tolerancia y el respeto.

Joaquín Barceló
Rector

2 **6-25 Preparación. Primera fase.** Imagínense que últimamente se han observado los siguientes problemas o tendencias en su campus u otra comunidad.

- robos
- aumento de la drogadicción
- deserción estudiantil
- accidentes de tráfico

Expliquen lo siguiente sobre los dos problemas más serios de la lista.

- ¿Dónde y bajo qué circunstancias han ocurrido estos hechos?
- ¿A qué individuos o comunidades han afectado más sistemáticamente?
- ¿Cuáles son las razones por las cuales han sucedido estos problemas?
- ¿Qué han hecho las personas de la comunidad o las autoridades para resolver cada problema?

Segunda fase. Hagan una investigación más profunda sobre uno de los problemas o tendencias que a ustedes le interesa más. Preparen algunas preguntas útiles para cubrir el tema con mayor objetividad. Luego hagan una lista de sus dudas y preocupaciones.

6-26 ¡A escribir! Utilizando la información que usted recogió en la Segunda fase de la Actividad 6-25, escriba un texto (una carta, un ensayo, un editorial, una circular, etc.) para un medio de comunicación de su comunidad (su universidad, su vecindario, una compañía, etc.). Identifique el problema que usted discutirá en su carta y su efecto en los miembros de la comunidad.

- Informe a su público lector sobre los hechos relacionados con el problema.
- Organice sus datos lógica y coherentemente.
- Presente sus dudas y preocupaciones dando datos o argumentos convincentes.
- Haga recomendaciones a su comunidad o a un grupo en particular.

6-27 ¡A editar! Lea su texto críticamente por lo menos una vez más. Analice el contenido (cantidad, calidad de información, grado de interés para el/la lector/a), forma del texto (cohesión y coherencia de las ideas) y la mecánica del texto (puntuación, acentuación, mayúsculas, minúsculas, etc.). Haga los cambios necesarios para lograr el efecto deseado.

 A explorar

www **6-28 Las cosas cambian.** En **www.prenhall.com/identidades** encontrará varios sitios donde se explica cómo era la educación de las mujeres en España y en Latinoamérica en siglos anteriores. Elija un artículo sobre este tema y haga un pequeño resumen contestando los siguientes puntos.

1. ¿De qué época y lugar habla el artículo?
2. ¿Qué tipo de educación recibían las mujeres en esa época?
3. ¿Cómo ha cambiado la situación de la mujer desde entonces?
4. Otros datos de interés.

6-29 Más vale prevenir. Primera fase. En **www.prenhall.com/identidades** puede encontrar información sobre campañas de prevención del consumo de drogas en los países hispanos. Elija uno de estos sitios de Internet y prepare un pequeño informe que incluya los siguientes datos.

1. ¿A quién está dirigido el sitio?
2. ¿Qué tipo de información contiene?
3. ¿Cuál es el apoyo visual del sitio: colores, imágenes, videos, gráficos, etc.?
4. ¿Qué mensaje, consejos o medidas de prevención se ofrecen?

Segunda fase. Prepare su propia campaña de prevención del consumo de droga entre los jóvenes incluyendo los siguientes elementos.

1. Un lema.   2. Una/s imagen/imágenes.   3. Una lista de consejos.

Ⓖ 6-30 ¿Evolución o revolución? Primera fase. Discutan de qué manera la tecnología ha afectado la sociedad en las siguientes áreas.

- El tipo de tecnología que las personas usan en su trabajo.
- La cantidad de tiempo que las personas pasan haciendo su trabajo (en casa o fuera de casa), ayudadas por la tecnología.
- El tipo de trabajo que las personas han dejado de hacer (pero que hacían antes) a causa de los avances tecnológicos.

Segunda fase. Visiten **www.prenhall.com/identidades** y lean un artículo que demuestre, en la opinión del grupo, el efecto (positivo o negativo) de la tecnología en la sociedad. Luego, preparen una breve presentación en la que ustedes exponen las opiniones del grupo (recogidas en la *Primera fase*) y la preocupación, las dudas y las expectativas del grupo sobre el avance de la tecnología y sus efectos en la sociedad.

Ⓖ 6-31 El cine como arte de importación. Primera fase. Vayan a **www.prenhall.com/identidades** y lean la crítica de una película norteamericana que ustedes han visto.

Segunda fase. Ahora analicen y discutan los comentarios que la crítica ha hecho sobre los diferentes aspectos de la película con la visión que ustedes tienen de ella. Pueden seguir el siguiente formato.

- ¿Qué han dicho los críticos sobre la película? ¿Y qué piensan ustedes?
- ¿Qué piensan ellos sobre la actuación? ¿Qué les parece la actuación a ustedes?
- ¿Qué les pareció a ellos la trama (*plot*)? ¿Y a ustedes?

Tercera fase. Prepárense para compartir con la clase lo siguiente.

- La trama de la película.
- Aquellos aspectos (costumbres, modos de vida, sistemas) de la vida norteamericana representada en la película que pueden ser adoptados fácilmente por otras culturas, como la hispana, por ejemplo. Digan qué grupos de la sociedad es probable que los adopten con más facilidad. ¿Por qué?
- Los posibles conflictos o diferencias de opinión que la adopción de estas costumbres o modos de vida pueden ocasionar en la cultura que los adoptó.

6-32 La historia se vive. Primera fase. Visiten **www.prenhall.com/ identidades** y lean un artículo sobre un acontecimiento social, nacional o internacional, de interés común para ustedes. Tomen nota de los hechos.

Segunda fase. Preparen una encuesta para averiguar la opinión de sus compañeros sobre el artículo que leyeron en la *Primera fase.* Luego, pasen la encuesta y compartan los resultados con la clase. Pueden usar el siguiente esquema para su presentación.

● Expongan los hechos que leyeron en la *Primera fase.*
● Discutan las preguntas y los resultados de su encuesta.
● Presenten las preocupaciones, dudas y expectativas del grupo con respecto al tema.

Rincón literario

Sor Juana Inés de la Cruz, México (1651–1695)

Juana de Asbaje, conocida como sor Juana Inés de la Cruz, es una de las escritoras hispanas más importantes de todos los tiempos. Nació en México en 1651 y murió en 1695, víctima de una epidemia. Fue hija de madre soltera, la cual tuvo seis hijos de dos padres diferentes. Se crió, por lo tanto, con su madre, quien dirigía y administraba una hacienda, y con su abuelo materno, el cual poseía una estupenda biblioteca en la que Juana de Asbaje se inició en la lectura. Por su ansia de conocimiento y su vocación por la ciencia y la literatura renunció al matrimonio y optó por la vida monástica, que le ofrecía más posibilidades de desarrollo intelectual. Vivió en el convento de San Jerónimo. Sor Juana vivió siempre bajo la protección de personajes de la nobleza, y mantuvo correspondencia con los intelectuales más reconocidos de la época. También fue una escritora respetada. Sor Juana escribió libros religiosos y amorosos pero se preocupó también de los problemas sociales y defendió siempre la dignidad y los derechos de la mujer. En el poema siguiente, del cual reproducimos sólo unos cuantos versos, Sor Juana denuncia la hipocresía de los hombres que exigen que las mujeres sean virtuosas cuando ellos mismos las incitan a pecar.

Hombres necios

Sor Juana Inés de la Cruz

Hombres necios[1] que acusáis
a la mujer sin razón,
sin ver que sois la ocasión
de lo mismo que culpáis[2]:

5   Si con ansia sin igual
solicitáis su desdén[3],
¿por qué queréis que obren[4] bien
si las incitáis al mal? [. . .]

    Con el favor y el desdén
10 tenéis condición igual,
quejándoos, si os tratan mal,
burlándoos si os tratan bien.

    Opinión, ninguna gana,
pues la que más se recata[5],
15 si no os admite, es ingrata[6],
y si os admite es liviana[7].

    Siempre tan necios andáis
que, con desigual nivel,
a una culpáis por cruel
20 y a otra por fácil culpáis [. . .]

    Pues ¿para qué os espantáis[8]
de la culpa que tenéis?
Queredlas cual las hacéis
o hacedlas cual las buscáis.

[1]*foolish* [2]*blame* [3]*scorn, disdain* [4]*act* [5]*acts most cautiously* [6]*ungrateful* [7]*easy to get* [8]*to be surprised*

Interpretación

1. ¿Por qué se dice en el poema que los hombres son necios? ¿Conoce usted otros adjetivos en español que signifiquen lo mismo? ¿De qué culpan los hombres a las mujeres? ¿Quién tiene la culpa según el poema? ¿Por qué?

2. Con las decisiones que tomó en su vida y en sus escritos, Sor Juana enfatizó el derecho de las mujeres a ser libres. ¿Qué derechos han ido adquiriendo las mujeres poco a poco? ¿Son iguales los derechos de los hombres y de las mujeres en todas las culturas? ¿Se respetan siempre los derechos humanos en nuestra sociedad?

3. El poema dice mucho sobre las relaciones entre hombres y mujeres en el siglo XVII. ¿Piensa usted que había mucha comunicación entre ellos? ¿Cómo se imagina las relaciones entre hombres y mujeres en esos tiempos? ¿Cómo eran en la época de sus abuelos? En su opinión, ¿cómo han cambiado las relaciones de pareja desde entonces?

4. Fíjese en la rima del poema. ¿Cuál de los siguientes patrones sigue la rima del poema?

    ⊙ aabb
    ⊙ abba
    ⊙ abab

VOCABULARIO

En la sociedad

la democracia	*democracy*
el desarrollo	*development*
la dictadura	*dictatorship*
la droga	*drug*
el gobierno	*government*
la independencia	*independence*
la lucha	*fight, struggle*
el narcotráfico	*drug traffic*
el negocio	*business*
la pobreza	*poverty*
el poder	*power*
la política	*politics*
la vivienda	*housing*

La esclavitud

el barco	*ship*
el castigo	*punishment*
el maltrato	*mistreatment*
la mano de obra	*labor, manpower*
la mina	*mine*
el trabajo	*work*
el viaje	*trip*

Personas

el/la alumno/a	*student*
el/la campesino/a	*peasant*
el/la dictador/a	*dictator*
el/la esclavo/a	*slave*

Características

grande	*big, great*
nuevo/a	*new*

pobre	*poor*
político/a	*political*
rápido/a	*fast, rapid*
rico/a	*rich*

Verbos

acabar	*to finish*
acabar de + *infinitive*	*to have just + past participle*
conquistar	*to conquer*
contar (ue)	*to tell, to count*
creer	*to believe*
cubrir	*to cover*
dudar	*to doubt*
empezar (ie, c)	*to begin*
haber + *past participle*	*to have + past participle*
llorar	*to cry*
luchar	*to fight*
matar	*to kill*
morir (ue, u)	*to die*
recibir	*to receive*
resolver (ue)	*to solve*
terminar	*to finish*

Palabras y expresiones útiles

de acuerdo con	*according to*
el hecho	*fact*
el mensaje	*message*
el mundo	*world*
la noticia	*news*
quizá(s)/tal vez	*perhaps*

For impersonal expressions, see page 200.

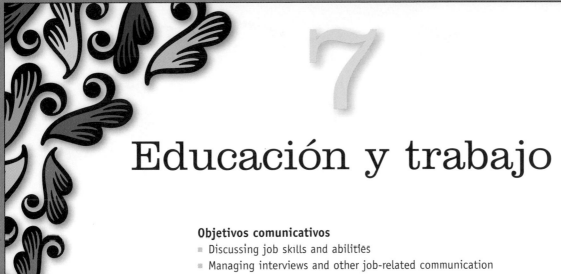

7

Educación y trabajo

Objetivos comunicativos
- Discussing job skills and abilities
- Managing interviews and other job-related communication
- Avoiding repetition when reacting and commenting on issues
- Polite requests
- Giving and following instructions

Contenido temático y cultural
- Employment trends
- The foreign language advantage
- Education and the job market

A leer

La Universidad Nacional Autónoma de México (UNAM), con más de 200.000 estudiantes, es la más grande de Hispanoamérica. Esta universidad y la de San Marcos de Lima fueron fundadas en 1551 siguiendo el modelo de la Universidad de Salamanca, la más antigua de España. Hoy en día, los programas de estudios de la mayoría de las universidades hispanas cuentan con cursos de educación a distancia y cursos avanzados de computación con el fin de preparar a sus estudiantes para el mundo actual.

Muchas oficinas en los países hispanos cuentan con los últimos adelantos tecnológicos para ofrecer un servicio más rápido y eficiente a sus clientes. En diferentes áreas, como el sector bancario y el de las comunicaciones, existen importantes compañías multinacionales hispanas. Hoy en día los trabajos requieren conocimientos tecnológicos y, en esta economía global, el conocimiento de lenguas extranjeras es definitivamente una ventaja, especialmente en carreras como negocios y comunicaciones.

Muchos jóvenes estudian para trabajar en la industria del turismo, ya que ésta representa un ingreso muy importante para la economía nacional de algunos países hispanos. En el caso específico de España, que tiene unos 40 millones de habitantes y recibe alrededor de 46 millones de turistas anualmente, el turismo representa un poco más de 31 mil millones de dólares para su economía.

a emigración, ya sea por razones políticas o económicas, es uno de los problemas nás serios del mundo actual. Algunos emigrantes llegan a su destino de forma ilegal , a veces, en condiciones infrahumanas. Si son arrestados y enviados a su país de rigen, pueden tardar años en conseguir la documentación necesaria para poder migrar legalmente. Aunque algunos inmigrantes logran tener éxito en su nueva vida, tros trabajan bajo condiciones difíciles y hacen a menudo los trabajos que los iudadanos del país no desean hacer.

Preparación

7-1 Cualidades profesionales. Primera fase. Asocie la descripción en la columna de la izquierda con la cualidad correspondiente.

1. _____ Esta persona tiene seguridad en sí misma, en sus habilidades y sus conocimientos.
2. _____ Este individuo genera ideas y proyectos para mejorar los negocios.
3. _____ Esta persona puede comprender los problemas de otros porque ha vivido experiencias semejantes.
4. _____ Este empleado puede ser el jefe de un grupo porque tiene el conocimiento y las habilidades para organizar y dar órdenes.
5. _____ Ésta es una persona con una capacidad extraordinaria para hacer todo lo relacionado con su trabajo muy bien.
6. _____ Este profesional tiene mucha energía y dedica todas las horas que sean necesarias para hacer bien su trabajo y siempre a tiempo.

a. empatía
b. talento
c. confianza
d. esfuerzo
e. iniciativa
f. liderazgo

Segunda fase. Primero determinen qué trabajo le gustaría a cada uno de ustedes tener en el futuro. Luego, escojan las tres cualidades de la *Primera fase* que son fundamentales para tener éxito en el trabajo que cada uno escogió. Expliquen por qué.

7-2 ¿Puntos fuertes o puntos débiles? La empresa multinacional Fonseca, con empleados de diversos países y culturas, busca un jefe de personal bilingüe con experiencia para trabajar en los Estados Unidos. La siguiente es la carta de solicitud de un candidato. Después de leerla, escriba bajo la columna correspondiente los puntos fuertes y débiles del candidato y explique por qué piensa así.

Puntos fuertes	Puntos débiles	Por qué
1.	1.	1.
2.	2.	2.
3.	3.	3.

Empresa Fonseca
Avenida Las Industrias 1480
San Salvador

Estimados señores:

Con mucha atención leí el anuncio del puesto de Jefe de Personal
que apareció en *El Mundo* el domingo 21 de marzo. Les escribo para
informarles que estoy interesado. Pienso que tengo las calificaciones
que el trabajo requiere.

Desde hace tres años trabajo de Asesor del Jefe de Personal en una
compañía en la ciudad de San Salvador, como indico en mi currículo.
Antes de conseguir este puesto, trabajé independientemente para
algunas empresas europeas. Por eso, tengo experiencia y facilidad
para tratar con personas de varias culturas.

Además, puesto que mi padre era diplomático, durante mi infancia y
adolescencia viví en varios países europeos, y aprendí a hablar, leer
y escribir el ruso, el francés y el alemán. Durante mis estudios
universitarios en la UNAM, trabajé de asistente contable en la
compañía Microsoft.

Aunque no hablo ni escribo inglés perfectamente, estoy seguro de que
podré mejorar rápidamente si ustedes me dan el puesto.

Como tengo una familia joven y numerosa, trabajar con su compañía en
los Estados Unidos sería una ventaja no solamente para mí, sino
también para la educación de mis hijos.

Finalmente, quisiera informarles que estoy disponible para comenzar a
trabajar dentro de tres meses, cuando termine mi contrato con la
compañía donde trabajo.

Sin otro particular, se despide de ustedes

Atentamente,

Joaquín Errázuriz
Joaquín Errázuriz

2 **7-3 Competencias clave. Primera fase.** Basándose en el trabajo que desean las siguientes personas, indiquen dos competencias clave que estas personas deben tener para realizarlo.

	Trabajo deseado	Competencias clave
Mariela	Programadora de computadoras	Debe ser buena para las matemáticas. Debe saber bastante de computadoras.
José	Entrenador de montañismo	
Soledad	Astronauta	
Sandra	Psicóloga	
Angélica	Chef	
Andrés	Actor	

2 **Segunda fase.** Respondan a las siguientes preguntas:

1. Según ustedes, ¿cuáles son los dos trabajos de la *Primera fase* que requieren más esfuerzo?
2. ¿Qué tipo de esfuerzo requieren, físico o mental?
3. ¿Tiene alguno de ustedes las competencias clave para alguno de estos trabajos? ¿Para cuál?

7-4 ¿Cómo sacarle partido a (*benefit from*) sus habilidades? Haga una lista de las habilidades que usted tiene y piense en algunas maneras de sacarles partido.

MODELO: Sé/Puedo cantar bien.
Para sacarle partido a mi talento musical, puedo cantar en un coro o en un club nocturno y ganar dinero.

Estrategias de lectura

1. Usar el título para anticipar el contenido del texto.

   a. Lea el título: "Desarrolla tu talento profesional". Si no conoce el verbo **desarrollar,** búsquelo en su diccionario. ¿Cuál es la forma verbal de **desarrolla** —presente o imperativo (mandato)? Use la forma del verbo para tratar de adivinar si se trata de una exposición (un ensayo) o una serie de consejos para el lector.

   b. Por las palabras "talento profesional", trate de adivinar el tema probable del texto.

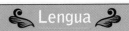

2. Examine el texto antes de leerlo.

   a. Examine rápidamente el texto y pase su marcador sobre los subtítulos de las dos secciones. Si no conoce la palabra **relucir,** búsquela en su diccionario.

   b. Basándose en el título del texto y los subtítulos de las dos secciones, trate de adivinar cuál es el tema del texto:

     i. La historia de una persona que busca un trabajo profesional.

     ii. Estrategias para tener éxito en el mundo profesional.

     iii. Consejos sobre cómo ganar más dinero y vivir mejor.

> **Lengua**
>
> In contemporary Spanish, particularly in the fields of business and technology, English words such as "marketing" (instead of **mercadotecnia**) and "MBA" (rather than **Máster** or **Maestría en Administración de Empresas**) are commonly used.

LECTURA

Desarrolla tu talento profesional[*]

Pilar Alcázar

1. Las habilidades de los mejores

Ser *"del montón" o estar entre los mejores de un puesto de trabajo depende de cualidades personales como confianza, iniciativa, empatía. . . Descubre —y aprovecha[1]— las que pueden convertirte en un verdadero talento.*

Basta[2] echar un vistazo a los anuncios de empleo de los periódicos para darse
5 cuenta de que ser ingeniero o tener un MBA no basta para aspirar a los mejores puestos de trabajo. Hoy las empresas buscan profesionales con orientación al cliente, liderazgo, empatía. Son las competencias o habilidades personales que tienen los mejores en cada puesto de trabajo, el talento profesional que dicen ahora.

10 Los expertos coinciden en que el talento no es algo innato que poseen unos pocos. Todos podemos ser profesionales con talento si sabemos aprovechar nuestras habilidades personales. Tampoco hay unas capacidades mejores que otras. Todas son importantes si se utilizan en la forma y el lugar adecuados. No es de extrañar, por eso, que cada vez más profesionales inviertan[3] parte de su
15 tiempo en programas individualizados para potenciar su talento.

2. Saca a relucir tu talento

Con un plan de mejora adecuado todos podemos ser profesionales excelentes. La clave está en utilizar al cien por cien nuestras mejores cualidades y aprender a neutralizar las debilidades.

Para estar entre los mejores de tu profesión lo primero que debes tener claro es
20 que, más que intentar mejorar tus debilidades, debes concentrarte en tus fortalezas[4]. "Es más importante conocer lo que haces excepcionalmente que descubrir tus debilidades. Por una razón muy sencilla. El talento no se desarrolla

[*]*Emprendedores*, N° 74, 2003

[1]*take advantage of* [2]Es suficiente [3]dediquen [4]*strengths*

Epígrafe. La función de un epígrafe es ayudar al lector a anticipar la organización de los temas. ¿Qué espera encontrar en esta sección?

¿Qué ha comprendido? En este párrafo se define el término talento profesional. ¿Qué es? Si no está seguro/a, vuelva a leer el párrafo.

Anticipar el contenido. En el segundo párrafo se define el talento profesional; por eso es lógico que en el próximo párrafo se le explique al lector cómo aprovecharlo. Lea el párrafo para saber cómo se hace.

Las palabras de los expertos. En este párrafo habla una experta. Fíjese en lo que dice antes de leer el párrafo en su totalidad. ¿Qué dice? Exprésalo en sus propias palabras. Esto lo/la ayudará a comprender el resto del párrafo.

con un curso de tres días o de una semana. Es un proceso de meses que exige disciplina, esfuerzo. . . ", apunta Guadalupe Fernández, socia consultora de *Hay Group*. Para iniciar una aventura imposible Fernández recomienda "detectar primero nuestras verdaderas fortalezas y orientar la carrera profesional allí donde podamos rentabilizarlas[5] más. Nos va a lucir más intentar sacar partido[6] a nuestras fortalezas que estar luchando a brazo partido por conseguir unas mejoras mínimas".

25

El ejemplo. El caso de Mozart sirve de ejemplo de la idea expuesta arriba. Al leerlo, explique por qué.

La idea es sencilla. Mozart tenía talento musical, pero si no hubiese trabajado para mejorarlo jamás habría llegado a ser un genio. Y si se hubiese empeñado en ser pintor, posiblemente habría sido un pintor mediocre, aunque le dedicase el mismo tiempo y esfuerzo que a la música.

Los expertos en desarrollo profesional coinciden en que, con mayor o menor esfuerzo, todas las habilidades se pueden mejorar. La clave está en diseñar un plan de mejora adecuado a las necesidades de cada uno.

Importancia de la primera oración. Muchas veces la primera oración contiene la idea principal del párrafo. Examínela (líneas 37–40) y subraye los dos factores que influyen en la identificación del talento de una persona.

Una forma de descubrir los talentos naturales puede ser identificando nuestros anhelos (lo que siempre hemos querido hacer) descubriendo cuáles son las cosas que nos cuesta menos esfuerzo aprender y hacer bien o las actividades que nos producen mayor satisfacción personal. Según las investigaciones del Instituto Gallup, todas estas cuestiones están relacionadas con el talento de cada persona, aunque a veces no son fáciles de detectar porque las presiones sociales y profesionales nos impiden actuar basándonos en ellos.

Secuencia lógica. En el párrafo anterior se habla de lo interno. En este párrafo se habla de lo externo, o sea de la visión que los compañeros de trabajo tienen de nosotros. ¿Hay una correspondencia entre la visión externa y la interna?

"El plan de mejora se debe empezar contrastando la visión que tenemos de nosotros mismos con una valoración externa de personas que nos conocen bien, y que puede ser desde un *feedback* de nuestros jefes y compañeros, hasta incluso de nuestro cónyuge[7]", recomienda Guadalupe Fernández. "Aunque parezca increíble, el 60% de las personas tienen una imagen de sí mismos más positiva que la que perciben los demás y está demostrado que los profesionales más eficientes son aquellos en los que más coinciden estas dos visiones. Se conocen mejor a sí mismos", añade.

Detecta cuáles son las competencias clave para desarrollar con éxito tu trabajo (las que tienen los mejores en ese puesto) y determina cuáles tienes y te interesa potenciar y en cuáles necesitas introducir alguna mejora. Recuerda que no se trata de desarrollarlas todas, sino de plantearse dos o tres áreas de mejora, las más importantes para el éxito en ese puesto.

---

[5]*make the most of them*   [6]beneficiar   [7]esposo o esposa

Comprensión y ampliación

7-5 Cierto o falso. Indique si las siguientes oraciones son ciertas **(C)** o falsas **(F)** de acuerdo con la información que se ofrece en la lectura. Si son falsas, indique en qué línea(s) del texto está la respuesta correcta.

1. _____ Estar entre los mejores de un puesto de trabajo depende de nuestra preparación profesional y los años de estudio.
2. _____ Todos podemos triunfar si desarrollamos nuestras habilidades personales.
3. _____ El talento se desarrolla sin esfuerzo ya que es algo que todos tenemos.
4. _____ Cada persona necesita un plan distinto y adaptado a sus necesidades para mejorar profesionalmente.
5. _____ Mozart seguramente habría sido un buen empresario.
6. _____ Es importante que coincidan la visión que tienen los otros de nosotros y la que tenemos de nosotros mismos.

7-6 Equivalencias. Elija la palabra o expresión que tenga el significado más parecido a la que está en negrita.

1. Ser **del montón** o estar entre los mejores de un puesto de trabajo depende de cualidades personales (lineas 1–2).

   a. triunfador
   b. mediocre
   c. ineficaz

2. Basta **echar un vistazo a** los anuncios de empleo de los periódicos (linea 4).

   a. leer con atención
   b. estudiar cuidadosamente
   c. mirar rápidamente

3. **No es de extrañar,** por eso, que cada vez más profesionales inviertan parte de su tiempo en programas individualizados (lineas 13–15).

   a. es raro
   b. es lógico
   c. no es frecuente

4. Nos va a lucir más intentar sacar partido a nuestras fortalezas que **estar luchando a brazo partido** por conseguir unas mejoras mínimas (lineas 27–29).

   a. esforzarse mucho
   b. rendirse (*give up*) enseguida
   c. adaptarse a la situación

Ⓖ **7-7 Lo más importante.** Discutan las siguientes preguntas para identificar las ideas más importantes del artículo y dar su opinión sobre ellas.

1. ¿Cuáles son las cualidades más importantes para triunfar en el mundo empresarial? ¿Están de acuerdo? ¿Pueden añadir alguna otra?
2. Según el artículo, el talento no es algo innato. ¿Qué quiere decir esto? ¿Cómo puede desarrollarse el talento empresarial? ¿Les parece posible esto?
3. ¿Quiénes son los profesionales más eficientes según la consultora Guadalupe Fernández? ¿Están ustedes de acuerdo en que en general tenemos una visión optimista de nosotros mismos? ¿Cómo se ven ustedes? ¿Cómo creen ustedes que los ven los demás? ¿Pueden compartir algún ejemplo?
4. El éxito en el trabajo depende de la capacidad de cada uno para potenciar y desarrollar sus competencias. ¿Qué quiere decir esto? ¿Qué cosas piensan que pueden mejorar en ustedes mismos para tener más éxito en el trabajo o en los estudios? ¿Cómo pueden ustedes potenciar sus competencias?
5. En la pizarra hagan entre todos una lista de competencias que podrían desarrollar para maximizar su rendimiento en la clase de español. ¿Se parecen estas competencias a las que se necesitan en el mundo empresarial? Señalen aquellas que son semejantes y luego las que no lo son.

Aclaración y expansión

Direct and indirect object pronouns together

● As you know, direct and indirect object pronouns in both English and Spanish are used to avoid repetition. When two object pronouns are used in Spanish, the indirect object pronoun (i.o.) precedes the direct object pronoun (d.o.), and they are placed before the conjugated verb.

El Sr. Cintra <u>me</u> dio <u>el contrato</u> ayer.	*Mr. Cintra gave me the contract yesterday.*
El Sr. Cintra **me lo** dio ayer. 　　　　 i.o. d.o.	*Mr. Cintra gave **it to me** yesterday.*

● The indirect object pronouns **le** and **les** change to **se** before the direct object pronouns **lo, los, la,** and **las.** In other words, if both the indirect object and the direct object pronouns begin with **l,** the indirect object changes to **se.**

El abogado tenía que leer el contrato y yo **se lo** llevé.	*The lawyer had to read the contract and I took **it to him**.*

- All object pronouns are always placed before the auxiliary **haber** and not after the past participle.

  El abogado no **se lo** ha devuelto todavía.   *The lawyer has not returned **it to him** yet.*

- In compound verb constructions, you may place double object pronouns either before the conjugated verb form or attach them to the accompanying infinitive or present participle.

  El abogado **se lo** va a devolver mañana.
  El abogado va a devolvér**selo** mañana.   *The lawyer is going to return **it to him** tomorrow.*
  El abogado **se lo** está revisando ahora.
  El abogado está revisándo**selo** ahora.   *The lawyer is reviewing **it for him** now.*

2 7-8 Las preguntas de su jefe/a. Su jefe/a acaba de regresar de un viaje de negocios y quiere saber qué ocurrió mientras estuvo ausente. Túrnense para hacer el papel del/de la jefe/a y contestar sus preguntas. Siga el modelo y use los pronombres de objeto directo e indirecto.

MODELO: dar las solicitudes de trabajo al jefe de personal

E1:   ¿Le dio las solicitudes de trabajo al jefe de personal?
E2:   Sí, se las di./No, no se las di.
E1:   ¿Cuándo se las dio?/¿Por qué no se las dio?
E2:   Se las di el lunes pasado./No se las di porque el jefe de personal estuvo enfermo y no vino la semana pasada.

1. entregar el diseño de los nuevos productos a la agencia de publicidad (*advertising*)
2. mostrar la campaña de publicidad al jefe de ventas
3. enviar los cheques al jefe de publicidad
4. mandar una carta de felicitación a los mejores vendedores del mes
5. explicar el uso de la nueva fotocopiadora
6. dar los nuevos formularios a los empleados
7. contestar las cartas de queja a los clientes
8. . . .

7-9 La nueva campaña de publicidad. Túrnense para explicarle a su compañero/a lo que ocurre en esta reunión. Deben explicar qué hacen los personajes, por qué prestan atención, cuál es su reacción, y qué creen que va a pasar después.

MODELO: El jefe de ventas les explica la nueva campaña de publicidad a los miembros de la Junta Directiva de Cola Rica, una fábrica de refrescos. Se la explica en español porque Cola Rica es una compañía hispana.

Note to student:

Some helpful expressions when talking about the illustrations are:

le(s) dice. . .

le(s) explica. . .

le(s) pregunta. . .

le(s) contesta/responde. . .

se lo/la explica/dice/pregunta/contesta/responde. . .

② **7-10 Una oficina moderna con unos empleados eficientes.** Ustedes son profesionales que se dedican a modernizar oficinas y mejorar la moral de los empleados. El director de una compañía los ha contratado para recomendar cambios en sus oficinas. Túrnense para decir lo que ustedes harán en estas oficinas para mejorar las condiciones que encontraron.

MODELO: En la actualidad usan papel para mandarles mensajes y documentos a los empleados.

E1: En el futuro no usarán papel para los mensajes y documentos. Se los mandarán por correo electrónico a los empleados y vendedores.

E2: Y así no necesitarán tanto espacio para guardar los documentos. Todo estará en las computadoras.

1. Las sillas y los escritorios de los empleados son incómodos y hay poco espacio entre ellos.
2. Las computadoras de los empleados tienen poca memoria y son lentas.
3. Les ofrecen unas prestaciones (*benefits*) muy limitadas a los empleados.
4. Hay poca comunicación y casi no hay reuniones entre los jefes y los empleados.
5. No les dan seminarios a los empleados para mantenerlos informados de lo que sucede en la compañía.
6. No les ofrecen incentivos a los vendedores.

② **7-11 Un correo electrónico. Primera fase.** Un/a amigo/a le envió un correo electrónico (chiste, noticia, chisme, etc.) a su trabajo y usted decide compartirlo con otras personas. Dígale a su compañero/a lo siguiente.

1. Quién le mandó el correo electrónico y cuándo se lo mandó.
2. Qué le decía la persona que mandó el mensaje.
3. A quién(es) se lo va a mandar usted después.
4. Por qué se lo va a mandar a esa(s) persona(s).

G **Segunda fase.** Discutan entre ustedes si es aconsejable prohibir el uso de las computadoras para enviar mensajes personales durante las horas de trabajo. ¿Cuáles son las ventajas y desventajas? Después compartan sus ideas con el resto de la clase.

A leer

Un ejecutivo capacitado puede lograr el éxito de su empresa. Su experiencia y conocimiento del negocio son fundamentales, pero también es muy importante tener el respeto y la lealtad de los empleados.

Cultura

En los países hispanos, al igual que en los Estados Unidos, las relaciones entre los jefes y sus empleados varían de una empresa a otra. Sin embargo, estas relaciones generalmente son más formales en los países hispanos que en los Estados Unidos.

El número de mujeres que estudian en las universidades de los países hispanos ha aumentado notablemente en los últimos años, al igual que en los Estados Unidos. Según las estadísticas del Instituto Colombiano para el Fomento de la Educación Superior, en 2001 se habían graduado 31.412 hombres y 44.826 mujeres. Otro dato interesante es que el número de mujeres fue también superior al de los hombres en carreras consideradas tradicionalmente masculinas hasta hace pocos años, como la Administración de Empresas, las Ciencias Económicas, las Matemáticas, la Contabilidad y el Derecho.

La productividad de los trabajadores es uno de los factores más importantes en las empresas y negocios. Según datos del Instituto Nacional de Estadísticas de Chile, la productividad de los trabajadores aumentó en un 61,5% entre los años 1989 y 2000, y el porcentaje de crecimiento anual de trabajadores fue de 1,4% para los hombres y 2,7% para las mujeres. Desde hace años, la economía chilena es una de las más sólidas y estables de Hispanoamérica.

La Bolsa. La economía española ha cambiado mucho durante los últimos cuarenta años, especialmente después de 1986, cuando España pasó a ser miembro de la Unión Europea. En los años 60, el 37% de la fuerza laboral trabajaba en el sector agrícola, mientras que en 1990 ya había disminuido a un 12%. Hoy en día, muchas compañías y multinacionales extranjeras han invertido en España, y a su vez, muchas multinacionales españolas han hecho inversiones en otros países.

Preparación

7-12 Un ejecutivo ideal. Primera fase. Marque con una **X** las características psicológicas y de personalidad que, según usted, debe tener un/a ejecutivo/a.

1. _____ puntualidad
2. _____ valentía
3. _____ responsabilidad
4. _____ nerviosismo
5. _____ profesionalismo
6. _____ flexibilidad
7. _____ mentalidad abierta

8. _____ creatividad
9. _____ imaginación
10. _____ rebeldía
11. _____ perseverancia
12. _____ genialidad
13. _____ inteligencia
14. _____ deslealtad (*disloyalty*)

Segunda fase. Piense en las cualidades que usted marcó en la *Primera fase* y añada otras cualidades que considere importantes. Después evalúe a los siguientes ejecutivos basándose en su propio criterio: Martha Stewart, Bill Gates, Oprah Winfrey, Jeff Bezos y escoja uno. Finalmente dígale as su compañero/a cuál es el/la ejecutivo/a que usted prefiere y explíquele por qué.

7-13 Los ejecutivos mejor cotizados (*sought after*). Primera fase. Marque con una **X** los comportamientos o actitudes que prefieren las compañías que buscan ejecutivos eficientes. Después, compare sus respuestas con las de su compañero/a y determinen cuáles son las más importantes.

1. Los candidatos que. . . .
   _____ demuestran mucha dedicación.
   _____ se identifican completamente con la empresa donde trabajan.
   _____ se desempeñan bien en su trabajo, incluso bajo condiciones adversas.
   _____ trabajan en exceso.
   _____ piensan más en su interés personal.
2. Los profesionales que. . .
   _____ no pueden trabajar bajo presión.
   _____ se relacionan bien sólo con algunas personas.
   _____ son leales, es decir, fieles a la compañía.
   _____ hablan más de una lengua para lograr llegar efectivamente a más mercados.
3. Los individuos a quienes. . .
   _____ les gusta disciplinar a otros, pero no a sí mismos.
   _____ les interesa ser líderes.
   _____ nadie respeta.
   _____ les encanta dar órdenes.

Segunda fase. Piensen en alguna persona —famosa o no— que ustedes elegirían como el/la profesional del año. Digan por qué escogieron a esta persona. ¿Tiene esta persona algunos de los comportamientos o actitudes mencionados en la *Primera fase*?

Cultura

En los Estados Unidos hay muchos hispanos que se han distinguido en el mundo de los negocios. Entre ellos se encuentran Arturo Moreno, el primer hispano dueño de un equipo de béisbol de las Grandes Ligas (Los Ángeles de Anaheim); Carlos Gutiérrez, *CEO* de la compañía de cereales Kellogg's; Carolina Herrera, una de las mejores diseñadoras del mundo de la moda; Emilio Estefan, conocido productor de la industria discográfica; y Cristina Saralegui, empresaria y figura importante de la televisión. Otros han creado sus propias empresas como, por ejemplo, Prudencio Unanue y su esposa, quienes fundaron Goya Foods en 1936. A través de los años, la familia Unanue ha seguido al frente de esta compañía, la cual vende en la actualidad más de $700 millones al año.

2 **7-14 ¿Cómo deben ser estos profesionales?** Discutan por lo menos dos actitudes o comportamientos que deberían tener los candidatos para trabajar en las siguientes áreas.

1. comercio internacional
2. mercadeo
3. gestión de pedidos (*purchasing*)
4. secretariado
5. función de directivos (*managerial*)

Estrategias de lectura

1. Usar el título para anticipar el contenido del texto.

   a. Lea el título: "Las multinacionales demandan españoles". ¿Qué palabras conoce? ¿Qué palabras no conoce?

   b. ¿Qué son multinacionales? ¿Son compañías internacionales o son reuniones de varios países?

   c. ¿Qué significa "demandan" en este contexto? Seleccione el mejor sinónimo.

      1. buscan
      2. exigen
      3. ignoran

2. Examine el texto antes de leerlo.

   a. Mire rápidamente el texto y pase su marcador sobre estas palabras: compañías, multinacionales, ejecutivo, español/españoles, trabajo/trabajar, empresa, candidatos.

   b. Básandose en la frecuencia de estas palabras en el texto, trate de adivinar cuál es el tema del texto:

      1. Los problemas de las compañías multinacionales españolas.
      2. La falta de compañías multinacionales en Europa.
      3. Las cualidades favorables de los ejecutivos españoles.

3. Anticipe el contenido del texto.

   a. Lea rápidamente el texto (no pase más de tres minutos). Trate de buscar las ideas principales. Luego, con su compañero/a, escriban en tres a cinco frases sencillas el contenido que piensan encontrar al leer el texto con más cuidado.

   b. ¿Qué tipo de texto es?

      1. Análisis de un problema en el mundo de los negocios.
      2. Reportaje periodístico sobre una tendencia.
      3. Descripción de una compañía nueva en Barcelona.

LECTURA

Las multinacionales demandan españoles

P. G. de S.

El País, publicado en 8 de agosto de 1999

Una serie de características psicológicas y de personalidad están potenciando[1] el progresivo interés de las compañías multinacionales europeas por incluir en sus cuadros de máxima responsabilidad a los ejecutivos españoles.

Según un informe de Brain Consultores, que cita Especial Directivos, la principal ventaja de contar con un ejecutivo español radica en su capacidad de adaptación 5 a las situaciones más diversas, así como su facilidad para trabajar bajo presión o en condiciones adversas. Estas características aparecen en grado mucho mayor en los profesionales españoles que en los ejecutivos de otras nacionalidades.

Además de que los niveles de preparación y cualificación han aumentado de manera espectacular en los últimos años, los españoles aportan, frente a otros 10 europeos, ventajas que han sido tradicionalmente reconocidas, como, por ejemplo, una mentalidad más abierta, una mejor disposición para las relaciones personales y grados mayores de creatividad e imaginación.

Trabajo a casa

Al lado de estos factores sorprende encontrar en los talentos españoles una mayor dedicación y entrega[2]. De hecho, el español es de los pocos que se llevan 15 el trabajo a casa para el fin de semana, según Brain. Los ejecutivos españoles poseen también un concepto más personal y acentuado de lealtad hacia la empresa. En este sentido, Brain dice que, en general, el alemán obedece al jefe por disciplina, y que el español, al tiempo que es más rebelde, sigue con más fidelidad al líder en el momento en que se ha identificado con él. 💬 20

Esta alta consideración de los directivos españoles ha ocasionado que, además de su inclusión en puestos de alta responsabilidad en empresas europeas, varias de estas firmas hayan accedido a trasladar a España, concretamente a Barcelona, varios de sus servicios centrales, como son los casos de General Electric Power Control y el grupo alemán Harting. 💬 25

Por otra parte, la Cámara Franco-Española de Comercio e Industria ha creado una bolsa de empleo[3] con el fin de ayudar a las empresas a cubrir sus necesidades de personal bilingüe. Esta bolsa cuenta con una amplia oferta de candidaturas en diversos sectores, como comercio internacional, marketing, gestión de pedidos, administración, secretariado o función de cuadros y directivos. 30

---

[1]*increasing*   [2]*commitment, devotion*   [3]*employment database*

Las empresas que contraten la bolsa de empleo de esta cámara de Comercio recibirán en el plazo máximo de una semana una preselección de currículos de los candidatos cuyo perfil corresponda al puesto requerido. Una vez recibidas estas candidaturas, las empresas podrán proceder de manera directa a la
35 selección de candidatos.

Comprensión y ampliación

7-15 Los ejecutivos. Según el artículo, ¿cuáles son las ventajas que aportan los ejecutivos españoles a las empresas multinacionales? Márquelas con una **X.**

1. _____ Son creativos.
2. _____ Son organizados en las reuniones.
3. _____ Son fieles a sus jefes.
4. _____ Dedican mucho tiempo a su trabajo.
5. _____ Les gusta vender sus productos.
6. _____ Suelen hablar más de una lengua.
7. _____ Son sociables.
8. _____ Tienen buena preparación en tecnología.

7-16 ¡Cuidado con las generalizaciones! Entre las cualidades que se citan más abajo hay algunas que tradicionalmente se asocian con los españoles, según el artículo, y otras que no se ajustan a la percepción que se tiene de ellos. Marque la columna adecuada y después compare sus respuestas con las de su compañero/a. En los casos que difieran, discutan entre ustedes para tratar de llegar a un acuerdo.

	Se asocia	No se asocia
1. Tienen una mentalidad más abierta.	_____	_____
2. Llevan trabajo a casa.	_____	_____
3. Poseen una buena disposición para las relaciones personales.	_____	_____
4. Tienen un concepto más personal y acentuado de lealtad hacia la empresa.	_____	_____
5. Gozan de grados mayores de creatividad e imaginación.	_____	_____
6. Tienen gran dedicación y entrega al trabajo.	_____	_____

7-17 ¿Busca trabajo? Primera fase. Lea los siguientes anuncios de ofertas de trabajo y llene el cuadro que sigue, marcando con una **X** las características del candidato que se consideran importantes en la oferta 1, en la oferta 2 o en la oferta 3.

Asesor laboral
Multinacional líder del sector del automóvil

Necesita: Licenciado en derecho.
Conocimientos actualizados sobre la normativa laboral; se valorará más al candidato con cursos especializados en dicha materia.
Experiencia de tres a cinco años como asesor laboral en departamento de personal de empresa, asesorando en materia de relaciones laborales y manejando variedad de convenios.
De 28 a 35 años.
Disponibilidad para viajar con frecuencia.

Se ofrece: Retribución competitiva.
Amplias posibilidades de desarrollo profesional.
Trabajo en equipo para asegurar el cumplimiento de la normativa laboral, asesorar en materia laboral a las diferentes áreas de actividad de la compañía, análisis y propuesta de mejora en el sistema de retribución y participación activa en la negociación de los convenios laborales.

Interesados: Enviar Currículum Vitae urgentemente, indicando la referencia del puesto. Ref. TRL
Contacto: Versátil (Unidad de Recursos Humanos)
Correo electrónico: pc.delfin@versatil.com
Dirección: Avenida Bolívar 38, Zona 3, Ciudad Guatemala

Ofertas	Experiencia	Conocimiento de idiomas	Disponibilidad para viajar	Sociabilidad
1				
2				
3				

Recepcionista

**Concesionario oficial
de vehículos de transporte público**

Busca: Recepcionista con experiencia
en puesto similar. Se valorará conocimiento
de idiomas. Vocación de servicio al cliente.

Se ofrece: Incorporación en empresa líder.
Salario a convenir.

Contacto: Transalt S.A.

Dirección: Carrera 24, No. 63A, Bogotá

Informático

Presentación de la empresa

Importante compañía perteneciente a primer
grupo multinacional líder en servicios de información
para el sector sanitario.

Se precisa: Diplomado o Ingeniero Técnico
en informática de sistemas, o formación especializada
equivalente, con buen nivel de inglés.
Sólida experiencia en programación MS visual Basic 6.0 y
BBDD MS Access, así como amplios conocimientos
de instalación y soporte de MS Office XP y anteriores.

Se ofrece: Incorporación inmediata a un grupo
líder en el que encontrarán amplias posibilidades
de desarrollo y crecimiento profesional.
Las retribuciones se negociarán individualmente, en
función de la experiencia y valores aportados en cada caso.

Interesados: Enviar Curriculum Vitae acompañado
de carta de presentación al siguiente correo electrónico:
Rodasinter@presnet.com

2 **Segunda fase.** Combinen algunas de las características que se citan en el artículo con otras de las que se valoran en estos anuncios para crear su propia oferta de trabajo. En esta oferta de trabajo deben identificar lo siguiente.

1. el tipo de empresa que ofrece el puesto
2. el tipo de puesto que se ofrece
3. las características y preparación que debe tener el/la candidato/a ideal
4. las condiciones de trabajo o salario que se ofrecen

Aclaración y expansión

Formal commands

- Use formal commands when telling people you address as **usted** or **ustedes** to do something. These commands have the same form as the **usted/ustedes** forms of the present subjunctive.

  Use un bolígrafo para llenar la solicitud.   *Use a ball-point pen to fill out the application.*

  Lea las instrucciones cuidadosamente.   *Read the instructions carefully.*
  Escriba con letra clara.   *Write clearly.*

- The use of **usted** and **ustedes** with command forms is optional. When used, they normally follow the command.

  Mande usted la solicitud lo antes posible.   *Send the application as soon as possible.*

- Object and reflexive pronouns are attached to the end of affirmative commands, but they precede negative commands.

  Siéntese, por favor. Aquí tiene la solicitud. **Llénela y mándesela** por correo al Jefe de Personal. **No la traiga** aquí.   *Sit down, please. Here is the application. **Fill it out** and **send it** by mail to the Human Resources Manager. **Don't bring it** here.*

Lengua

To soften a command and be more polite, Spanish speakers may add **por favor**: **Escriba(n) con letra clara, por favor.** To make a polite request, they may avoid command forms by using **podría(n)** + *infinitive*: **¿Podría darme otra solicitud?**

7-18 Consejos a un ejecutivo. Primera fase. Marque los consejos que usted considera útiles para un ejecutivo que quiere mantener buenas relaciones con sus empleados. Después añada dos consejos más.

1. _____ Escuche a sus empleados.
2. _____ Déles instrucciones claras y precisas.
3. _____ Pídales que lleven trabajo a casa los fines de semana.
4. _____ Anímelos a que ofrezcan soluciones a los problemas que se presentan en la empresa.
5. _____ Permítales que lleguen un poco tarde regularmente.
6. _____ Estimule la lealtad de sus empleados a la empresa.
7. _____ Prohíba el uso del teléfono de la empresa para las conversaciones personales.
8. _____ Sea amable con sus empleados siempre.
9. . . .
10. . . .

Segunda fase. Comparen y discutan los consejos que escogieron y los que escribieron. Escojan los seis mejores consejos y compártanlos con la clase.

7-19 Consejos a los empleados. Primera fase. Imagínese que usted es el/la director/a de una compañía multinacional y que habla frecuentemente con su equipo de vendedores. Marque en la columna correspondiente los consejos que usted les da o no les da a sus vendedores.

	Sí	No
1. Mantener contacto personal con los clientes.	_____	_____
2. Atender las quejas de los clientes rápidamente.	_____	_____
3. Aprender otras lenguas para comunicarse con sus clientes.	_____	_____
4. Escribir su correspondencia personal en las horas de oficina.	_____	_____
5. Conocer muy bien los productos de la compañía y los de la competencia.	_____	_____
6. Hablar con los amigos durante las horas de oficina.	_____	_____

Segunda fase. Discutan sus respuestas con su compañero/a. Si su compañero/a no está de acuerdo debe decirle por qué.

MODELO: resolver los problemas de los clientes inmediatamente
   E1: Yo les digo: "Resuelvan los problemas de los clientes inmediatamente. Es muy importante resolver todo rápidamente."
   E2: Yo creo que es importante resolver los problemas, pero siempre hay que investigar porque a veces los clientes se quejan sin razón.

7-20 Para conquistar el mercado hispano. Ustedes trabajan en una importante empresa farmacéutica que quiere aumentar sus ventas entre los hispanos. Su empresa les ha pedido a los empleados que den ideas para mejorar estas ventas. Preparen una lista de recomendaciones en las áreas que aparecen más abajo y compártanlas con la clase.

MODELO: publicidad   Pongan anuncios en los periódicos hispanos.

1. empleados
2. publicidad
3. internet
4. ofertas especiales
5. incentivos para los vendedores

Informal commands

- Use informal commands with people you address as **tú.** Like the **usted** and **ustedes** commands, the negative **tú** commands have present subjunctive forms. For the negative informal command, use the **tú** form of the present subjunctive.

  No mandes la mercancía todavía.
  Esta vez, **no pongas** la mercancía en cajas tan pequeñas.

  Don't send the merchandise yet.
  *This time, **don't put** the merchandise in such small boxes.*

- Unlike other command forms, the affirmative **tú** commands are not present subjunctive forms. For the affirmative **tú** command, use the present indicative **tú** form without the final **-s.**

  Manda la mercancía esta tarde.

  Send the merchandise this afternoon.

- Some **-er** and **-ir** have shortened affirmative **tú** commands. Their negative commands use the subjunctive form like other verbs.

	affirmative	**negative**
decir:	**di**	**no digas**
hacer:	**haz**	**no hagas**
ir:	**ve**	**no vayas**
poner:	**pon**	**no pongas**
salir:	**sal**	**no salgas**
ser:	**sé**	**no seas**
tener:	**ten**	**no tengas**
venir:	**ven**	**no vengas**

- Placement of object and reflexive pronouns with **tú** commands is the same as with **usted** commands.

  No te preocupes. Mándala por correo aéreo y llegará a tiempo.

  *Don't worry. **Send it** air mail and it will arrive on time.*

Lengua

In Latin America, the plural of the **tú** command is the **ustedes** command: **escribe → escriban; no leas → no lean.** In most parts of Spain, the plural of the **tú** command is the **vosotros** command. For the affirmative **vosotros** command, change the final **-r** of the infinitive to **-d: hablar → hablad, comer → comed, escribir → escribid.**

  For the negative **vosotros** command, use the **vosotros** form of the present subjunctive: **no habléis, no comáis, no escribáis.**

  For affirmative **vosotros** commands of reflexive verbs, drop the final **-d** and add the pronoun **-os: levantad + os = levantaos.** The verb **ir** is an exception: **idos.**

2 **7-21 La oficina de Pedro.** Pedro trabaja en su casa, pero su oficina siempre está desordenada y no puede realizar un buen trabajo. Miren el dibujo y túrnense para decirle a Pedro lo que debe hacer para mantener una oficina ordenada y poder trabajar mejor.

MODELO: Lleva el plato a la cocina. No comas en tu oficina.

2 **7-22 Consejos prácticos. Primera fase.** Uno/a de sus compañeros/as está buscando trabajo y les pide consejo. Preparen una lista de las cosas que debe hacer su amigo/a usando mandatos informales. Después comparen su lista con la de otra pareja.

MODELO: Lee los anuncios clasificados del periódico.

Segunda fase. A su compañero/a lo/la han llamado para una entrevista y ustedes le van a dar más consejos para causar una buena impresión. Decidan qué consejos le van a dar basándose en los siguientes puntos. Después compartan sus consejos con otra pareja.

1. Ropa que debe usar para la entrevista.
2. Hora de llegada a la entrevista.
3. Cómo debe sentarse y tratar al entrevistador.
4. Cómo debe comportarse en la entrevista.
5. Preguntas que debe hacer.
6. Cómo debe despedirse.

2 **7-23 Buscando soluciones.** Ustedes tienen diferentes problemas en su trabajo. Cada uno/a de ustedes debe escoger una de las columnas que aparecen más abajo y decirle a su compañero/a cuáles son los problemas. Su compañero/a le debe ofrecer una solución.

MODELO: E1: Mi jefe me da cada día más trabajo y no me aumenta el sueldo.
E2: Habla con tu jefe y explícale la situación.

Empleado/a insatisfecho/a

1. Uno de mis compañeros de trabajo me pide que lo ayude todo el tiempo.
2. Hace tres años que trabajo en la misma oficina y gano el mismo sueldo.
3. En mi trabajo ascienden (*promote*) a las personas que hablan dos lenguas.

Empleado/a inconforme

1. Sé que uno de mis compañeros de trabajo habla mal de mí.
2. Mis compañeros de trabajo no me invitan cuando salen a tomar algo después de las horas de oficina.
3. No me gusta mi trabajo y a veces me siento deprimido/a.

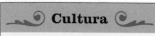

Cultura

En todos los países, las personas que tienen una entrevista para obtener un puesto en una empresa siempre tratan de causar una buena impresión, pues de esta entrevista depende en gran parte la decisión final. En los países hispanos, las entrevistas en las empresas tienden a ser más formales que en los Estados Unidos. En este país es común usar el nombre de pila (*first name*) cuando se entrevista a un candidato para un puesto de cierta importancia, y también para referirse a otros ejecutivos en la empresa. En los países hispanos, generalmente se usa el pronombre usted y los títulos de señor/a, don/doña, licenciado/a, etc. para dirigirse al entrevistado. Es importante fijarse y respetar estos patrones de conducta para causar la mejor impresión posible.

Algo más

Cognates and false cognates

In the previous reading selection you saw many Spanish words that are similar in form and meaning to English words, such as **iniciativa, talento, profesional,** and **cliente.** These words are called cognates, and they help you increase your understanding of Spanish, especially when reading. You should also be aware that there are some words that appear to be cognates, but do not have the same meaning in both languages. Below, you will find some false cognates that are often used when talking about education and work.

- **trabajar** *to work*   **funcionar** *to work, to function*

  Trabajar is used when referring to people's work. When referring to machines and gadgets, use **funcionar.**

El técnico de nuestra oficina **trabaja** mucho. Nuestras computadoras e impresoras siempre **funcionan** bien gracias a él.	*Our office technician **works** very hard. Our computers and printers always **work** well thanks to him.*

- **darse cuenta de** *to realize*   **realizar** *to realize, to accomplish*

  Darse cuenta de is the equivalent of *to realize* in the sense of *to become aware of something.*
  Realizar is the equivalent of *to realize* only in the sense of *to accomplish something.*

Cuando era muy joven, Bill Gates **se dio cuenta de** que las computadoras iban a ser indispensables en el mundo de los negocios.	*When he was very young, Bill Gates **realized** that computers were going to be indispensable in the business world.*
Bill Gates **realizó** su sueño cuando fundó Microsoft.	*Bill Gates **realized** his dream when he founded Microsoft.*

- **solicitar**   *to apply, to request*   **aplicar**   *to apply*
  la solicitud   *application*   **la aplicación**   *application*

  Solicitar is the equivalent of *to apply* when referring to jobs, a university, or a school. The form or letter used in these cases is **la solicitud.**
  Aplicar is the equivalent of *to apply* in the sense of putting on (e.g., a coat of paint), or in the sense of using, putting into effect, or enforcing (e.g., a method or a law). **La aplicación** is the application of a method, theory, plan, etc.

Ernesto **solicitó** trabajo en Microsoft. Envió la **solicitud** la semana pasada. En mi trabajo, **aplican** medidas de seguridad estrictas. Esta **aplicación** tan estricta evita accidentes serios.	*Ernesto **applied** for a job at Microsoft. He sent in his **application** last week. In my job, they **apply** strict security regulations. This very strict **application** avoids serious accidents.*

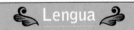

Lengua

When languages are in contact, as is the case of English and Spanish in the United States, borrowing and adaptation of words occur. Some Spanish speakers use the words **aplicar** and **aplicación** instead of **solicitar** and **solicitud.** The same occurs with terms associated with computers and the Internet, such as **el módem** and **el email.**

7-24 Una compañía excelente. El director de una empresa multinacional habla sobre su compañía y sus empleados. Escoja la expresión adecuada para completar la explicación del director.

aplicar	funcionan	realizan	se han dado cuenta de	solicitan	solicitud	trabajan

Nuestra compañía está dividida en diferentes departamentos. Los empleados de cada departamento (1) ——————— funciones específicas en un ambiente limpio y cómodo. Nuestros empleados (2) ——————— ocho horas diarias, y si tienen que quedarse después de las seis, reciben un pago adicional por cada hora de trabajo. Además, todas nuestras maquinarias y equipos (3) ——————— perfectamente, pues tenemos técnicos que las revisan periódicamente.

Muchos graduados universitarios (4) ——————— que hay excelentes oportunidades en nuestra compañía y que aquí encuentran un ambiente ideal para (5) ——————— lo que aprendieron en la universidad a los problemas de la sociedad actual. Por eso (6) ——————— trabajo con nosotros. El proceso es muy simple: llenar una (7) ——————— y entrevistarse con el Jefe de Personal.

Nosotros nos sentimos muy orgullosos de nuestros empleados y atribuimos nuestro éxito a la cooperación que recibimos de todos y de cada uno de ellos.

7-25 Solicitando un puesto. Primera fase. A usted le interesa vivir un tiempo en el extranjero. Escoja uno de los siguientes puestos que se ofrecen o use su imaginación para crear un puesto que le gustaría tener.

Segunda fase. Ahora su compañero/a le hará preguntas para averiguar lo siguiente:

Transporte Seguro:	programador, dos años de experiencia, cartas de recomendación; crear programas para la empresa
Academia América:	profesor de inglés, mínimo tres años de experiencia; enseñar cursos de inglés en escuela secundaria privada
Hotel Caribe:	relaciones públicas, buena presencia, no hace falta experiencia previa, entrenamiento en el hotel; recibir a los huéspedes
Línea Aérea Europa:	jefe de ventas, experiencia previa en ventas en empresas de transporte; coordinar el equipo de ventas

1. El puesto que solicitó y el nombre de la compañía.
2. La información que pedían en la solicitud.
3. Las responsabilidades del puesto que solicitó.
4. Los motivos por los que quiere trabajar en el extranjero.

Ampliemos e investiguemos

 A escuchar

7-26 Una entrevista a un ejecutivo español. Usted va a escuchar parte de una entrevista a un ejecutivo español. Antes de escuchar la entrevista, lea las siguientes oraciones incompletas y, si lo considera necesario, tome apuntes durante la entrevista. Después, complete las oraciones de acuerdo con lo que escuchó.

1. Actualmente, este ejecutivo español trabaja en una empresa. . .

   a. cspañola.   b. norteamericana.   c. italiana.

2. Su responsabilidades en esta empresa son básicamente. . .

   a. la publicidad y la calidad de las maquinarias.
   b. las ventas y el servicio a sus clientes.
   c. la organización y la atención a los empleados.

3. Las zonas que le ha asignado la compañía son. . .

   a. sólo los países europeos.
   b. el Oriente Medio y los países americanos y europeos.
   c. Europa, el Oriente Medio y otros países asiáticos.

4. Este ejecutivo trabaja en la industria del embalaje hace. . .

   a. 20 años   b. 44 años   c. 6 años

5. Para el puesto que ocupa este ejecutivo, es indispensable. . .

   a. tener un doctorado en lenguas extranjeras.
   b. trabajar muchas horas, incluyendo los días de fiesta.
   c. ser un técnico en maquinarias.

6. Además de hablar con fluidez varios idiomas, este ejecutivo sabe algo de. . .

   a. italiano y portugués.   b. catalán y francés.   c. árabe y alemán.

7. Cuando este ejecutivo habla con sus clientes, él usa. . .

   a. el idioma del cliente.
   b. traductores del país del cliente.
   c. a un empleado que habla el idioma del cliente.

8. Según el entrevistado, el conocimiento de otros idiomas le permite. . .

   a. viajar con más facilidad de un país a otro y ahorrar tiempo.
   b. conseguir mejores precios para su compañía y ganar más dinero.
   c. personalizar más sus relaciones con los clientes.

En el comercio globalizado de hoy en día, el embalaje apropiado es indispensable para que los productos lleguen de un lugar a otro sin sufrir ningún daño. Las maquinarias que hacen estas cajas de cartón son sumamente costosas.

7-27 La importancia de las lenguas extranjeras. Imagínese que usted está a cargo de las entrevistas en su empresa. Un estudiante de español interesado en el campo de los negocios internacionales le ha escrito pidiéndole consejo. Escríbale un breve mensaje electrónico en el cual le explica la importancia de las lenguas extranjeras y los cursos que debe tomar para estar mejor preparado.

 **A escribir**

Estrategias de redacción: La carta de solicitud de trabajo

Cuando se busca un trabajo, es indispensable comunicarse verbalmente o por escrito con individuos, compañías o empresas. Generalmente esta comunicación es formal, y siempre debemos poner mucha atención a varios factores que nos permitirán lograr nuestro objetivo final: conseguir el trabajo. Al hablar o al escribirle a nuestro empleador (*employer*) potencial, debemos tratar de. . .

- mantener el grado de formalidad que la ocasión exige: usar el vocabulario técnico propio de nuestro campo de trabajo, seleccionar formas lingüísticas apropiadas, etc.
- dar la información necesaria, poniendo especial énfasis en los aspectos que más se valoran en el puesto que se solicita.
- seguir las normas básicas de las cartas de solicitud de trabajo.

En este capítulo usted va a practicar la redacción de cartas de solicitud a un trabajo.

7-28 Análisis. El siguiente anuncio apareció en un periódico hispano. A continuación, usted encontrará la respuesta de una candidata al trabajo. Después de leerlos, siga las instrucciones.

1. Primero, identifique al lector potencial de la carta de solicitud: ¿Quién la lee: la recepcionista o el jefe de personal?
2. Después determine el propósito de la carta: ¿Por qué o para qué se escribe esta carta? ¿Para pedir información? ¿Para informar a alguien sobre algo? ¿Para convencer a alguien? ¿Para obtener algo?
3. Con respecto a la organización de la carta, observe la estructura del mensaje: ¿Cómo saluda la candidata a su lector? ¿Puede usted ver una introducción en la carta? ¿Qué información contiene? ¿Cómo cierra la carta la candidata? ¿Cómo se despide?
4. Señale las características de la lengua que utiliza la escritora: ¿Puede usted identificar las secciones de la carta donde la autora trata de lograr su propósito?

Empresa Internacional necesita contratar:
ASISTENTE DE COMERCIO EXTERIOR Y PLANIFICACIÓN

REQUISITOS:
Título: Técnico Profesional en Comercio Exterior
Experiencia: Software de administración de empresas ERP (SAP, Edwards, QAD, etc.)
Capacidad para trabajar en equipo, bajo presión y flexibilidad para viajar.
Experiencia: Mínimo 2 años en comercio exterior.
Requisitos: Conocimiento de inglés técnico escrito y hablado.
Envíe carta de solicitud de trabajo, currículum con foto reciente, pretensiones de sueldo a
TecProf 7592, Casilla 114, Santiago

Agustinas 4597
Santiago Centro
Santiago

Tecprof 7592
Casilla 114
Santiago, Chile

25 de octubre de 2004

Estimados señores:

En respuesta al anuncio de trabajo publicado en *El Mercurio* del 20 de octubre de 2004, quisiera informarles que estoy interesada en solicitar el puesto de Técnico Profesional en Comercio Exterior.

Desde 2001, trabajo en el Departamento de Comercio Exterior de una compañía de exportación de frutas, donde he adquirido una experiencia valiosa. Durante los dos últimos años, he trabajado en importantes proyectos de exportación con profesionales de varias áreas, tales como ingenieros agrónomos, economistas, expertos en cultivo de uvas de exportación, etc. La experiencia de compartir con expertos en varias disciplinas me ha preparado para tratar y negociar con compañías extranjeras.

El éxito en el comercio con otros países depende en gran medida de la buena comunicación. Por eso, comunicarse en la lengua de los clientes es fundamental. Después de cuatro años de estudios intensivos de inglés y francés, hablo y leo ambos sin problemas. Con respecto a la flexibilidad que el puesto exige, quisiera informarle que Tecprof puede contar con mi tiempo y compromiso. Soy una profesional responsable y dedicada a mi trabajo.

Finalmente, les remito la fotografía y el currículum solicitados. Como podrá apreciar en el documento adjunto, tengo los conocimientos, la experiencia y la flexibilidad que se necesitan para ese puesto. Por eso, quisiera discutir con ustedes un sueldo que sea justo y que esté de acuerdo con los que se ofrecen en la industria.

En espera de sus gratas noticias, queda de ustedes
Atentamente,

Rosa Álvarez
Rosa Álvarez

Cultura

Pedirle a un/a solicitante que adjunte una fotografía reciente con su currículum es un procedimiento aceptado en el mundo hispano. Del mismo modo, en algunos anuncios de trabajo es común ver frases como 'buena presencia', lo cual indica el interés de las empresas en que sus empleados les causen una buena impresión a los clientes.

7-29 Preparación. Primera fase. Lea los siguientes avisos y, luego, seleccione uno que le interese.

Empresa Consultora de Proyectos
requiere contratar:

ARQUITECTOS

Con experiencia mínima de 2 años
Currículum con foto y pretensiones de sueldo a:
Arquitectos 905, Casilla 27, Santiago, o al Fax 2289653
Importante Empresa de Consumo Masivo requiere
SUPERVISOR (COD. 002)
Encargado de supervisar a los contratistas

REQUISITOS:
Estudios universitarios
Experiencia laboral mínima 3 años en puesto similar
Experiencia en manejo de equipos de trabajo
Conocimiento de sistemas computacionales
Deseable postulante con vehículo
Invitamos a los interesados a mandar su currículum
con foto reciente y pretensiones de sueldo a
**Empresa de Consumo Masivo 6273, Casilla 189, Santiago
o al mail: aviso#9@yahoo.com**

PAISAJISTA

*Con experiencia mínima de 2 años,
con dominio de los últimos sistemas de diseño
de paisajismo en Autocad y software relacionados.*

*El perfil requiere un/a postulante
con independencia y capacidad de
desarrollar y ejecutar proyectos a nivel nacional,
con fuerte personalidad comercial,
capaz de relacionarse con empresas privadas
y organismos públicos.*

*Currículum con foto y pretensiones de sueldo a:
Paisajismo 0648, Casilla 6743, Valparaíso*

Casa & Ideas
El diamante
necesita contratar
Agente comercial

REQUISITOS:
2 años de experiencia en ventas al detalle
Dirección de equipos de trabajo
Disponible para horario de centro comercial
Excelentes relaciones públicas
Preferentemente profesional Técnico en Diseño
Residencia en Concepción

Envíe currículum con foto y expectativas de sueldo a:
Avda. Subercaseaux 27937, Concepción

Segunda fase. Haga una lista con la información que usted debe incluir en su carta de acuerdo con el anuncio. Prepare otra lista con datos adicionales que lo/la ayudarían a conseguir el trabajo.

7-30 ¡A escribir! Utilizando la información que usted preparó en la *Segunda fase* de la actividad 7-29, escríbale una carta a la empresa de su interés.

Antes de escribir su carta . . .

- recuerde el propósito de su carta.

- mantenga la formalidad con la que usted debe dirigirse a la(s) persona(s) que va(n) a leer su carta.

- incluya la información necesaria y organícela bien. Éste será su primer contacto con su posible empleador, por eso usted debe dar la mejor impresión personal y profesional posible.

- observe las normas de las cartas de solicitud de empleo.

7-31 ¡A editar! Lea su carta de solicitud cuidadosamente por lo menos una vez más. Analice el contenido (cantidad, tipo de información indispensable o adicional) y forma del texto (cohesión y coherencia de las ideas; saludo, cierre y despedida apropiados), la mecánica del texto (puntuación, acentuación, mayúsculas, minúsculas, etc.). Haga los cambios necesarios.

🌐 A explorar

7-32 ¿Español *online*? En cualquier buscador (Yahoo, Altavista), investiguen sobre la posibilidad de hacer un curso de español *online*. Obtengan el mayor número de datos posible sobre el curso y sus características y hagan una breve presentación en clase incluyendo información sobre los siguientes puntos.

1. El tipo de curso.
2. La institución que lo ofrece.
3. Las ventajas y desventajas de hacer un curso de español online.

7-33 *Webliografía*. Busquen en Internet una o dos páginas dedicadas a la enseñanza del español para crear una *webliografía* entre toda la clase. Para cada página hagan una breve ficha electrónica o en papel que contenga los siguientes datos.

1. Dirección electrónica.
2. Un comentario personal sobre la página que destaque los siguientes puntos:

   - los temas gramaticales
   - otros recursos de interés para la enseñanza y aprendizaje de español
   - los enlaces de interés

7-34 El español abre puertas. Primera fase. Busque en Internet por lo menos tres puestos en los que las compañías buscan candidatos que tengan buen dominio del español. Para cada anuncio, obtenga los siguientes datos.

1. Dirección de la página Web.
2. Puesto que se ofrece.
3. Requisitos del puesto.
4. Razones para el uso del español.

Segunda fase. Comparta la información que obtuvo en la *Primera fase* con el resto de la clase e indique cuál de los tres anuncios le interesó más. ¿Por qué?

7-35 Las mujeres en el trabajo. Primera fase. Vayan a la siguiente dirección en Internet **(http://espanol.yahoo.com)** y busquen información sobre la presencia de la mujer en la fuerza laboral de un país hispano. Hagan lo siguiente:

1. Indiquen el aumento porcentual (%) de la mujer en el trabajo en un período de cinco o diez años.
2. Averigüen en qué áreas de la economía se desenvuelve la mujer en el país que ustedes investigan.
3. Busquen los mismos datos anteriores, pero sobre las mujeres norteamericanas.

Segunda fase. Basándose en la información obtenida en la *Primera fase*, hagan lo siguiente:

1. Comparen las estadísticas del acceso de la mujer al trabajo en el país hispano que ustedes estudiaron y en los Estados Unidos.
2. Comparen las áreas de la economía en que se desenvuelven las mujeres del país hispano y las norteamericanas.
3. Finalmente, den algunas razones que expliquen las estadísticas en ambos países y compártanlas con la clase.

El número de mujeres en el mundo laboral se ha incrementado en los últimos años.

📄 Rincón literario

Mario Vargas Llosa, nacido en Arequipa, Perú en 1936, es uno de los escritores hispanoamericanos más conocidos. En su época de estudiante en Lima tuvo varios trabajos que apenas le permitían subsistir, como el de redactor de noticias de Radio Central (ahora Radio Panamericana). En 1953 tuvo la oportunidad de viajar por primera vez a Europa para estudiar en España con una beca y, posteriormente, se instaló en París. Su primera obra, *Los jefes,* publicada en 1959, es una colección de cuentos. Más tarde siguieron novelas de renombre como *La ciudad y los perros,* 1963; *La casa verde,* 1966; *Conversación en la catedral,* 1969; *Pantaleón y las visitadoras,* 1973; *La tía Julia y el escribidor,* 1977; *La guerra del fin del mundo,* 1981 y *La fiesta del Chivo,* 2000 entre otras. A su vuelta a Perú se dedicó a la política. En la actualidad vive entre Lima, París y Barcelona. En 1993 obtuvo la nacionalidad española. Ha recibido numerosos premios; el más reciente fue el Miguel de Cervantes, considerado el premio más prestigioso de la literatura en español.

El escritor peruano Mario Vargas Llosa

La tía Julia y el escribidor
Mario Vargas Llosa

En ese tiempo remoto, yo era muy joven y vivía con mis abuelos en una quinta de paredes blancas de la calle Ocharán, en Miraflores. Estudiaba en San Marcos, Derecho, creo, resignado a ganarme más tarde la vida con una profesión liberal, aunque, en el fondo, me hubiera gustado más llegar a ser un escritor. Tenía un trabajo de título pomposo, sueldo modesto, apropiaciones ilícitas y horario elástico: director de Informaciones de Radio Panamericana. Consistía en recortar las noticias interesantes que aparecían en los diarios y maquillarlas un poco para que se leyeran en los boletines. La redacción a mis órdenes era un muchacho de pelos engomados[1] y amante de las catástrofes llamado Pascual. Había boletines cada hora, de un minuto, salvo[2] los de mediodía y de las nueve, que eran de quince, pero nosotros preparábamos varios a la vez, de modo que yo andaba mucho en la calle, tomando cafecitos en la Colmena, alguna vez en clases o en las oficinas de Radio Central, más animadas que las de mi trabajo.

[1]*slicked-back hair*   [2]excepto

Interpretación

1. El narrador dice que estudiaba Derecho (Leyes). ¿Qué tipo de trabajos se pueden ejercer con un título en Derecho?

2. Explique la siguiente oración con sus propias palabras: "Tenía un trabajo de título pomposo, sueldo modesto, apropiaciones ilícitas y horario elástico". ¿Conoce muchos trabajos que tengan horario flexible? ¿Cuáles? ¿Qué tipos de trabajo no tienen horario elástico?

3. ¿Cómo se puede "maquillar" una noticia? Busquen en Internet varias noticias de periódicos en español y preparen un boletín de radio para presentar en la clase. No se olviden de "maquillar" las noticias y adaptarlas para la radio, no el periódico.

4. Describa con detalle el ambiente del café La Colmena, tal y como usted se lo imagina.

Muchas personas aprovechan el buen tiempo para tomar un café al aire libre.

VOCABULARIO

El trabajo

la aplicación	*application (of a plan or theory)*
la compañía	*company*
la computadora	*computer*
el correo electrónico	*e-mail*
el currículo	*résumé*
la desventaja	*disadvantage*
la empresa	*company, corporation*
la entrevista	*interview*
la experiencia	*experience*
el formulario	*form*
la industria	*industry*
el ingreso	*income*
el mercadeo	*marketing*
el negocio	*business*
la oferta	*offer*
la oficina	*office*
la maquinaria	*machinery*
el papel	*paper*
el puesto	*position, job*
la queja	*complaint*
la responsabilidad	*responsibility*
la solicitud	*application (form)*
el sueldo	*salary*
la venta	*sale*
la ventaja	*advantage*

Personas

el/la abogado/a	*lawyer*
el/la ejecutivo/a	*executive*
el/la empleado/a	*employee*
el/la empresario/a	*businessman/woman, director*
el/la jefe/a	*boss*
el/la técnico/a	*technician*

Números

el billón	*trillion*
mil millones/el millardo	*billion*

Características

avanzado/a	*advanced*
cómodo/a	*comfortable*
eficiente	*efficient*
tecnológico/a	*technological*

Verbos

aplicar (q)	*to apply*
citar	*to quote*
funcionar	*to function, to work*
llevar	*to take*
mandar	*to send*
mejorar	*to improve*
ofrecer (zc)	*to offer*
realizar (c)	*to accomplish, to realize*
recibir	*to receive*
solicitar	*to apply, to request*
trabajar	*to work*

Palabras y expresiones útiles

a veces	*sometimes, once in a while*
la cualidad	*personal attribute*
darse cuenta (de)	*to realize*
la debilidad	*weakness*
el esfuerzo	*effort*
la fortaleza	*strength*
hacer el papel	*to play the part*
la mayoría	*majority*
todavía	*still, yet*

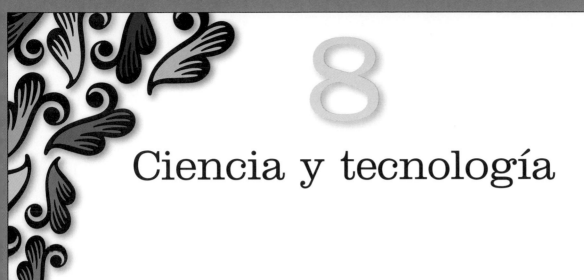

8

Ciencia y tecnología

Objetivos comunicativos
- Reporting facts and discussing cause and effects
- Giving and following instructions
- Presenting various views on issues

Contenido temático y cultural
- Effects of technology on people's everyday lives
- Modern, traditional, and alternative medicine
- Science and the expansion of knowledge

A leer

Los adelantos e inventos del siglo XV permitieron la navegación en los océanos. Esto trajo como consecuencia el descubrimiento de otras tierras y el intercambio de culturas. En los siglos XVIII y XIX, las máquinas de vapor revolucionaron el transporte por tierra y por mar. Hoy en día, el uso de la tecnología y las nuevas formas de energía, como la atómica o la solar, facilitan el transporte y el comercio entre los pueblos.

Con los nuevos adelantos fue posible el primer viaje a la Luna en 1969 y la construcción de una estación espacial. Los viajes de la gente común y corriente a otros planetas, que antes sólo existían en los relatos de ciencia-ficción, pueden ser una realidad en un futuro no muy lejano.

Varios astronautas hispanos, originarios de diversos países, han participado en los viajes espaciales. En 1986, Frank Chang Díaz, natural de Costa Rica, fue el primer hispano que viajó en el transbordador espacial. La primera astronauta hispana fue Ellen Ochoa, nacida en Los Ángeles, California, quien ha participado en cuatro viajes espaciales (1993, 1994, 1999, 2002), los dos últimos a la estación espacial internacional. Pedro Duque (español), Michael López Alegría (español) y Carlos Noriega (peruano) también han viajado al espacio.

La tecnología ha facilitado las comunicaciones de tal manera que siempre podemos estar en contacto con la familia y los amigos, o hacer negocios donde estemos. Esta comunicación instantánea de los empleados o ejecutivos con sus empresas, desde cualquier lugar del mundo, aumenta el rendimiento de las personas, pero también aumenta el estrés y no permite relajarse.

Desde pequeños, los jóvenes se acostumbran a usar computadoras y, por este medio, visitan otros países, están en comunicación con otras personas, y aprenden más sobre el mundo que los rodea. Las lecciones tradicionales pertenecen al pasado; el mundo llega al salón de clase a través de Internet con abundantes fuentes de información. Con sólo tocar una tecla, el alumno puede escuchar su música favorita, ver televisión, leer periódicos, explorar lugares, e incluso comprar lo que necesite.

Preparación

8-1 ¿Con qué se asocian? Indique con qué características asocia usted los siguientes inventos del ser humano.

1. _____ teléfono
2. _____ motor
3. _____ periódico
4. _____ fotografía
5. _____ el libro

a. en papel
b. en blanco y negro
c. manual
d. eléctrico
e. electrónico
f. a reacción (*jet-propelled*)
g. en colores
h. celular
i. inalámbrico (sin cables)
j. digital
k. con auriculares (*earphones*)

8-2 ¿Con qué funcionan? Digan qué necesitan para funcionar los siguientes aparatos en el presente y cómo funcionarán en el futuro, según ustedes.

		Presente	Futuro
1. un teléfono móvil	a. aire	1. _____	_____
2. un reactor/jet	b. combustible	2. _____	_____
3. un auricular	c. un motor a reacción	3. _____	_____
4. un televisor	d. cables	4. _____	_____
5. un automóvil ecológico	e. pilas (*batteries*)	5. _____	_____
6. algunas lámparas	f. electricidad	6. _____	_____
	g. un dispositivo (*device*) sensible al movimiento/ ruido		

8-3 ¿Evolución o revolución tecnológica? Imaginen qué inventos o innovaciones tecnológicas probablemente se harán para mejorar los siguientes aspectos de la vida actual. Discutan sus ideas y escojan las dos mejores para presentárselas a otro grupo o a la clase.

En las comunicaciones

1. los teléfonos celulares
2. los periódicos
3. la televisión

En el transporte

4. los autos
5. los motores
6. las señales del tránsito para los minusválidos (*physically handicapped*)

G **8-4 ¿Cómo ayudar a los demás? Primera fase.** La vida diaria de muchas personas resulta muy difícil debido a ciertas limitaciones físicas. Lean los siguientes problemas y busquen una manera de ayudar a estas personas con la asistencia de la tecnología. Compartan sus ideas con el resto de la clase.

1. Las personas que no ven bien y los ciegos (*blind*) pueden sufrir un accidente o perder la vida cuando cruzan las calles de la ciudad.

2. Las personas que tienen dificultad al hablar a veces no pueden recibir auxilio en situaciones de emergencia.

3. Algunas personas que se movilizan en silla de ruedas tienen problemas para acceder a ciertos lugares.

Segunda fase. Piensen y hablen entre ustedes sobre lo que ha hecho su universidad para los estudiantes que usan sillas de ruedas o para los que no ven u oyen bien. ¿Qué otras cosas creen ustedes que se deben hacer?

Estrategias de lectura

1. Use el título para anticipar el contenido.

   Lea el título: "Inventos importantes". ¿Es evidente cuál va a ser el tema del texto?

2. Ahora lea los tres subtítulos. Use la información de los subtítulos para anticipar el tema de cada sección.

   a. Tokio-Nueva York: dos horas   _____ auriculares sin cable

   b. ¡Cables fuera!   _____ un aparato que convierte signos manuales en texto

   c. Guante para sordomudos*   _____ un avión super rápido

*Personas sordas que no hablan. En español se usa la palabra **sordomudo/a**, mientras que en inglés se tiende a usar más hoy en día la palabra *deaf* (**sordo/a**) que *deaf-mute*.

LECTURA

Inventos importantes[*]

Tokio-Nueva York: dos horas

Inventor: Universidad de Queensland

Imaginen un motor a reacción que no contamina la atmósfera, vuela siete veces más rápido que la velocidad del sonido y no lleva combustible. ¿Suena a quimera[1]? Pues esa quimera se hizo realidad un día de julio de 2002, 300 kilómetros por encima del desierto del Sur de Australia, en forma del *scramjet* HyShot. Un *scramjet* (que es la abreviatura en la jerga[2] aeronáutica del término 5 inglés *supersonic ramjet*) es un motor a reacción impulsado por el oxígeno que saca del aire a medida que vuela, por lo cual no tiene que soportar el peso de un depósito de combustible (aunque necesita un impulso inicial para ponerse en marcha). El lanzamiento representa la primera vez que un *scramjet* ha volado fuera de un túnel de aire. Harán falta años de trabajo antes de que estos aviones 10 estén disponibles con fines prácticos, pero podrían revolucionar a la larga los lanzamientos espaciales y los vuelos comerciales. Por ejemplo, ir de Nueva York a Tokio podría ser un salto de sólo dos horas. 🔖

¡Cables fuera!

Inventor: varios   15

🔖 Si los teléfonos móviles no tienen cables, ¿por qué los llevan los auriculares que van con ellos? Cada vez más se fabrican sin cables, gracias a la nueva tecnología Bluetooth, desarrollada por un consorcio de fabricantes de electrónica para conectar entre sí diversos componentes digitales en distancias cortas, y ya ha llegado al mercado una pila de auriculares Bluetooth de Jabra, Motorola, Nokia 20 Plantronics y Sony Ericsson. Ahora, uno puede andar por la ciudad con el teléfono móvil guardado en el bolsillo o en el maletín y un minúsculo auricular pegado a la oreja. La mayor pega[3] (además de parecer un agente secreto) es que el auricular necesita recargarse periódicamente, igual que un teléfono móvil.

Guante para sordomudos   25

Inventor: Ryan Patterson

🔖 Cuando el estudiante de bachillerato Ryan Patterson, de 18 años, vio a una mujer sordomuda intentando pedir comida en un Burger King, tuvo un momento de inspiración: ¿Por qué no crear un dispositivo que traduzca el lenguaje de signos a texto? Armado con esa idea y un guante de golf de cuero, 30 Patterson creó un dispositivo que capta los movimientos de la mano del portador y los transmite sin cables a un diminuto monitor de mano, donde aparecen en forma de palabras. El dispositivo le valió a Patterson el máximo premio en el Concurso Científico y Tecnológico Siemens Westinghouse.

[*]*Publicado en el País Semanal*, 29 de diciembre de 2002.

[1]*dream, chimera*   [2]*jargon*   [3]*problema*

Sidebar notes (left margin):

🔖 ¿Qué ha comprendido? ¿Cómo puede volar tan rápido el *scramjet*? ¿Qué combustible usa?

🔖 El invento que se describe en esta sección (líneas 14–24) tiene que ver con los teléfonos celulares. Lea con cuidado para comprender qué invento es y cuáles son sus ventajas.

🔖 El invento mencionado en esta sección (líneas 25–34) soluciona un problema de comunicación práctica. Primero, examine rápidamente la sección. ¿Reconoce el nombre de algún restaurante? ¿Quiénes están tratando de comunicarse?

Comprensión y ampliación ⋘-⋘-⋘-⋘-⋘-⋘-⋘-⋘-⋘-⋘-⋘-⋘-⋘-⋘-⋘-

8-5 Vamos a resumir. Señale con una **X** la frase que explica mejor en qué consiste cada invento.

Invento número 1

1. _____ un reactor impulsado por oxígeno que no contamina
2. _____ un avión muy ligero
3. _____ un motor que saca aire contaminado

Invento número 2

1. _____ un teléfono móvil de bolsillo
2. _____ unos auriculares sin cable
3. _____ unos cables que necesitan recargarse

Invento número 3

1. _____ un dispositivo para pedir comida
2. _____ un aparato que traduce signos a palabras
3. _____ un monitor de mano sin cables

8-6 Cierto o falso. Indique si las siguientes oraciones son ciertas (**C**) o falsas (**F**) de acuerdo con la información que se ofrece en la lectura. Si son falsas, indique en qué línea(s) del texto está la respuesta correcta.

1. _____ Se ha inventado un nuevo avión reactor que contamina la atmósfera siete veces más que los aviones actuales.
2. _____ El nuevo avión, que se llama *scramjet*, hizo el recorrido Tokio-Nueva York en julio de 2002.
3. _____ Estos aviones no estarán disponibles para fines comerciales hasta dentro de unos años.
4. _____ Los nuevos auriculares no necesitarán cables.
5. _____ Los auriculares tendrán que recargar sus baterías.
6. _____ Un estudiante de bachillerato que era sordo inventó un dispositivo para Burger King.
7. _____ Un nuevo aparato es capaz de cambiar signos a palabras a través de un pequeño monitor.
8. _____ El creador de este aparato recibió un premio importante.

8-7 ¿Qué podemos inventar? Piense en un problema de la sociedad actual que podría solucionarse mediante la tecnología. Invente un nuevo aparato para solucionar este problema y escriba su descripción en un breve párrafo cubriendo los siguientes puntos. Después comparta su descripción del aparato con el resto de la clase.

1. ¿Cuál es el nombre del aparato?
2. ¿De qué material está hecho?
3. ¿Para qué sirve?
4. ¿Cómo funciona?

Aclaración y expansión

The past perfect

- Use the past perfect to refer to a past event, action, or condition that occurred prior to another event or action in the past.

El avión que no usa combustible **había volado** en un túnel de aire antes de volar en Australia.

Los científicos **habían hecho** muchas pruebas para estar seguros de que podía volar.

*The plane that does not use fuel **had flown** in a wind tunnel before flying in Australia.*

*The scientists **had done** many tests to be sure that it could fly.*

- To form the past perfect, use the imperfect tense of **haber** and the past participle of the main verb.

Imperfect tense haber		past participle
yo	había	
tú	habías	
Ud., él, ella	había	hablado
nosotros/as	habíamos	comido
vosotros/as	habíais	vivido
Uds., ellos/as	habían	

> ### ❧ Lengua ❧
>
> The word **ya** is often used with the past perfect. Remember to place it before the verb **haber** or after the past participle.
>
> **Los científicos ya habían hecho las pruebas cuando fueron a Australia.**
> *The scientist **had already done** the tests when they went to Australia.*

2 **8-8 ¿Qué habían hecho antes de su hazaña (*exploit*)?** Marque con una **X** las actividades que los astronautas habían hecho antes de llegar a la Luna en 1969. Después compare sus respuestas con las de su compañero/a.

1. _____ Habían tomado muchos cursos de ciencias.
2. _____ Habían aprendido a pilotar la nave espacial.
3. _____ Se habían preparado física y mentalmente para el viaje espacial.
4. _____ Habían aprendido a moverse sin la fuerza de gravedad.
5. _____ Habían leído mucho sobre la vida de un astronauta.
6. _____ Habían aprendido el lenguaje técnico de los viajes espaciales.
7. _____ Habían seguido cursos en Internet sobre el espacio.
8. _____ Habían construido una nave espacial.

8-9 Una familia colaboradora. Primera fase. La Sra. Solano es una científica que trabaja para unos laboratorios importantes y que también se ocupa de las labores domésticas. Cuando salió para el trabajo esta mañana no había tenido tiempo de dejar su casa en orden. Miren el dibujo y túrnense para describir cómo estaba su casa cuando ella salió.

MODELO: E1: La cocina estaba muy desordenada cuando la Sra. Solano salió.
E2: Es cierto. Además, había comida sobre la estufa.

Segunda fase. Cuando la Sra. Solano regresó a su casa, encontró que todo estaba en orden porque su familia había hecho todas las tareas domésticas. Comparen este dibujo con el anterior y túrnense para decir qué había hecho cada miembro de la familia.

MODELO: E1: Cuando la Sra. Solano regresó a su casa, no había platos en el fregadero porque su hijo ya los había lavado.
E2: Sí, y también había puesto algunos en la lavadora de platos.

8-10 Un automóvil volador. Ustedes inventaron un pequeño automóvil volador y tomaron algunas ideas de otros inventos que habían ocurrido antes. Discutan entre ustedes los siguientes puntos y después explíquenle su invento al resto de la clase.

1. Otros inventos que habían ocurrido antes y cómo estos inventos los ayudaron.
2. Lo que leyeron o vieron (artículos, novelas, programas, tiras cómicas, etc.) que les hizo concebir la idea del automóvil volador.
3. Tipo de energía o combustible que usa este automóvil.
4. Número de personas que puede transportar.
5. Ventajas de este invento.

A leer

En laboratorios como éste, los científicos realizan investigaciones para saber más sobre el ser humano y para poder vencer las enfermedades que son incurables actualmente. Los avances de la medicina en los últimos años se encuentran entre los grandes logros de la ciencia.

Los rayos X fueron un gran descubrimiento en el campo de la medicina, pero con las imágenes de resonancia magnética (IRM) se pueden ver también los tejidos blandos, como la médula espinal y los nervios, y encontrar con más facilidad el problema que afecta al paciente. Estas imágenes y los adelantos en microcirugía y las operaciones con láser han facilitado las operaciones y han disminuido el tiempo de recuperación de los pacientes.

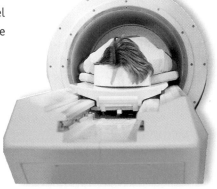

Los descubrimientos científicos siempre pueden aplicarse a distintos campos. Por ejemplo, el descubrimiento del genoma humano y la secuencia del ADN, que contiene toda la información genética de un organismo, ha contribuido a solucionar crímenes al identificar a las personas que los habían cometido.

La clonación es uno de los temas que más ha dividido a la opinión pública por los problemas legales y éticos que plantea, especialmente cuando se trata de seres humanos.

Preparación

8-11 ¿Se combaten con vacunas (*vaccines*)? Primera fase. Marquen con una **X** las enfermedades que se combaten con vacunas.

1. _____ la fiebre amarilla o tifus
2. _____ la malaria
3. _____ el sida
4. _____ la hepatitis
5. _____ el cólera

6. _____ las paperas (*mumps*)
7. _____ el sarampión (*measles*)
8. _____ la tuberculosis
9. _____ la viruela (*smallpox*)
10. _____ el cáncer

Segunda fase. Discutan si ustedes –o alguien conocido– han sufrido alguna de las enfermedades mencionadas arriba. ¿Cuándo? ¿Qué síntomas tenían? ¿Qué tratamiento les dieron?

Expresiones útiles		
tener fiebre	glándulas	inflamado/a, hinchado/a (*swollen*)
tener tos/toser (*to cough*)	piel	infectado/a
tener una erupción (*rash*)	músculo	irritado/a
sangrar (*to be bleeding*)	sangre	inconsciente

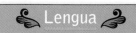
Lengua

The English verb "to hurt," meaning to feel physical pain, can be expressed with two verbs in Spanish: **doler (me duele la cabeza)** or **tener dolor (tengo dolor de cabeza).**

8-12 ¿Qué hacen estos profesionales? Asocie las palabras de la columna de la izquierda con las definiciones de la columna de la derecha.

1. _____ los médicos
2. _____ los bacteriólogos
3. _____ los microbiólogos
4. _____ los enfermeros
5. _____ los químicos
6. _____ los psicólogos
7. _____ los genetistas
8. _____ los técnicos de rayos X

a. Estudian los problemas emocionales del ser humano.
b. Analizan los genes hereditarios.
c. Ayudan a los enfermos, pero no son médicos.
d. Atienden a los pacientes y les dan recetas.
e. Toman radiografías.
f. Trabajan en un laboratorio con sustancias químicas.
g. Examinan los microorganismos.
h. Estudian las bacterias.

8-13 Equipos de salvamento en acción. Primera fase. Imagínense que ustedes trabajan para el Departamento de Seguridad Nacional. Su comunidad ha sido amenazada con un ataque bactereológico. Su misión es preparar a las personas de su región para evitar (*avoid*) una gran catástrofe. Determinen un plan de prevención y expliquen qué harán para entrenar a la población. Las siguientes expresiones pueden ser útiles para preparar su plan.

vacunación masiva	control en aeropuertos
cuarentena (*quarantine*)	máscaras
medidas higiénicas	sellar (*to seal*) puertas y ventanas
medidas de prevención	comprar víveres (*food provisions*), linternas (*flashlights*), velas, etc.

Segunda fase. Compartan con la clase la información sobre su plan de acción. Pueden organizar su presentación con fotografías o *PowerPoint.*

Estrategias de lectura

1. Use el comienzo del texto para anticipar el contenido.

   a. Lea el título: "Patarroyo". Si no sabe qué significa, lea la primera oración del texto.
   b. Examine con cuidado la primera oración. Si no recuerda la palabra **vacuna,** trate de adivinar el significado por medio del contexto, especialmente estas palabras: científico, creador, contra la malaria.

2. Basándose solamente en la primera oración, trate de adivinar cuál es el tema del texto.

   a. La historia de la malaria.
   b. La biografía de un médico.
   c. Los colombianos importantes en la medicina.

3. Examine el texto antes de leerlo.

   a. Examine rápidamente el texto y pase su marcador sobre la primera oración de cada uno de los seis párrafos. Lea estas oraciones; son importantes porque constituyen un resumen del texto.
   b. Lea las oraciones a continuación. Póngalas en orden, según aparece la información en el texto.

   ___1___ Patarroyo decidió de niño que quería ser un científico en el campo de la medicina.
   _____ Patarroyo produjo una vacuna sintética que se podía fabricar en el laboratorio.
   _____ Patarroyo estudió medicina en Colombia y en los Estados Unidos.
   _____ Patarroyo donó la vacuna a la Organización Mundial de la Salud, no la vendió a una compañía privada.
   _____ Patarroyo inventó una vacuna preventiva contra la malaria.
   _____ Patarroyo se dedicó a estudiar la base genética de algunas enfermedades.
   _____ Patarroyo recibió un premio en España por su trabajo.
   _____ El instituto de Patarroyo en Colombia tuvo problemas económicos.

> **Cultura**
>
> En 1881, el médico cubano Carlos Finlay descubrió que el mosquito era el agente transmisor de la fiebre amarilla, enfermedad que causaba innumerables muertes en los países tropicales. Años después, en 1900, la comisión dirigida por el doctor norteamericano Walter Reed comprobó la teoría de Finlay, lo que pudo salvar muchas vidas, especialmente durante la construcción del Canal de Panamá.

LECTURA

Patarroyo

Uno de los científicos actuales más importantes del mundo es el colombiano Manuel Elkin Patarroyo, creador de la vacuna contra la malaria.

Nacido en 1947 en Ataco, Patarroyo supo desde niño que quería ser científico cuando a los ocho años leyó una biografía de Pasteur en forma de tebeo[1]. Sus
5 padres eran comerciantes, pero inculcaron a sus hijos la vocación por el servicio a los otros. De hecho, Patarroyo es el mayor de once hermanos, de los cuales cinco son médicos, una es enfermera y otra, psicóloga.

[1]*comic book*

> ❓ La niñez. Muchas biografías comienzan con información sobre la niñez del personaje. Al leer el párrafo, busque esta información sobre Patarroyo: cuándo nació, cuántas personas había en su familia, la profesión de sus padres, qué acto lo inspiró a hacerse médico.

? Los lugares y las instituciones. Los nombres de las universidades, las ciudades, los países y las organizaciones son fáciles de detectar. Se mencionan tres universidades, dos ciudades y un instituto en este párrafo (líneas 8–14). Márquelos, y sabrá dónde Patarroyo estudió y dónde trabajó.

? Comprender información técnica. En los dos párrafos a continuación (líneas 15–25), hay información técnica sobre el trabajo de Patarroyo. Piense en lo que ya sabe sobre Patarroyo y su trabajo. Use sus conocimientos para comprender la información sobre lo que inventó.

? ¿Qué ha comprendido? Si es necesario, lea otra vez los dos párrafos anteriores (líneas 15–25) para responder a estas preguntas: ¿Por qué estudió Patarroyo la genética? ¿Qué tipo de vacuna inventó? ¿Cuándo inventó la vacuna? ¿Cuántas personas mueren de malaria todos los años? ¿Dónde viven estas personas?

? Evaluar la información. ¿Es efectiva la vacuna de Patarroyo? Vuelva a leer los dos párrafos anteriores (líneas 20–34) para ver cuántas personas no mueren de malaria todos los años gracias a la vacuna.

? El carácter de Patarroyo. En las biografías se escribe sobre el carácter del personaje, no sólo sobre su trabajo. ¿Qué explica el párrafo (líneas 35–40) sobre la generosidad de Patarroyo?

Patarroyo, a quien en su casa llaman Elkin, estudió medicina en la Universidad Nacional de Bogotá, y completó sus estudios mediante becas que le procuraron estancias temporales en la Universidad Rockefeller de Nueva York y en la 10 Universidad de Yale. Muy pronto creó en Bogotá un laboratorio de investigación biomédica que más tarde se convirtió en el Instituto de Inmunología del Hospital de San Juan de Dios, que él mismo dirigió durante años y en el que desarrolló su principal actividad.

Patarroyo se interesó enseguida por el estudio de los marcadores genéticos, 15 comprobando que existen factores de carácter genético en el organismo humano que predisponen a contraer determinadas infecciones. Estos estudios, y su interés por la química, lo convencieron de la importancia de desarrollar vacunas sintéticas.

Sus trabajos sobre las vacunas comenzaron en 1978 y obtuvieron su mayor 20 resultado en 1984, con una vacuna preventiva sintética contra la malaria. Esta enfermedad endémica, que anualmente mata a tres millones de personas, especialmente a niños menores de cinco años, afecta a más de 100 países que tienen climas cálidos y húmedos en regiones tropicales y subtropicales de Asia, África y América. 25

Hasta entonces, se habían llevado a cabo[2] algunos estudios de carácter biológico para desarrollar una vacuna contra la malaria, pero la de Patarroyo es diferente porque es una vacuna de componentes químicos. La vacuna se experimentó primero en una colonia de monos del Amazonas, y posteriormente en grupos humanos. Aunque su eficacia no es todo lo deseable que se pudiera esperar 30 —entre un 40 y un 60 por ciento en adultos y un 77 por ciento en niños— el descubrimiento de esta vacuna es importantísimo porque puede salvar la vida de más de un millón de personas anualmente y, además, abre nuevos caminos científicos.

Un laboratorio suizo quiso comprar la patente de la vacuna, pero Patarroyo 35 prefirió donar la vacuna a la Organización Mundial de la Salud con la condición de que se elaborara siempre en Colombia para permitir que los precios fueran bajos y accesibles para los países del Tercer Mundo. De este modo, Patarroyo cumplió con el sentimiento de solidaridad que le enseñaron sus padres y con su sueño de niño de hacer vacunas para ser útil a la humanidad. 40

Durante unos años, las dificultades económicas de Colombia pusieron en peligro la supervivencia del instituto de investigación en el que siempre trabajó Patarroyo. Los laboratorios de este complejo científico, dotados con la tecnología más avanzada a base de muchos esfuerzos, han sido un importante centro de formación para numerosos médicos, bacteriólogos, microbiólogos, 45 etc., y en ellos trabajan unas 300 personas. Patarroyo ha luchado contra las dificultades de hacer ciencia de primer nivel en un país con graves problemas económicos y sociales.

En la actualidad, su labor se desarrolla entre el Instituto de Inmunología de Colombia y el CSIC (Consejo Superior de Investigaciones Científicas) de 50 España, país que le concedió en 1994 el Premio Príncipe de Asturias de Investigación Científica y Técnica y dos años más tarde la ciudadanía española.

[2]*had been completed, had been carried out*

Comprensión y ampliación ⋘ ⋘ ⋘ ⋘ ⋘ ⋘ ⋘ ⋘ ⋘ ⋘ ⋘ ⋘ ⋘ ⋘

8-14 A resumir. Indique cuál de las siguientes oraciones resume mejor el contenido de cada párrafo.

Párrafo 1

a. _____ Uno de los científicos más importantes del mundo es colombiano.

b. _____ El colombiano Patarroyo es el creador de la vacuna contra la malaria.

Párrafo 2

a. _____ El servicio a los otros a través de la ciencia le interesó a Patarroyo desde niño.

b. _____ A los ocho años Patarroyo leyó una biografía de Pasteur.

Párrafo 3

a. _____ A Patarroyo, en su casa le llaman Elkin.

b. _____ Patarroyo estudió en diversas universidades y creó un lab en Bogotá.

Párrafo 4

a. _____ Sus estudios de carácter genético convencieron a Patarroyo de la importancia de desarrollar vacunas sintéticas.

b. _____ Patarroyo comprobó que existen factores de carácter genético en el organismo humano.

Párrafo 5

a. _____ La vacuna que creó Patarroyo en 1984 es sintética.

b. _____ La vacuna que creó Patarroyo en 1984 es importante porque la malaria mata a mucha gente.

Párrafo 6

a. _____ La vacuna de componentes químicos que inventó Patarroyo puede salvar a millones de personas, a pesar de que su eficacia no es total.

b. _____ La vacuna se experimentó por primera vez en unos monos del Amazonas.

Párrafo 7

a. _____ El laboratorio que quiso comprar la vacuna era suizo.

b. _____ Patarroyo donó la vacuna a la OMS para que los precios se mantuvieran bajos.

Párrafo 8

a. _____ Los laboratorios del instituto de investigación que fundó Patarroyo están dotados con la tecnología más avanzada.

b. _____ Patarroyo ha luchado contra muchas dificultades para asegurar que el instituto que fundó sobreviva, ya que es un importante centro de formación científica.

Párrafo 9

a. _____ Actualmente, Patarroyo trabaja en Colombia y en España.

b. _____ Patarroyo obtuvo la ciudadanía española en 1996.

2 **8-15 Cognados.** Subrayen algunos de los cognados que encuentren en el texto y clasifíquenlos según el siguiente cuadro. Compártanlos con el resto de la clase.

Nombres	Adjetivos	Verbos	Otros
1.			
2.			
3.			
4.			
5.			
6.			

2 **8-16 Una entrevista.** **Primera fase.** Patarroyo va a dar una conferencia en su ciudad y a ustedes, que trabajan en un periódico local, les han encargado que lo entrevisten. Vuelvan a leer el texto para preparar la entrevista y formulen al menos una pregunta que se relacione con el contenido de cada uno de los párrafos.

Segunda fase. Ahora entreviste a otro/a compañero/a, quien hará el papel de Patarroyo, y le responderá a sus preguntas usando la información del texto o añadiendo otra que él/ella tenga sobre el tema.

Aclaración y expansión

Indefinite and negative expressions

Affirmative		Negative	
todo	*everything*	**nada**	*nothing*
algo	*something, anything*		
todos	*everybody, all*	**nadie**	*no one, nobody*
alguien	*someone, anyone*		
algún, alguno/ alguna	*some, any*	**ningún, ninguno/a**	*no, not any, none*
algunos/as	*several*		
o. . . o	*either . . . or*	**ni. . . ni**	*neither . . . nor*
siempre	*always*	**nunca, jamás**	*never, (not) ever*
una vez	*once*		
alguna vez	*sometime*		
algunas veces	*sometimes*		
a veces	*at times*		
también	*also, too*	**tampoco**	*neither, not . . . either*

- Negative words may precede or follow the verb. When they follow the verb, use **no** before the verb.

Los científicos **nunca** habían usado vacunas de componentes químicos antes de Patarroyo.

Los científicos **no** habían usado **nunca** vacunas de componentes químicos antes de Patarroyo.

*Scientists had **never** used vaccines made of chemical components before Patarroyo.*

- When **alguno** and **ninguno** precede a masculine singular noun, they are shortened to **algún** and **ningún.**

¿Hay **algún** laboratorio suizo con la patente de la vacuna contra la malaria?

No, no hay **ningún** laboratorio suizo con esa patente.

*Is there **any** Swiss lab with the patent for the malaria vaccine?*

*No, there is **no** Swiss lab with that patent.*

- When **alguno/a/os/as** and **ninguno/a** refer to persons who are the direct object of the verb, use the personal **a.** Use it also with **alguien** and **nadie** since they always refer to people.

¿Conoces **a algunos** de los científicos que trabajan con Patarroyo ahora?

No, no conozco **a ninguno,** pero conozco **a alguien** que trabajó con él hace varios años.

*Do you know **any** of the scientists who work with Patarroyo now?*

*No, I don't know **any,** but I know **someone** who worked with him several years ago.*

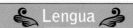

In Spanish, unlike English, you may use two or more negative words in the same sentence.

Nunca confía en nadie./ No confía en nadie nunca.
He doesn't trust anybody ever./He doesn't ever trust anybody.

In Spanish, only the singular forms **ningún, ninguno,** and **ninguna** are used, except for the rare plural words that do not have a singular form, such as **víveres.**

Ningún médico del hospital pide esas medicinas.
Hoy no entregaron **ningunos** víveres en el hospital.

8-17 Todo equivocado. Ustedes están revisando un artículo sobre Patarroyo que va a publicarse en el periódico de su universidad y encuentran que hay errores en parte de la información que se presenta. Para ofrecer la información correcta sólo tendrán que cambiar unas pocas palabras. Túrnense para cambiarlas, usando las expresiones indefinidas y negativas que se presentan en la sección gramatical, y así dar la información correcta.

MODELO: Patarroyo no siguió ningún curso de química en la universidad.
Patarroyo siguió algunos cursos de química en la universidad.

1. Antes de 1984, las vacunas siempre se hacían con componentes químicos.
2. Patarroyo no obtuvo ninguna beca de universidades norteamericanas.
3. Patarroyo no probó la vacuna contra la malaria y tampoco hizo experimentos con la vacuna en seres humanos.
4. Patarroyo siempre pensó darle la patente de la vacuna a un laboratorio suizo.
5. La malaria no existe en ningún país tropical.

8-18 Una prueba en el laboratorio. Ustedes están haciendo unas pruebas para fabricar una tela (*material, cloth*) que no se queme y proteja del fuego a quienes la usen. Lean la siguiente conversación y complétenla con las palabras que aparecen más abajo. Algunas palabras se pueden usar más de una vez.

| algo | nada | nadie | ni | ningún | nunca | también | tampoco |

E1: ¿Ha pasado (1) —————?

E2: No, no ha pasado (2) —————. Subí la temperatura 40 grados, pero no cambiaron (3) ————— la consistencia (4) ————— el color del material. Y (5) ————— subió la temperatura del material.

E1: ¿Cómo? ¿Estás seguro/a?

E2: Mira, parece cosa de magia. (6) ————— he visto (7) ————— así.

E1: Pero, ¿te das cuenta de la importancia de lo que hemos descubierto? (8) ————— ha inventado una tela que no se queme, que no cambie de temperatura, y que sea tan suave como la seda.

E2: En estos momentos, es mejor no hacer (9) ————— y no decírselo a (10) —————. Éste es un secreto que debemos guardar por ahora, pero (11) ————— debemos hacer más pruebas.

E1: Es cierto. No podemos permitir (12) ————— error.

8-19 ¿Con qué frecuencia? Primera fase. Llene la siguiente tabla indicando la frecuencia con que usted hace o ha hecho las siguientes actividades y dele esa información a su compañero/a. Después, averigüe con qué frecuencia las hace él/ella.

MODELO: leer artículos científicos para mi clase de biología

E1: A veces yo leo/he leído artículos científicos para mi clase de biología. ¿Y tú?

E2: Yo casi nunca leo artículos científicos porque no estudio ciencias este semestre.

actividades	siempre	a veces	casi nunca	nunca
buscar información para mis clases en Internet				
trabajar en el laboratorio de química				
seguir cursos de física en la universidad				
hacer investigaciones sobre científicos importantes				
estudiar las enfermedades que transmiten los mosquitos				
ayudar a organizaciones sin fines de lucro				

Segunda fase. Ahora hágale preguntas a su compañero/a para tratar de averiguar más detalles sobre sus actividades.

1. Dos o tres actividades que le gustan mucho.
2. Cuándo las hace y con quién.
3. Actividades que no le gustan nada.
4. Si alguna vez tiene que hacerlas o no.
5. Algo que nunca ha hecho y que quiere hacer.

Algo más

Relative pronouns

- To avoid unnecessary repetition, when two clauses or sentences repeat a noun or pronoun, both Spanish and English use relative pronouns to combine them.

  Los científicos crearon una nueva <u>vacuna</u>.   La <u>vacuna</u> es muy efectiva.
  The scientists created a new <u>vaccine</u>.   *The <u>vaccine</u> is very effective.*
  Los científicos crearon una nueva vacuna **que** es muy efectiva.
  *The scientists created a new vaccine **that** is very effective.*

- The most commonly used relative pronoun is **que.** It introduces a dependent clause and it may refer to persons or things.

  El estudiante **que** inventó el guante para los clientes sordomudos tenía 18 años.   *The student **who** invented the glove for deaf customers was 18 years old.*
  El guante **que** él inventó transmite los movimientos de la mano a un monitor.   *The glove (**that**) he invented transmits hand movements to a monitor.*

- **Quien(es)** refers only to persons. It is used after prepositions (**a, con, de, por, para,** etc.). It is also used instead of **que,** usually in writing, in clauses that are set off by commas.

  El chico **a quien** le dieron el premio sabe mucho de computadoras.   *The young man **to whom** they gave the award knows a lot about computers.*
  El chico, **que/quien** tenía 18 años, recibió un premio importante.   *The young man, **who** was 18 years old, received an important prize.*

- **Lo que** refers to a previously mentioned idea, action, or situation.

  Muy pronto tendremos computadoras mucho más rápidas y compactas, **lo que** será fabuloso.   *Very soon we'll have faster and more compact computers, **which** will be great.*

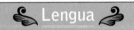

Lengua

The relative pronoun **que** cannot be omitted as is possible with its English equivalent *that.*

8-20 Autos que no contaminan. La contaminación del ambiente es un problema muy serio que afecta a todos. Lea el siguiente artículo y complételo con el pronombre relativo correcto: **que, quien(es)** o **lo que.**

Un problema (1) _____ preocupa mucho a los científicos es la contaminación del aire, especialmente en las grandes ciudades. Indiscutiblemente, el uso de los autos contribuye a empeorar la calidad del aire (2) _____ respiramos. Por eso, los gobiernos quieren que se use más el transporte público, (3) _____ puede disminuir notablemente el tráfico en las calles y autopistas y, como consecuencia, mejorar el ambiente.

Al mismo tiempo, los científicos estudian la posibilidad de crear un auto (4) _____ no produzca emisiones contaminantes. Muchos de los científicos a (5) _____ les preocupa la mala calidad del aire afirman que ya existe la tecnología para producir autos (6) _____ no contaminen el ambiente. Ya existen autos pequeños (7) _____ sólo usan electricidad en vez de gasolina, y las personas (8) _____ los usan sólo tienen que conectarlos a un enchufe eléctrico para cargar las baterías. El profesor Juan Celaya, (9) _____ trabaja con un grupo de científicos (10) _____ están haciendo pruebas importantes, afirma que el uso del hidrógeno será otra solución, y espera que los autos que funcionan a base de hidrógeno estén en el mercado en un futuro cercano.

8-21 A resolver problemas. Primera fase. La vida moderna ha creado problemas que deben solucionarse para el beneficio de todos. Primero escojan uno de los siguientes temas.

1. La contaminación de los ríos y los mares.
2. El aumento de la basura que producimos.
3. Los accidentes en las carreteras y las autopistas.

Ahora hagan lo siguiente:

1. Preparen una lista de palabras clave que les permita hablar sobre el tema.
2. Anoten algunos efectos provocados por este problema.
3. Escriban algunos argumentos para explicar por qué es importante resolver este problema.

Segunda fase. Basándose en lo que hicieron en la primera fase, preparen una breve presentación que cubra los siguientes puntos:

1. La situación actual del problema.
2. Las consecuencias futuras si no se toman medidas urgentes.
3. Cómo pueden la ciencia y la tecnología ayudar a solucionar el problema.

Ampliemos e investiguemos

A escuchar

8-22 El coche del futuro. Usted va a escuchar parte de una conferencia sobre los coches del futuro. Antes de escuchar la conferencia, lea las oraciones incompletas que aparecen más abajo y, si lo considera necesario, tome apuntes durante la conferencia para tener más datos. Después, complete las oraciones de acuerdo con lo que escuchó.

1. Los coches del futuro no contaminarán. . .

    a. los motores.
    b. el ambiente.
    c. a los pasajeros y choferes.

2. Estos coches nuevos funcionarán con células de combustible semejantes a las que se usan en. . .

    a. la Estación Espacial Internacional.
    b. los aviones.
    c. las plantas de energía atómica.

3. La Feria del Automóvil que se menciona en la conferencia tuvo lugar en. . .

    a. Detroit.
    b. Los Ángeles.
    c. París.

4. La reacción electroquímica del nuevo automóvil producirá. . .

    a. más oxígeno.
    b. agua y calor.
    c. hidrógeno.

El coche del futuro no va a funcionar como los coches que conocemos hoy en día. Además de no usar gasolina ni emitir gases contaminantes, estos coches serán más seguros y los accidentes disminuirán notablemente.

5. El coche del futuro funcionará basándose en. . .

    a. conexiones mecánicas y eléctricas.
    b. nuevos cables de plástico.
    c. la electrónica.

6. Este nuevo coche tendrá un motor eléctrico y depósitos de. . .

    a. oxígeno.   b. hidrógeno.   c. agua.

7. Comparados con los autos de hoy en día, los autos del futuro tendrán. . .

    a. menos gastos.
    b. más cables y conexiones.
    c. más comodidades y visibilidad.

8. Según la conferencia, los coches podrán parar en estaciones en las carreteras para

    a. saber las condiciones del camino.
    b. comprar gasolina.
    c. reprogramar sus sistemas.

8-23 Defensa de un proyecto. Imagínese que usted es el/la jefe/a del Departamento de Diseño de una de las principales fábricas de automóviles del país. Usted cree que los autos que funcionan a base de hidrógeno tienen un gran potencial. Como el presidente de la compañía le ha pedido su opinión, escríbale un correo electrónico para explicarle las ventajas que tienen estos autos sobre los otros. Dígale también por qué cree que éste será el carro del futuro y por qué la compañía debe invertir más dinero para desarrollar esta idea.

 A escribir

Estrategias de redacción: El ensayo expositivo

A diario los medios de comunicación masivos —periódicos, televisión, radio, Internet— nos informan sobre eventos mundiales y avances científicos y tecnológicos significativos que nos afectan directa o indirectamente.

Las noticias, informes o reportajes que nos llegan nos pueden presentar los hechos objetiva o subjetivamente, dependiendo del tema que se trate y del propósito del escritor. Si se desea informar, entonces el lenguaje tiende a ser claro, preciso, directo. Se explica, se analiza, se define para darle al lector u oyente una visión objetiva del asunto. Si, por el contrario, la intención es exponer un punto de vista personal e influir en el lector, entonces se usarán estrategias para convencer, persuadir, probar un punto de vista o justificar una posición personal.

El ensayo expositivo que veremos en esta sección es un texto que trata de informar objetivamente sobre un asunto, y su lenguaje y organización muestran, entre otras cosas, lo siguiente.

- El escritor o la persona que informa recoge datos, información, hechos de fuentes apropiadas (expertas y variadas).
- La información se presenta de una manera planificada. Generalmente, la introducción resume el contenido del ensayo, y los párrafos desarrollan cada aspecto relevante al tema. A lo largo del texto, se demuestra, se analiza, se aclara, se define, se compara o se contrasta, se habla de las causas y los efectos de algo, se explican los hechos o los datos, etc.
- Se utiliza un tono impersonal que refleje la objetividad en la presentación de la información: se evita el uso de *yo*, por ejemplo. Se opta por el uso de sujetos indefinidos o colectivos tales como la gente, la mayoría/la minoría, muchos, los expertos, etc.
- Se usan formas lingüísticas que dan importancia o credibilidad a los hechos o datos sobre los cuales se informa; por eso, abundan las formas del indicativo, el *se* impersonal, y las expresiones impersonales que ayudan al escritor a mantener la objetividad, tales como *es evidente que. . . , es cierto que. . .* , etc.

En resumen, el ensayista le 'pinta' con palabras al lector una realidad de la manera más objetiva posible para que éste/a pueda formarse su propia opinión, basada en la información que recibió.

8-24 Análisis. El siguiente ensayo habla sobre el uso de la tecnología en la medicina. Léalo y, luego, siga las instrucciones.

1. Identifique al lector potencial de este ensayo. ¿Lo leerá un lector no especializado o un experto sobre el uso de la tecnología en la medicina?
2. Defina el propósito del ensayo. ¿Por qué o para qué se escribió este ensayo? ¿Para provocar un debate entre el público? ¿Para informar? ¿Para conseguir que alguien cambie de opinión?
   Con respecto a la organización del ensayo siga estos pasos.
3. Observe la estructura del mensaje. ¿Puede usted ver una introducción en el texto? ¿Qué información contiene? ¿Puede identificar el punto de cada párrafo? ¿Hay una conclusión? ¿Qué información tiene la conclusión?
4. Observe las características de la lengua que utiliza el escritor. ¿Cuál de las siguientes estrategias del ensayo utiliza el autor del texto?

_____ la demostración	_____ la aclaración	_____ la presentación de las
_____ el análisis	_____ la definición	causas y los efectos de algo

¿Qué es la teleformación?

Con los avances de la ciencia y la tecnología ha nacido la telemedicina, que es la utilización de la tecnología en el cuidado y tratamiento de enfermedades. Para que la telemedicina funcione es necesario entrenar a los profesionales que la utilizarán con el fin de ayudar a los pacientes. Este proceso de capacitación profesional se conoce con el nombre de teleformación.

Estados Unidos es el centro más grande de la teleformación. El cable de banda ancha permite la interacción. Se puede participar en un programa o evaluarlo. Todo se puede hacer en directo o en diferido, es decir, usted baja el programa a la hora que quiere, lo sigue y lo examina.

La teleformación se realiza de dos maneras: en persona y a distancia. Las instituciones de la salud ofrecen cursos, seminarios, mesas redondas, congresos, simposios, etc., que requieren de la presencia física de las personas que van a participar en ellos. Para el entrenamiento a distancia se utilizan los últimos adelantos tecnológicos tales como Internet, videoconferencias, recepción de señal vía satélite, etc. Esta tecnología les da un apoyo enorme a las instituciones y a los profesionales de la salud tales como los farmacéuticos, las enfermeras auxiliares, las comadronas[1], etc. También representa una ayuda invaluable para los pacientes que son atendidos en estas instituciones.

Sin duda el papel del paciente es vital en la telemedicina. Éste colabora y participa de dos maneras: controla la automedicación y el gasto. El usuario no sabe de antemano cuánto cuesta su estancia en el hospital, los servicios de su médico, o los medicamentos que va a necesitar. Con el debido entrenamiento, los pacientes se pueden automedicar y así ayudan a bajar los costos de la administración de los medicamentos, por ejemplo.

Es evidente que la teleformación es una actividad que ha avanzado mucho en el mundo y que sin duda con la llegada de Internet, de la televisión educativa (IP)[2] y de la tecnología UMTS[3] (Sistema Universal de Telecomunicaciones Móviles), la formación profesional continuada, al menos en cuestiones de salud, será un éxito.

---

[1] _midwife_   [2] Viene del inglés _Informational Programs._   [3] Equivale a _Universal Mobile Telecommunications System._

8-25 Preparación. Primera fase. El editor del periódico de la escuela secundaria donde usted estudió le ha pedido que colabore con un ensayo sobre la ciencia y/o la tecnología en la vida moderna. El propósito es despertar el interés de los alumnos de la escuela por los temas científicos y tecnológicos. En **www.prenhall.com/identidades** usted encontrará ensayos relacionados con la aplicación de la tecnología en varias áreas. De la siguiente lista, seleccione un tema que le interese y que conozca relativamente bien.

Ciencia y tecnología
Educación y tecnología
La tecnología del futuro
Los efectos de la tecnología en la sociedad

Las siguientes ideas lo/la pueden ayudar a prepararse para escribir su ensayo.

- Escoja un tema conocido para comprender el texto con más facilidad y concentrarse más en la organización.
- Observe y analice la estructura del texto modelo y use o adapte su estructura en el ensayo que usted va a escribir.
- Siga las convenciones de redacción: incluya citas si va a usar las ideas o información de otros e indique las fuentes que usted consultó.

Segunda fase. Lea el ensayo sobre el tema que seleccionó en la *Primera fase* y haga lo siguiente.

1. Identifique el propósito del ensayo.
2. Analice la estructura del texto.

- Identifique y subraye la idea principal de la introducción y la de cada párrafo.
- Observe la conclusión: ¿Presenta ésta un resumen del contenido del texto?

3. Tome notas del contenido del ensayo y resúmalo en sus propias palabras.
4. Escriba algunas ideas de cómo podría motivar a los alumnos desmotivados. Por ejemplo, ¿haciéndoles algunas preguntas provocativas? ¿Involucrándolos en el tema? ¿Pidiéndoles que piensen en la importancia de la ciencia y la tecnología en la vida diaria? ¿Haciéndolos pensar en las excelentes oportunidades profesionales que ofrecen la ciencia y la tecnología?

8-26 ¡A escribir! Use la información que usted obtuvo en el ensayo que leyó en la actividad 8-25 —u otra que usted tenga— y escriba un ensayo interesante para estos alumnos desmotivados.

8-27 ¡A editar! Lea su ensayo críticamente por lo menos una vez más. Examine el contenido (cantidad, claridad de la información para los estudiantes) y forma del texto (cohesión y coherencia de las ideas), la mecánica del texto (puntuación, acentuación, mayúsculas, minúsculas, uso de la diéresis, etc.). Haga los cambios necesarios para lograr un buen ensayo que motive a estos alumnos.

A explorar

8-28 Los inventos de la historia. Primera fase. Investiguen sobre uno de los inventos más importantes de la historia y recopilen datos sobre el mismo. En **www.prenhall.com/identidades** encontrarán páginas que los/las pueden ayudar. Luego hagan lo siguiente:

1. Escriban al menos cinco fichas con datos relevantes sobre el invento.
2. En cada ficha respondan a una de las siguientes preguntas: ¿Cuál es el invento? ¿Quién lo inventó? ¿Cuándo se inventó? ¿Qué impacto ha tenido en la sociedad? ¿Otra información de interés?

Segunda fase. Hagan una presentación oral o por escrito basándose en la información conseguida. Incluya fotografías y no olvide citar las fuentes donde consiguió su información.

8-29 ¿Para qué sirve? Primera fase. Chindogu es la palabra con que se conoce el arte de inventar cosas inútiles. En **www.prenhall.com/identidades** encontrarán información en español sobre este arte que se originó en Japón en los años de 1980, y que se ha extendido por todo el mundo. Observen algunos de estos inventos y comenten entre ustedes el decálogo Chindogu, es decir, las normas que deben cumplir estos inventos.

Segunda fase. Usen su imaginación para diseñar un invento inútil que cumpla las citadas normas y compártanlo con el resto de la clase.

8-30 Alternativas a la medicina actual. Primera fase. Vayan a **www. prenhall.com/identidades**, seleccionen una enfermedad y averigüen qué tratamientos alternativos utiliza la clínica mencionada en el artículo para tratarla.

Segunda fase. Compartan la información que obtuvieron en la *Primera fase* con la clase. Hagan lo siguiente.

1. Describan los síntomas de la enfermedad.
2. Expliquen sus causas.
3. Ofrezcan un tratamiento alternativo posible.

Finalmente, indiquen qué tratamiento prefieren ustedes: el de la medicina tradicional o el de la alternativa. ¿Por qué?

8-31 ¿Nos pueden curar las plantas? Primera fase. Vaya a **www. prenhall.com/identidades**, y lea sobre las plantas medicinales de la selva amazónica del Perú.

Segunda fase. Seleccione una planta. Prepare una descripción de la planta o árbol y un resumen de su potencial curativo basándose en los siguientes puntos.

1. Las enfermedades o dolencias que cura: los dolores de cabeza, los mareos (*dizziness*), etc.
2. Los problemas físicos que soluciona: las arrugas (*wrinkles*), la caída de pelo, etc.
3. Las situaciones en que la planta o árbol puede salvar la vida: la mordedura de víbora (*snake*), la hemorragia, etc.

Finalmente, presente su opinión sobre las ventajas y desventajas del uso de las plantas como tratamiento alternativo de enfermedades, frente a los tratamientos con uso de tecnología.

8-32 La tecnología en el cuidado de la salud. Primera fase. La tecnología avanza cada día y aumentan sus usos en la medicina. En **www.prenhall.com/ identidades**, o en otro lugar de Internet, escoja un artículo que le interese. Léalo y subraye la información principal.

Segunda fase. Ahora haga lo siguiente.

1. Primero, resuma el artículo para presentarlo a la clase. Puede utilizar imágenes (fotos, estadísticas, cuadros) que lo/la ayuden a exponer sus ideas o *PowerPoint*.
2. Luego, prepare una lista de preguntas para averiguar la opinión de sus compañeros sobre el artículo. Trate de escribir preguntas provocativas, polémicas, que inciten a la discusión. Prepárese para dar su opinión.

G 8-33 ¿Puede la nauropatía reemplazar la medicina tradicional? Primera fase. En **www.prenhall.com/identidades**, ustedes encontrarán información sobre algunas curas naturales que son alternativas a la medicina tradicional. Lean sobre dos alternativas que les interesen.

Segunda fase. Preparen una presentación sobre las opciones de nauropatía que investigaron. Den al menos la siguiente información.

1. Base de la terapia.
2. Enfermedades o molestias que según los expertos cura.
3. Cómo se aplica cada tratamiento: ¿Se necesita algún tipo de tecnología en el tratamiento? ¿Qué máquinas o aparatos son necesarios?
4. Ventajas y desventajas de cada terapia.

Rincón literario

Elena Poniatowska, escritora y periodista mexicana.

Elena Poniatowska nació en París en 1932, pero vive en México desde que tenía 10 años. A pesar de sus orígenes aristocráticos, muy pronto se dedicó a un periodismo de denuncia y de defensa de los marginados. Ha publicado numerosas crónicas, entrevistas, ensayos y varias novelas, entre ellas *Hasta no verte, Jesús mío* (1969) en la que reproduce la historia de una mujer nacida en Oaxaca que huyendo de la Revolución llega a la Ciudad de México para trabajar como obrera y sirvienta. Es una crítica aguda de la sociedad mexicana con sus contradicciones y su doble moralidad. En otra novela, *Tinísima* (1992), explora el ambiente artístico mexicano de los años 20 a través de la vida de la fotógrafa Tina Modotti. El fragmento que reproducimos a continuación es de su novela *La piel del cielo* (2001), ganadora del premio Alfaguara de ese mismo año. En ella, el protagonista, Lorenzo de Tena, tiene que enfrentarse a numerosos problemas para poder desarrollar su vocación científica en el campo de la astronomía en México. En dicho fragmento, se pone de manifiesto la importancia de la tecnología actual y la manera como influye en nuestras vidas.

*La piel del cielo**
Elena Poniatowska

—¿Doctor, por qué no usa su biblioteca virtual para encontrar las referencias a los adelantos astronómicos del mundo? —le había dicho Fausta. —Mire, doctor, el Internet llegó para quedarse y si usted no le entra, va a estar *out*, me entiende, fuera del mundo real. Doctor, por favor, no sea terco, ya no necesita ir a Cholula a comprar el periódico ni hacerle conversación al dueño del puesto mientras le recibe el cambio, ni considerarlo su amigo para que se lo guarde. Al contrario, puede leerlo en el Internet, así se salva del mundo real y ahorra todo el tiempo que pierde en la esquina.

Un salto adelante en la comunicación tecnológica era para Lorenzo un salto atrás en su comunicación con Fausta. Como lo había dicho Fausta, Lorenzo se sentía *out*. Todas las noches, por más cansada que estuviese, Fausta checaba su correo electrónico y cautiva, permanecía hasta altas horas navegando entre miles de portales que contenían información seleccionable para imprimirla en la Hewlett Packard Laser Jet.

Atrapada en el espacio invisible del e-mail, Fausta, antes tan servicial, no le hacía caso a nadie. Parecía que se iría de un momento a otro por el monitor.

*La piel del cielo de Elena Poniatowska, Ed Alfaguara, 2001, p. 433.

Interpretación

1. En el fragmento citado, Fausta, uno de los personajes de la novela, trata de convencer a Lorenzo, su jefe, de las ventajas de Internet. ¿Cuáles son las ventajas, según ella? ¿Qué debe hacer el doctor? ¿Usa usted Internet para leer periódicos? ¿Para qué más usa Internet?
2. Comente la siguiente oración del fragmento que leyó: "Un salto adelante en la comunicación tecnológica era para Lorenzo un salto atrás en la comunicación con Fausta". ¿Piensa usted que el uso de Internet puede afectar la comunicación entre las personas? ¿De qué manera?
3. ¿Usa usted alguna biblioteca virtual para sus investigaciones? ¿Cómo obtiene la información para escribir los ensayos para sus clases? ¿Se comunica por correo electrónico con sus profesores? ¿Cuáles son las ventajas de Internet en el mundo universitario?
4. ¿Cuánto tiempo pasa al día navegando por Internet? ¿Qué tipo de sitios visita? ¿Qué información le gusta imprimir?

VOCABULARIO

La comunicación

el auricular	*earphone*
el avión	*airplane*
la conferencia	*lecture*
el periódico	*newspaper*
el reactor/jet	*jet*

Los adelantos

el aparato	*gadget, instrument*
el descubrimiento	*discovery*
el dispositivo	*device*
la estación espacial	*space station*
el invento	*invention*
el lanzamiento	*launch*
la máquina	*machine*
la pila/la batería	*battery*
la prueba	*test*
la vacuna	*vaccine*

Personas

el/la astronauta	*astronaut*
el/la científico/a	*scientist*
el/la médico/a	*medical doctor*
el ser humano	*human being*
el/la sordomudo/a	*deaf-mute*

Características

inalámbrico/a	*wireless*
químico/a	*chemical*

Verbos

convencer (z)	*to convince*
crear	*to create*
desarrollar	*to develop*
disminuir (y)	*to decrease, to reduce*
producir (zc, j)	*to produce*
recargar/cargar (gu)	*to charge* (batteries)
relajar (se)	*to relax*
sacar (q)	*to get, to take out*
salvar	*to save*
solucionar	*to solve*
volar (ue)	*to fly*

Palabras y expresiones útiles

a reacción	*jet-propelled*
la beca	*scholarship*
desde	*from*
fuera	*out, outside*
el premio	*award, prize*
los rayos X	*X rays*
la silla de ruedas	*wheelchair*

For a list of indefinite and negative expressions, see page 264.

9

Rompiendo fronteras

Objetivos comunicativos
- Reporting and discussing demographic information
- Giving opinions on controversial issues
- Expressing intentions and motives for actions
- Supporting and opposing a point of view

Contenido temático y cultural
- Immigration and emigration
- Nationalism and international treaties
- Globalization and multinational corporations

A leer

El número de hispanos en los Estados Unidos ha aumentado extraordinariamente en los últimos años. La población hispana no solamente se concentra en los estados de California, Texas y Florida, como en el pasado, sino que se ha extendido a otros estados de este país. Por ejemplo, el número de hispanos ha aumentado en un 337 por ciento en Arkansas, 216 por ciento en Nevada y 117 por ciento en Indiana, lo que puede tener importantes implicaciones políticas, sociales y culturales.

La comida es una parte importante de la cultura. Las personas que no viven en su país de origen extrañan sus platos típicos, y si hay suficiente demanda por la comida de una región, surgen tiendas y restaurantes que la ofrecen. Los platos étnicos muchas veces pasan a formar parte de la dieta del país adoptivo de los inmigrantes.

Jennifer Lopez

Isabel Allende

Antonio Banderas

La participación de los hispanos en diferentes campos, como la música, el cine, el teatro, la literatura, los deportes, la ciencia, los negocios y la política, ha contribuido notablemente a la riqueza multicultural de los Estados Unidos.

Preparación

2 **9-1 Asociación.** Las generalizaciones que se hacen sobre los inmigrantes no siempre representan la verdad. Marquen con una **X** los conceptos que a veces se asocian con los inmigrantes y después comparen sus respuestas. Prepárense para dar ejemplos que apoyen su opinión.

1. _____ minoría
2. _____ cambios demográficos
3. _____ pobreza
4. _____ mayoría
5. _____ chapurrear (*speak badly*) la lengua del país de residencia.
6. _____ homogeneidad
7. _____ heterogeneidad
8. _____ mosaico cultural
9. _____ bilingüismo

9-2 ¿Mito o realidad? Primera fase. Lea las siguientes afirmaciones sobre las culturas del mundo hispano y, luego, marque Mito **(M),** Realidad **(R),** o No sé **(NS),** según sea su opinión.

1. _____ A través de la historia, las poblaciones nativas de Hispanoamérica nunca sufrieron la subyugación.
2. _____ En las comunidades del mundo hispano existen personas de diversas razas.
3. _____ Todos los hispanos son católicos.
4. _____ Todos los hispanos son morenos.
5. _____ Una de las figuras femeninas más admiradas en la familia hispana es la abuela.
6. _____ Los frijoles negros son un plato típico en todos los hogares hispanoamericanos.
7. _____ Toda la comida hispana es picante.
8. _____ A pesar de su crecimiento, la población hispana en los Estados Unidos no tiene representación política.

2 **Segunda fase.** Comparen sus respuestas. Defienda su opinión usando ejemplos, estadísticas o la opinión de expertos.

9-3 Diagnóstico inmigratorio. Primera fase. A continuación se encuentran unas afirmaciones relacionadas con la sociedad. Asocie los conceptos de la columna de la izquierda con la afirmación o definición apropiada. Después compare sus respuestas con las de un/a compañero/a.

1. _____ el fanatismo
2. _____ la sinrazón (*injustice*)
3. _____ un brote xenófobo

a. la capacidad de comprar o adquirir productos o servicios
b. las peleas y confrontaciones entre los miembros de una o más comunidades
c. la capacidad de ser imparcial

4. _____ el poder adquisitivo

d. una reacción de odio y disgusto hacia los miembros de una comunidad étnica diferente a la propia

5. _____ la ecuanimidad

e. una visión obcecada (*stubborn*) y casi irracional de la realidad

6. _____ los problemas de convivencia

f. riquezas o posesiones de una persona (casas, autos, etc.)

7. _____ los bienes

g. el área de la economía que se refiere al trabajo de los individuos

8. _____ el mercado laboral

h. una acción irrazonable, sin justicia

2 Segunda fase. Piensen en un evento histórico o anécdota conocida que luego presentarán oralmente a la clase. Identifiquen el momento en que ocurrió, el lugar y el/los protagonista(s). Hagan una lista de palabras clave, incluyendo **dos** de los conceptos de la *Primera fase*, para usar en su presentación. Organicen los hechos para compartirlos con la clase.

MODELO: Cuándo y dónde ocurrió: El 14 de septiembre de 2003, en Cancún, México

Los protagonistas: representantes de países pobres, representantes de países ricos

Palabras clave: problemas de convivencia, violencia, el poder adquisitivo, inmigración, el mercado laboral

El 14 de septiembre se realizó la reunión de la Organización Mundial de Comercio en Cancún. Este evento provocó **problemas de convivencia** en la comunidad internacional

Después de discutir los problemas que han empeorado por la globalización, incluyendo la inmigración, los representantes de África demostraron su disgusto y abandonaron el salón de reuniones. Se quejaron de la insensibilidad de los países desarrollados frente a la crisis de los **mercados laborales** de sus países

G 9-4 Nuestra experiencia con inmigrantes. Cada uno de ustedes va a compartir con su grupo algunas experiencias relacionadas con la inmigración de su familia o la de algún conocido. Primero, tomen notas sobre los siguientes puntos y después hablen con sus compañeros/as sobre el tema.

1. Identifiquen el grupo étnico del/de los protagonista(s) de su historia: asiáticos, europeos, hispanos, indígenas, etc.
2. Den información sobre este/os inmigrante(s): año de inmigración, medio de transporte que usó/usaron, o tipo de visa o documentos que traía(n), razones para abandonar su país.
3. Especifiquen algún conflicto o dilema que estas personas experimentaron en este país. Finalmente, comparen las experiencias del grupo con las de otro grupo. ¿Qué semejanzas o diferencias encuentran?

Estrategias de lectura

1. Use el título para anticipar el contenido.

   a. Lea el título: "Hispanos en EE. UU.: Una convivencia en peligro". ¿Conoce las palabras "convivencia" y "peligro"? Si no, búsquelas en el diccionario.

   b. Piense en lo que sabe sobre los hispanos en los Estados Unidos. ¿Cómo caracteriza usted la convivencia entre los hispanos y la comunidad mayoritaria del país? ¿Es amistosa y armoniosa, o es más bien tensa y a veces hostil? Si piensa que es amistosa y armoniosa, ¿qué cosas ponen en peligro esta convivencia? Apunte sus ideas y luego compártalas con otro/a estudiante de la clase.

2. Lea la información que acompaña al título. ¿Qué tipo de texto es? ¿Es un reportaje de un incidente o es una opinión personal sobre un tema social? ¿Cómo lo sabe?

3. Use la primera oración de cada párrafo para anticipar el contenido. Pase su marcador por la primera oración de cada párrafo. Luego, lea las oraciones para tener una idea del texto en su totalidad.

LECTURA

Hispanos en EE. UU.: una convivencia en peligro

Luis Rojas Marcos

Publicado en *El País*, 17 de febrero de 2003

Los hispanos forman en la actualidad la minoría más numerosa de Estados Unidos. Según los datos del censo más reciente, en julio de 2002 sumaban ya unos 42,5 millones, incluyendo los cuatro millones que viven en el Estado asociado de Puerto Rico. Y los expertos predicen que esta tendencia se intensificará en las próximas décadas. Como prueba, señalan que los hispanos 5 aumentan anualmente el 4,7%, mientras que la minoría afroamericana, hasta ahora la más populosa, sólo crece a un ritmo del 1,5% al año, y el incremento de la población mayoritaria de raza blanca no pasa del 0,3%. Después de México, creo que Estados Unidos es hoy el país con la mayor comunidad hispana del planeta. 💬

10

? ¿Qué ha comprendido? Examine de nuevo las cifras (*numbers*) en el párrafo para contestar estas preguntas: ¿Cuántos hispanos hay en los Estados Unidos? ¿Qué grupo crece más rápido, los hispanos, los asiáticos o los afroamericanos?

Antes de hacer unas reflexiones sobre este histórico acontecimiento demográfico, quiero adelantar que mi perspectiva está moldeada por la experiencia afortunada como inmigrante en Nueva York, ciudad que me acogió[1] hace 35 años, cuando todavía era un joven médico desconocido e inexperto que

15 apenas chapurreaba el inglés. Entonces, el número de hispanos neoyorquinos no pasaba de 300.000. Hoy, de los ocho millones de habitantes que vivimos en esta urbe universal, más de dos millones nos consideramos hispanos o latinos.

Los hispanos o latinos estadounidenses forman una sociedad muy heterogénea, un mosaico multicultural deslumbrante. Provienen de todos los pueblos de

20 Latinoamérica y de España. Los grupos más cuantiosos proceden de México, Puerto Rico, Cuba, Colombia, la República Dominicana y Centroamérica. El 80% se ha asentado en siete Estados, en este orden: California, Texas, Nueva York, Florida, Illinois, Arizona y Nueva Jersey. Hay latinos de raza blanca y de raza negra, orientales, indios y mestizos. Cubren todas las profesiones, clases

25 sociales y orientaciones políticas. Y en cuanto a creencias religiosas, aunque la mayoría es católica, los hay protestantes, judíos, musulmanes y ateos. Comparada con el resto de la población, la comunidad hispana es más joven, de inferior escolaridad, prefiere familias más numerosas, se divorcia menos, goza de más alta esperanza de vida, muere menos de ataques de corazón y más de

30 diabetes.

Los hispanos están marcados por un hecho imborrable: haber abandonado, bien ellos o sus ascendientes, su tierra natal. Unos marcharon movidos por la curiosidad o la aventura, otros por aspiraciones a una vida mejor. No pocos dejaron descorazonados sus patrias en busca de libertad, de democracia y de paz,

35 o del sustento cotidiano[2]. Y no olvidemos a los desterrados y refugiados que emigraron en contra de su voluntad o huyeron de la persecución y de las amenazas de muerte. No obstante, sólo unos pocos hispanos se han convertido en expatriados permanentes. De hecho, cada día son más los que aprovechando la masificación de los medios de comunicación y del transporte y la mayor

40 porosidad de las fronteras, van y vienen constantemente. Son de aquí y de allí. Viven entre sus países de origen y de adopción, a menudo sumergidos en ambos al mismo tiempo. En 2001, dato sorprendente, la tercera parte de los inmigrantes latinos que murieron en Estados Unidos fueron enterrados en su suelo natal.

Nada define o une más a la población hispana en Estados Unidos que el idioma español. Gracias a esta lengua común ningún hispano es una isla. Cifras oficiales apuntan que el 40% de la tercera generación continúa utilizando el español como primera lengua. La gran mayoría habla español en casa y muchos también lo utilizan en sus actividades de ocio. En el trabajo se suele conversar en inglés,

50 aunque entre hispanos recurrir a la lengua madre se considera una buena táctica para templar[3] una negociación acalorada. Insertar en el diálogo una o dos palabras en español es siempre un gesto de fraternidad, de aproximación, de confianza. En los debates tensos tiene un efecto tranquilizador, es una invitación a encontrar una solución pacífica.

55 No obstante, la lealtad absoluta a la lengua materna a costa del inglés, puede causar retrasos académicos, limitar las oportunidades en el mercado laboral y reducir las posibilidades de participar e influir en los grandes temas que afectan al país. Hay estudios que han demostrado que los hispanos que se comunican

---

En este párrafo (líneas 11–17) el autor se describe a sí mismo. Al leerlo, fíjese en la información personal que presenta: dónde vive, cuánto tiempo ha vivido allí, qué profesión tiene.

En este párrafo (líneas 18–30) se presenta información demográfica sobre los hispanos en EE. UU. Pase su marcador por las palabras que indican las categorías de información: de dónde son, dónde viven ahora, qué religiones practican y características de las familias.

En este párrafo (líneas 31–44) se presentan varias razones por las que los inmigrantes hispanos salen de su país para ir a EE. UU. Pase su marcador por las palabras que indican cuáles son las razones.

En los dos próximos párrafos (líneas 45–66) se presentan tanto las ventajas como las desventajas de la conexión fuerte que mantienen los hispanos con su lengua materna. Al leerlos, apunte dos ventajas y dos desventajas.

---

[1]recibió [2]to fulfill basic survival needs [3]cool down

con dificultad en inglés tienden a ser percibidos como personas menos inteligentes de lo que realmente son. Y si tienen la desgracia de sufrir problemas emocionales, se exponen a recibir un diagnóstico equivocado por los especialistas de habla inglesa. Con todo, a medida que la influencia social y el poder adquisitivo de los hispanos aumentan, la clase profesional, política y económica trata de captar sus votos y recursos facilitando el acceso a los servicios y bienes privados y públicos en español. Esta estrategia ha revalorizado la cultura hispana y la identidad bilingüe de la nación. 60 65

El florecimiento espectacular de la comunidad latina en Estados Unidos es el resultado de un proceso arduo y apasionante de adaptación de pueblos diversos unidos por una misma lengua. Pero no es un fenómeno único. En verdad, constituye un ejemplo más de integración pacífica de millones de viajeros de múltiples orígenes en un país tradicionalmente abierto, hospitalario y generoso hacia los extranjeros. 70

Sin embargo, a raíz de los espantosos sucesos del 11 de septiembre de 2001, el brote xenófobo que afrontamos representa un grave peligro para la armonía multicultural de Estados Unidos y la esperanzadora aventura de convivencia que significa la hispanidad en el país. Si bien también es cierto que casi todos nos reconfortamos cuando antes de tratar de vislumbrar lo que nos aguarda[4] miramos hacia atrás en la historia de esta joven nación, y comprobamos que, incluso en las épocas más escabrosas, la tolerancia y la ecuanimidad terminaron imponiéndose sobre el fanatismo y la sinrazón. 75 80

? En la conclusión se presenta una idea nueva, que aparece en el título pero no en el texto hasta ahora. ¿Cuál es esta idea?

---

[4]*get a glimpse of the future*

Comprensión y ampliación

9-5 ¿En qué párrafo están? En las *Estrategias de lectura*, usted marcó la primera oración de cada párrafo. Lea rápidamente esas oraciones. Después, lea las oraciones que están a continuación e indique con un número a qué párrafo corresponden.

—— En los Estados Unidos hay más hispanos que cualquier otra minoría.

—— Los inmigrantes hispanos se han adaptado a la vida en los Estados Unidos, pero han mantenido su identidad cultural.

—— El idioma español marca la identidad de los inmigrantes hispanos.

—— Todos los hispanos tienen en común el hecho de haber abandonado su país.

—— El autor de este texto es un inmigrante hispano.

—— Si los inmigrantes no aprenden bien el inglés, pueden sufrir muchas desventajas sociales y económicas.

—— Después del 11 de septiembre, aumentaron los sentimientos negativos hacia los inmigrantes.

—— Hay mucha diversidad entre los hispanos.

9-6 ¿Cuál es la tesis? Primera fase. Una de las siguientes afirmaciones contiene la tesis o idea principal del artículo. Identifíquela con una **X**.

1. _____ Los hispanos están marcados por un hecho imborrable: haber abandonado, bien ellos o sus ascendientes, su tierra natal.
2. _____ En 2001, dato sorprendente, la tercera parte de los inmigrantes latinos que murieron en los Estados Unidos fueron enterrados en su suelo natal.
3. _____ El florecimiento espectacular de la comunidad latina en los Estados Unidos es el resultado de un proceso arduo y apasionante de adaptación de pueblos diversos unidos por una misma lengua.
4. _____ A raíz de los espantosos sucesos del 11 de septiembre de 2001, el brote xenófobo que afrontamos representa un grave peligro para la armonía multicultural de los Estados Unidos y la esperanzadora aventura de convivencia que significa la hispanidad en el país.

Segunda fase. Algunas de las siguientes afirmaciones se refieren directamente a la convivencia de los hispanos en los Estados Unidos, la cual, según el autor, está actualmente amenazada. Identifique con una **X** las afirmaciones que se refieren a una convivencia positiva.

1. _____ Los hispanos o latinos estadounidenses forman una sociedad muy heterogénea, un mosaico multicultural deslumbrante.
2. _____ No obstante, sólo unos pocos hispanos se han convertido en expatriados permanentes. De hecho, cada día son más los que aprovechando la masificación de los medios de comunicación y del transporte y la mayor porosidad de las fronteras, van y vienen constantemente.
3. _____ El florecimiento espectacular de la comunidad latina en los Estados Unidos es el resultado de un proceso arduo y apasionante de adaptación de pueblos diversos unidos por una misma lengua.
4. _____ Con todo, a medida que la influencia social y el poder adquisitivo de los hispanos aumentan, la clase profesional, política y económica trata de captar sus votos y recursos facilitando el acceso a los servicios y bienes privados y públicos en español.

9-7 Sinónimos. Las siguientes oraciones están tomadas directamente del artículo "Hispanos en EE. UU.: una convivencia en peligro." Elija y subraye la expresión entre paréntesis que mejor expresa el significado de la palabra en negrita.

1. "Los hispanos o latinos estadounidenses forman una sociedad muy **heterogénea.**" (diversa, semejante, extraña)
2. "La gran mayoría habla español en casa y muchos también lo utilizan en sus actividades de **ocio.**" (tiempo de trabajo, tiempo libre, mal tiempo)
3. "[. . .] cada día son más los que aprovechando la masificación de los medios de comunicación y del transporte y la mayor **porosidad** de las fronteras, van y vienen constantemente." (dificultad, complejidad, flexibilidad)
4. "No obstante, **la lealtad** absoluta a la lengua materna a costa del inglés, puede causar retrasos académicos." (legalidad, fidelidad, obligación)
5. "Esta estrategia ha **revalorizado** la cultura hispana y la identidad bilingüe de la nación." (destruido, contribuido, elevado)
6. "[. . .] el brote xenófobo que afrontamos representa un grave peligro para la **armonía** multicultural de los Estados Unidos." (desunión, paz, incomprensión)

Aclaración y expansión

Indicative and subjunctive in adjective clauses

- An adjective clause is a dependent clause that is used as an adjective.

Adjective

Los hispanos forman una sociedad **heterogénea.**

Adjective clause

Los hispanos forman una sociedad **que es heterogénea.**

- Use the indicative in an adjective clause when referring to an antecedent (a person, place, or thing) that exists or is known.

Hay más de 40 millones de hispanos **que viven** en los Estados Unidos.
Vamos a analizar los datos **que tenemos** del último censo.

*There are more than 40 million Hispanics **who live** in the United States.*
*We are going to analyze the data **(that) we have** from the last census.*

- Use the subjunctive in an adjective clause when referring to a person, place, or thing that does not exist or whose existence is unknown or uncertain.

No hay ninguna información **que dé** el número exacto de hispanos en los Estados Unidos.
Muchos inmigrantes quieren un trabajo **que** les **permita** mantener a su familia.

*There is no information **that gives** the exact number of Hispanics in the United States.*
*Many immigrants want a job **that will enable** them to support their families.*
[We do not know if the job for them exists.]

- In questions, you may use the indicative or subjunctive according to the degree of certainty you have about the matter.

¿Hay alguien aquí **que tiene** los datos del censo?
(I don't know, but assume that there is.)
¿Hay alguien aquí **que tenga** los datos del censo?
(I don't know, but I doubt it.)

*Is there anyone here **who has** the census data?*

❧ Lengua ❧

When referring to a specific person who is the direct object in the main clause, use the personal **a** and the indicative in the adjective clause. If it is not a specific person, do not use the personal **a** and use the subjunctive in the adjective clause.

Buscan **a** la doctora **que habla** español. (speaker has a specific doctor in mind)
Buscan una doctora **que hable** español. (speaker indicates a willingness to speak to any Spanish-speaking doctor)

Alguien and **nadie** are always preceded by the personal **a** when they function as direct objects.

Necesitamos **a alguien** que **sea** bilingüe.
No conocemos **a nadie** que **hable** español, árabe y ruso.

9-8 ¡Cómo lo extraño! Un/a amigo/a colombiano/a acaba de mudarse cerca de usted y quiere saber dónde puede comprar productos de su país. Completen la siguiente conversación con la forma correcta de los verbos para saber qué producto quiere.

COLOMBIANO/A: ¡Cómo extraño el café por la mañana! No encuentro ningún mercado que (1) _____ (vender) café colombiano. ¿Sabes si hay alguna tienda o mercado cerca de aquí que (2) _____ (tener) productos colombianos?

USTED: Pues a dos cuadras hay un mercado pequeño que (3) _____ (vender) productos hispanos. Pero, oye, los supermercados de aquí (4) _____ (tener) café colombiano.

COLOMBIANO/A: ¡Qué va! No es igual. Importan el café, pero lo tuestan y lo preparan para el gusto americano. Yo busco un café que (5) _____ (ser) de veras colombiano, tostado y preparado en Colombia.

USTED: Pues ve a ese mercado a ver si tienes suerte.

(EN EL MERCADO)

EMPLEADO/A: ¿Le puedo servir en algo?

COLOMBIANO/A: Sí, se lo agradecería. Veo que tienen café mexicano y cubano, pero no veo ningún café que (6) _____ (ser) de Colombia.

EMPLEADO/A: Lo siento, no lo tenemos, pero se lo puedo conseguir. Yo tengo un cliente colombiano que siempre lo (7) _____ (pedir) y yo se lo consigo. Hay un almacén en Nueva York que lo (8) _____ (importar) directamente de Colombia. Ahora bien, el mínimo que venden es media docena de latas de 250 gramos.

COLOMBIANO/A: No importa, con tal de poder tomar el café que me gusta.

≫≫ ¿Lo sabe? ≪≪

En los países hispanos se usa el sistema métrico decimal. ¿Sabe usted si el equivalente de 250 gramos es aproximadamente una libra o media libra?

9-9 ¿Qué buscan los inmigrantes? Primera fase. Use las palabras y expresiones de las tres columnas para hacer oraciones que expresen cuáles son, en su opinión, las aspiraciones de los inmigrantes a los Estados Unidos. Después compare sus oraciones con las de su compañero/a.

MODELO: E1: Pienso/Creo/Opino que los inmigrantes prefieren un país que respete sus derechos civiles.

E2: Sí, y yo pienso que también quieren un país que les permita practicar su religión.

Buscan	un trabajo	reconocer su educación
Necesitan	(unas) personas	comprender sus problemas
Quieren	una comunidad	aceptar sus costumbres
Prefieren	un lugar	respetar sus derechos civiles
	(unas) escuelas	permitirles practicar su religión
	un país	educar a sus hijos
		ofrecerles atención médica
		apreciar su trabajo
		pagar un sueldo justo
		ayudarlos al principio
		no rechazarlos por ser extranjeros

Segunda fase. Imagínense que ustedes están considerando la idea de emigrar a otro país. Conversen sobre los siguientes puntos y después, compartan sus ideas con otra pareja.

1. Motivos por los que van a emigrar.
2. País adonde van a ir.
3. Expectativas que ustedes tienen de ese país.
4. Bienes, comodidades o algo más que ustedes van a buscar o tratar de encontrar allá.

② **9-10 Una familia que necesita ayuda.** Usted conoce a una familia de inmigrantes que necesita resolver ciertos problemas. Llame a uno de los padres para darle información sobre un anuncio que leyó en el periódico. Él/Ella le hará preguntas basándose en los puntos que aparecen más abajo. Contéstele de acuerdo con la información del anuncio.

Información que necesita la familia

1. nombre de la organización que ofrece los servicios
2. clases para las personas que no saben inglés
3. abogados que aconsejan a los indocumentados
4. ayuda para personas mayores que sufren de depresión
5. orientación para las personas que buscan trabajo
6. guarderías que sean económicas o gratis

Anuncio

Agencia Una Nueva Vida

Ayuda gratis o a un costo mínimo a los inmigrantes
Equipo de voluntarios y profesionales
Clases nocturnas de inglés

Psicólogos entrenados para ayudar a los adolescentes
(depresión, drogadicción, bajo rendimiento académico)
Información sobre guarderías que ofrecen becas

Llamar al **(305) 645-5045**

② **9-11 Unas oficinas nuevas.** Usted trabaja para una compañía norteamericana que está buscando un local para sus nuevas oficinas en la Ciudad de México. Hable con un/a agente de bienes raíces (*real estate agent*) y explíquele lo que su compañía necesita. El/La agente debe hacerle preguntas para obtener más información. Incluyan los siguientes puntos en su conversación.

Usted

1. tamaño del local
2. número de despachos (*offices*)
3. alquiler que quiere pagar
4. duración del contrato

Agente

zona que prefiere
edificio con/sin garaje
piso que desea
fecha para mudarse

A leer

Muchas compañías ahora no se limitan a hacer negocios en su propio país. CEMEX, fundada en 1906 en Monterrey, México, es uno de los fabricantes de cemento más importantes del mundo. La red de distribución y producción de esta compañía global se extiende a través de cuatro continentes. Uno de sus beneficios es la creación de puestos de trabajo. También estas importantes compañías tienen interés en la comunidad. CEMEX ha facilitado la construcción de casas para familias de bajos ingresos económicos en México. Además se ha interesado en mejorar la calidad del medio ambiente.

Debido a los adelantos en las comunicaciones y a los avances tecnológicos, el transporte de los productos de un país a otro se puede hacer en corto tiempo. Antes resultaba imposible consumir frutas típicas del verano durante el invierno. Hoy en día, con la rapidez del transporte aéreo, es posible, en pleno invierno en el hemisferio norte, consumir frutas que se cosechan durante el verano del hemisferio sur. Aquí vemos un carguero de fruta en Chile preparado para ir a Estados Unidos.

La globalización ha traído como consecuencia un mayor contacto entre las diferentes culturas y, en numerosos casos, mejores precios para los productos. Al mismo tiempo, la globalización ha contribuido a la pérdida de empleos en muchos países, donde los más afectados organizan manifestaciones para expresar su oposición a las medidas económicas del gobierno y de las empresas. En esta foto, los manifestantes llevan gorros en forma de delfín en Cancún para protestar contra la captura de 30 delfines destinados a un parque acuático.

Una de las consecuencias de la industrialización global es la contaminación del planeta. En muchos lugares todavía no hay leyes estrictas contra la contaminación y las fábricas vierten sus residuos impunemente en los ríos y en los mares. A esto se añade la multiplicación en los últimos años del transporte marítimo; barcos cargados de petróleo y productos químicos ensucian irreversiblemente las costas y los mares. Un ejemplo de esto es el naufragio del *Prestige* frente a las costas de Galicia, España, en 2002.

Preparación

2 **9-12 Asociaciones globales. Primera fase.** Primero, marque con una **X** las expresiones que usted asocia con la globalización. Luego, compare sus respuestas con las de un/a compañero/a y justifique las suyas cuando sea necesario.

1. _____ libre comercio
2. _____ exportación de bienes
3. _____ problemas sociales
4. _____ problemas financieros
5. _____ movimiento de capitales a corto plazo (*short term*)
6. _____ prohibición de inversión extranjera
7. _____ prosperidad económica
8. _____ pobreza
9. _____ reducción migratoria
10. _____ desarrollo

G **Segunda fase.** Compartan sus respuestas con el resto de la clase y justifíquenlas.

9-13 ¿Ventaja o desventaja? Primera fase. Indique si los siguientes fenómenos relacionados con la globalización representan una ventaja (**V**) o una desventaja (**D**) para los países.

1. _____ la reducción de los salarios reales
2. _____ el progreso económico de todos
3. _____ la pérdida de puestos de trabajo
4. _____ la disminución del empleo en los países industriales
5. _____ la eliminación de la pobreza
6. _____ la marginación social
7. _____ el aumento del turismo
8. _____ el empleo infantil
9. _____ la lucha por los derechos de las mujeres en sociedades más tradicionales
10. _____ la inmigración

G **Segunda fase.** Explíquenles a los compañeros/as de su grupo de qué manera algunos de los fenómenos de la globalización han afectado a su comunidad o país. Den ejemplos.

G **9-14 ¿Qué valoramos (*value*)?** Observen esta imagen y hagan lo siguiente:

1. Describan el entorno (*setting*).

2. Indiquen qué problema(s) presenta esta imagen. Luego, den ejemplos de lugar(es) en el planeta donde existe un problema similar.

3. Hagan una lista de soluciones posibles y realistas para evitar o resolver este problema.

ESTE RÍO LLEVA PETRÓLEO, PLOMO, CROMO Y NÍQUEL ¡CUÁNTA RIQUEZA! EL ROTO

elroto@inicia.es

Estrategias de lectura

1. Use el título para anticipar el contenido.

   Lea el título: "La globalización, ventajas e inconvenientes". ¿Conoce la palabra "inconvenientes"? Es un cognado falso, no significa *inconveniences* en el sentido de "incomodidades". Si no conoce la palabra, búsquela en el diccionario.

2. Como el texto trata de oposiciones (ventajas e inconvenientes), el autor presenta dos perspectivas sobre cada tema. ¿Qué tipo de texto presenta perspectivas opuestas sobre un tema: un reportaje de un evento o un ensayo sobre un tema social?

3. Use la primera oración de cada párrafo para anticipar el contenido.

   Pase su marcador por la primera oración de cada párrafo. Luego, lea las oraciones para tener una idea del texto en su totalidad.

LECTURA

La globalización, ventajas e inconvenientes

El triunfo internacional del sistema de libre comercio está generando una reacción crítica que se aglutina como movimiento anti-globalización. Los críticos de la globalización consideran que aunque este fenómeno esté resultando favorable para la prosperidad económica es definitivamente contrario a los objetivos de equidad social. La protesta que se manifiesta en enfrentamientos 5 contra los organismos internacionales, FMI[1], OMC[2] y otros, es de hecho una reacción contra el excesivo triunfalismo del liberalismo económico. La voz de las ONG[3] y otros participantes del movimiento anti-globalización está teniendo un eco en el interior de estos organismos internacionales que cada vez están mostrando una mayor conciencia de la necesidad de afrontar los problemas 10 sociales globales a la vez y con el mismo interés que los financieros.

Para juzgar las ventajas y los inconvenientes de la globalización es necesario distinguir entre las diversas formas que adopta ésta. Algunas formas pueden conducir a resultados positivos y otras a resultados negativos. El fenómeno de la globalización engloba al libre comercio internacional, al movimiento de capitales 15 a corto plazo, a la inversión extranjera directa, a los fenómenos migratorios, al desarrollo de las tecnologías de la comunicación y a su efecto cultural.

Por ejemplo, la liberalización de los movimientos de capital a corto plazo ha provocado ya graves crisis en diversas regiones de desarrollo medio: sudeste asiático, México, Turquía, Argentina... Estas crisis han generado una gran 20 hostilidad a la globalización en las zonas afectadas. Sin embargo, sería absurdo renegar[4] de los flujos internacionales del capital que son imprescindibles para el desarrollo.

En general, el comercio internacional es positivo para el progreso económico de todos y para los objetivos sociales de eliminación de la pobreza y la marginación 25 social. Sin embargo, la liberalización comercial, aunque beneficiosa para el conjunto del país afectado, provoca crisis en algunos sectores, lo que requiere la intervención del estado. Si se quiere que los avances de la globalización no disminuyan el bienestar de nadie, es necesaria la intervención de los gobiernos y los organismos internacionales para redistribuir los beneficios y compensar a los 30 perjudicados.

En cualquier caso, aunque el progreso global facilite la consecución a largo plazo de objetivos sociales, la especial gravedad de algunos problemas requiere una actuación decidida, sin esperas. Por otra parte, es posible que los críticos anti-globalización no sean conscientes de los efectos sociales positivos de ésta. 35 Consideremos por ejemplo el efecto que está teniendo la globalización cultural, el turismo y los movimientos migratorios sobre el papel de la mujer y los derechos de los niños en las sociedades más tradicionales.

Una crítica que suele plantearse en los países avanzados es que la globalización reduce los salarios reales y provoca la pérdida de puestos de trabajo. Los críticos 40

[1]Fondo Monetario Internacional   [2]Organización Mundial del Comercio (*World Trade Organization*)
[3]Organización No Gubernamental (*Non-Governmental Organization*)   [4]*to complain*

? ¿Qué ha comprendido? Examine de nuevo el párrafo que acaba de leer. En él se establece una oposición entre dos cosas. Una es la prosperidad económica. ¿Cuál es la otra?

? En el segundo párrafo el autor menciona algunos de los subtemas que va a tratar en el texto. Al leerlo, fíjese en estos subtemas y pase su marcador sobre ellos.

? La frase "por ejemplo" al principio de este párrafo (línea 18) indica que es la continuación de un tema del párrafo anterior. ¿Cuál es el tema?

? ¿Qué inconvenientes relacionados con el movimiento de capitales entre los países se mencionan en el tercer párrafo? ¿Menciona alguna ventaja el autor?

? Según lo que dice el autor en este párrafo, ¿cuál es un inconveniente serio de la globalización? ¿Cómo pueden ayudar los gobiernos de los países?

? En este párrafo (líneas 32–38) se mencionan algunas consecuencias positivas de la globalización. Al leer el párrafo, márquelas.

? ¿Cuál es el tema de este párrafo (líneas 39–52)? Lea la primera frase. Al leer el párrafo, trate de comprender la lógica de la perspectiva que el autor presenta.

sostienen que la oleada[5] de los productos que requieren mucha mano de obra generados en países en desarrollo de salarios bajos destruye el empleo en los países industriales. Este argumento se suele utilizar para restringir las importaciones de los países en desarrollo. En realidad el tema es bastante más
45 complejo. En las últimas décadas, primero un grupo de países y luego otro han comenzado a abrir su economía y a beneficiarse del comercio. A medida que estos países prosperan, sus salarios reales aumentan, y dejan de ser competitivos en una producción que requiere un uso intensivo de mano de obra. No sólo dejan de ser una amenaza para los trabajadores de los países industriales sino que
50 además se convierten ellos mismos en importadores de bienes que requieren mucha mano de obra. Este proceso se observó en Japón en los años setenta, Asia oriental en los ochenta y China en los noventa. 🗨

🗨 Los beneficios de la globalización casi siempre superan a los perjuicios[6], pero hay perjuicios y, para contrarrestarlos, se necesitan instituciones adecuadas. Cuando las
55 empresas de capital extranjero causan contaminación en los países en desarrollo, la solución no es impedir la inversión extranjera o cerrar esas empresas, sino diseñar soluciones puntuales y sobre todo organizar la sociedad, con ministerios, normas medioambientales y un aparato judicial eficaz que las imponga.

El reforzamiento de las instituciones debe producirse también a nivel
60 internacional. El FMI debe diseñar medidas de previsión y control de los perjuicios causados por los movimientos espasmódicos[7] de capital a corto plazo. Además, deben actuar de forma más coherente. Por ejemplo, si la OMC fomenta el libre comercio, no debe aceptar barreras comerciales justificadas por razones sociales. La lucha contra el trabajo infantil, por ejemplo, no debe basarse en
65 represalias[8] comerciales sino en un mayor intervencionismo de la Organización Internacional del Trabajo o la Organización Internacional de la Salud.

❓ ¿Qué ha comprendido (líneas 39–52)? Resuma en sus propias palabras la secuencia de eventos que, según el autor, pasó en Japón, Asia oriental y China.

❓ En los últimos dos párrafos, se presentan las soluciones que el autor propone a los problemas de la globalización. Al leer, pase su marcador sobre estas soluciones. Apúntelas en un papel para referirse a ellas al hacer las actividades de comprensión.

[5]*wave*   [6]daños   [7]*uneven*   [8]*retaliation*

Comprensión y ampliación

9-15 Cierto o falso. Indique si las siguientes oraciones son ciertas (**C**) o falsas (**F**) de acuerdo con la información que se ofrece en la lectura. Si son falsas, indique en qué línea(s) del texto está la respuesta correcta.

1. _____ Los que critican la globalización piensan que promueve la desigualdad social.
2. _____ El liberalismo económico está en contra de la globalización.
3. _____ La Organización Mundial del Comercio quiere que los problemas sociales sean considerados tan importantes como los económicos.
4. _____ La globalización no tiene nada que ver con el fenómeno de la emigración.
5. _____ El flujo de capital internacional es muy importante para el desarrollo de ciertos países.
6. _____ La intervención de los gobiernos y organismos internacionales no es necesaria para redistribuir los beneficios.
7. _____ La globalización beneficia a las mujeres y los niños en las sociedades tradicionales.
8. _____ Algunos críticos de la globalización piensan que ésta provoca la pérdida de puestos de trabajo.

Ⓖ **9-16 En sus propias palabras. Primera fase.** Expresen en sus propias palabras los siguientes conceptos que se mencionan en el texto.

1. el sistema de libre comercio
2. el progreso económico
3. los fenómenos migratorios
4. la marginación social
5. el papel de la mujer en la sociedad
6. los derechos de los niños
7. la importación de productos
8. la mano de obra
9. las normas medioambientales
10. el aparato judicial

Segunda fase. Piensen en un ejemplo de globalización como el Tratado de Libre Comercio (*North American Free Trade Agreement* o *NAFTA*) y discutan de qué manera puede un tratado como éste influir en algunos de los conceptos citados en la *Primera fase*.

MODELO: El Tratado de Libre Comercio facilita la importación de productos entre los distintos países.

9-17 Mire sus notas. Primera fase. Al leer el texto usted subrayó y anotó algunas de las ventajas e inconvenientes de la globalización. Complete el siguiente cuadro con sus propias notas. También puede añadir otras ideas.

Ventajas	Inconvenientes
Es buena para la economía.	Puede fomentar la desigualdad social.
Promueve el desarrollo de la tecnología.	Provoca crisis en algunos sectores.

❷ **Segunda fase.** Comparen sus notas y escriban un breve resumen del artículo incluyendo las siguientes ideas.

1. definición de globalización
2. las ventajas y desventajas de la globalización
3. la solución para algunos problemas provocados por la globalización

Aclaración y expansión

Por and *para*

por	para
Movement	
through or by a place	**toward a destination**
La mercancía se envió **por** el Canal de Panamá. *The merchandise was sent **by way of (through)** the Panama Canal.*	La mercancía salió **para** Panamá. *The merchandise left **for** Panama.*
Time	
duration of an action, event, or state	**action, event, or state, deadline**
La mercancía estuvo en el barco **por** varios días. *The merchandise was on the ship **for** several days.*	Necesitan la mercancía **para** el lunes. *They need the merchandise **by** Monday.*
Approximate time	**Specific time**
Recibirán la mercancía **por** esa fecha. *They will receive the merchandise **around** that date.*	Recibirán la mercancía **para** esa fecha. *They will get the merchandise **by** that date.*
Action	
reason or motive of an action	**for whom something is intended or done**
Importaron esa marca **por** el precio. *They imported that brand **because of** the price.*	Esa marca es **para** la empresa Solimar. *That brand is **for** the company Solimar.*

Additional uses of *por*

● Use **por** to indicate

Unit or rate	
Los nuevos autos hacen 10 kilómetros **por** litro. El interés es (el) siete **por** ciento.	*The new cars get 10 kilometers **per** liter. The interest is seven **per** cent.*
Exchange or substitution	
Compraron la mercancía **por** 10.000 pesos.	*They bought the merchandise **for** 10,000 pesos.*
Cambiaron la máquina **por** una más eficiente.	*They exchanged the machine **for** a more efficient one.*
Means of transportation	
Mandaron la mercancía **por** barco.	*They sent the merchandise **by** ship.*

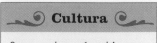

● **Por** is also used in many common expressions, such as:

por ahora	*for the time being*	por lo menos	*at least*
por cierto	*of course, by the way*	por lo tanto	*therefore*
por eso	*that's why*	por poco	*almost*
por fin	*finally*	por supuesto	*of course*

Additional uses of *para*

● Use *para* to express

intention or purpose followed by an infinitive	
Fueron a la tienda **para comprar** la mercancía.	They went to the store **to buy** the merchandise. (with the intention of buying)
Necesitaban una maquinaria más eficiente **para bajar** el costo de producción.	They needed more efficient machinery **to lower** the cost of production.

judgment or point of view	
Para las multinacionales, la globalización es definitivamente una ventaja.	**For** multinationals, globalization is definitely an advantage.

● **9-18 Una conversación en una fábrica.** El dueño y el administrador de una fábrica hablan sobre la necesidad de modernizarse. Completen la conversación usando **por** o **para** y así saber cuáles son sus planes.

ADMINISTRADOR: Nosotros tenemos que modernizarnos (1) _____ poder competir en el mercado de hoy en día.

DUEÑO: De acuerdo, pero (2) _____ hacerlo necesitamos capital, y todo lo tenemos invertido en el negocio.

ADMINISTRADOR: Es cierto, pero podemos hablar con el banco (3) _____ obtener un préstamo. Los intereses están bajos ahora, más o menos un siete (4) _____ ciento. Además, con maquinarias más modernas, los operarios podrán producir más (5) _____ hora y el costo de las camisas bajará.

DUEÑO: Nosotros ganamos alrededor de diez pesos (6) _____ camisa, ¿no?

ADMINISTRADOR: Sí, pero al hacer más camisas, quedará más dinero (7) _____ la compañía.

DUEÑO: Pues haré una cita (8) _____ hablar con el director del banco, pero antes necesito tener un balance y un estado (*statement*) de pérdidas y ganancias.

ADMINISTRADOR: Hablaré con el contador y le diré que los necesitamos (9) _____ el lunes.

DUEÑO: Bien, y preferiblemente (10) _____ la mañana.

2 **9-19 El envío de un paquete.** Túrnese con su compañero/a para explicar lo que ocurre en estas escenas. Deben usar **por** o **para** cuando hablen sobre cada uno de los dibujos.

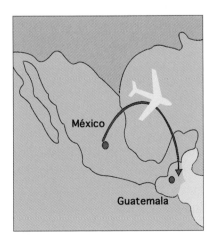

2 **9-20 Ideas sobre la globalización.** Complete las siguientes oraciones de una manera lógica usando **por** o **para,** siguiendo las instrucciones a continuación. Después compárelas con las de su compañero/a.

MODELO: Indique el medio de transporte de este producto:

Las frutas que se exportan de Chile a los Estados Unidos. . .
Las frutas que se exportan de Chile a los Estados Unidos vienen por avión.

1. De su opinión sobre lo siguiente:

   La globalización es beneficiosa/perjudicial. . .
   Los niños del mundo en vías de desarrollo se perjudican con la globalización. . .

2. Dé una razón que explique cada problema:

   Los precios de algunos productos han bajado/subido. . .
   El desempleo ha aumentado/disminuido. . .

3. Indique el destino de cada producto:

   Los programas de computadoras que hace Bill Gates. . .
   Los vinos que fabrica Chile. . .

4. Explique la causa de estos hechos:

   Los trabajadores de las maquiladoras protestan. . .
   Los productos de los países se exportan a otros más fácilmente. . . .

2 **9-21 Disminuyamos el desempleo.** Para su clase de economía, ustedes tienen que hacer una presentación sobre el desempleo en su estado o país. En **www.prenhall.com/identidades** ustedes podrán encontrar información sobre este tema. Deben cubrir los siguientes puntos en su presentación.

1. Porcentaje del desempleo en su estado/país.
2. Comparación con el desempleo en años anteriores.
3. Ayuda para los desempleados (monetaria, atención médica, etc.).
4. Asistencia para buscar trabajo.
5. Algunas ideas propias para mejorar la situación.

Algo más

Verbs followed by an infinitive

- Some Spanish verbs, such as **gustar, deber, querer, necesitar, poder, preferir,** are followed directly by an infinitive.

Muchos hispanos **quieren mantener** sus tradiciones.	*Many Hispanics **want to keep** their traditions.*
Les **gusta escuchar** su música y comer sus platos típicos.	*They **like to listen** to their music and eat their typical dishes.*

- With other verbs, a preposition is required before the infinitive. There are no general rules regarding which preposition is needed, except for verbs of motion (**entrar, ir, salir, venir,** etc.) and verbs that express beginning (**empezar/comenzar/ponerse),** which require **a** before the infinitive.

Camilo, un joven colombiano, **vino a hacer** sus estudios de posgrado a este país.	*Camilo, a Colombian young man, **came to do** his graduate work in this country.*
Después de graduarse, **empezó a trabajar** en nuestra oficina y nos hicimos amigos.	*After he graduated, he **started to work** in our office and we became friends.*
En nuestras conversaciones, yo **trato de hablar** español con Camilo y he aprendido mucho sobre su país.	*In our conversations, I **try to speak** Spanish with Camilo and I have learned a lot about his country.*

- Here are some other Spanish verbs that need a preposition before an infinitive. Note that English uses an infinitive or a present participle and, in some cases, a preposition.

acordarse de		*to remember*	
invitar a		*to invite*	+ infinitive
olvidarse de		*to forget*	
dejar de	+ infinitive	*to stop*	
insistir en			
quedar en		*to insist on*	+ present participle
soñar con		*to agree on*	
		to dream about	

Lengua

You already know that **estar + present participle** is used to express actions or events that are in progress at the time they are mentioned.

Los estudiantes de posgrado **están mirando** un programa sobre las consecuencias de la globalización.

*The graduate students **are watching** a program on the consequences of globalization.*

Instead of the verb **estar** you could use a verb that indicates motion or the continuation of an activity, such as **ir, andar, seguir,** and **continuar,** with the present participle. This expresses an ongoing action or state or the continuation of an activity.

Siguen/Continúan mirando el programa.

9-22 Manteniendo las costumbres y tradiciones. Muchas familias hispanas mantienen las costumbres de su país de origen. Llene los espacios en blanco con la preposición adecuada para saber qué hace esta familia los domingos. En los casos en que no se necesite una preposición, deje el espacio en blanco.

Mi familia llegó a este país hace más de veinte años, pero a pesar del tiempo transcurrido, mis padres siempre han tratado (1) _____ mantener las costumbres y tradiciones de nuestro país. Muchos domingos, mis padres o mis tíos invitan (2) _____ almorzar a otros miembros de la familia para así poder (3) _____ estar todos juntos, tal como lo hacían sus padres. En estas reuniones, los viejos se ponen (4) _____ recordar lo que hacían cuando eran jóvenes, y nunca se olvidan (5) _____ felicitar a otros miembros de la familia si ése es el día de su santo o su cumpleaños. A veces, nosotros los jóvenes preferimos (6) _____ salir con nuestros amigos, pero para evitar disgustos, generalmente lo hacemos más tarde y quedamos (7) _____ verlos en el cine o en un centro comercial después de las cuatro.

Mis padres se han adaptado a su nueva vida, pero no dejan (8) _____ pensar en su tierra, como dicen ellos. Para mí, este país es mi tierra, pero sueño (9) _____ conocer la de mis padres.

9-23 Emigrante ilusionado/a. Una compañía extranjera le ha ofrecido un puesto muy bueno en otro país. Como usted ha aceptado el trabajo, tendrá que emigrar. Explíquele sus planes y preocupaciones a su compañero/a contestando, como mínimo, las preguntas a continuación. Su compañero/a debe hacerle preguntas adicionales para obtener más detalles.

1. ¿Por qué decidió aceptar el puesto?
2. ¿A qué país va a ir y en qué región de ese país va a vivir?
3. ¿Qué piensa hacer allí los primeros meses?
4. ¿Qué tratará de hacer primero para conocer a otras personas de su edad?
5. ¿Qué cree usted que va a extrañar más y por qué?

Ampliemos e investiguemos

 A escuchar

9-24 Una conversación. Usted va a escuchar una conversación entre dos amigos, Luis y Berta. Antes de escuchar la conversación, lea las siguientes oraciones incompletas y, si lo considera necesario, tome apuntes durante la conversación. Después, complete las oraciones de acuerdo con lo que escuchó.

1. Las dos personas que conversan están en. . .

   a. Miami.
   b. España.
   c. Indiana.

2. Berta comía churros cuando estudiaba en. . .

   a. Centroamérica.
   b. Latinoamérica.
   c. España.

Los churros, originarios de España, son muy populares en los países hispanos. Recientemente, la firma venezolana Churromanía ha creado franquicias en diferentes países, entre ellos los Estados Unidos, España y Brasil. En algunas zonas de Miami, el consumo de churros es superior al de los *donuts*.

3. Los churros tradicionales a veces tienen por encima un poco de. . .

   a. chocolate.   b. dulce de leche.   c. azúcar.

4. Los churros modernizados tienen un relleno de. . .

   a. chocolate o de algún dulce.
   b. azúcar.
   c. queso.

5. El dicho que cita Luis significa, en este caso, que Berta debe. . .

   a. probar un solo churro.
   b. olvidarse de su dieta por un día.
   c. fijarse en el número de calorías de su dieta.

6. Los churros son muy populares en Miami porque. . .

   a. son muy baratos.
   b. hay muchos hispanos.
   c. los venden en restaurantes cubanos.

7. Berta vive en. . .

   a. Indiana.   b. Miami.   c. España.

8. Se puede afirmar, de acuerdo con la conversación, que Berta va a. . .

   a. comer en un restaurante cubano.
   b. probar los churros.
   c. introducir los churros donde ella vive.

9-25 Tengo curiosidad. A usted le interesa saber cuáles son los platos hispanos favoritos de su compañero/a. Primero, haga una lista de los platos y postres hispanos que usted conoce y, luego, túrnese con su compañero/a para hacerse preguntas y tratar de averiguar lo siguiente.

1. sus platos y postres favoritos
2. comidas hispanas que ha probado
3. países originarios de esos platos
4. lugares donde los ha comido
5. descripción e ingredientes de su plato o postre hispano favorito

# A escribir

Estrategias de redacción: El ensayo argumentativo

¿Alguna vez usted ha participado en una discusión o un debate en el que tuvo que defender su opinión frente a otros participantes? ¿Alguna vez alguien le ha pedido que pruebe con datos o información una afirmación que usted hizo? Si lo ha hecho, usted ha utilizado algunas estrategias de la argumentación.

En términos muy simples, argumentar es defender con razones, datos o hechos, una idea que se quiere probar. Para convencer al lector, el autor de un texto argumentativo introduce cuidadosamente sus opiniones personales y las defiende con datos y hechos comprobados.

Para escribir una buena argumentación, el escritor debe cumplir con ciertas normas básicas:

- exponer ideas (razones, hechos, datos, etc.) siguiendo una organización
- presentar argumentos de manera clara y coherente
- separar las opiniones de los hechos de manera apropiada
- resumir el contenido del ensayo, enfatizando la tesis defendida a lo largo del texto

Para darle una buena organización a su texto argumentativo, el autor generalmente hace lo siguiente.

1. Primero presenta una tesis breve y clara que representa su opinión sobre el tema.
2. Luego, presenta diversos argumentos para fortalecer la tesis. La apoya con razones, datos (detalles, antecedentes, etc.), estadísticas (números) y hechos.
3. Finalmente, escribe una conclusión que reafirma la tesis defendida.

La lengua de la argumentación requiere una planificación meticulosa para lograr el efecto deseado: probar eficientemente una tesis. Por eso, el argumentador selecciona cuidadosamente tanto el vocabulario como las formas lingüísticas para diferenciar los hechos de las opiniones.

Para expresar una opinión el autor primero expone los hechos de la manera más objetiva posible. Para presentar datos y hechos, el escritor usa un lenguaje directo e impersonal que le permite ser objetivo. Usa el modo indicativo, expresiones impersonales, etc. Para exponer una opinión a favor o en contra de un tema, el autor usa formas lingüísticas que lo/la ayudan a expresar los sentimientos, la seguridad, la duda, el malestar, las expectativas, etc. de las partes (*parties*) involucradas. Para separar las opiniones propias de las de otros, el autor utiliza expresiones como según. . . , para. . . , en la opinión de. . . , etc. También usa tiempos verbales (presente, pasado, futuro), modos (indicativo y subjuntivo), y expresiones que reflejan la visión de los participantes. Las opiniones divergentes se contrastan y así se le da la oportunidad al lector de asumir su propia posición en la discusión.

En resumen, dependiendo de su objetivo, el escritor de un texto argumentativo trata de presentarle al lector los diversos argumentos de las partes que opinan sobre el tema y de exponer hábilmente (*skillfully*) sus propios argumentos. Al presentar todos los puntos de vista, el autor trata de convencer al lector de que los argumentos o razonamientos de uno de los dos lados son superiores a los del otro. Así, el lector puede tomar una posición ayudado por los argumentos sólidos y convincentes que se le presentaron.

9-26 Análisis. El siguiente texto discute la globalización. Léalo y, luego, siga las instrucciones.

1. Primero, identifique al lector potencial de este ensayo argumentativo. ¿Lo leerá un lector no especializado o un público que conoce algo sobre economía o globalización?
2. Además identifique el propósito del ensayo. ¿Por qué o para qué se escribió este ensayo argumentativo? ¿Para informar al público sobre algo? ¿Para provocar un debate entre el público? ¿Para convencer al público sobre las ventajas de la globalización? ¿Para convencer al lector de que la globalización es perjudicial para las economías de los países en vías de desarrollo?

   Con respecto a la organización y la lengua usada en el ensayo, observe lo siguiente.

3. La estructura del mensaje. ¿Puede usted ver una introducción en el texto? ¿Puede identificar la tesis del autor del artículo? ¿Cómo sustenta su tesis el autor? ¿Hay una conclusión? ¿Resume la conclusión los argumentos del ensayo?
4. Las características de la lengua que utiliza el escritor. ¿Cuál(es) de las siguientes estrategias del ensayo utiliza el autor del texto?
   _____ el análisis
   _____ la aclaración
   _____ la ejemplificación
   _____ la comparación
   _____ el contraste
   _____ la presentación de las causas

¿Es la globalización la respuesta para el desarrollo?

Los expertos afirman que un país no puede desarrollarse a menos que se incorpore al libre comercio. Sin embargo, la realidad nos revela que ésto no es suficiente. Es evidente que la globalización les permite crecer a los países en desarrollo, pero, ¿qué pasa con los países más pobres del mundo?

Para desarrollarse, muchos de los países pobres se han incorporado a los sistemas globales de producción de las multinacionales. Estas empresas crean trabajos en países donde los empleados reciben salarios bajos e invierten directamente allí, o buscan empresas locales que fabriquen sus productos.

A través de este proceso, las naciones ricas abaratan el costo de sus productos; las pobres se benefician con los empleos generados y la experiencia adquirida en tecnologías de vanguardia. Hace unas décadas, Israel, Taiwan, Corea e Irlanda pasaron a formar parte de las economías de alta tecnología y se convirtieron así en países industrializados.

Una de las grandes limitaciones de la globalización es que una parte significativa del mundo en desarrollo no interviene en el proceso. Por ejemplo, hay una fuerte concentración de inversiones extranjeras en México, partes de América Central y el Caribe, es decir, en países cercanos a los Estados Unidos. No obstante, aquellos países sudamericanos más alejados no reciben tantas inversiones de este tipo. Por esta razón, México ha crecido más rápidamente que otros países de Sudamérica.

Por lo tanto, los países en desarrollo con vecinos ricos disfrutan de enormes ventajas en comparación con las naciones más distantes. El costo menor del transporte hasta los grandes mercados se ve favorecido por las políticas comerciales de los países ricos. Así, el Tratado de Libre Comercio de América del Norte (NAFTA), pone a México en una posición ventajosa respecto a los países sudamericanos distantes.

De este modo, algunos países en vías de desarrollo reciben grandes beneficios de la globalización, mientras muchos otros experimentan un descenso notable en sus niveles de vida. En un mundo en el que existe una gran movilidad de personas y capitales, los trabajadores especializados de las regiones remotas emigran hacia otras más desarrolladas en búsqueda de mejores horizontes profesionales y económicos. En este sentido, la globalización podría empeorar la crisis de los países pobres.

9-27 Preparación. Primera fase. En **www.prenhall.com/identidades** usted encontrará ensayos relacionados con el concepto de fronteras territoriales, culturales, de derecho internacional, etc. Seleccione un tema que le interese de esta lista:

1. tratados internacionales
2. la globalización y la explotación infantil
3. la globalización y los derechos de la mujer
4. la globalización y los derechos humanos
5. la inmigración

Segunda fase. Lea el ensayo sobre el tema que seleccionó en la *Primera fase* y haga lo siguiente.

1. Identifique el propósito del ensayo. ¿Desea el ensayista despertar el interés del público sobre un tema controvertido? ¿Quiere provocar un debate entre los lectores? ¿Desea darles información? ¿Quiere persuadir al público a que cambie de opinión? ¿Desea incentivar al público a tomar una acción?
2. Analice la estructura del texto. ¿Hay una introducción clara en el texto? Si es así, ¿qué información contiene? ¿Se puede identificar con facilidad el punto que se discute en cada párrafo? ¿Hay una conclusión? ¿Qué información presenta la conclusión? ¿Es la conclusión un resumen del contenido del ensayo? ¿Hay una conexión entre el contenido del ensayo y el título?
3. Identifique la tesis. ¿Hay una tesis? ¿Qué dice? ¿Está la tesis bien sustentada? ¿Presenta el ensayista datos, información, argumentos que la apoyen?
4. Observe la conclusión. ¿Se refleja el contenido de cada párrafo en la conclusión?

Tercera fase. En la actividad 9-28 usted escribirá un ensayo relacionado con algún aspecto de la globalización. Para planificar su ensayo, haga lo siguiente con la información que ya recogió en la *Segunda fase.*

I. Primero, revise las estrategias de redacción en la página 00.
II. Luego, planifique el texto en general.

1. Haga un bosquejo. Determine lo siguiente.

   - Lector. ¿Quién será su lector? ¿Cuánto sabe su lector sobre el tema del que usted escribe? ¿Qué información (datos) necesita su lector para comprender su exposición?
   - Propósito. ¿Para qué escribe usted este ensayo? ¿Para informar? ¿Para denunciar una injusticia? ¿Para hacer que su público cambie de opinión y haga algo?
   - Tesis. ¿Tiene usted una tesis para su ensayo? ¿Qué dice su tesis? ¿Tiene datos, información, opiniones de expertos que lo/la ayuden a sustentar su tesis? ¿Cómo va a organizar esta información para lograr su propósito? ¿Se refleja su tesis en el título de su ensayo?
   - Fuentes. ¿Sus argumentos van a estar basados en algún material que consultó (libros, revistas, periódicos, enciclopedias, Internet, etc.)? ¿Va a citar usted a algún experto? ¿Está usted de acuerdo o en desacuerdo con la opinión del/de los experto(s)?

2. Prepare el vocabulario. Escriba las palabras clave sobre su tema.

   - Sustantivos, adjetivos, verbos, etc. Haga una lista de sinónimos o antónimos que lo/la ayuden a expresar sus ideas con precisión. Varíe su vocabulario para mantener un buen estilo y para captar el interés del lector.
   - Expresiones de transición. Haga una lista de expresiones de transición que le ayudarán a darle cohesión a su ensayo.

3. También, planifique las estructuras gramaticales que necesitará.

   - Modos y tiempos. ¿Cómo va a argumentar? ¿Va a usar datos o información factual o va a especular? ¿Qué modo usa para presentar información factual? ¿Y para especular o convencer a alguien? ¿Va a hacer algunas recomendaciones? ¿Qué modo y tiempo necesitará?

4. Revise su bosquejo. ¿Ha organizado bien la información o datos que va a usar? ¿Hay suficiente información para su público?

9-28 ¡A escribir! Usted solicita una beca para seguir estudios por un año en un país hispanohablante. Como requisito, el comité de selección le ha pedido que escriba un ensayo relacionado con algún aspecto de la globalización y sus implicaciones para el mundo hispano. El propósito de su ensayo es argumentar de qué manera el tema que usted escogió afecta la vida de los hispanos. Usando la información del ensayo que leyó en la actividad 9-27 —u otra que usted tenga a su disposición— escriba un ensayo argumentativo para el comité de selección.

9-29 ¡A editar! Lea su ensayo cuidadosa y críticamente por lo menos una vez más. Examine el contenido (cantidad, claridad de la información para su lector) y forma del texto (cohesión y coherencia de las ideas; uso de vocabulario, estructuras, modos, tiempos, etc.), la mecánica del texto (puntuación, acentuación, mayúsculas, minúsculas, uso de la diéresis, etc.). Haga los cambios necesarios que le permitan lograr su(s) propósito(s). Algunas recomendaciones útiles:

- Escriba su ensayo y después de unas horas vuelva a leerlo.
- Haga los ajustes (de contenido y forma) necesarios.
- Pídale a un/a compañero/a editor/a que lea su ensayo. Con frecuencia, un segundo lector puede ayudarlo/la a enfocarse mejor en el tema, a aclarar áreas oscuras, a agregar información que usted no ha incluido, o a mejorar algunos aspectos débiles de su texto.
- Finalmente, pula (*polish*) su texto pensando en su lector y observando las convenciones del lenguaje escrito.

 A explorar

WWW **2** **9-30 Hispanos destacados en las ciencias. Primera fase.** Vayan a **www.prenhall.com/identidades**, elijan a un artista hispano: cantante o actor, y lean la información sobre esta persona. Si desean, hagan más investigación en Internet para complementar la que ya tienen. Tomen apuntes de la información más importante sobre esta persona.

Segunda fase. Preparen una presentación sobre el artista que escogieron en la *Primera fase*, incluyendo la siguiente información.

1. Su lugar de origen.
2. Sus comienzos artísticos: sus primeros éxitos y sus primeros fracasos.
3. Premios importantes que ha obtenido en su carrera.
4. Influencia que ejerce en otros artistas.
5. Su influencia en la música, el teatro o el arte de otros países.

2 **9-31 La cocina hispana.** La cocina hispana tiene cada vez más presencia en los Estados Unidos. Busquen en Internet (**www.prenhall.com/identidades**) el menú que ofrecen algunos restaurantes hispanos. Busquen un plato e imagínense que tienen que hablar de él en un programa sobre comida de la televisión hispana. Cubran los siguientes puntos:

1. Mencionen los ingredientes.
2. Indiquen cómo se prepara el plato.
3. Digan por qué escogieron este plato. ¿Se parece a algún plato que ustedes conocen? ¿En qué se parece o se diferencia?

2 **9-32 Eventos de interés para los hispanos. Primera fase.** Vayan a
www.prenhall.com/identidades y lean un artículo o reportaje que tenga relación
con la convivencia entre los hispanos y los norteamericanos. Subrayen los puntos
más importantes del artículo o reportaje. Pueden consultar la sección de noticias,
comunidad, negocios, inmigración o noticias locales en los periódicos.

Segunda fase. Resuman oralmente el artículo o reportaje y, luego sigan estos
dos pasos.

1. Indiquen el resultado de la convivencia o intercambio entre la comunidad
   hispana y la norteamericana.
2. Expongan las ventajas y/o desventajas de esta convivencia o intercambio.
   Presenten su punto de vista y defiéndanlo.

G **9-33. Otros aspectos de la globalización. Primera fase.** La globalización
no sólo se refiere a la economía. Divídanse en grupos para discutir cómo la
globalización puede afectar los siguientes aspectos de la vida de una comunidad:
el medio ambiente, la salud, los derechos humanos, la educación, la música,
la política, la comida, las costumbres, la ropa, el arte. Compartan sus ideas con
el resto de la clase.

Segunda fase. Elijan uno de los temas explorados en la *Primera fase* y busquen
en **www.prenhall.com/identidades** algún artículo o reportaje que se relacione
con su tema. Después, presenten el artículo ante la clase según el siguiente
esquema.

1. Indiquen el tema del artículo.
2. Expliquen cómo afecta la globalización el área/aspecto de la vida de la
   comunidad tratada en el artículo.
3. En la opinión de ustedes, ¿cuáles son las ventajas y las desventajas de la
   globalización en relación con este tema?

2 **9-34 Empresas de tejidos.** En **www.prenhall.com/identidades** encontrarán
direcciones de empresas mexicanas que se dedican a la industria textil y que
exportan sus productos por todo el mundo. Elijan una de estas empresas y
compárenla con una similar en los Estados Unidos, teniendo en cuenta los
siguientes puntos.

1. Nombre de la empresa y lugar donde está.
2. Tamaño de la empresa.
3. Productos que exporta.
4. Ingresos que recibe la empresa por las exportaciones.
5. Maneras en que esta empresa beneficia o afecta negativamente la región donde
   está.

Rincón literario

Lucha Corpi, escritora
mexicoamericana

Los chicanos son un grupo étnico de los Estados Unidos que vive principalmente en los estados fronterizos con México. Muchos chicanos son nativos de estos lugares y, en algunos casos, sus antepasados ya vivían en estas tierras cuando eran colonias españolas que pasaron a formar parte de México después de su independencia en el siglo XIX. En 1848, como consecuencia de la guerra entre los Estados Unidos y México, toda la región del suroeste de los Estados Unidos pasó a ser territorio norteamericano. Mediante el tratado de Guadalupe Hidalgo, los Estados Unidos de Norteamérica se comprometieron a respetar los derechos de los mexicanos que decidieron quedarse en estos territorios. Sin embargo, la realidad es que sufrieron graves humillaciones y racismo, además de enormes injusticias. Después de la Segunda Guerra Mundial, en la que los mexicanoamericanos tuvieron una participación importante, éstos empezaron a ser más respetados y ellos mismos comenzaron a reclamar su doble identidad. El Movimiento chicano surgió para revalorizar la cultura chicana y reafirmar sus orígenes. Al mismo tiempo, la literatura chicana ha adquirido más importancia en todos los géneros. El siguiente poema de Lucha Corpi, nacida en 1945, se refiere precisamente a la riqueza de ese dualismo cultural.

Romance Chicano
Lucha Corpi

Vengo de allá
Mas soy de aquí
Sembrando mis sueños
voy hasta el fin

5 Arroyo de polvo fino
Llanto que corrió a la mar
por tus aguas navega
mi historia de coral

Mi cuento de concha nácar
10 a la orilla de un lucero
se queda mirando acá
Los versos de mi madre
me enseñan que soy de allá

Soy del mar
15 Vengo del sol
De avena[1] y caña
jengibre[2] y trigo[3]
tengo el corazón

Por eso soy de aquí
20 Vengo de allá
Y entre agua y sal
siembro mis sueños
de tierra y cristal.

[1]oats [2]ginger [3]wheat

Interpretación

1. La oposición "mar/tierra" simboliza la dualidad cultural "soy de aquí/vengo de allá" en el poema. Señale todas las palabras que se relacionan con el mar y todas las que se relacionan con la tierra.

2. Comente los siguientes versos: "Los versos de mi madre/me enseñan que soy de allá". ¿Qué cosas, además de la lengua, hacen que alguien se identifique con una cultura específica?

3. ¿Conoce usted a alguien que viva entre dos culturas? En su opinión, ¿cuáles son las ventajas de este tipo de vida? ¿Puede haber inconvenientes?

4. ¿Hay chicanos o miembros de otro grupo étnico en su comunidad? ¿Cómo se manifiesta en su comunidad la cultura de este grupo étnico? ¿Hay restaurantes, mercados, tiendas, periódicos o cines para estos grupos étnicos? ¿Puede citar algunos ejemplos?

VOCABULARIO

En la sociedad

los bienes	*wealth, assets*
el censo	*census*
la convivencia	*coexistence, living together*
el desempleo	*unemployment*
la minoría	*minority*

Los negocios

el beneficio	*benefit*
los datos	*data*
el inconveniente	*disadvantage, drawback*
la inversión	*investment*
la mano de obra	*labor, manpower*
la mercancía	*merchandise*
el precio	*price*
el proceso	*process*

Personas

el/la emigrante	*emigrant*
el/la inmigrante	*immigrant*

Características

bilingüe	*bilingual*
espantoso/a	*horrible*
libre	*free*
último/a	*last*

Verbos

aceptar	*to accept*
adaptar	*to adapt*
aprovechar	*to take advantage*
aumentar	*to increase*
beneficiar	*to benefit*
crecer (zc)	*to grow*
extrañar	*to miss*
fabricar (q)	*to make, to produce*
invertir (ie, i)	*to invest*
mejorar	*to improve*
mudar(se)	*to move*
olvidar(se) (de)	*to forget*
seguir (i, i)	*to follow, to continue*
tratar	*to try*
utilizar (c)	*to use*

Palabras y expresiones útiles

al principio	*at the beginning*
en contra de	*against*
en desarrollo	*developing*
mismo/a	*same*
no obstante	*nevertheless*
el papel	*role*
el poder adquisitivo	*purchasing power*
suficiente	*enough*

10

El futuro

Objetivos comunicativos
- Expressing purpose, conditions, or contingencies
- Speculating about future events and conditions

Contenido temático y cultural
- Projections and expectations about means of transportation, environment, society, life styles, science, and technology

A leer

Las nuevas tecnologías aplicadas al transporte han permitido acortar las distancias de forma espectacular. El AVE es un tren de alta velocidad que une algunas de las ciudades españolas más importantes. Por ejemplo, el trayecto Madrid-Sevilla, de 471 kilómetros, puede hacerse en 2 horas y 25 minutos. En el futuro, los trenes de alta velocidad y las carreteras más seguras facilitarán la comunicación entre las ciudades. Para un transporte rápido en las grandes ciudades, no hay nada mejor que el metro. El de Santiago de Chile alcanza una velocidad de 160 kilómetros por hora y se considera el tercer metro más rápido del mundo.

El petróleo, conocido como el oro negro, es fundamental para las industrias y las comunicaciones de hoy. Entre los países que producen más petróleo en el mundo se encuentran México y Venezuela, y este último es uno de los miembros de la Organización de Países Exportadores de Petróleo (OPEP). Es posible que en el futuro las nuevas investigaciones y adelantos científicos disminuyan la importancia de este combustible.

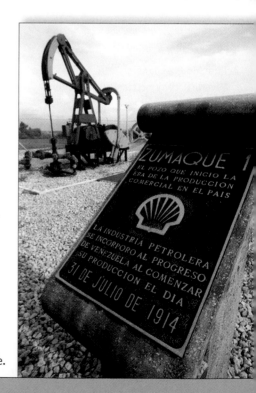

Escultura de granito del español Eduardo Chillida.

demás de las pérdidas de vida y bienes materiales, los actos de
errorismo han aumentado la inseguridad que sienten los ciudadanos
han provocado serios problemas en la economía de algunos países.

Los adelantos médicos han incrementado la esperanza de vida de los seres humanos. Hoy
en día es común ver que muchas personas de la tercera edad llevan una vida activa y
productiva, gracias a los progresos de la medicina. Muchos científicos creen que en el futuro
será posible prolongar todavía más la vida humana aplicando los nuevos conocimientos y
descubrimientos biológicos, médicos e informáticos, lo que tendrá efectos importantes en la
sociedad.

Preparación

10-1 Preocupaciones sobre el futuro. Primera fase. El futuro es un tema de interés tanto para individuos como para instituciones. Asocie cada una de las acciones de la columna de la izquierda con los individuos o instituciones que las realizan en la columna de la derecha. Más de una respuesta correcta es posible.

1. _____ Siempre investigan las tendencias del mercado para comprar o vender acciones (*shares*).
2. _____ Analizan los gustos del público para determinar los productos que serán populares.
3. _____ Planifican el número de alumnos que tendrán basándose en la tasa de nacimientos.
4. _____ Analizan estadísticas para anticipar ciertas tendencias en el país, y así tener políticas (*policies*) justas.
5. _____ Investigan posibles sustitutos energéticos del petróleo que contaminen menos.
6. _____ Intentan desarrollar naves microscópicas (nanopartículas o nanocápsulas) para reparar problemas en el cuerpo y que el ser humano pueda vivir en otros planetas.

a. las escuelas
b. los científicos de NASA
c. las empresas automotrices
d. las compañías
e. las organizaciones gubernamentales
f. los inversionistas (*investors*)

G Segunda fase. Determinen cuál de las actividades de la *Primera fase* los afectará a ustedes de una manera más directa y significativa en el futuro. Expliquen por qué.

2 10-2 Métodos de visualizar el futuro. Primera fase. Marquen los métodos o procedimientos (*procedures*) que se utilizan para anticipar el futuro.

1. _____ el análisis de los sueños
2. _____ los textos cifrados (*coded*)
3. _____ los discursos (*speeches*)
4. _____ la observación de la pupila del ojo
5. _____ los mensajes crípticos
6. _____ las predicciones astrológicas
7. _____ los anuncios sobrenaturales
8. _____ la hipnosis
9. _____ los informes o reportajes
10. _____ la lectura de la palma de la mano

Segunda fase. Identifiquen un método o procedimiento de la *Primera fase* que, según ustedes, es más eficaz para predecir lo que ocurrirá en una de las siguientes áreas. Expliquen por qué y den ejemplos concretos.

MODELO: Los informes económicos anuales del Ministerio de Economía pueden servir para anticipar la tasa de crecimiento de la economía del país.

1. la economía de un país
2. el clima de una región
3. las relaciones futuras entre usted y su pareja
4. la vida después de la muerte

Ⓖ **10-3 Futurólogos aficionados. Primera fase.** Escriban el verbo que se asocia con cada uno de los siguientes nombres o sustantivos.

1. el incremento   _____
2. la reactivación   _____
3. la desaparición   _____
4. el aprendizaje   _____
5. la despenalización   _____
6. el aumento   _____

Segunda fase. Usen algunos sustantivos y verbos de la *Primera fase* para hacer por lo menos dos predicciones sobre los siguientes temas.

MODELO: Habrá un incremento de la violencia en las escuelas si no cambian las leyes sobre las armas de fuego. Aumentarán las muertes de gente inocente.

1. la violencia en las escuelas
2. el consumo de drogas
3. la pobreza
4. el estudio de las lenguas extranjeras en las universidades norteamericanas
5. los coches que usan gasolina

ⓦⓦⓦ **10-4 Futuristas notables. Primera fase.** Busquen la información que se pide
Ⓖ sobre uno de los siguientes personajes: Nostradamus, Alvin Toffler, Nicholas Negroponte, Isaac Asimov, Arthur Clarke, Vaclav Havel, George Orwell o Stanley Kubrick.

1. lugar de origen
2. actividad profesional
3. razón de su fama
4. ejemplo de algo interesante que ha hecho o hizo con relación al futuro

Segunda fase. Compartan la información que obtuvieron en la *Primera fase* con la clase y, luego, indiquen si la predicción de su personaje fue acertada (*right*) o desacertada (*wrong*). ¿Por qué?

Estrategias de lectura

1. Lea el título. Cuando piensa en el futuro, ¿qué predicciones tiene? En una hoja, escriba una lista breve de 2 ó 3 predicciones.
2. Use la primera oración de cada párrafo para anticipar el contenido. Pase su marcador por la primera oración de cada párrafo. Luego, lea las oraciones para tener una idea del texto en su totalidad.
3. Familiarícese con los personajes que aparecen en el texto. Examine rápidamente el texto. Pase su marcador por los nombres de las personas que se mencionan. Si no reconoce por lo menos dos personas, busque información sobre ellas en Internet usando cualquier buscador. ¿Qué tienen en común las dos personas? ¿Cómo se relacionan estas personas con el tema del texto?

LECTURA

El futuro posible

Tomado de *Redacción*

Muchos artistas, como el cineasta Stanley Kubrick, escritores como George Orwell, o futurólogos de profesión, como Nostradamus lo hicieron en su día. Pero hay una organización con base en Estados Unidos, aunque tiene miles de integrantes distribuidos en ochenta países, que se dedica específicamente a estudiar el futuro. La Sociedad Mundial del Futuro (*The World Future Society*) cuenta con las ideas y el prestigio de figuras intelectuales de renombre como Alvin Toffler, Nicholas Negroponte, Isaac Asimov, Arthur Clarke o Vaclav Havel, que a lo largo de los siglos han analizado el presente para predecir el futuro.

La actividad de esta sociedad responde a una necesidad humana fundamental: visualizar lo que vendrá, anticiparse a lo nuevo, comprender el sentido de los cambios y situarse ante los escenarios del futuro. Algunos resuelven esta necesidad a través de procedimientos mágicos: adivinos, profetas, textos cifrados, mensajes crípticos, predicciones astrológicas, anuncios sobrenaturales o revelaciones místicas. Otros, en cambio, prefieren basarse en mecanismos ideológicos —su religión, sus ideas políticas o su filosofía— para predecir lo que va a pasar.

La Sociedad Mundial del Futuro forma parte de otra corriente de pensamiento. Su camino es el análisis de las tendencias que ya están operando en el presente y la proyección de las mismas en su desarrollo futuro. El fundamento científico, la racionalidad y los criterios rigurosos son la base fundamental de su metodología.

Esta sociedad difunde[1] todos los años su visión del futuro. Para ello genera múltiples conferencias, debates y publicaciones. Desde comienzos del año 2002 sugiere como principales pautas[2] del porvenir más cercano las siguientes:

1. Incremento del terrorismo y de los actos violentos, con la consiguiente[3] sensación de inseguridad y con los actos defensivos necesarios.
2. Reactivación económica encabezada por países populosos y de bajo desarrollo actual, como son los casos de China, India y Rusia.
3. Bajos precios del petróleo y uso cada vez mayor de combustibles alternativos.
4. Desaparición del libro de papel (sustituido por el libro electrónico) y de los discos (reemplazados por la música bajada de Internet).
5. Aprendizaje basado más en la interacción con la pantalla del ordenador[4] que en el libro de texto.
6. Tendencias a lo heterogéneo y a la difuminación[5] de las fronteras en todos los campos: diseño, arquitectura, música, ciencias, política, sexualidad, formación profesional, etc.

[1]*disseminates* [2]*directions* [3]*resulting* [4]computadora (en España) [5]*disappearance*

Margin notes:

¿Qué ha comprendido? ¿Qué organización se menciona en el párrafo? ¿Cuál es su misión? ¿Quiénes son algunos de sus miembros famosos?

En este párrafo (líneas 10–17) se mencionan dos perspectivas de las personas que predicen el futuro. Al leer el párrafo, identifique estas dos perspectivas o puntos de vista.

En este párrafo (líneas 18–22) se introduce la orientación de la Sociedad Mundial del Futuro. La metodología que usa esta organización para predecir el futuro, ¿se parece a una de las perspectivas ya mencionadas o tiene otra perspectiva sobre cómo predecir el futuro?

Enfocarse en lo que no ha comprendido. Al leer las predicciones de la Sociedad Mundial del Futuro, marque las que no comprenda. Después de leer las predicciones, vuelva a las que ha marcado y léalas una vez más.

7. Las computadoras estarán en todas partes y en todo momento de la vida cotidiana, pero serán casi invisibles dada su integración plena[6] con el resto de los objetos.

8. Despenalización de las drogas.

9. Aumento de la esperanza de vida en función de nuevos progresos de la medicina.

Así parece insinuarse el futuro. Por lo menos éstas serían las líneas de fuerza más importantes en las que coinciden los principales analistas. Fuera de estos apuntes queda un vasto campo, en parte inexplorado y misterioso y en parte conflictivo y polémico. Y queda, como siempre, la esencial incertidumbre de lo que todavía está por venir.

[6]full

Comprensión y ampliación

10-5 Probable o improbable. Primera fase. Indique con una **X** las predicciones probables para la Sociedad Mundial del Futuro de acuerdo con la información que se ofrece en la lectura.

1. _____ Aumento de los actos terroristas en el mundo.

2. _____ Desaparición del petróleo.

3. _____ Diversidad en las manifestaciones artísticas.

4. _____ Empobrecimiento mayor de los países en vías de desarrollo.

5. _____ Mayor aplicación de las computadoras a la enseñanza.

6. _____ Más muertes prematura por enfermedades incurables.

7. _____ Sustitución del libro de papel por la pantalla.

8. _____ Aumento de la corrupción relacionada con la venta de drogas ilegales.

G Segunda fase. Discutan cuáles de las predicciones anteriores les parecen más probables y digan por qué.

10-6 Familias de palabras. Primera fase. En la siguiente lista de palabras procedentes de la lectura, indique cuáles se relacionan con el futuro.

1. _____ prospectivos
2. _____ prestigio
3. _____ críptico
4. _____ predicciones
5. _____ interacción
6. _____ heterogéneo
7. _____ porvenir
8. _____ progresos
9. _____ horizonte
10. _____ adivino

Segunda fase. Elija tres de las palabras de la lista anterior que se relacionan con el futuro y escriba al menos una oración diferente para cada una de ellas. Después, compárelas con las de un/a compañero/a.

MODELO: Los trabajos científicos de Alberto son excelentes y todos pensamos que tendrá un *porvenir* brillante en su carrera.

G **Tercera fase.** Utilice palabras de la *Primera fase* y mucha imaginación para elaborar un informe sobre uno de los siguientes temas con sus propias predicciones sobre el futuro. Compártalo con la clase.

1. en la medicina
2. en la economía
3. en la vida estudiantil
4. . . .

Aclaración y expansión

Adverbial conjunctions that require the subjunctive

In previous chapters you have used the present subjunctive in dependent clauses following verbs that express wishes, emotions, advice, and doubt: **Deseo/Me gusta/Te aconsejo/No creo que ellos <u>hablen</u> del futuro.** You have also used the present subjunctive in adjective clauses when referring to a person, place, or thing that does not exist or whose existence is unknown or uncertain: **No hay un futurólogo que <u>pueda</u> predecir el futuro con exactitud. Busco una persona que <u>pueda</u> predecir el futuro.** Now you are going to practice the use of the subjunctive in adverbial clauses.

- The expressions below always require the subjunctive when followed by a dependent clause.

a menos que	*unless*	**en caso de que**	*in case that*
antes (de) que	*before*	**para que**	*so that, in order that*
con tal (de) que	*provided that*	**sin que**	*without*

- Note that after **para que,** the subjunctive clause expresses a purpose; with the other expressions, the subjunctive clause expresses a hypothetical situation or a condition that may or may not be fulfilled.

Un ingeniero ha diseñado un auto **para que** las personas **puedan** manejar sin preocuparse.

*An engineer has designed a car **so that** people **can** drive without worrying.*

Este auto le dice al chofer la manera más rápida y segura de llegar a su destino **con tal de que** lo **programe** correctamente.

*This car tells the driver the fastest and safest way to arrive at his destination **provided that** he **programs** it correctly.*

La información del destino debe ponerse en una pequeña computadora del auto **antes de que** el chofer **empiece** a manejar.

*The information about the destination should be fed into a small computer **before** the driver **starts** to drive.*

Este auto nunca se equivoca **a menos (de) que** la información que el chofer da **sea** incorrecta.

*This car never makes a mistake **unless** the information (that) the driver gives **is** wrong.*

El chofer puede llegar a su destino **sin que** nadie **tenga** que consultar un mapa.

*The driver can arrive at his destination **without** anyone **having** to consult a map.*

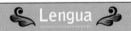

Lengua

When there is only one subject in the sentence, an infinitive is used after **para, antes de,** and **sin,** instead of a subjunctive clause introduced by **que.**

Ellos hacen pruebas **para mejorar** las medicinas.
Ellos hacen pruebas **para que** las medicinas **mejoren.**
Prueban las medicinas **antes de ponerlas** a la venta.
Prueban las medicinas **antes de que** las farmacias las **vendan.**

10-7 El sueño de un inventor. El científico Carlos Cernuda ha diseñado un pequeño aparato que mantiene la temperatura ideal dentro de los hogares con un consumo mínimo de electricidad y sin calentar ni dañar el medio ambiente. Hoy se reúne con una compañía multinacional que le ha hecho una oferta por su invento. Llene los espacios en blanco con la forma correcta del verbo entre paréntesis para saber qué sucedió.

El invento de Carlos Cernuda es un pequeño aparato que mantiene la temperatura ideal en cada una de las diferentes partes de la casa para que las personas (1) _____ (sentirse) cómodas. Además, este aparato funciona sin (2) _____ (hacer) ruido. Por lo tanto, puede estar al lado de cualquier lugar de la casa sin que las personas (3) _____ (oír) nada. Hoy Carlos Cernuda tiene una reunión con una compañía multinacional que le ha hecho una oferta por su invento, así que antes de (4) _____ (salir) de su casa, lee las cartas que le enviaron para (5) _____ (estar) seguro de que entiende todos los detalles de la propuesta que le han hecho.

Carlos Cernuda llega temprano a la cita con el director, y la secretaria le pide que espere un momento antes de (6) _____ (pasar) al salón de conferencias. Entonces, él aprovecha ese tiempo y revisa sus notas cuidadosamente una vez más antes de que la secretaria le (7) _____ (decir) que puede pasar. Aunque le han ofrecido un buen porcentaje sobre las ventas, él quiere recibir un porcentaje mayor; sin embargo, está dispuesto a hacer algunas concesiones con tal de que la compañía (8) _____ (comenzar) la producción antes de un año. También él espera que la compañía prepare una buena campaña de publicidad para que el público (9) _____ (saber) cuáles son las ventajas de su invento, pues las ventas no serán buenas a menos que el público (10) _____ (comprender) la comodidad que este aparato les va a proporcionar a todos los miembros de la familia.

10-8 ¿Cómo será nuestra vida en el futuro? Túrnense para leer la primera parte de cada oración de la columna de la izquierda y después completen las oraciones con el final que les corresponde a la derecha. Deben fijarse en el contexto y también en la forma verbal correcta.

1. _____ Las personas podrán programar los robots para que. . .
2. _____ Las personas vivirán muchos más años a menos que. . .
3. _____ Todos podremos ver las condiciones del tráfico en las minicomputadoras antes de. . .
4. _____ Las computadoras estarán en todas partes. . .
5. _____ Podremos hacer casi todas nuestras compras desde la casa sin. . .
6. _____ Habrá más oportunidades de trabajo para que. . .
7. _____ Casi todos los cursos se ofrecerán en Internet sin que. . .
8. _____ La contaminación ambiental continuará a menos que. . .

a. facilitarles la vida a las personas.
b. los alumnos tengan que ir a la universidad.
c. hagan el trabajo de la casa.
d. salir para el trabajo.
e. tener que ir a las tiendas.
f. sufran un accidente grave.
g. los padres puedan mantener a su familia.
h. las industrias decidan cuidar el medio ambiente.

Segunda fase. Ahora escojan cuatro de las oraciones de la columna de la izquierda y complétenlas de acuerdo con sus propias ideas. Después comparen sus oraciones con las de otra pareja.

10-9 Una nueva medicina. Primera fase. Ustedes trabajan en un laboratorio que ha descubierto una medicina para el tratamiento de una nueva enfermedad. Sigan los siguientes pasos.

1. Identifiquen los síntomas que presentan los enfermos.
2. Digan cuál es el nombre de la medicina y la dosis recomendada.
3. Indiquen los efectos de la medicina en los pacientes. ¿Tiene efectos secundarios? Si es así, ¿cuáles son?
4. Indiquen la duración del tratamiento.

Segunda fase. Usen *PowerPoint* u otros materiales visuales para presentarle a la clase la información que prepararon en la *Primera fase*. Finalmente, expliquen la importancia de su descubrimiento.

A leer

En el futuro, aunque haga mal tiempo fuera, las personas podrán camin[ar] en el lugar que elijan sin tener que salir de la casa. La tecnología permitirá detectar los movimientos del usuario e integrarlos en las imágenes que se proyectan en la pantalla.

En la cocina del futuro habrá pantallas que muestren las recetas favoritas de cada uno. Estas pantallas estarán conectadas a computadoras que respondan a la voz del usuario. No sólo podremos ver las recetas que hemos incorporado previamente, sino que también nos permitirá acceder a Internet y hacer nuestras compras conectándonos directamente con el supermercado.

Para simplificar las comunicaciones con los diferentes miembros de la familia, habrá unas pizarras electrónicas donde podremos dejar mensajes verbales con imágenes visuales para otros miembros de la familia. Estas pizarras también servirán de agendas que nos recordarán las citas que hemos hecho, las llamadas que debemos hacer o las cosas que tenemos que comprar.

Las caídas y los accidentes a causa de la oscuridad serán cuestión del pasado. Los suelos se iluminarán ligeramente cuando una persona camine sobre ellos, lo que le permitirá ir a la cocina, al baño o responder al llanto de un bebé sin temor de tropezar.

Preparación

2 **10-10 ¿Herramientas útiles o inútiles? Primera fase.** Indique con una X si usted tiene o no los siguientes aparatos o máquinas o si le gustaría tenerlos/las. Compare sus respuestas con las de su compañero/a.

	lo/la tengo	no lo/la tengo	me gustaría tenerlo/la
1. el buscapersonas			
2. la lavadora de ropa			
3. el lavaplatos			
4. la secadora de ropa			
5. el horno microondas			
6. la batidora			
7. el abrelatas eléctrico			
8. la computadora portátil			
9. el teclado inalámbrico (*wireless*)			
10. el teléfono celular			

G **Segunda fase.** Mire una vez más su lista de la *Primera fase* y escoja dos aparatos que, según usted, son los más útiles. Compare su selección con la de su compañero/a. Explíquele por qué los aparatos que usted escogió son los más útiles. Prepárese para compartir la información con la clase.

2 **10-11 ¿Nos afecta o no la tecnología?** Indiquen si están de acuerdo o no con las siguientes afirmaciones relacionadas con el efecto de la tecnología en las personas. Expliquen por qué.

	Sí	No
1. La mayoría de la gente se siente nerviosa cuando compra un aparato electrónico.	_____	_____
2. Algunas personas se sienten contentas cuando usan máquinas.	_____	_____
3. Los adolescentes siempre se muestran irritados con las máquinas.	_____	_____
4. Las personas mayores se disgustan cuando una máquina se descompone.	_____	_____
5. Las personas se alegran porque las máquinas les facilitan el trabajo doméstico.	_____	_____
6. La mayoría de la gente se esfuerza por aprender a usar las máquinas.	_____	_____
7. Muchas personas sienten estrés cuando tienen que hacer funcionar un aparato electrónico.	_____	_____
8. La mayoría de la gente sufre de insomnio a causa de la tecnología.	_____	_____
9. Algunas personas se sienten impotentes frente a la tecnología y rehúsan usarla.	_____	_____
10. Ciertas personas se quejan de sobrecarga mental provocada por la tensión que les causa usar las máquinas.	_____	_____

② **10-12 ¡Qué fácil nos hacen la vida! Primera fase.** Digan para qué sirve cada una de las siguientes máquinas o aparatos electrodomésticos.

> **MODELO:** El abrelatas se utiliza/se usa/sirve para abrir latas de comida (*canned food*).

1. el horno microondas
2. el lavaplatos
3. la computadora
4. la videocasetera
5. el televisor
6. el contestador automático

Segunda fase. Escoja los dos aparatos o máquinas de la *Primera fase* que, según usted, crean más dependencia en los usuarios. Explíquele a su compañero/a qué personas generalmente dependen más de ellos y por qué.

② **10-13 ¿En qué ocuparemos el tiempo libre?** En preparación para la lectura, que habla de un nuevo tipo de casa, imagínense lo siguiente. Después de recibir una herencia millonaria de un familiar, ustedes acaban de comprarse una casa automatizada. Por eso, ahora tienen mucho tiempo libre. Digan cómo usarán su tiempo libre.

Estrategias de lectura

1. Lea el título. ¿Qué significa "Mi casa en un chip"? Sin leer el texto, piense en las posibilidades y apúntelas en una lista breve.
2. Lea los subtítulos. A veces los subtítulos dan casi un bosquejo del texto. Lea cada uno de los subtítulos y también la primera oración de cada sección. ¿Lo/La ayudan a anticipar el contenido de cada sección?
3. Anticipe el tono del texto.

   a. Lea la primera oración del texto. Trata sobre la tecnología en nuestros hogares. La frase "ha llegado a unos extremos inverosímiles (*improbable, unlikely*) en muy pocos años", ¿indica una actitud positiva o negativa sobre los avances tecnológicos en las casas?

   b. Si no lo sabe, lea la primera oración del segundo párrafo. ¿Cree usted que es positivo o negativo el gran número de nuevos inventos tecnológicos que aparecen continuamente? ¿A qué se debe la frustración que sienten algunos usuarios?

LECTURA

Mi casa en un chip: Tecnología para los hogares del siglo XXI

Javier Bolufer

La almohada despertador. Diseñada por una alumna, se enciende suavemente y despierta sin sobresaltos a quien duerme sobre ella. El secreto es su tela, que contiene unos pequeños reflectores luminosos que pueden ser programados para que se enciendan a una hora determinada o, incluso, cuando se reciba una llamada telefónica.

Las cortinas de baño musicales. Hay muchos aficionados al 'bel canto' que dan rienda suelta a su garganta debajo de la ducha. Con este prototipo, el usuario puede utilizar el teléfono del agua para barrer los códigos de barras impresos en la cortina y seleccionar canciones MP3 o conectar la radio. El sonido surge de unos altavoces planos integrados en las cortinas.

En el primer párrafo se presenta una contradicción entre (a) lo que prometen los avances tecnológicos y (b) el resultado de estos avances. Al leer el párrafo, busque lo que dice el texto sobre este tema.

¿Qué aparato se usa como ejemplo de la tecnología en el segundo párrafo? Explique en sus propias palabras la idea que el autor quiere expresar.

Comprender el vocabulario importante. En la primera oración del tercer párrafo, un psicólogo dice que la "dependencia tecnológica ha inundado nuestras vidas". ¿Comprende la frase "ha inundado nuestras vidas"? Si no conoce "ha inundado", busque el verbo "inundar" en su diccionario. Preste atención al significado figurado, además del sentido literal. Luego, al leer el párrafo, decida si está de acuerdo con la opinión del psicólogo.

La tecnología, especialmente la que utilizamos en nuestro espacio doméstico, ha llegado a unos extremos inverosímiles en muy pocos años. En las últimas décadas los avances se han ido sucediendo, prometiéndonos una vida más cómoda, aunque todavía están por verse las consecuencias. Y es que en muchos casos lo que han hecho es permitirnos hacer más cosas en el mismo tiempo. 5

Por otra parte, el ritmo con el que aparecen novedades en el mercado nos impide digerirlas, lo cual nos lleva a correr el riesgo de caer en un sentimiento de frustración por nuestra incapacidad de dominar cada nueva máquina. En este caso, la tecnología se ha adelantado a la sociedad, cada vez más supeditada y dependiente de su eficacia y funcionalidad. El ejemplo más claro lo tenemos en 10 la calculadora, herramienta tan incuestionable —nadie revisa una operación hecha por una caja registradora— como imprescindible a la hora de hacer operaciones aritméticas simples —multiplicaciones o divisiones— que hace unos años habríamos hecho mentalmente o a mano.

Esta dependencia tecnológica "ha inundado nuestras vidas", opina Larry Rosen, 15 psicólogo y autor del libro *TechnoStress*. Rosen cree que "la gente se siente acelerada, irritada, frustrada, como si se estuviera unos pasos por detrás de la tecnología. La mayoría se esfuerza por mantenerse, pero pierde la batalla. El resultado es demasiado estrés y problemas de sueño, enfermedades psíquicas y sobrecarga mental". 20

Dependencia tecnológica

De alguna manera nos convertimos en presas[1] hipnóticas de una espiral de innovaciones que se solapan[2] unas a otras, incluso en aparatos muy próximos a la población en general, en la que desde tiempo atrás se han creado estrechas relaciones de dependencia: lavadoras, secadoras, hornos microondas, batidoras.

25 "Los equipos domésticos serán nuestros mayordomos[3], cocineros, niñeras[4] y ayudantes que se amoldarán a los gustos de cada uno, produciendo en nosotros cierto tipo de sentimientos", afirma Stefano Marzano, director de Philips Design. 🗨

Y no tardarán en llegar. El 70 por ciento de los aparatos que equipará nuestras
30 viviendas del futuro ya está a la venta. Lo que ocurre es que existe la creencia de que, si ya es caro comprarse un piso[5], el precio de una vivienda equipada de esta manera es desorbitado. Sin embargo, Rodrigo Echenique, presidente del grupo Vallehermoso, impulsor de la Casa Internet, opina que apenas puede encarecer su coste[6] total en un 1 por ciento. Y aún saldrá más barata cuando "baje la
35 demanda de pisos y el constructor se dé cuenta de que se debe introducir elementos de mayor valor añadido", explica José Carlos Toledano, del departamento de Marketing de Iberdrola. 🗨

Necesidades del usuario

🗨 Por otra parte, un reciente estudio de Expert, elaborado con la participación del sociólogo Amando de Miguel, concluye que los usuarios piensan que antes los
40 electrodomésticos se estropeaban[7] menos. Además, se plantea la incógnita de que, una vez que las máquinas hagan el trabajo sucio, ¿en qué ocuparemos el tiempo libre? Asimismo, muchos se preguntan si necesitaremos hacer uso de toda esa tecnología, si se sabrá para qué sirven esos aparatos o simplemente se llegará a sacarle partido a sus prestaciones[8]. De hecho, hoy, sólo el 24,8 por
45 ciento de los usuarios utiliza todas las funciones, según el *1 Estudio de Calidad de Vida en el Hogar*.

🗨 Las respuestas a estas incógnitas se intuyen poco tecnológicas. El sociólogo Santiago Lorente, de la Escuela de ingenieros de Telecomunicación de Madrid y autor del libro *La casa inteligente*, lamenta "la falta de imaginación de algunos
50 fabricantes para averiguar qué necesita el usuario capaz de aceptar un determinado coste". Una solución sería una innovación tecnológica pausada, que se adaptara a nosotros, y no al revés.

En cualquier caso, la entrada de la informática de alto nivel en el universo privado del hogar da pulso firme a los futurólogos para esbozar[9] una vivienda en
55 la que habremos perdido el protagonismo como anfitriones y las máquinas obedecerán las instrucciones que le lleguen a través de la red. Miquel Barceló, profesor de Historia de la Informática en la Universidad de Barcelona, está convencido de que tarde o temprano, y por medio de chips, se conseguirán ordenadores emocionales que lleguen a entender nuestras órdenes y
60 comprendan nuestros sentimientos, percibiendo el contexto de la situación que establecemos con ellos". Tal vez, además de depender de las máquinas desde un punto de vista práctico, también nos sometamos[10] a ellas emocionalmente.

CNR no. 64, junio 2002, © Grupo Zeta

Margin notes:

🗨 ¿Qué ha comprendido? Lea la cita de Stefano Marzano (líneas 25–28) sobre la relación personal que tenemos con nuestros aparatos domésticos. ¿A qué tipo de relación y sentimientos se refiere? ¿Está Ud. de acuerdo?

🗨 ¿Qué ha comprendido? Este párrafo (líneas 29–37) trata del alto costo de una vivienda con muchos aparatos tecnológicos, sin embargo, ¿cuál es la opinión de José Carlos Toledano sobre este tema?

🗨 Usar las preguntas en el texto para aumentar la comprensión. El autor del texto incorpora una pregunta en este párrafo. Primero, lea la pregunta. ¿Cuál es? Luego, al leer el párrafo, trate de contestarla.

🗨 En estos últimos párrafos del texto, se presenta una hipótesis del autor sobre el futuro de la tecnología doméstica. Al leer hasta el final, busque la frase que contiene esta hipótesis.

---

[1]*prisoners* [2]*overlap* [3]*buttler* [4]*nanny, baby-sitter* [5]apartamento (en España) [6]costo (en España) [7]*broke down*
[8]funciones [9]*to sketch out, design* [10]*subject ourselves*

Comprensión y ampliación

2 **10-14 ¡Cuidado con la tecnología!** Indique si, en su opinión, las siguientes afirmaciones sobre la tecnología que se citan en el artículo son positivas **(P)** o negativas **(N)** y comente con un/a compañero/a sus respuestas.

1. _____ La tecnología nos permite hacer más cosas al mismo tiempo.
2. _____ La sociedad depende cada vez más de la eficacia y funcionalidad de la tecnología.
3. _____ Nadie revisa una operación aritmética hecha por una calculadora o por una caja registradora.
4. _____ La mayoría de la gente se esfuerza por estar al día en cuestiones tecnológicas, pero esto produce frustraciones.
5. _____ Nos dejamos seducir por el atractivo de las innovaciones tecnológicas.
6. _____ La tecnología debe adaptarse a nuestras necesidades.
7. _____ Las máquinas obedecerán instrucciones a través de la red.
8. _____ En el futuro habrá ordenadores emocionales que comprendan nuestros sentimientos.

G **10-15 Entrevista. Primera fase.** Preparen un informe para la clase sobre la influencia de la tecnología en la vida de los estudiantes. En grupo, elaboren una serie de preguntas para entrevistar a compañeros de otros grupos. Utilicen las siguientes ideas como guía.

1. Medio de transporte que utiliza regularmente el/la entrevistado/a.
2. Los aparatos eléctricos o electrónicos que tiene en su habitación.
3. Los electrodomésticos que usa con más frecuencia.
4. El tiempo que pasa utilizando una computadora o una consola de videojuegos.
5. Los programas de televisión o radio que ve o escucha.
6. . . .

Segunda fase. Después de entrevistar a varios compañeros preparen su informe para presentar en la clase. A partir de este informe y el de otros compañeros escriban un posible artículo sobre el tema para el periódico de su universidad.

G **10-16 ¿Vale la pena la tecnología?** Discutan las siguientes ideas extraídas del artículo basándose en el impacto de la tecnología en sus propias vidas.

1. En el futuro, los electrodomésticos serán tan sofisticados e imprescindibles en nuestras vidas que dependeremos de ellos emocionalmente.
2. Los avances tecnológicos nos quitan trabajo, pero al mismo tiempo ocupan gran parte de nuestro tiempo libre.
3. La gente se siente acelerada y frustrada por el ritmo de vida que les impone la tecnología.
4. Los usuarios de hoy piensan que antes los electrodomésticos se estropeaban menos.
5. Algunos se preguntan si tanta tecnología es necesaria en nuestras vidas.

Aclaración y expansión

Indicative and subjunctive after some adverbial conjunctions

In the first section of this chapter, you studied adverbial conjunctions that require the subjunctive. However, not all adverbial conjunctions must be followed by the subjunctive. With these conjunctions, the use of the indicative or the subjunctive results in a different meaning.

- The expressions below may be followed either by the indicative or the subjunctive when introducing a dependent clause.

aunque	*although/even though, even if*	**en cuanto**	*as soon as*
como	*as, how, however*	**hasta que**	*until*
cuando	*when*	**mientras**	*while*
después (de) que	*after*	**según**	*according to, as*
donde	*where, wherever*	**tan pronto (como)**	*as soon as*

- When the main clause and the dependent clause refer to actions or events that have taken place or usually take place, use the indicative in the dependent clause.

  La arquitecta llamó a sus clientes **tan pronto (como) terminó** los planos.

  *The architect called her clients **as soon as** she **finished** the plans.*

  Ella escucha los comentarios de sus clientes **cuando se reúne** con ellos.

  *She listens to her clients' comments **when** she **meets** with them.*

- When the main clause indicates that the action or event will take place in the future, use the subjunctive in the dependent clause.

  La arquitecta llamará a sus clientes **tan pronto (como) termine** los planos.

  *The architect will call her clients **as as soon as** she **finishes** the plans.*

  Ella va a escuchar los comentarios de sus clientes **cuando se reúna** con ellos.

  *She is going to listen to her clients' comments **when** she **meets** with them.*

- When **como, donde,** and **según** refer to something definite or known, use the indicative. If they refer to something indefinite or unknown, use the subjunctive.

  Van a reunirse con la arquitecta **donde** ella **dice.**

  *They are going to meet the architect **where** she **says.***

  Van a reunirse con la arquitecta **donde** ella **diga.**

  *They are going to meet the architect **wherever** she **may say.***

- **Aunque** requires the subjunctive when it introduces a condition not regarded as a fact.

  Van a comprar la casa **aunque es** cara.

  *They are going to buy the house **although** it **is** expensive. (a fact)*

  Van a comprar la casa **aunque sea** cara.

  *They are going to buy the house **although** it **may be** expensive.*

2 10-17 El apartamento de nuestros amigos. Primera fase. Dos de sus compañeros van a alquilar un apartamento. Túrnense para leer la primera parte de cada oración de la columna de la izquierda y después completen las oraciones con el final que les corresponde a la derecha.

1. _____ Vieron el anuncio cuando. . .
2. _____ Llamaron al teléfono del anuncio tan pronto como. . .
3. _____ Fueron a ver el apartamento después de que. . .
4. _____ Uno de ellos revisó el apartamento con cuidado mientras. . .
5. _____ El apartamento es pequeño, pero según los inquilinos. . .
6. _____ Les encantó la distribución del apartamento aunque. . .
7. _____ No darán el depósito hasta que. . .
8. _____ Les darán la llave cuando. . .
9. _____ Se mudarán al apartamento dos días después de que. . .
10. _____ Se ocuparán de la decoración después que. . .

a. estén instalados.
b. leyeron el periódico.
c. no es grande.
d. se muden los inquilinos (*renters*).
e. el otro hablaba con uno de los inquilinos.
f. llegaron al dormitorio.
g. es cómodo y el edificio es tranquilo.
h. arreglen una gotera (*leak*) en la sala.
i. termine este semestre.
j. hablaron con el dueño.

Segunda fase. Su compañero/a y usted han decidido mudarse juntos/as a un apartamento muy moderno. Primero, describan el apartamento y después hablen de sus planes completando las siguientes oraciones. Finalmente, compartan sus planes con otra pareja.

1. El apartamento es/tiene. . .
2. Vamos a pintar el apartamento tan pronto como. . .
3. Nos mudaremos después que. . .
4. Queremos comprar algunos muebles cuando. . .
5. Vamos a invitar a nuestros amigos en cuanto. . .

10-18 Las casas del futuro. Muchos arquitectos van a presentar sus proyectos en el concurso El hogar del futuro. Complete los siguientes párrafos con la forma correcta de los verbos para saber qué ha hecho uno de los concursantes.

Ayer el arquitecto Esteban Cancio estuvo trabajando todo el día en el diseño de la casa que va a presentar en el concurso. Revisó la maqueta y los planos hasta que (1) _____ (sentirse) completamente satisfecho con lo que tenía. Estaba muy cansado y decidió irse a su casa. Cuando (2) _____ (llegar) descansó un rato y después comió algo ligero, miró su programa favorito de televisión, y tan pronto como (3) _____ (terminar) el programa, se acostó, y se puso a pensar en todo lo que tenía que hacer al día siguiente y en el diseño que había preparado.

"Tendré que levantarme en cuanto (4) _____ (sonar) el despertador, y bañarme rápidamente. Después que (5) _____ (vestirse), saldré para la oficina y allí tomaré un café. Tan pronto (6) _____ (llegar) mi asistente, llevaremos la maqueta al salón de exhibición. Dentro de una semana se sabrá el

resultado. A todos en la oficina les gusta mucho mi proyecto, y según
(7) _____ (decir) ellos, mi casa del futuro va a ser todo un éxito. Como
es natural, me gustaría ganar, pero aunque no (8) _____ (ganar) ningún
premio, me siento muy contento con lo que he hecho. Ahora sé que en el futuro
voy a diseñar casas para que los miembros de la familia (9) _____
(poder) disfrutar de las últimas comodidades que ofrece la tecnología. Además,
tengo nuevas ideas que voy a incorporar en mis diseños tan pronto como
(10) _____ (terminar) este concurso."

② **10-19 La casa del futuro. Primera fase.** Imagínense que ustedes son unos
arquitectos famosos que van a diseñar la casa del futuro. Primero, contesten las
siguientes preguntas.

1. ¿Cuándo van a comenzar los planos?
2. ¿Hasta cuándo van a trabajar en los planos?
3. ¿Dónde van a construir la casa?
4. ¿Qué tamaño va a tener? ¿Y qué estilo (moderno, futurista, etc.)?
5. ¿Cuándo van a comenzar la construcción? ¿Y cuánto tiempo va a durar la
   construcción?
6. ¿Cómo van a integrar los adelantos tecnológicos en la casa?

G **Segunda fase.** Ahora descríbanles la casa a sus compañeros y expliquen cómo la
tecnología va a facilitarles la vida a las personas que vivan en ella.

Algo más

The equivalents of English *let's*

● There are two ways to express English *let's* + *verb* in Spanish: **vamos** + **a** +
infinitive and the **nosotros** form of the present subjunctive.

Vamos a ver el programa sobre la vida en el futuro.	*Let's watch the program about life in the future.*
Veamos el programa sobre la vida en el futuro.	

● When the **nosotros** form of the subjunctive is used as an equivalent of *let's* +
verb, placement of object and reflexive pronouns is the same as with
commands.

Compremos ese libro electrónico. → **Comprémoslo.**	*Let's buy it.*
No compremos ese libro electrónico. › **No lo compremos.**	*Let's not buy it.*

● In affirmative sentences, reflexive verbs drop the final **-s** of the **nosotros** form
of the subjunctive when the pronoun **nos** is attached.

Levantemoʂ + nos → **Levantémonos.**   *Let's stand up.*

Lengua

Vamos by itself means *let's
go*. The negative *let's not go*
is **no vayamos**, the **nosotros**
form of the present
subjunctive.

Vamos a la conferencia
sobre tecnología.
*Let's go to the lecture on
technology.*
No vayamos a la
conferencia sobre
tecnología.
*Let's not go to the lecture
on technology.*

2 **10-20 Nuestros planes para vivir más años.** Con los nuevos progresos de la medicina y lo que se sabe sobre la alimentación, se espera que los seres humanos puedan llegar a vivir 100 años. Intercambie ideas con su compañero/a sobre lo que van o no van a hacer ustedes para llegar a esa edad con buena salud. Deben referirse a las áreas que aparecen más abajo y a otra de su elección para formular sus planes. Después intercambien sus planes con otra pareja.

MODELO: Para mantener la salud.
       E1: Comamos vegetales y frutas todos los días.
       E2: Y no comamos comidas pesadas. Son difíciles de digerir.

1. Para mantener activa la memoria.
2. Para tener energía.
3. Para estar contentos.
4. Para vivir con independencia.
5. . . .

G **10-21 Modernicemos la universidad.** Con el fin de estar preparados para el siglo XXI, las instituciones tienen que cambiar de acuerdo con los nuevos descubrimientos y adelantos tecnológicos. Escojan dos de los siguientes temas y discutan entre ustedes los cambios que deben ocurrir para que su universidad esté preparada para el futuro. Después, preséntenle sus ideas a la clase.

1. dormitorios
2. laboratorios
3. deportes
4. programas y profesores
5. atención a los estudiantes

Ampliemos e investiguemos

 ## A escuchar

10-22 La esperanza de vida. Usted va a escuchar parte de una conferencia sobre la esperanza de vida. Antes de escuchar la conferencia, lea las oraciones incompletas que aparecen más abajo y, si lo considera necesario, tome apuntes durante la conferencia para tener más datos. Después, complete las oraciones de acuerdo con lo que escuchó.

1. Según la conferencia, algunos dc los adelantos de hoy en día que no existían en los años cuarenta eran. . .

   a. las operaciones del cerebro.

   b. tratamientos para mejorar la visión.

   c. los trasplantes de órganos.

Los adelantos médicos han incrementado la esperanza de vida de muchos seres humanos en todo el mundo. En los países de mayor desarrollo económico es común ver que muchas personas de la tercera edad llevan una vida activa y productiva, gracias a los progresos de la medicina. Sin embargo, el sida y otras epidemias hacen que la esperanza de vida no sea igual en todo el mundo.

2. A mediados del siglo XX, en las escuelas se enseñaba que. . .

   a. los estudios de biotecnología eran importantes.

   b. no se podía dividir el átomo.

   c. la ciencia-ficción no tenía ningún mérito.

3. Se espera que los niños que tienen unos diez años hoy en día puedan vivir. . .

   a. 100 años.   b. entre 100 y 150 años.   c. unos 90 años.

4. Según la conferencia, las personas que tienen 30 años en la actualidad probablemente. . .

   a. tengan que seguir ciertos tratamientos para vivir 100 años.

   b. no lleguen a los 100 años.

   c. necesiten trasplantes de órganos para llegar a los 100 años.

5. Las personas que creen en la influencia de la Luna afirman que cuando hay luna llena, los pacientes que sufren operaciones. . .

   a. tienen menos dolores.

   b. se recuperan con más rapidez.

   c. sangran más que en otras fechas.

6. La conclusión de esta conferencia sobre los problemas de salud es que. . .

   a. todavía no se sabe cuál es la mejor solución.

   b. la biotecnología es la solución.

   c. varios tratamientos diferentes serán la mejor solución.

2 10-23 ¿Qué piensan ustedes? En la conferencia se menciona la calidad de vida. Primero, escriba en orden de importancia las tres cosas que usted considera más importantes cuando se trata de la calidad de vida. Luego, compare su lista con la de su compañero/a y explíquele por qué es importante cada una de las tres cosas que usted incluyó en su lista.

A escribir

Estrategias de redacción: La exposición y la argumentación

En este capítulo usted tendrá la oportunidad de practicar una vez más la exposición y la argumentación.

Si piensa escribir un texto expositivo, haga lo siguiente.

- Piense en el público que leerá su mensaje.
- Determine el propósito de su mensaje.
- Seleccione los datos e información necesarios y organícelos bien. Escriba su texto cohesiva y coherentemente.
- Piense en maneras de captar la atención de sus lectores.

Si decide escribir un texto argumentativo, recuerde lo siguiente.

- Exponga las ideas de otros y/o las suyas (razones, hechos, datos, etc.) siguiendo una organización lógica.
- Presente clara y coherentemente los argumentos o razonamientos contrarios de las partes que opinan sobre el tema; incorpore también sus propios argumentos.
- Trate de convencer al lector de que los argumentos o razonamientos de uno de los dos lados son superiores.
- Separe las opiniones de los hechos.
- Resuma el contenido del ensayo, manteniendo en mente la tesis defendida a lo largo del texto.

10-24 Análisis. El autor del siguiente artículo discute los efectos de la tecnología en la vida contemporánea. Léalo y, luego, siga las instrucciones.

Primero, identifique lo siguiente.

1. El tipo de ensayo: ¿Es un ensayo expositivo o argumentativo?
2. El lector potencial de este ensayo: ¿Lo leerá un lector especializado en tecnología o un público general, no especialista, que puede entenderlo?
3. El propósito del ensayo: ¿Por qué o para qué se escribió este ensayo? ¿Para provocar un debate entre el público sobre los efectos de la tecnología? ¿Para convencer al público sobre las ventajas y desventajas de la tecnología? ¿Para convencer al lector de que la tecnología ha afectado negativamente la vida familiar?

Con respecto a la organización y la lengua usada en el ensayo, observe estos aspectos.

4. La estructura del mensaje: ¿Tiene el texto una introducción? ¿Puede identificar la tesis del autor del artículo? ¿Cómo la defiende? ¿Hay una conclusión clara o el autor plantea una pregunta para que el lector piense y la resuelva por su cuenta (*on his/her own*)?

5. Las características de la lengua que utiliza el escritor: ¿Cuál de las siguientes estrategias del ensayo utiliza el autor del texto?

_____ el análisis
_____ la aclaración
_____ la comparación
_____ el contraste
___ dar ejemplos
_____ presentar datos que sustentan su tesis
_____ dar razones o motivos

Velocidad, eficiencia y rentabilidad son las metas que rigen la jornada, en cualquier rol que se ejerza durante el día

Elizabeth Weise

USA Today/El Universal

San Francisco, EE.UU.- Reforzadas, tensionadas, sobreprogramadas: las familias de Silicon Valley se encuentran en una olla de presión tan rara que los antropólogos de la Universidad Estatal San José las están estudiando para ver cómo funcionan.

En un área donde aproximadamente 40% de los trabajadores ejerce en campos técnicos y el ingreso medio[1] es de aproximadamente 83 mil dólares, la velocidad, la eficiencia y los arreglos técnicos caracterizan la vida laboral y familiar.

Es una observación a fondo de cómo la tecnología está permitiendo a las familias conectar la casa, el trabajo y la vida en comunidad. Los investigadores han entrevistado a cientos de familias y ahora están observando a 12 de ellas, para ver exactamente cómo utilizan su tiempo.

Los estudiosos han observado que en este nuevo mundo las fronteras entre el trabajo y la vida familiar están desapareciendo y la tecnología funciona como un pegamento[2] que mantiene todo unido.

Los investigadores Darrah, Jan English-Lueck y James Freeman llevan a cabo el trabajo en un campo distinto de aquel que aprendieron en lugares antropológicos más tradicionales. En Silicon Valley todo momento está bajo un horario, con actividades extraescolares que llenan las horas de los niños antes de que sus padres lleguen a casa. La tecnología hace posible este ritmo de vida. "Están haciendo demasiados trabajos al mismo tiempo", dijo English-Lueck. Ella ha observado a personas que simultáneamente están revisando sus correos electrónicos y de voz mientras leen pilas de papeles.

Esta misma intensidad se ve en la vida familiar. Los padres sincronizan sus horarios en sus organizadores digitales: se actualizan[3] unos a otros, a lo largo del día, por teléfono, e-mail y *bíper*; cuando se cancelan las clases de piano, cambian los horarios de juego o las citas de negocio se alargan.

[1]*average income*   [2]*glue*   [3]*update*

Esa mentalidad crecientemente desborda[4] el concepto de familia: un niño solía sentirse cercano a sus padres porque se relacionaba con ellos. Ahora la simple definición de familia se está convirtiendo en las personas con las que haces cosas fuera del trabajo. En la Preparatoria Fremont en Sunnyvale, California, el 70% de los niños tiene *bípers* como herramienta de comunicación familiar. "En el trabajo no tengo tiempo para comunicarme, por lo que lo hago mientras manejo", comentó un vecino, con el teléfono celular en mano. "Cuando busco una frontera entre el trabajo y la familia, no hay ninguna", agregó English-Lueck. Incluso los adolescentes están sintiendo la presión en forma adelantada: los preadultos temen ser obsoletos porque ven a los más jóvenes con más conocimientos sobre tecnología que ellos.

"Las personas van a los eventos de sus hijos porque saben que también conocerán a otros padres con quienes establecerán contactos de negocio. ¿Es esa una actividad familiar o de trabajo?", se pregunta Darrah.

[4]*spills over to*

10-25 Preparación. Primera fase. En **www.prenhall.com/identidades** usted encontrará ensayos relacionados con la ciencia y la tecnología en la vida humana. Seleccione un tema de esta lista u otro relacionado con la ciencia o la tecnología que le interese y sobre el cual le gustaría escribir.

1. La longevidad
2. Tecnología que facilita la vida
3. Experimentos que prometen
4. Sustancias beneficiosas y dañinas para el cuerpo

Segunda fase. Lea el ensayo sobre el tema que seleccionó en la *Primera fase* y haga lo siguiente.

1. Identifique el propósito del ensayo.
2. Analice la estructura del texto.

   - ¿Hay una tesis? ¿Cuál es? ¿Qué argumentos sustentan la tesis?
   - Si no hay una tesis, ¿cómo presenta y desarrolla sus ideas sobre el tema el autor? ¿Presenta varios puntos de vista sobre el tema o solamente el suyo?
   - Observe la conclusión. ¿Resume el contenido del texto o presenta una pregunta para que el lector piense?

3. Tome notas del contenido del ensayo y resúmalo en sus propias palabras.

10-26 ¡A escribir! Después de leer el artículo, usted decide expresar su opinión sobre el mismo. Use la información del texto que leyó en la actividad 10-25 —u otra disponible— y escriba un ensayo expositivo o argumentativo. Puede escribir su ensayo como reacción al contenido del artículo para la página editorial o redactar un ensayo para la edición electrónica del periódico.

10-27 ¡A editar! Lea su ensayo críticamente tantas veces como sea necesario. Examine el contenido (cantidad, claridad de la información para los estudiantes) y forma del texto (cohesión y coherencia de las ideas), la mecánica del texto (puntuación, acentuación, mayúsculas, minúsculas, uso de la diéresis, etc.). Haga los cambios necesarios que lo/la ayuden a lograr su propósito.

 **A explorar**

10-28 El futuro por delante. Primera fase. Lean los siguientes párrafos sobre diversos aspectos del futuro, y asócienlos con una o más de las siguientes categorías.

educación   genética   medicina   nutrición   botánica   electrónica   tecnología

1. La nanotecnología es una ciencia del futuro que se propone construir máquinas minúsculas, de precisión atómica que puedan intervenir en procesos que mejoren la calidad de vida. Estas máquinas casi invisibles podrán construir edificios, erradicar enfermedades, producir alimentos, etc.

2. En la Conferencia sobre el sida que tuvo lugar en Barcelona en 2002, el director del Programa Conjunto de las Naciones Unidas para el VIH-sida (ONUSIDA), el belga Peter Piot, afirmó que anualmente hacen falta muchos millones de dólares más para responder a la epidemia del sida. En el futuro habrá que dedicar muchos recursos para investigar sobre enfermedades y epidemias ya conocidas y otras todavía desconocidas.

3. El diagnóstico por medio de marcadores genéticos permitirá detectar las enfermedades antes de que los pacientes de riesgo las contraigan. Conocida como medicina predictiva, esta ciencia tiene indudable valor terapéutico ya que todos aquellos que vivan con la angustia de sufrir una determinada enfermedad podrán obtener esta información y prevenir o tratar los síntomas.

4. De las plantas puede obtenerse la mayoría de casi toda la comida que necesitamos, además de satisfacerse muchas otras necesidades con las materias primas que se obtienen de ellas. La contaminación, la erosión de los bosques, la extinción de especies, el efecto invernadero y la sobrepoblación, que ejercen una presión cada vez mayor sobre los recursos naturales, son sólo algunos de los problemas que afectan y ponen en peligro nuestro planeta. La vuelta a lo biológico y el énfasis en el vegetarianismo pueden suponer una alternativa de futuro.

5. La historia de Internet es una historia breve pero cargada de futuro. Lo que empezó con cuatro puntos de intersección en 1969, se transformó en 2 millones de servidores en 1993 y en unos 50 millones en 1999. Hoy en día, los usuarios de Internet superan los 500 millones de personas. Es de imaginar que esta cifra vaya aumentando en el futuro próximo, de manera que Internet sea una parte esencial en las vidas de las generaciones futuras.

6. En un futuro no muy lejano es posible que podamos hablar de universidades sin aulas. Cada vez se desarrollan más los cursos a través de Internet, las teleconferencias, la educación a distancia y otros medios de aprendizaje individual. Ya no es necesario estar en el mismo espacio físico para compartir un mismo aprendizaje. Las charlas y discusiones en Internet, además de intercambiar ideas, hacen suponer un futuro diferente para la educación.

Segunda fase. Seleccionen el tema de la *Primera fase* sobre el que más les interese trabajar. En **www.prenhall.com/identidades** encontrarán enlaces útiles para investigar sobre estos temas. Preparen un póster o presentación para la clase que incluya los siguientes puntos.

1. Identificación y descripción del tema.
2. Fotos o cualquier otro apoyo visual para explicar el efecto del tema seleccionado en el futuro.
3. Una opinión personal sobre el tema tratado.

Ⓖ **10-29 De controversia. Primera fase.** Algunos de los temas en la *Primera fase* de la actividad anterior pueden prestarse a controversia; por ejemplo, en el texto número 2, la discusión puede centrarse en cómo distribuir los fondos para combatir algunas enfermedades o epidemias. ¿A qué se le debe dar más dinero, al tratamiento del sida o al de ASRS (*SARS*), por ejemplo? El texto número 4 puede servir de argumento a favor del vegetarianismo. Sobre el texto número 6 se puede defender la educación tradicional o la educación fuera de las aulas. Cada grupo debe elegir uno de estos temas y preparar listas que cubran los siguientes puntos.

1. Argumentos a favor
2. Argumentos en contra
3. Preguntas sobre el tema

Segunda fase. Cada estudiante del grupo debe elegir un papel (*role*) para simular un debate televisivo: uno será el moderador y los demás representarán una postura, a favor o en contra. Ensayen bien sus papeles antes de presentar el debate ante la clase.

Ⓖ **10-30 Las incertidumbres del futuro. Primera fase.** El futuro es un tema que preocupa a muchos. Discutan qué tres aspectos del futuro de los seres humanos les preocupan más a ustedes: el medio ambiente, el uso de la tecnología, las aplicaciones de la ciencia, el estilo de vida humana, la salud, la alimentación o el transporte. Expliquen a la clase por qué les preocupan estos temas.

ⓦⓦⓦ **Segunda fase.** Ahora seleccionen una de las áreas sobre las cuales discutieron en la *Primera fase* que, según ustedes, requiere atención urgente. Busquen en **www.prenhall.com/identidades** algún ensayo que tenga relación con ella. Luego, presenten el problema a la clase cubriendo los siguientes puntos.

1. Indiquen el tema del artículo.
2. Resuman el contenido del ensayo y justifiquen la importancia (seriedad, gravedad) del tema para la vida humana.
3. Finalmente, indiquen, ¿qué debe hacer la sociedad y cada individuo para enfrentar el problema o situación? ¿Qué medidas se deben tomar? ¿Cuándo se deben implementar estas medidas? ¿Qué ocurrirá si no se hace nada?

10-31 Mi hogar futuro. Primera fase. Después de conseguir dos ofertas de trabajo —una en Costa Rica y otra en México— usted quiere investigar cuál de los dos países cumple (*meets*) con algunas condiciones básicas para ser feliz. Antes de comprar una casa o un apartamento, determine cuáles de las siguientes condiciones son indispensables para que usted compre la vivienda en cualquiera de los dos países.

1. El lugar: el país, la región, la ciudad
2. Características de la vivienda: el tamaño, el grado de comodidad, el grado de tecnología incorporada en ella, condiciones del medio ambiente donde está la vivienda, etc.
3. Costo de la vivienda

ⓦⓦⓦ **Segunda fase.** Ahora, busque su vivienda en **www.prenhall.com/identidades** y prepárese para compartir esta información con alguien en la clase. En su conversación, explíquele a su compañero/a por qué escogió esa vivienda, cuándo piensa comprarla, con quién piensa vivir en ella y hasta cuándo.

Rincón literario

El Ensanche, barrio que se desarrolló en la ciudad de Barcelona en el siglo XIX.

La ciudad de los Prodigios (1989) es una novela del escritor español Eduardo Mendoza. En ella se retratan los cambios que se producen en Barcelona entre 1888 y 1929, fechas de dos Exposiciones Universales que se celebraron en esta ciudad. El final del siglo XIX y principio del XX fue una época de renovación y modernización, de un optimismo económico al que siguió una crisis económica de grandes dimensiones en el mundo occidental y las dos guerras mundiales. Onofre Bouvila es el protagonista de la novela. Es un hombre que, utilizando métodos al margen de la ley, llega a tener gran poder e influencia en la ciudad, a pesar de sus orígenes humildes. Con Barcelona al fondo, la novela cuestiona la ambiciosa ilusión por el futuro, al mismo tiempo que demuestra la capacidad de sobrevivencia y de adaptación del ser humano a los cambios que tiene la sociedad.

La ciudad de los Prodigios
Eduardo Mendoza

Ay, Barcelona, dijo con la voz rota por la emoción, ¡qué bonita es! ¡Y pensar que cuando yo la vi por primera vez de todo esto que vemos ahora no había casi nada! Ahí mismo empezaba el campo, las casas eran enanas[1] y estos barrios populosos eran pueblos, iba diciendo con volubilidad, por el Ensanche pastaban[2] las vacas; te parecerá mentira. Yo vivía allá en un callejón que aún sigue como estaba, en una pensión[3] que cerró hace siglos. Allí vivía también gente muy pintoresca. Recuerdo que había entonces una pitonisa[4] que una noche me leyó el futuro. De todo lo que me dijo ya no recuerdo nada, naturalmente. Y aunque lo recordara, pensó ¿qué importancia tendría? Ahora aquel futuro ya es el pasado.

[1]*pequeñas*   [2]*grazed*   [3]*hostal*   [4]*sorcerer, witch*

Interpretación

1. ¿Cómo era Barcelona antes, según los recuerdos del personaje que habla en la novela? ¿Dónde vivía? ¿Qué quiere decir "gente muy pintoresca"? ¿Qué tipo de gente se imagina usted que podría vivir en la pensión?
2. Mire la foto y comente cómo ha cambiado este barrio en relación con lo que se describe en la novela. ¿Ha observado usted cambios en la ciudad donde vive? ¿Cuáles han sido esos cambios?
3. ¿Alguna vez le ha leído el futuro una pitonisa? ¿Lee usted su horóscopo en las revistas? ¿Cree usted en las predicciones del futuro? ¿Alguien le ha hecho una predicción que después se cumplió? ¿Cuál fue la predicción?
4. Comente la siguiente oración del texto: "Ahora aquel futuro ya es pasado". ¿Qué quiere decir esto en el contexto de la novela? ¿Qué significa para usted? ¿Ha experimentado esta sensación alguna vez?

VOCABULARIO

El transporte

el camino	*road, path*
la carretera	*highway*
el tren	*train*
la velocidad	*speed*

La tecnología

el aprendizaje	*learning*
la calculadora	*calculator*
la eficacia	*efficiency, effectiveness*
la pantalla	*screen*
el recurso	*resource*
la red	*web*
el/la usuario/a	*user*

El futuro

la esperanza de vida	*life expectancy*
la incertidumbre	*uncertainty*
la inseguridad	*insecurity*
el porvenir	*future*

Personas

el/la adivino/a	*fortune-teller*
el/la escritor/a	*writer*
el/la psicólogo/a	*psychologist*
el/la sociólogo/a	*sociologist*

Electrodomésticos

la batidora	*electric mixer*
la lavadora	*washing machine*
el (horno) microondas	*microwave*
la secadora	*dryer*

Características

cercano/a	*near*
seguro/a	*safe, secure*

Verbos

anticipar	*to predict, to anticipate*
elegir (i, i, j)	*to choose, to select*
entrevistar	*to interview*
facilitar	*to make easier, to facilitate*
incorporar	*to incorporate*
obedecer (zc)	*to obey*
predecir (i, g)	*to predict*
provocar (q)	*to cause, to bring about*
responder	*to answer*
resumir	*summarize*
revisar	*to check, to review*
unir	*to join, to unite*

Palabras y expresiones útiles

la desaparición	*disappearance*
la manera	*way*
por lo menos	*at least*
la tercera edad	*senior (citizen)*

For a list of adverbial conjunctions, see pages 321 and 331.

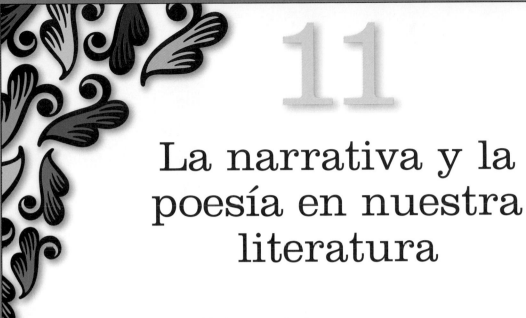

11

La narrativa y la poesía en nuestra literatura

Objetivos comunicativos
- Expressing purpose and conjecture
- Speculating about future events and conditions
- Hypothesizing about situations and conditions and their future consequences and events

Contenido temático y cultural
- The forms of narrative
- The language of poetry

A leer

Una escena de la película "El abuelo", basada en la novela del mismo nombre de Benito Pérez Galdós (1843–1920). Para muchos críticos, Pérez Galdós es el novelista español más importante después de Cervantes. En sus novelas, refleja y analiza como nadie la sociedad española del siglo XIX.

Jorge Luis Borges (1899–1986) nació en Argentina, pero gran parte de su formación ocurrió en Europa. No escribió ninguna novela, sino obras breves: cuentos y poemas. Entre sus obras, traducidas a diferentes idiomas, los cuentos que publicó en sus libros *Ficciones* y *El Aleph* son probablemente los más conocidos. Su gran cultura, imaginación y dominio de la lengua lo han convertido en uno de los escritores más importantes del siglo XX.

Rosario Ferré es una de las escritoras puertorriqueñas más conocidas. En 1976 publicó su primer libro de cuentos, *Papeles de Pandora,* y después escribió varias colecciones de cuentos infantiles. En 1987 publicó *Maldito amor,* obra que la autora clasifica como novela corta, seguida de otra novela, *La batalla de las vírgenes.* En 1995, después de pasar más de veinte años escribiendo en español, Rosario Ferré publicó en los Estados Unidos su primera novela en inglés, *The House in the Lagoon,* la cual se tradujo al español más tarde y fue un gran éxito literario. Los ensayos también constituyen una parte importante de su obra, especialmente los que tratan sobre la literatura feminista.

La prosa narrativa

La palabra *narrativa* suele referirse a una historia de ficción en la que unos personajes viven una serie de situaciones que ocurren en una unidad de tiempo. Sin entrar en detalles o polémicas sobre los géneros literarios, podemos decir que las biografías, autobiografías o memorias, están más cerca de la historia que de la ficción, por eso, lo que tradicionalmente entendemos por narrativa o prosa narrativa se refiere a la novela, al relato y al cuento, según su longitud.

Hay que tener en cuenta que cuando hablamos de narrativa nos referimos a un tipo de comunicación escrita y no oral. En cualquier texto narrativo escrito contamos con tres elementos:

- un **narrador** (quien relata la historia y no debe confundirse con el autor)
- un **lector** (que recibe e interpreta el mensaje)
- un **texto** (o mensaje cargado de significación)

Al mismo tiempo, el texto literario narrativo suele tener varios elementos:

- una **trama** o argumento, que es lo que se cuenta
- unos **personajes** o protagonistas de lo que se cuenta
- una **perspectiva** narrativa o punto de vista que puede ser la del narrador protagonista, normalmente en primera persona, o la del narrador observador, que normalmente hace el relato en tercera persona
- un **espacio** y un **tiempo** en los que transcurre la historia
- una **forma** o manera de contar esa historia, es decir, si el lenguaje es formal o coloquial, simple o complejo, si el tono es cómico o serio, si está contada al estilo de las novelas policíacas, etc.
- un **propósito**

Por lo tanto, al analizar un cuento o una novela es conveniente hacernos varias preguntas para apreciar y comprender mejor el contenido, la forma y la intención de la obra.

- **Contenido:** ¿Qué ocurre? ¿A quién(es) le(s) ocurren estas cosas? ¿Cuándo? ¿Por qué o para qué?
- **Forma:** ¿Cómo se cuenta la historia? ¿Quién la cuenta? ¿Cuál es el punto de vista? ¿Qué tipo de lenguaje se utiliza?
- **Intención:** ¿Cuál es el propósito de esta obra? ¿Qué filosofía o enseñanza trata de transmitir?

Para analizar el cuento o novela también es importante tener en cuenta su **estructura,** es decir, el **planteamiento** (cómo el autor le presenta el conflicto al lector); el **desarrollo** (las acciones que suceden y durante las cuales evoluciona el conflicto); y el tipo de **final** que tiene. Normalmente hablamos de finales abiertos (cuando se deja a la imaginación del lector lo que ocurre después de la historia), o finales cerrados (cuando el autor nos da toda la información). A veces, podemos hablar de **clímax** (o sea, el momento más importante de la historia).

Esta breve introducción les servirá de ayuda para comprender mejor y apreciar más lo que leen. Si tienen alguna duda, deben consultar estas explicaciones cuando analicen un cuento u otro tipo de prosa narrativa.

Preparación

11-1 Preparación. Primera fase. En el cuento que va a leer, el autor usa el clima para crear un ambiente y unos sentimientos específicos. Primero, agrupe las siguientes condiciones climáticas del lugar donde usted vive bajo la columna apropiada. Algunas pueden ir en más de una columna. Luego, compare sus respuestas con las de un/a compañero/a.

Hace calor
Siempre hace frío
A veces hay neblina (*fog*) espesa
Oscurece tarde
Llueve poco
A veces llovizna (*drizzle*)
Cuando llueve, a veces caen goterones (*large drops*) de agua
El atardecer llega temprano

En otoño	En invierno	En primavera	En verano

Segunda fase. Primero determinen la estación del año que les gusta más a ustedes. Luego, hagan una lista de actividades (por lo menos seis) que ustedes realizan durante esa época del año. Indiquen dónde, con quién, con qué frecuencia, etc. Prepárense para compartir esta información con otros compañeros.

11-2 Reacciones frente a lo extraño. Nuestra reacción frente a una misma experiencia puede variar. En el cuento que sigue, el protagonista descubre un animal muerto. Marque con una **X** los comportamientos que usted esperaría de las personas en la historia cuando ven que el animal yace (*lies*) muerto en la calle.

1. _____ Nadie le presta atención al animal que yace muerto.
2. _____ Algunos niños lo observan con tristeza.
3. _____ Algunos niños juegan alrededor del animal muerto.
4. _____ Algunos adultos curiosos se acercan a mirarlo.
5. _____ Algunas personas llaman a la Sociedad Protectora de Animales.
6. _____ Las personas miedosas vislumbran al animal muerto y se van rápidamente.
7. _____ Después de varias horas, la gente se detiene a mirarlo.
8. _____ Las personas que aman al animal le dan sepultura (*burial*).

G **11-3 La vida del canguro.** El animal que aparece en el cuento es un canguro. Descubran cuánto saben ustedes sobre el canguro y su vida. Túrnense para preguntar y responder sobre los siguientes puntos.

1. Lugar de origen y características físicas del lugar donde vive el canguro (topografía, clima, etc.).
2. Descripción física del canguro: tamaño (altura y peso), color, número de patas delanteras y traseras (*front and hind legs*), etc.
3. Vida del canguro: su alimentación, cuántos años vive, número de crías (*offspring*), etc.

>≫≫ **¿Lo sabe?** ≪≪≪

En Chile, el equivalente de la palabra *kangaroo* es cangurú. En el resto de los países hispanos se usa la palabra canguro. Otros animales que tienen nombres diferentes en otros países son los siguientes: pavo (guajolote en México) y gato (michi en Perú y cucho en Chile). ¿Conoce usted algún animal de su región o país que tenga un nombre un poco diferente en otra región?

11-4 Las mascotas. Conteste las siguientes preguntas y prepárese para compartir sus ideas con el resto de la clase.

1. ¿Son los canguros mascotas comunes en su país?
2. ¿Qué animales son frecuentemente mascotas o animales de compañía en su país?
3. ¿Qué animales tienen ustedes en casa?
4. ¿Conocen a alguien que tenga un animal raro como mascota en casa? ¿Qué animal tiene?

Estrategias de lectura

1. Infórmese sobre el tema del cuento antes de leerlo.

   a. El título. ¿Será el canguro un animal de carne y hueso o un juguete para niños? ¿Qué será Bernau, un lugar o un personaje? ¿Qué cree usted?
   b. La primera oración. Ahora lea la primera oración del cuento para contestar la primera pregunta sobre el título.

2. Examine el primer párrafo del texto. En el primer párrafo de muchos cuentos se encuentra información importante. Lea las preguntas que están a continuación, y luego lea el primer párrafo para contestarlas.

   a. ¿Qué sabe acerca del narrador del cuento? ¿Qué perspectiva narrativa adopta —primera persona, tercera persona, etc.?
   b. Además del narrador, se presenta otro personaje en el cuento. ¿Quién es? ¿Cuál es la característica más sobresaliente de este personaje? Mencione dos o tres características más.

LECTURA

El escritor Roberto Ampuero nació en Valparaíso, Chile, en 1953. Durante varios años Ampuero trabajó como periodista en Alemania. En 1993 comenzó a publicar sus novelas del detective privado Cayetano Brulé, las que obtuvieron extraordinaria popularidad en América Latina y en Europa. Además de las obras de Brulé, otras novelas de Ampuero son *Nuestros años verde olivo*, que narra su experiencia como chileno en la Cuba de Fidel Castro; *La guerra de los duraznos,* libro para jóvenes sobre el Chile de Augusto Pinochet; y *Los amantes de Estocolmo,* donde aborda el exilio latinoamericano en Europa. "Mis novelas hablan de seres y temas actuales, de hombres y mujeres que se desplazan por el mundo para conocerlo, del vínculo entre tradición y modernidad, entre arraigo y desarraigo de la perpetua búsqueda de identidad de quienes habitan este mundo cada vez más globalizado", dice el autor.

El cangurú de Bernau

Roberto Ampuero

Hoy, muy temprano al asomarme a la ventana, descubrí que frente a mi edificio, más allá de la línea del tren, yacía un cangurú muerto. Ahora está oscureciendo, se acaba este domingo de otoño con olor a levadura[1], y el
5 animal continúa en el mismo lugar, de costado, gris como un barco de guerra. Yace sobre la tierra húmeda que se extiende entre el césped y la muralla de la fábrica. Yace solitario,
10 ignorado, y pareciera esperar la caída de la noche sobre su piel.

Nadie más ha visto al cangurú. Cuando lo descubrí, fue después del desayuno, pensé que los niños que
15 juegan por estos lados, lo verían. No ha sido así.

Se indica aquí que la historia no ocurre en Australia. ¿Cuáles son algunas características de la ciudad donde está el narrador?

¿Con quién habla el narrador en este breve párrafo, consigo mismo (*to himself*) o con otro personaje?

En Australia no sería novedad encontrar un cangurú muerto, pero aquí sí debiera serlo. Y sin embargo nadie lo ha advertido. En esta ciudad los días
20 transcurren apacibles y durante los fines de semana sus habitantes se desplazan en el tren a la capital y vuelven con la oscuridad a sus hogares.

¿De dónde habrá venido y de qué habrá muerto? Quizás sería recomendable bajar estos cuatro pisos, cruzar la carretera y la línea del tren, y acercarme a él. Pero hace frío.

[1]*yeast*

25 ¿O será otro el motivo por el cual no voy? ¿No temeré acaso que ese animal no sea un cangurú? Vuelvo a asomarme a la ventana: continúa oscureciendo y una neblina comienza a caer sobre esta zona, el cangurú está de costado, con su cara y su vientre oscuro hacia el edificio. Solamente vislumbro una de sus enormes patas traseras.

30 Después de almorzar, mientras mi mujer reposaba en la cama, me decidí a abordar el tema. Ella estaba leyendo *Crimen y castigo*[2].

> —Allá afuera hay un cangurú muerto —le digo colocando *El castillo de Otranto*[3] sobre la mesa.
> —Se están muriendo de a miles, parece que hay una plaga en el país —me
35 respondió sin dejar de leer.
> —Sí, pero el que estoy viendo es grande y bello.

No hubo respuesta.

> —Yo no sabía que se estaban muriendo —insistí acercándome a la ventana.
> —Sale en el diario de ayer.
40 —¿Y qué se hace en estos casos?
> —No sé. Ya está muerto.
> —Pero es que los cangurús no existen en este país a no ser en los zoológicos —dije apoyándome en el alféizar[4] de la ventana.
> —Por favor, Jorge, déjame terminar este capítulo —me rogó y no volví a mi
45 libro.

Realmente me preocupa la indiferencia por la muerte del animal, después de todo no se trata de un animal insignificante, además, el cangurú está expuesto a extinguirse. Y, sin embargo, nadie que pasa por la carretera le presta atención. Se pudrirá[5] en el campo y la vida seguirá su curso normal.

50 Cuando por la tarde salí con mi mujer a tomar el café dominical al centro de la ciudad, pasamos cerca del cangurú. Un niño le dijo a su padre al cruzarse con nosotros:

> —¡Mira, un animal!
> —Es un cangurú y está muerto —respondió el hombre y continuaron de la
55 mano.

No pude tomar el café con la calma necesaria. Durante el rato que permanecimos en el local estuve observando el viejo muro de la ciudad y su torre restaurada. Se puso a llover y detrás de los goterones de los cristales vi pasar a mi profesor con su familia. Él iba adelante y su mujer y los hijos se detenían ante
60 cada vitrina[6]. La calle estaba desierta. Después se perdieron por una esquina.

> —Acaba de pasar el señor Friedel —le dije a mi mujer. Ella no respondió.

Bajo la llovizna persistente volvimos a casa y pasamos de nuevo cerca del cangurú.

> —Se va a mojar —dije.
65 —Está muerto —respondió ella y apuramos el paso hacia el edificio.

Y ahora estamos en casa: ella continúa leyendo a Dostoievsky y yo dudo entre retornar a mi Walpole u observar al cangurú que se moja bajo esta lluvia del atardecer.

---

[2]Famosa novela del escritor ruso Fedor Dostoievsky (1821–1881) [3]Novela de misterio y terror del escritor inglés Horacio Walpole (1717–1797) [4]*windowsill* [5]*will decompose* [6]*store window*

El narrador habla con su mujer. Al leer, preste atención a la reacción de la mujer ante la noticia del cangurú muerto.

¿Cuál es la reacción de las personas que ven el cangurú? ¿Es esta reacción más parecida a la del narrador o a la de su mujer?

¿Qué tiempo hace en esta parte del cuento? ¿Qué relación encuentra usted entre el tiempo y la trama del cuento?

Mañana me voy a levantar temprano, me digo, y por lo menos le daré sepultura. Después me acerco a la ventana y veo que el paisaje se oscurece. Pasa el expreso 70 y me impide ver el cangurú. Cuando se pierde con su traqueteo[7] triste, descubro que el animal ya no está en su sitio. Ahora sólo se ve la tierra desnuda entre el césped y el muro de la fábrica. Ni una huella[8] del cangurú. ✑

—Sabes —le digo a mi mujer—, el cangurú desapareció de repente.

—Entonces no estaba muerto —responde ella y pienso que tiene razón, que 75 después de todo el pobre cangurú no podía haber estado muerto.

> Según el narrador, ¿qué le pasa al cangurú?

[7]*clacking sound*   [8]*trace*

Comprensión y ampliación ⫷⫷ ⫷⫷ ⫷⫷ ⫷⫷ ⫷⫷ ⫷⫷ ⫷⫷ ⫷⫷ ⫷⫷ ⫷⫷ ⫷⫷ ⫷⫷ ⫷⫷.

2 11-5 A ordenar el cuento. Usted leyó en la sección sobre los textos narrativos que éstos suelen tener un planteamiento, un desarrollo y un final o conclusión. Vuelvan a leer el cuento para comprobar su estructura e indique si las siguientes oraciones se asocian con el planteamiento **(P),** el desarrollo **(D)** o el final **(F).** Luego, comparen sus respuestas.

1. _____ Y ahora estamos en casa.
2. _____ El animal ya no está en su sitio.
3. _____ Bajo la llovizna persistente volvimos a casa y pasamos de nuevo cerca del cangurú.
4. _____ Después de todo el pobre cangurú no podía haber estado muerto.
5. _____ Más allá de la línea del tren, yacía un cangurú muerto.
6. _____ ¿De dónde habrá venido y de qué habrá muerto?
7. _____ Se pudrirá en el campo y la vida seguirá su curso normal.

11-6 Cuéntelo con sus palabras. Primera fase. Busque en la lectura los párrafos que comienzan con las frases que aparecen más abajo. Subraye las ideas y las acciones más importantes. Después escriba una o dos oraciones para resumir cada uno de los párrafos.

MODELO: PÁRRAFO: Hoy, muy temprano al asomarme. . .
ORACIÓN: Hoy muy temprano descubrí frente a mi edificio un canguro que estaba muerto. Más tarde el animal seguía solo en el mismo lugar y parecía esperar la caída de la noche.

1. Realmente me preocupa la indiferencia por la muerte del animal. . .
2. No pude tomar el café con la calma necesaria. . .
3. Mañana me voy a levantar temprano. . .

2 Segunda fase. A partir de las oraciones que resumen los párrafos prepare un resumen de la trama o argumento del cuento y explíqueselo con sus propias palabras a un/a compañero/a.

Ⓖ **11-7 Conversemos y ampliemos. Primera fase.** Usen las siguientes preguntas para conversar en grupo sobre el cuento leído.

1. ¿Quién es el narrador del cuento? ¿Qué sabemos de él?

2. ¿Qué otros personajes se mencionan? ¿Qué sabemos de la mujer?

3. ¿Qué ocurre? ¿Cómo reaccionan el narrador y los personajes ante este suceso? ¿Le parece normal a usted la reacción de los personajes?

4. ¿Dónde ocurre el cuento? ¿Cómo lo sabe? ¿Cómo es este lugar? ¿Sabemos algo de la gente que vive allí? ¿Y de sus costumbres?

5. ¿Qué tiempo hace en ese lugar? ¿Qué expresiones se usan para describir el tiempo?

6. ¿Cuánto tiempo transcurre desde el principio al final del cuento? ¿Cómo lo sabe?

7. ¿Cuál es el final del cuento? ¿Qué pasa con el animal? ¿Podemos imaginar otro desarrollo? ¿Y otro final?

8. ¿Les parece posible o absurdo el final del cuento? ¿Por qué? ¿Qué se propone el escritor con este cuento? ¿Qué emociones espera provocar en el lector?

Segunda fase. Ahora prepare un informe escrito para compartir con el resto de la clase siguiendo el siguiente esquema. Escriba dos o tres oraciones para cada punto.

1. Título del cuento y explicación del título

2. Trama o argumento del cuento

3. Personajes

4. Narrador y perspectiva

5. Espacio y tiempo en los que transcurre la historia

6. Forma de contar lo que pasa

7. Propósito o intención

8. Comentario personal sobre el cuento

A escuchar

11-8 Entrevista a Roberto Ampuero. Usted va a escuchar parte de una entrevista a Roberto Ampuero, autor del cuento *El cangurú de Bernau*. Antes de escuchar la entrevista, lea las siguientes preguntas y, si lo considera necesario, tome apuntes durante la entrevista. Después escoja la respuesta de acuerdo con lo que escuchó.

El escritor chileno Roberto Ampuero.

1. ¿Sobre qué países prefiere escribir Roberto Ampuero?

   a. Sobre los países que él ha visitado y conoce bien.
   b. Sobre los países que él quiere visitar en el futuro.
   c. Sobre los países y lugares que él crea en su imaginación.

2. ¿Cuándo escribió Ampuero "El cangurú de Bernau"?

   a. Hace unos ocho años.
   b. En la década de los 80.
   c. En 1980.

3. Según Ampuero, ¿por qué abandonaban su país de origen muchos exiliados de América Latina cuando él escribió este cuento?

   a. Por motivos políticos.
   b. Porque querían estudiar en el extranjero.
   c. Para mejorar económicamente.

4. Según el autor, ¿cuál es la sensación que quiere resaltar en el cuento?

   a. La esperanza.   b. La solidaridad.   c. La soledad.

5. Según Ampuero, ¿qué siente el protagonista del cuento?

   a. Que tiene que cambiar el mundo que lo rodea.
   b. Que no pertenece al mundo que describe.
   c. Que quiere volver al mundo de su infancia.

6. ¿Qué semejanza existe entre el protagonista y el canguro?

   a. Los dos están muertos.
   b. Los dos quieren salir de ese lugar.
   c. Los dos están en un mundo no es el suyo.

7. Según Ampuero, ¿qué convicción tienen los exiliados?

   a. Que su país de origen esté cambiando y ellos también.
   b. Que vayan a olvidar muchas de las costumbres de su país.
   c. Que no se vayan a encontrar con otras personas de su país.

8. Según Ampuero, ¿cuál es su profesión básicamente?

   a. Escritor de cuentos.
   b. Filósofo y observador del mundo.
   c. Novelista.

11-9 A usar la imaginación. Imagínese que usted es un/a novelista famoso/a a quien van a entrevistar en un programa de televisión. Su compañero/a le va a hacer preguntas basadas en los siguientes puntos. Después cambien de papel.

1. países que ha visitado
2. países y lugares sobre los que ha escrito y por qué
3. fecha de publicación de su primera novela
4. su novela favorita entre las que ha escrito
5. tema de la novela
6. planes personales y profesionales

Aclaración y expansión

The conditional

- The use of the conditional in Spanish is similar to the use of the construction *would + verb* in English when expressing what one would do or what would happen in a hypothetical situation.

Yo **leería** el cuento dos veces para entenderlo mejor.	*I **would read** the story twice to understand it better.*

- When English *would* implies *used to*, Spanish uses the imperfect.

Cuando éramos chicos, **leíamos** muchos cuentos de hadas.	*When we were young, we **would (used to) read** a lot of fairy tales.*

- Spanish also uses the conditional to express probability in the past.

Serían las siete de la mañana cuando el narrador vio al canguro.	***It was probably/It must have been** seven in the morning when the narrator saw the kangaroo.*

Lengua

The conditional of some verbs, such as **deber, poder, querer, preferir, desear,** and **gustar,** is used to express a polite request or to soften suggestions and statements.

¿**Podría** decirme en qué país usan la palabra cangurú?

Could you tell me in what country people use the word "cangurú"?

Me **gustaría** leer más cuentos de ese autor.

I would like to read more stories by that author.

Conditional			
	hablar	comer	vivir
yo	hablaría	comería	viviría
tú	hablarías	comerías	vivirías
Ud., él, ella	hablaría	comería	viviría
nosotros/as	hablaríamos	comeríamos	viviríamos
vosotros/as	hablaríais	comeríais	viviríais
Uds., ellos/as	hablarían	comerían	vivirían

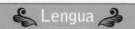
● Verbs that have an irregular stem in the future have the same irregular stem in the conditional.

infinitive	new stem	conditional forms
poder	**podr-**	podría, podrías, podría, podríamos, podríais, podrían
querer	**querr-**	querría, querrías, querría, querríamos, querríais, querrían
saber	**sabr-**	sabría, sabrías, sabría, sabríamos, sabríais, sabrían
poner	**pondr-**	pondría, pondrías, pondría, pondríamos, pondríais, pondrían
tener	**tendr-**	tendría, tendrías, tendría, tendríamos, tendríais, tendrían
salir	**saldr-**	saldría, saldrías, saldría, saldríamos, saldríais, saldrían
venir	**vendr-**	vendría, vendrías, vendría, vendríamos, vendríais, vendrían
decir	**dir-**	diría, dirías, diría, diríamos, diríais, dirían
hacer	**har-**	haría, harías, haría, haríamos, haríais, harían

11-10 ¿Qué haría usted en esta situación? Primera fase. Imagínese que usted está paseando por un parque y le pasa algo inesperado. Lea las siguientes situaciones y escoja la oración que expresa lo que usted haría, o dé su propia respuesta.

1. Durante su paseo usted ve un caballo acostado en el césped.

   a. Me acercaría para verlo mejor.
   b. Continuaría mi paseo sin mirarlo.
   c. . . .

2. De repente, el caballo se levanta y va hacia donde usted está.

   a. Me iría de ese lugar rápidamente.
   b. Lo esperaría tranquilamente sin moverme.
   c. . . .

3. El caballo quiere estar con usted y lo/la sigue por el parque.

   a. Trataría de caminar más rápido.
   b. Buscaría un policía o un empleado del parque para explicarle la situación.
   c. . . .

4. Usted se da cuenta de que muchas personas los miran a usted y al caballo con mucha curiosidad.

   a. Les explicaría que el animal no es mío.
   b. Les diría que yo no sé por qué me sigue.
   c. . . .

5. Usted sale del parque y cruza una calle con mucho tráfico, pero el caballo se queda en el parque mirándolo a usted con mucha tristeza.

   a. Creería que me estaba volviendo loco/a.
   b. Me acercaría al caballo y le hablaría.
   c. . . .

② **Segunda fase.** Primero, compare sus respuestas con las de su compañero/a, y luego, entre los dos, decidan cuál debería ser el final de esta situación. Después comparen su final con el de otra pareja y seleccionen el mejor.

11-11 Un oso (*bear*) en el vecindario. Primera fase. En las últimas noches, algunos vecinos han visto un oso en los jardines de su vecindario. Todos están muy preocupados y va a haber una reunión con el alcalde y otros funcionarios de la comunidad para discutir las medidas que se deben tomar. Marque con una **X** las medidas que usted considera más importantes o lógicas para resolver este problema y añada una.

1. _____ Mantener todas las puertas y ventanas cerradas de noche.
2. _____ No dejar ningún depósito de basura con comida fuera de la casa.
3. _____ Dejar comida con veneno (*poison*) en algunos lugares estratégicos.
4. _____ Tener tiradores (*shooters*) expertos para lanzarle tranquilizantes desde lejos.
5. _____ Prohibir todo tipo de reunión en el vecindario por las noches.
6. _____ Pasear a los perros y otras mascotas después de la cena.
7. _____ Llamar a la policía para vigilar (*watch*) el vecindario durante la noche.
8. . . .

Segunda fase. Hable con su compañero/a sobre lo que usted haría o no haría basándose en las medidas de la primera fase. Su compañero/a debe hacerle preguntas para obtener más detalles.

MODELO: E1: Yo no llamaría a la policía para vigilar el vecindario.
E2: Pero es importante que la policía vigile el vecindario durante la noche. ¿A quién llamarías entonces?
E1: No llamaría a nadie porque creo que todos debemos vigilar el vecindario. Yo sólo llamaría a la policía en caso de una emergencia.

11-12 Usted es el/la juez/a. Primera fase. Molestos por la situación, los vecinos del barrio le han presentado a usted el caso de un señor que tiene 40 gatos en su apartamento. Los vecinos se quejan de que los gatos están desnutridos y enfermos, y viven en una cocina sucia y con poca luz natural. Decida qué haría usted con lo siguiente.

1. los gatos hambrientos
2. el dueño de los gatos
3. el dueño del edificio de apartamentos donde viven el señor y los gatos

G Segunda fase. Hablen entre ustedes sobre las decisiones que tomaron y escojan la mejor para cada categoría.

2 11-13 Una donación. Primera fase. Ustedes han recibido una donación para tratar de resolver el problema de los animales abandonados en la ciudad. Digan que harían ustedes con el dinero. Intercambien ideas y escriban por lo menos cinco soluciones para el problema.

MODELO: Buscaríamos la ayuda de los periódicos para una campaña a favor de los animales abandonados.

Segunda fase. Compartan sus ideas con otra pareja. Después escojan las mejores soluciones y compártanlas con el resto de la clase, explicando cómo resolverían el problema.

The imperfect subjunctive

In previous chapters you have used the present subjunctive. Now you will start using the imperfect subjunctive, which is also called the past subjunctive. While the present subjunctive is oriented to the present or future, the imperfect subjunctive normally focuses on the past.

Present or future → Present subjunctive

Espero que el canguro no **esté** en el mismo lugar.	*I hope that the kangaroo **is** not in the same place.*
Dudo que **llueva** más tarde.	*I doubt that it **will rain** later.*

Preterit, imperfect, conditional → Imperfect subjunctive

Esperaba que el canguro no **estuviera** en el mismo lugar.	*I hoped that the kangaroo **would not be** in the same place.*
Dudaba que **lloviera** más tarde.	*I doubted that it **would rain** later.*

● In general, the same rules that apply to the use of the present subjunctive also apply to the use of the imperfect subjunctive.

1. Expressing wishes, hope, emotions, advice, and doubts

El narrador esperaba que su esposa **se preocupara** por el canguro.	*The narrator expected his wife **to worry** about the kangaroo.*

2. Referring to unknown or nonexistent antecedents.

No había nadie que **se preocupara** por el canguro.	*There wasn't anyone who **would worry** about the kangaroo.*

3. After expressions that require the subjunctive: **a menos que, sin que, para que,** etc.

Él le hablaba a su mujer para que lo **ayudara** a tomar una decisión.	*He talked to his wife so she **would help** him make a decision.*

● Use the imperfect subjunctive after the expression **como si** (*as if, as though*). The verb in the main clause may be in the present or in the past.

La mujer del narrador actúa/actuaba **como si** no le **interesara** el canguro.	*The narrator's wife acts/acted as if she **were** not **interested** in the kangaroo.*

All regular and irregular imperfect subjunctive verb forms are based on the **ustedes, ellos/as** form of the preterit. Drop the **-on** preterit ending and add the past subjunctive endings. Note the written accent in the **nosotros** form.

	hablar (hablar~~on~~)	comer (comier~~on~~)	vivir (vivier~~on~~)	estar (estuvier~~on~~)
yo	hablara	comiera	viviera	estuviera
tú	hablaras	comieras	vivieras	estuvieras
Ud., él, ella	hablara	comiera	viviera	estuviera
nosotros/as	habláramos	comiéramos	viviéramos	estuviéramos
vosotros/as	hablarais	comierais	vivierais	estuvierais
Uds., ellos/as	hablaran	comieran	vivieran	estuvieran

❧ Lengua ❧

In addition to the conditional, some Spanish speakers use the imperfect subjunctive of the verbs **deber, poder,** and **querer** to express a polite request or to soften suggestions and statements.

¿Pudieras prestarme ese libro?
Could you lend me that book?

Quisiera que leyeras esta novela.
I would like you to read this novel.

● The imperfect subjunctive has another conjugation ending in **-se: hablase, hablases, hablase, hablásemos, hablaseis, hablasen; comiese, comieses . . .; viviese, vivieses, . . .; estuviese, estuvieses, . . .** Of the two forms, the **-ra** form is more commonly used.

11-14 Unos consejos. Primera fase. La falta de comunicación es uno de los problemas de la sociedad actual. Señale con una **X** los consejos que, según usted, pueden ayudar a las parejas que desean tener mejor comunicación. Después, añada dos consejos más.

1. _____ escuchar a su pareja
2. _____ leer uno o dos libros por semana
3. _____ buscar actividades para disfrutar juntos
4. _____ salir individualmente con sus amigos todas las semanas
5. _____ irse unos días de vacaciones los dos solos
6. _____ pensar más en las necesidades de su pareja
7. . . .
8. . . .

● **Segunda fase.** Ahora comparta sus respuestas con su compañero/a. Después, escojan los cuatro consejos que, según ustedes, son los más importantes, e intercambien ideas con otra pareja.

MODELO: E1: Les aconsejaría que hablaran más entre ellos.
         E2: Me parece muy bien. Y yo les aconsejaría que. . .

● **11-15 La convivencia. Primera fase.** Imagínense que ustedes dos comparten un apartamento, pero después de una semana de convivencia, cada uno tiene ciertas quejas sobre los hábitos del otro. Túrnense para decir lo que ustedes preferirían/querrían o les gustaría que hiciera su compañero/a, quien debe darle alguna explicación por su conducta.

MODELO: limpiar el baño
         E1: Me gustaría que limpiaras el baño más a menudo.
         E2: Lo siento, pero hoy no pude. Tenía que terminar un proyecto para la clase de español.

1. recoger la ropa del piso
2. pasar la aspiradora de vez en cuando
3. poner los libros y cuadernos en orden
4. no dejar platos sucios en la cocina
5. no poner la música tan alta
6. . . .

Segunda fase. Ahora piense en el/la compañero/a de cuarto que usted tiene. Si usted vive solo/a, piense en un/a amigo/a u otra persona. Compartan dos quejas que cada uno de ustedes tiene de su compañero/a de cuarto. Expliquen por qué les molesta lo que esta persona hace y qué les gustaría que cambiara.

11-16 ¿Sueño o realidad? Primera fase. Jorge Domínguez es un antropólogo que va a hacer unas investigaciones sobre las relaciones entre los miembros de una remota aldea andina. Complete los siguientes párrafos con la forma correcta de los verbos entre paréntesis para averiguar lo que le pasó un día.

Jorge había caminado mucho esa mañana, todavía no había almorzado y ya (1) _____ (ser) las dos de la tarde. Entonces (2) _____ (decidir) comer algo y descansar bajo un pequeño árbol que (3) _____ (estar) cerca del camino. Después de comer se quedó un rato descansando y mirando el paisaje.

Poco después, Jorge (4) _____ (llegar) a una aldea muy pequeña. Las personas pasaban por su lado como si él no (5) _____ (estar) allí, y así estuvo caminando un rato sin que nadie lo (6) _____ (saludar). Entonces (7) _____ (ver) a un viejo sentado en un pequeño banco y (8) _____ (acercarse) a él para que le (9) _____ (decir) el nombre de la aldea. Cuando le (10) _____ (hablar), el viejo siguió mirando el cielo como si Jorge no (11) _____ (existir). Él quería que la gente le (12) _____ (contestar), y ése fue el momento en que se dio cuenta de que en esa aldea no se (13) _____ (oír) ningún ruido. De repente, Jorge (14) _____ (oír) su nombre, como si alguien lo (15) _____ (llamar) desde lejos. Al mirar a su alrededor sólo vio el camino, los restos del almuerzo, y el árbol bajo el cual se había dormido.

② Segunda fase. Piense en algún sueño que usted ha tenido que le ha parecido real. Cuénteselo a su compañero/a cubriendo los siguientes puntos.

1. Cuándo tuvo el sueño y qué ocurrió.
2. Qué clase de experiencia fue (agradable, desagradable, terrible, etc.).
3. Lo que pensó al despertarse.

11-17 Mi mascota. Primera fase. Converse con su compañero/a sobre su mascota. Si no tiene una, hable sobre su mascota ideal. Explíquele a su compañero/a qué mascota tiene y descríbala.

② **Segunda fase.** Ahora, túrnense para completar cada oración con una conclusión lógica de acuerdo con lo que usted hacía con su mascota el año pasado. Deben añadir dos oraciones más.

para que	sin que	con tal de que	a menos que	cuando

MODELO: Yo jugaba con mi. . .
Yo jugaba con mi perro para que hiciera ejercicio.

1. Le compraba comida especial. . .
2. Lo/La llevaba al veterinario. . .
3. Lo/La sacaba a pasear. . .
4. No le daba chocolate. . .
5. Salía con mi. . .
6. Le enseñaba a hacer gracias (*tricks*). . .
7. . . .
8. . . .

A leer

El poeta nicaragüense Rubén Darío (1867–1916) fue la figura principal del movimiento literario llamado Modernismo. Con él surge una renovación de la poesía tanto de fondo como de forma. Al mismo tiempo, a través de su vida su poesía evolucionó, pasando de un ambiente y un lenguaje elegante, rico y exótico a una grave preocupación por todo lo humano, que expresa en un lenguaje más profundo y sobrio.

Federico García Lorca (1898–1936) es uno de los poetas españoles más importantes de todos los tiempos. Su poesía, que siempre tiene un acento muy personal, combina elementos de la tradición popular con otros que denotan una refinada cultura literaria. Además de la poesía, García Lorca cultivó el teatro, y sus obras, traducidas a muchas lenguas, son conocidas mundialmente.

La gran poeta chilena Gabriela Mistral (1889–195 recibió el Premio Nobel de Literatura en 1945. Su poesía, que muestra una gran ternura y amor hac Dios, el ser humano y la naturaleza, adquiere sus tonos más líricos al hablarnos de los pobres, de l desheredados y de los niños.

La poesía

Por lo general, cuando hablamos de la poesía pensamos en un texto literario que se distingue de la prosa porque está en verso. Sin embargo, los límites a veces no están tan claros, y a menudo encontramos textos híbridos, difíciles de catalogar desde el punto de vista de los géneros literarios. Las denominaciones *prosa poética,* o *poesía narrativa* se utilizan a veces para designar a estos textos que presentan características mixtas.

Los textos en verso suponen una gran desviación respecto a la lengua común, ya que la gente normalmente no habla en verso. Por otro lado, la importancia de la connotación, es decir, la utilización de palabras y expresiones con significados no literales, es mucho mayor en la poesía que en la prosa. Por ejemplo, la palabra rosa, en un texto narrativo probablemente va a designar a una flor que tiene unas características conocidas por todos; sin embargo, la palabra rosa, en un contexto poético, es probable que signifique, no solamente la flor, sino otras cosas, como el amor, la poesía, la belleza, etc., dependiendo de la intención del poeta y de la interpretación del lector. Estos recursos que acentúan la connotación se llaman *imágenes poéticas,* y pueden ser simples comparaciones o complejas metáforas.

Tradicionalmente, desde el punto de vista de la forma, la poesía está compuesta por versos (*lines*) y estrofas (*stanzas*). Los versos se miden según su número de sílabas, y además riman, es decir, las sílabas finales de los versos tienen las mismas vocales (rima asonante: c<u>a</u>r<u>a</u>, c<u>a</u>lm<u>a</u>) o las mismas vocales y consonantes (rima consonante: dorm<u>ida</u>, v<u>ida</u>). El número de versos de las estrofas puede variar. Por ejemplo, una estrofa de cuatro versos de once sílabas se llama cuarteto, y una de cinco versos es un quinteto.

En la siguiente estrofa, tomada de uno de los *Versos sencillos* de José Martí, escritor y patriota cubano del siglo XIX, se ilustra lo explicado anteriormente.

Cultiv**o u**na rosa blanca,	Estrofa de cuatro versos
En junio com**o e**n enero,	Los versos son de 8 sílabas
Par**a e**l amigo sincero	La rima es consonante (versos 1 y 4; 2 y 3)
Que me da su mano franca.	

Sin embargo, aunque una de las características de la poesía sigue siendo su calidad musical y rítmica, la poesía contemporánea rara vez sigue estas reglas tan estrictas. Hoy en día muchos poetas prefieren el verso libre, es decir el verso que no se ajusta a las limitaciones de la estrofa. Además, tampoco sigue las normas de la rima ni del número fijo de sílabas.

Desde el punto de vista del género, los textos en verso se agrupan tradicionalmente en líricos, épicos o dramáticos. Textos líricos son aquéllos en que la primera persona o *yo poético* expresa sus sentimientos personales. Son, por lo tanto, textos cargados de subjetividad. En los textos épicos el énfasis suele estar en la *tercera persona,* a menudo, en un héroe de quien se cuentan hazañas. Éste es el caso del *Poema del Mío Cid,* del siglo XII, uno de los textos literarios más antiguos escritos en castellano. En los textos dramáticos, suele establecerse un diálogo entre personajes, por lo tanto, el énfasis está en la segunda persona, es decir en el *tú poético* del diálogo entre los personajes. No obstante, la diversidad de temas que hoy en día pueden ser tratados desde un punto de vista poético hace que estas categorías de género parezcan limitadas.

Preparación

2 **11-18 Asociación.** Un rasgo común de la poesía es asignarle características humanas a los objetos. Ponga una **X** bajo la columna con la que usted asocia cada una de las palabras en la tabla. Luego, comparen sus respuestas y den ejemplos para justificarlas.

	el pan	el ser humano
sonrisa		X
sabor		
silencio		
beso		
mano		
boca		
olor		
pereza		
frescura		

MODELO: sonrisa

Asocio la palabra sonrisa con el ser humano porque cuando una persona está contenta tiene una sonrisa en la cara.

2 **11-19 ¡Si sólo pudiera!** Imagínese que usted es un/a artista que quiere ser famoso/a. Escriba en cada columna lo que usted haría en el caso de realizar una obra perfecta y otra imperfecta. Luego, compare sus respuestas con alguien en la clase. ¿Harían lo mismo o algo diferente en cada caso?

Lo que haría	Obra maestra	Obra imperfecta
La repetiría exactamente igual.		
La desdeñaría (despreciaría).		
La haría de nuevo y completamente diferente.		
Soñaría con ella.		
La contemplaría cada instante.		
La guardaría para mí.		
La destruiría.		
Haría una exposición y se la mostraría a todo el mundo.		

11-20 Acciones y resultados. Primera fase. Algunos eventos o acciones pueden provocar diversos efectos o reacciones. Asocien cada suceso de la columna de la izquierda con un resultado de la columna de la derecha.

1. _____ Alguien ve algo inesperado.
2. _____ Una persona contempla una obra hermosa.
3. _____ Un pájaro toca el agua con sus alas.
4. _____ La obra de un artista está sin terminar desde hace tiempo.
5. _____ Un bebé ha venido al mundo hace unos minutos.
6. _____ Los críticos admiran la obra maestra de un artista joven.

a. está mojado (*wet*)
b. está recién nacido
c. está abandonada
d. está absorta (*absorbed*)
e. está sorprendido
f. están encantados

2 **Segunda fase.** Piensen en un evento o una noticia que tuvo un efecto positivo o negativo en cada uno de ustedes. Indiquen el efecto que tuvo o la reacción que provocó. Luego, compartan esta experiencia con la clase.

MODELO: Mi mejor amigo me hizo una broma increíble. Me dijo que ya no quería ser mi amigo porque yo había dicho algo horrible sobre él. Yo estaba muy sorprendido y enojado. Cuando mi amigo vio mi reacción, me explicó que era su broma del Día de los Inocentes. Fue un gran alivio.

G **11-21 ¡Basta de imperfecciones!** En el poema de la página 364 que van a leer, el poeta se imagina que tiene el poder de crear a una persona. Imagínense que ustedes tienen poderes sobrenaturales para cambiar a alguien como ustedes quieran. Primero, escojan a alguien conocido. Luego, digan qué aspectos (físicos o de personalidad) de esta persona ustedes cambiarían y por qué. Sigan las siguientes ideas.

Nos gustaría cambiar a. . . (nombre de la persona)
Le cambiaríamos. . . (algo de su aspecto físico) porque. . .
También lo/la haríamos más/menos. . . (características de personalidad)
    porque. . .
Después de los cambios, la gente aceptaría más a. . . (nombre de la persona)
    porque. . .

Estrategias de lectura

1. Infórmese sobre el tema antes de leer.

   a. Lea el título. Si no comprende **me basta,** busque el verbo **bastar** en su diccionario. Luego, seleccione el significado más probable:

      1. Es poco para mí.   2. Es suficiente para mí.   3. Es demasiado para mí.

   b. En el poema se hace referencia a Dios y a Lázaro, una figura en el Nuevo Testamento cristiano. ¿Con qué acto de Jesús se asocia a Lázaro?

      1. Castigar (*punish*) a un pecador (*sinner*).
      2. Resucitar a un hombre muerto.
      3. Ayudar a los pobres.

2. Examine el texto antes de leerlo.

   a. Pase su marcador por los tres versos donde aparece la palabra Dios. La frase es la misma.

   b. ¿Quién habla en este texto? Examine rápidamente el texto para buscar los pronombres. ¿Qué pronombre aparece con más frecuencia?

      1. yo   2. él   3. nosotros

3. Anticipe el contenido del texto.

Lea las afirmaciones a continuación. Por lo que sabe acerca del amor y por lo que ha visto al examinar rápidamente el texto, adivine si las afirmaciones son verdaderas **(V)** o falsas **(F)**. Si no lo sabe, podrá averiguar las respuestas después de leer el texto.

_____ El narrador del poema le está rezando a Dios.
_____ El narrador está enamorado de una mujer.
_____ El narrador piensa que su amada es perfecta.
_____ La mujer habla también en el poema.
_____ El narrador dice que quiere casarse con la mujer.

LECTURA

El poeta español Ángel González nació en Oviedo en 1925, y es uno de los poetas más reconocidos en la actualidad, ganador de premios literarios prestigiosos como el Premio Príncipe de Asturias (1985) y el Premio Reina Sofía de poesía hispanoamericana (1996). Su infancia estuvo marcada por la huella de la guerra civil española y por la muerte de su padre cuando él tenía sólo dos años. Ángel González estudió derecho en Oviedo y periodismo en Madrid. Hasta que se jubiló hace unos años, enseñaba literatura española contemporánea en la Universidad de Nuevo México, Estados Unidos. Su poesía se caracteriza por el compromiso humano y por una sutil ironía. En su primer libro, *Áspero Mundo* (1956), aparece la experiencia de la guerra y el choque entre el mundo de la infancia y la dura realidad. A partir de entonces se agudiza su compromiso y su denuncia de la injusticia humana, lo cual se refleja en *Sin esperanza, con convencimiento,* publicado en 1961. Posteriormente, sus temas se amplían al mismo tiempo que su poesía se hace más personal. Algunos de sus libros más importantes son *Palabra sobre palabra* (1965), *Tratado de urbanismo* (1967) y *Prosemas o menos* (1984). En 2001 publicó *Otoños y otras luces,* donde predominan dos de sus temas más tratados: el amor y el paso del tiempo.

Me basta así
Ángel González

En los versos 1–4 el narrador dice una frase hipotética. ¿Qué haría el narrador si fuera Dios?

¿A quién se dirige el narrador? Al leer los versos 5–12, ¿qué palabras indican que le está hablando a la mujer amada?

En los versos 13–15, el narrador dice otra frase hipotética. ¿Qué dice ahora que haría si fuera Dios?

Si yo fuese Dios
y tuviese el secreto,
haría
un ser exacto a ti;
5 lo probaría
(a la manera de los panaderos cuando
  prueban el pan, es decir:
con la boca),
y si ese sabor fuese igual al tuyo, o sea tu
  mismo olor, y tu manera de sonreír,
y de guardar silencio,
10 y de estrechar mi mano estrictamente,
y de besarnos sin hacernos daño
—de esto sí estoy seguro: pongo tanta
  atención cuando te beso—; entonces,
si yo fuese Dios,

podría repetirte y repetirte,
15 siempre la misma y siempre diferente,
sin cansarme jamás del juego idéntico,
sin desdeñar tampoco la que fuiste
por la que ibas a ser dentro de nada;
ya no sé si me explico, pero quiero
20 aclarar que si yo fuese 🗨
Dios, haría
lo posible por ser Ángel González
para quererte tal como te quiero,
para aguardar con calma 🗨
25 a que te crees tú misma cada día,
a que sorprendas todas las mañanas
la luz recién nacida con tu propia
luz, y corras 🗨
la cortina impalpable que separa
30 el sueño de la vida,
resucitándome con tu palabra,
Lázaro alegre,
yo, mojado todavía
de sombras y pereza, 🗨
35 sorprendido y absorto
en la contemplación de todo aquello
que, en unión de mí mismo,
recuperas y salvas, mueves, dejas
abandonado cuando —luego— callas. . .
40 (Escucho tu silencio.
Oigo
constelaciones: existes.
Creo en ti.
Eres.
45 Me basta.)

En los versos 20–22 el narrador dice la tercera frase hipotética. ¿Qué dice ahora que haría si fuera Dios?

¿Por qué quiere el narrador ser Ángel González? (versos 22–24)

En los versos 28–30 el poeta usa la metáfora de una **cortina impalpable.** ¿A qué se refiere esta cortina?

En los versos 31–34 el narrador compara la resurrección de Lázaro a un suceso en su vida. ¿Cuál es el suceso?

Comprensión y ampliación ≪≪≪≪≪≪≪≪≪≪≪≪≪≪≪

11-22 Recordando lo básico del poema. Seleccione la respuesta más apropiada para completar cada una de las siguientes oraciones.

1. El tema del poema es. . .

   a. el amor.   b. la comida.   c. los panaderos.

2. El que habla o "yo poético" es. . .

   a. un hombre.   b. una mujer.   c. Dios.

3. La persona o "tú poético" a quien se dirige el poeta es. . .

   a. Dios.   b. una mujer.   c. Ángel González

4. La persona amada es comparada con el pan por su. . .

   a. color.   b. sabor.   c. olor.

5. El amante quiere. . .

   a. cambiar a la amada por otra.
   b. repetirla eternamente.
   c. abandonarla.

6. La frase "resucitándome con tu palabra" (verso 20) quiere decir que. . .

   a. el poeta resucita a su amada muerta.
   b. el poeta está muerto y su amada lo resucita cuando le habla.
   c. por la mañana la amada despierta al poeta cuando habla.

7. El poeta cree en. . .

   a. Dios.   b. la amada.   c. Lázaro.

2 **11-23 Entrando en materia.** Comente con un/a compañero/a los siguientes puntos:

1. En el poema se repite tres veces el verso "Si yo fuese Dios" para introducir tres ideas ligeramente diferentes. Resuman cada una de estas ideas en una oración.

2. En el poema hay tres imágenes que tienen como base una comparación o una identificación. ¿Pueden explicar por qué se comparan los siguientes elementos?

   a. poeta-Dios
   b. amada-pan
   c. poeta-Lázaro

3. El poema no tiene rima ni tampoco un patrón de medida para los versos, por lo tanto es un poema de "versos libres". Sin embargo, hay algunas palabras y estructuras gramaticales que se repiten creando un ritmo. A estas estructuras gramaticales idénticas se les llama "paralelismos". Por ejemplo, en las siguientes estructuras se repiten una preposición, un verbo y un adverbio:

   sin (preposición) cansarme (verbo) jamás (adverbio)
   sin (preposición) desdeñar (verbo) tampoco (adverbio)
   Señale tres paralelismos más en el poema.

② **11-24 Las connotaciones.** El lenguaje poético suele ser más connotativo que, por ejemplo, el de un ensayo expositivo, es decir, las palabras suelen tener múltiples significados, por lo tanto no pueden explicarse en sentido literal. Explique con sus propias palabras lo que significan los siguientes versos del poema:

a. la luz recién nacida
b. la cortina impalpable que separa el sueño de la vida
c. yo, mojado todavía de sombras y pereza

Aclaración y expansión

Hypothetical conditions using indicative

To express a hypothetical condition, English uses *if*-clauses; Spanish uses **si**-clauses. The main clause of the sentence expresses the result (what will or would happen), and the **si**-clause refers to the condition needed to bring about that result. The sentences may begin with either the main clause or the **si**-clause.

- To express what happens or will likely happen if certain conditions are met, use the present or future indicative in the main clause and the present indicative in the **si**-clause.

El poeta **se siente** feliz **si** su amada lo **mira.**	*The poet **feels** happy **if** his beloved **looks** at him.*
Si necesita expresar su amor, **escribirá** más poesías.	***If** he **needs** to express his love, he **will write** more poems.*

- You may also use a command in the main clause and the present indicative in the **si**-clause.

Lee más poemas de Ángel González **si tienes** tiempo.	*Read more poems by Ángel González **if** you **have** time.*

Hypothetical conditions using imperfect subjunctive and conditional

- To express that something will not happen or is unlikely to happen under a certain condition, use the imperfect subjunctive in the *if*- (the condition) clause and the conditional (what would happen) in the main clause.

Si yo **fuera** poeta, **escribiría** poemas románticos.	***If** I **were** a poet, I **would write** romantic poems.*
Los **leería** en la clase de literatura **si** la profesora me **dejara** hacerlo.	*I **would read** them in literature class if the professor **allowed** me to do so.*

2 **11-25 ¿Cuál sería su reacción?** Primero, lea las siguientes situaciones y escoja la respuesta que usted considera apropiada, o dé su propia respuesta. Después, compárelas con las de su compañero/a.

1. Si entro en un café y veo a mi pareja conversando en forma íntima con otra persona. . .

   a. voy hasta su mesa y le pido una explicación.
   b. salgo del café y no le digo nada.
   c. lo/la llamo al celular y le digo que tenemos que hablar muy seriamente.
   d. . . .

2. Si él/ella me pide perdón y me dice que era un/a amigo/a de la infancia. . .

   a. pienso que es sincero/a y lo/la perdono.
   b. le digo que nuestra relación ha terminado.
   c. le contesto que necesito tiempo para decidir lo que voy a hacer.
   d. . . .

3. Si al día siguiente conozco a un chico/a muy atractivo/a y me invita a tomar un café. . .

   a. le doy las gracias pero no acepto su invitación.
   b. voy con él/ella y paso un rato agradable conversando.
   c. voy con él/ella y trato de que mis amigos nos vean.
   d. . . .

4. Si me encontrara de nuevo con el/la chico/a atractivo/a y me invitara a un concierto fabuloso al que yo quiero ir. . .

   a. aceptaría la invitación enseguida.
   b. le diría que tengo un compromiso previo.
   c. le diría que lo siento mucho, pero que espero que podamos reunirnos en otro momento.
   d. . . .

2 **11-26 ¿Qué haría en estos casos?** Use su imaginación para completar las siguientes oraciones y después intercambie sus ideas con un/a compañero/a. Su compañero/a le hará preguntas para obtener más detalles.

1. Si tuviera el dinero para invitar a alguien a unas vacaciones maravillosas. . .
2. Iría a vivir a otro país si. . .
3. Si tuviera diez años más. . .
4. Ayudaría más a las personas necesitadas si. . .
5. Si pudiera cambiar algo en mi vida. . .
6. Si tuviera que decidir entre tener una vida sencilla y feliz o ser una persona muy importante pero con pocos amigos. . .

11-27 Un problema. Primera fase. Piense en un problema (familiar, religioso, psicológico, financiero, etc.) que puede afectar seriamente las relaciones entre dos personas (enamorados, amigos, compañeros de trabajo, etc.). Tome notas cubriendo los puntos que aparecen más abajo.

1. Cuál es la naturaleza del problema.
2. Efectos que tiene en las relaciones de las dos personas.
3. Si han buscado ayuda o no.

Segunda fase. Explíquele el problema a su compañero/a y después pregúntele que haría él/ella si se encontrara en una situación semejante.

 # A escribir

Estrategias de redacción: El cuento

En el comienzo de este capítulo se presentó la prosa narrativa, representada por la novela, el relato y el cuento, de acuerdo con su longitud. En esta sección nos vamos a enfocar en la forma de narración más breve, el cuento.

Aunque no hay consenso sobre el tema, en general se habla de tres tipos de cuentos literarios: el cuento clásico, el cuento moderno y el cuento experimental. El cuento clásico es breve y presenta una acción narrada en una secuencia lineal. La narración es explícita y a veces didáctica, es decir, le enseña una lección al lector. Por lo general, tiene un fin cerrado, lógico, que muchas veces puede ser sorprendente.

El cuento moderno, a diferencia del clásico, se concentra en la creación de ambientes y presenta conflictos morales que producen en el lector ciertos estados de ánimo. Lo importante en la trama no se cuenta, sólo se alude. Con frecuencia los personajes de la narración dialogan entre sí y se convierten así en narradores. El fin del cuento moderno generalmente es abierto y presenta un problema que el lector soluciona.

Finalmente, el cuento experimental se caracteriza por el cuestionamiento (*questioning*) implícito que se hace del cuento clásico y del moderno. Algunos afirman que el cuento experimental viola los principios fundamentales del cuento clásico, pero adopta algunos elementos del moderno y los amplía.

Entre otras, las siguientes son algunas orientaciones del cuento experimental:

- el cuento fantástico: crea su propia realidad y se opone al cuento realista.
- el cuento como crónica: es una ficción sobre lo cotidiano y presenta una crítica a la narración de lo extraordinario. Se basa en la realidad, narrándola con todo detalle.
- el cuento como viaje interior: es una narración sobre los pensamientos y la intimidad del ser humano.
- el cuento ultracorto: es una narración que critica la idea de que solamente la narración larga es valiosa.

La estructura del cuento

Una rápida mirada al cuento nos muestra la siguiente estructura básica, con algunas variaciones.

1. El principio o la introducción le da al lector la siguiente información.
   - Quiénes son los personajes principales.
   - El lugar o ambiente de la acción.
   - El tiempo o momento en que ésta ocurre.
   - El comienzo de la acción.
   - La razón de la acción.

2. El núcleo o el conflicto: En esta fase de la narración, el lector se familiariza con los obstáculos, las luchas, los problemas y los peligros que los protagonistas experimentan. La interacción, el diálogo, los conflictos, las fuerzas opuestas entre los protagonistas ayudan a la creación de un ambiente que eleva el nivel de tensión en la historia. Los conflictos entre los personajes se agudizan se complican y se llega a un momento culminante: el clímax.

3. El desenlace: En esta última etapa del cuento, el lector descubre la solución del enigma o problema (narración con un fin cerrado) o debe resolverlo por su cuenta (narración con un fin abierto). Dependiendo del tipo de narración, el lector también puede encontrar una lección ética. Por ejemplo, las acciones virtuosas o malvadas (*wicked*) de los personajes tienen consecuencias: los personajes buenos son premiados por su bondad, paciencia, justicia, etc.; los malos reciben el castigo por su crueldad, maldad, injusticia, etc.

En este capítulo usted podrá usar sus destrezas de narrador al escribir un cuento breve en español.

11-28 Análisis. Lea nuevamente "El cangurú de Bernau" y luego haga lo que se indica a continuación.

Identifique:

1. la introducción del cuento
2. el núcleo
3. el desenlace: ¿es éste abierto o cerrado?
4. las estrategias narrativas del autor de "El cangurú de Bernau" que a usted le parecen eficaces. ¿Por qué?

11-29 Preparación. Prepárese para escribir un cuento, tomando como ejemplo "El cangurú de Bernau" u otro que usted recuerde. Las siguientes ideas lo/la pueden ayudar. Siga el orden más conveniente para usted.

- Planifique el ambiente y la acción de su cuento. ¿Dónde ocurrirá la acción: en la ciudad, el campo, la playa, en el interior o el exterior de un edificio? ¿Qué pasará? ¿Por qué?
- Escriba algunos posibles títulos para su cuento. ¿Cuáles son más atractivos para el lector? ¿Hay alguna conexión entre el título y el contenido del cuento? ¿Es necesaria esta conexión?
- Piense en los personajes de su obra. ¿Quiénes son? ¿Cómo son?

- Haga un diagrama de la estructura de su cuento: la introducción, el núcleo, el desenlace.
- Piense en los sucesos o eventos que usted asocia con cada fase de su cuento.
- Planifique el momento culminante de su historia. ¿Qué ocurrirá? ¿A quién o a quiénes les pasará algo? ¿Cómo?
- Decida qué tipo de desenlace o final piensa darle a su historia, ¿abierto o cerrado?
- Prepare un esquema que lo/la ayude a identificar las relaciones y los conflictos entre los personajes.
- Haga una lista de palabras que describen a cada personaje. También piense en algunas acciones (verbos) que lo/la ayuden a describir a cada uno. Por ejemplo: Mario es malvado y cruel. Engaña a Eva, su pareja, y la mata.
- Finalmente, haga una lista de estrategias que lo/la ayudarán a escribir un cuento interesante con imágenes vivas (uso preciso y variado de adjetivos), con agilidad (verbos de acción, uso de diálogo entre los personajes, etc.), con humor, etc.

11-30 ¡A escribir! Ahora, escriba el cuento. Utilice la información de la Actividad 11-29 y/o añada lo que sea necesario. No se olvide de darle un título a su cuento.

11-31 ¡A editar! Lea su cuento tantas veces como sea necesario.

1. Examine la estructura. ¿Hay una estructura clara para el lector? ¿Está usted satisfecho/a con ella?
2. Revise la construcción de la trama. ¿Fluye (*flows*) la trama? ¿Se narran los eventos con agilidad? ¿Hay suficiente información para el lector sobre los personajes y el ambiente? ¿Es la información clara e interesante?
3. Verifique el uso de la lengua. ¿Oscurecen los errores gramaticales las ideas del texto?
4. Revise la mecánica. ¿Usó correctamente la puntuación y la ortografía (los acentos, las mayúsculas, etc.)?

VOCABULARIO

Textos literarios

el ambiente	*atmosphere, environment*
el contenido	*content*
el detalle	*detail*
el final	*end*
el lenguaje	*language*
la longitud	*length*
el propósito	*purpose, goal*
el tema	*theme, topic*
el texto	*text*
el título	*title*

Prosa narrativa

el argumento/la trama	*plot*
el cuento	*story*
la novela	*novel*
el personaje	*character (of a novel, story, etc.)*
el/la protagonista	*main character, protagonist*
el relato	*story*

Poesía

la estrofa	*stanza*
la metáfora	*metaphor*
la rima	*rhyme*
la sílaba	*syllable*
el verso	*line (in a poem), verse*
el verso libre	*poetry/poem with no rhyme or set number of stanzas or syllables*

Sentimientos

la ternura	*tenderness*
la tristeza	*sadness*

Personas

el/la crítico/a	*critic*
el/la lector/a	*reader*

el/la narrador/a	*narrator*
el/la novelista	*novelist*
el/la poeta	*poet*

Animales

el caballo	*horse*
el canguro	*kangaroo*
el/la gato/a	*cat*
la mascota	*pet*
el/la oso/a	*bear*

Características

absorto/a	*absorbed, engrossed*
agradable	*nice, pleasant*
breve	*short, brief*
literario/a	*literary*
raro/a	*odd*
sorprendido/a	*surprised*

Verbos

analizar (c)	*to analyze*
averiguar	*to find out*
oscurecer (zc)	*to get dark*
probar (ue)	*to taste*
publicar (q)	*to publish*
reaccionar	*to react*

Palabras y expresiones útiles

como si	*as if, as though*
la luz	*light*
el olor	*smell*
el punto de vista	*point of view*
rara vez	*rarely, seldom*
el sabor	*taste*
el suceso	*event, happening*
tener en cuenta	*to keep in mind*

12

El teatro y el ensayo en nuestra literatura

Objetivos comunicativos
- Reacting to information related to past events and experiences
- Expressing contrary-to-fact conditions in the past

Contenido temático y cultural
- The colloquial dialogue of drama
- The social dimension of contemporary essays

A leer

El teatro se ha cultivado y ha evolucionado a través de los años en los países hispanos. Lope de Vega (1562–1635) es considerado por muchos el creador del teatro clásico español. Su obra ha sido comparada con la de los dramaturgos ingleses del teatro isabelino.

Un mundo para ver

IX Festival Iberoamericano de Teatro de Bogotá 2004

26 de marzo al 11 de abril

¡vive la pasión, vive la fiesta, vive el teatro!

Un cartel del festival Iberoamericano de Teatro de Bogotá, Colombia.

El teatro Colón de Bogotá está situado en el barrio colonial de La Candelaria, en el centro de la ciudad. Fue construido en 1890 y actualmente es la sede de la Orquesta Sinfónica de Colombia.

El teatro

Los textos teatrales están generalmente concebidos para ser interpretados, es decir, representados en un escenario (*stage*) por unos actores que aprenden su papel y se identifican con los personajes. Por eso, lo que ocurre en la escena parece real. Para valorar una obra teatral es mejor verla y oírla que simplemente leerla. De todos modos, en una obra de teatro podemos distinguir dos planos:

- el plano literario
- el plano extraliterario

En el plano literario tenemos el **texto principal,** que suele tener forma de diálogo, y las **acotaciones,** que son las indicaciones que el autor del texto escribe para facilitar la representación escénica de la obra. Estas acotaciones pueden ser más o menos literarias. Por ejemplo, Valle Inclán (1866–1936), un famoso escritor español, hace que las acotaciones sean un elemento estilístico muy importante dentro del texto teatral.

En el plano extraliterario encontramos el espacio escénico, que incluye a los personajes, los decorados, las luces, los objetos, la música o los ruidos ambientales, etc.

Normalmente, los textos teatrales no tienen un narrador puesto que las mismas situaciones y los diálogos entre los personajes nos cuentan lo que sucede y cómo se desarrolla la acción. Pero sí es muy importante el **director de escena,** que, al igual que el director de una película, tiene la responsabilidad de que todos los elementos literarios y extraliterarios de una obra teatral funcionen en el escenario. **Los actores** representan la obra, y la persona que mira, escucha e interpreta lo que ocurre en el escenario es el **espectador.**

Tradicionalmente, se distinguen tres géneros dramáticos fundamentales: la tragedia, la comedia y el drama. La tragedia es la forma más antigua del teatro, y es de origen griego. Por lo general, la tragedia desarrolla un conflicto que tiene consecuencias graves para los personajes. Los autores griegos como Sófocles o Eurípides (siglo V a. C.), o el hispanorromano Séneca (siglo I a. C.), fueron los grandes maestros de la tragedia. Posteriormente, el inglés Shakespeare escribió grandes tragedias. En el ámbito hispano probablemente es Calderón de la Barca, dramaturgo español del siglo XVII, con obras como *La vida es sueño,* o las tragedias de honor, el mayor representante de este género. Y más recientemente, Federico García Lorca con dramas rurales como *La casa de Bernarda Alba* o *Bodas de sangre.*

La comedia también es de origen griego y, contrariamente a la tragedia, plantea conflictos sencillos, con situaciones de carácter familiar, a veces muy divertidas. De hecho, la palabra comedia deriva del griego "comos", que significa festín o fiesta. El autor de comedias más famoso de la historia del teatro español es Lope de Vega, también del siglo XVII, con obras como *Fuenteovejuna,* o *El mejor alcalde, el rey,* que mezclan elementos trágicos y cómicos pero con una clara inclinación hacia el desenlace cómico.

Por último, el drama enfrenta a personajes normales que tratan de resolver situaciones conflictivas con las que podemos identificarnos fácilmente. En la actualidad, el drama tiene múltiples variedades de expresión y de temas. En Hispanoamérica se ha desarrollado mucho el teatro experimental y vanguardista, que cuenta con conocidos autores como Osvaldo Dragún, Roberto Arlt, Vicente Leñero y Sabina Berman.

Preparación

12-1 Personajes y apariencias. Escriba el nombre del personaje junto a la descripción más adecuada. Es posible que un personaje se asocie con más de una descripción.

Sancho Panza

Sherlock Holmes

Scarlett O'Hara

Frankenstein

ser o no ser

Hamlet

Tom Sawyer

Personaje

1. _____

2. _____

3. _____

4. _____

5. _____

6. _____

7. _____

8. _____

Descripción

1. En todas las escenas de la película lleva ropa anticuada, pues sus vestidos son los que se usaban en el siglo XIX.

2. A través de sus soliloquios, el espectador se da cuenta de que está hastiado (*fed up with*, *tired of*) de los conflictos de su vida.

3. Es bajo, gordo y de carácter práctico y leal.

4. Es un detective muy inteligente que vive en Londres.

5. Es un niño que nunca se siente hastiado de sus aventuras y las disfruta mucho.

6. Tiene tez (*complexion*) blanca, pelo castaño y un carácter fuerte.

7. Es fuerte y no tiene facciones (*features*) finas.

8. Tiene un cuerpo enorme, apariencia aterradora y es feo.

12-2 Percepciones diferentes. Primera fase. La señora Larraín, la abuela de una familia numerosa y acomodada (*wealthy*), ha vivido en el mismo barrio en Viña del Mar, Chile, generación tras generación. Con nostalgia, ella observa que la conducta de las personas de su barrio ha cambiado mucho. María Antonieta, su nieta de 17 años, tiene una visión diferente a la de su abuela. Marque las afirmaciones que, según usted, hacen María Antonieta **(MA)** y la señora Larraín **(SL)**.

1. _____ En mis tiempos, los jóvenes eran más conservadores y discretos.
2. _____ Yo comencé a salir con chicos cuando tenía 14 años.
3. _____ Cuando tenía tu edad, yo era pudorosa; me ponía un pollerón (*long skirt*) y algo de manga larga.
4. _____ El verano es para divertirse, ir a la playa y tomar el sol desnuda (sin ropa).
5. _____ En lugares públicos, los jóvenes no respetan el silencio ni la privacidad de los demás. Dan chillidos (*scream*) en el agua y se tienden de bruces (*lie face down*) como si la playa fuera toda suya.
6. _____ Los barrios modernos parecen botaderos de pescados podridos (*garbage dump for rotten fish*).
7. _____ En general, a la gente ya no le importan las diferencias de clase. Los medios pelos (*poor*), los rotos y los ricos conviven sin grandes problemas en la sociedad.
8. _____ Las personas decentes y con clase no husmean (*sniff*); disimulan si encuentran algo de mal olor.

Segunda fase. Ahora con un/a compañero/a, analicen la visión que tienen la señora Larraín y María Antonieta de su barrio y, luego, describan a estas dos mujeres.

12-3 Desde mi ventana. Primera fase. Imagínese que usted vive en un rascacielos (*skyscraper*) de una gran ciudad, de donde puede tener una visión amplia de su barrio y su ciudad. Escriba una descripción de lo que usted ve desde su ventana imaginaria.

MODELO: Desde mi ventana puedo ver avenidas y jardines con muchas flores y árboles enormes. También veo muchos edificios de colores tristes, negro, gris, pardo. A lo lejos veo el mercado. Alrededor del mercado están los edificios donde viven las personas de diferentes razas y culturas: los chinos, los judíos, los turcos, etc.

Segunda fase. Comparta su descripción con alguien en la clase. Prepárese para contestar preguntas o dar explicaciones cuando sea necesario.

> **Cultura**
>
> El roto es un personaje que ha existido tanto en la literatura como en la vida cotidiana. En *El Quijote*, por ejemplo, roto se refiere a alguien mal vestido (con ropa rota). En Chile, el significado de la palabra ha evolucionado con el tiempo. Hoy en día, el roto se refiere a una persona que tiene poca educación y no sabe comportarse adecuadamente en sociedad. En la obra teatral que van a leer, la Sra. Larraín usa esta expresión para referirse a las personas de una clase social y económica que ella considera inferior.

Estrategias de lectura

1. Infórmese sobre el texto antes de leer.

   a. *El título.* ¿Qué significa "exilado/a"? Si no recuerda, consulte su diccionario. "Las exiladas", ¿se referirá a mujeres, a hombres o a un grupo de hombres y mujeres?

   b. *Los personajes.* Lea la lista de personajes que figuran en esta obra de teatro. ¿Cuántos hay? Si el título *Las exiladas* se refiere a algunos de estos personajes, ¿a quiénes se refiere?

2. Anticipe el contenido del texto. ¿Cuántos personajes hablan en esta obra de teatro? ¿Cuál será la relación entre las personas? Indique todas las relaciones posibles.

   a. dos amigas
   b. madre e hija
   c. una señora y su sirvienta

LECTURA

Sergio Vodanovic (1926) es un dramaturgo chileno cuyo teatro se caracteriza por un contenido social y de denuncia que pone de manifiesto las injusticias sociales y cuestiona los valores tradicionales. Su obra *Las exiladas* forma parte de la trilogía *Viña: Tres comedias en traje de baño*. Las tres obras que componen la trilogía tienen lugar en el famoso balneario chileno de Viña del Mar. Allí va la gente a olvidar sus problemas cotidianos y a disfrutar del sol y de la playa, lo cual proporciona al autor un marco y un ambiente propicios para exponer metafóricamente a sus personajes a conflictos que los desnudan emocionalmente. Otras obras muy conocidas de Vodanovic son *Deja que los perros ladren* y *La cigüeña también espera*.

Las exiladas
Sergio Vodanovic

Personajes
Hortensia
Víctor
Emilia
Rodolfo
Carlos

ACTO ÚNICO

Escenario vacío. Al fondo, panorámica.

(?) La acotación. En la acotación se da información acerca de los tres personajes. Después de leerla, escriba unos apuntes sobre ellos: nombre, edad, descripción física.

Después de un instante entra Hortensia, en silla de ruedas, empujada por su chofer, VÍCTOR. Más atrás los sigue desganadamente, EMILIA. HORTENSIA tiene sobre sesenta años. Viste ropa clara anticuada. Su rostro está marcado de arrugas, a pesar de

la gargantilla de terciopelo negro que usa para estirar su tez. Usa audífono[1]. *VÍCTOR*
es un hombre de su misma edad, con un estereotipado y desvaído[2] aspecto de servil[3]
dignidad. Usa un anticuado uniforme, mezcla de viejo cochero y de chofer. EMILIA tiene
cuarenta años, es más bien gruesa, de facciones toscas[4], de aspecto tenso y hastiado. En
ella, especialmente, debe advertirse que este paseo matinal es parte de una rutina
fastidiosa.

HORTENSIA

Aquí, Víctor. Aquí. Ya estamos lo suficiente lejos. Todos los días son veinte
metros más lejos. Retrocedemos, Víctor, retrocedemos. Cada día ellos se
adueñan de una franja más de la playa. El viaje es cada día más largo, pero ahora
tenemos auto y no el antiguo coche... ¿Eh, Víctor? ¿Te acuerdas cuando
llegaste a la casa para servir de cochero? (*Para sí en voz débil*) Pasa el tiempo, pasa
el tiempo... (*Se dirige a Víctor sin mirarlo.*) Ahora eres chofer y empleado
particular[5]... ¡No había empleados particulares en aquel tiempo! ¿Eh? Y estabas
mejor. ¿No es cierto? ¡Las leyes sociales! Recuerdo que mi sobrino León, que
era muy astuto y muy dado a la política, decía... (*Se ríe y recuerda, luego agrega*
evocativa.) ¡Era muy ingenioso León...! ¡Murió! (*Pausa.*) Ya puedes volver al
auto, Víctor. Vuelve en una hora más. (*VÍCTOR se va. HORTENSIA mira a EMILIA,*
que se ha mantenido de pie, inmóvil e indiferente.) ¿Y tú? ¿Qué haces? ¿Estás
esperando que se vaya Víctor para tomar tu baño de sol? No puedo comprender
cuál es el placer de permanecer tendida una hora sobre la arena, desnuda,
recibiendo sol. En mis tiempos... (*Emilia se saca el vestido y queda en traje de baño,*
un traje anticuado, de busto plano y largo pollerón (Se tiende de bruces.) En mis
tiempos las señoritas iban a la playa, no a tomar el sol, no a bañarse. Claro que
a veces lo hacíamos, pero recatadamente. Lo importante era conversar, hacer
vida social. Todos nos conocíamos. Sabíamos quiénes éramos. La playa era
nuestra. Fue en la playa donde conocí a tu padre. Y conversamos, conversamos
largamente hasta que nos enamoramos... Pero, ahora..., ¿quién conversa?
Sólo dan chillidos en el agua o se tienden como tú, impúdicamente, a recibir sol.
No entiendo, no puedo entender... (*De pronto HORTENSIA huele algo. Saca un*

---

[1]*hearing aid*   [2]*pálido, débil*   [3]*servile*   [4]*coarse, rough*   [5]*personal servant*

¿Qué ha comprendido? Al principio de su parlamento (*speech*), Hortensia habla de "ellos". ¿Quiénes son "ellos"? También Hortensia habla mucho sobre el pasado. Para ella, ¿qué es mejor, el presente o el pasado? Si no puede contestar, vuelva a leer el parlamento.

Leer para buscar información sobre algo específico. En la segunda sección de su parlamento (líneas 38–53), Hortensia habla más acerca de "ellos". Al leer, pase su marcador por la información más importante sobre "ellos". ¿Quiénes son? ¿Por qué se queja Hortensia de ellos?

¿Qué ha comprendido? ¿Qué pregunta le hace Hortensia a Emilia al final de su parlamento (línea 53)? ¿Le hace la pregunta para conseguir información, o tiene otro propósito? ¿Qué respuesta espera Hortensia?

¿Qué ha comprendido? ¿Qué cosas hacían "ellos" que a Hortensia no le gustaban? (Líneas 57–66)

Más sobre "ellos". ¿Qué más sabe ahora sobre la visión que tiene Hortensia de "ellos"? ¿De dónde vienen? ¿Qué lenguas hablan?

pañuelo mientras husmea ostensiblemente.) ¿Hueles? ¡Pescado podrido! ¡Aquí nos han tirado! ¡A un botadero de pescados podridos! ¡A esto han llegado! ¡Y me lo 35 hacen a mí!

¡A mí! Me acuerdo cuando principiaron a llegar. Tú no habías nacido. Llegaban en tren en las mañanas de los domingos y se iban por la tarde. Primero ocuparon una parte distante de la playa. Nosotros los dejábamos estar. ¡Nos daban risa! Eran tan pintorescos. Nos reíamos a costa de ellos, sus trajes, sus modales, la 40 forma como trataban de imitarnos sin conseguirlo. Pero cada domingo, llegaban diez más. . . Yo creo que lo hacían con toda intención. Despacito, despacito, se iban acercando más a nosotros. Cuando fueron muchos, decidimos quedarnos en nuestras casas los domingos. ¡No! No vayas a creer tú que nos pusimos de acuerdo o que hicimos una. . . una. . . ¿cómo se llama eso, ahora?. . . Una. . . 45 ¡una asamblea! No, nada de eso. Cada uno lo decidió separadamente. Éramos buenos cristianos, esa gente tenía derecho a divertirse por lo menos un día a la semana. Y nosotros debíamos sacrificar el domingo por ellos. Eso fue lo que me dijo tu padre, al menos. ¡Pero yo creo que se equivocó! Había otros sitios donde podían ir. Viña era de nosotros ¡De nosotros! (*Dirigiéndose a EMILIA*) ¿O no, 50 dices tú? ¡Emilia! ¡Contesta! . . . Emilia, sé que no estás dormida, sé que me estás oyendo. . . Contesta. . . ¿De quién es Viña?

EMILIA

(*Sin moverse. Como un cansado eco.*) De nosotros.

HORTENSIA   55

¿De nosotros? ¿Y por qué si es de nosotros nos han expulsado a este sitio que es un pudridero de pescados? ¿Por qué? ¿Quién lo permitió? ¿Quién? Yo, antes, cuando tu padre vivía, me levantaba de mi cama y veía el mar desde mi ventana. Y, de pronto principié a ver moles de cemento agujereadas[6] y me empinaba para un lado y para otro tratando de ver el mar. Hasta que un día no hubo ya más mar. 60 Sólo ventanas, ventanas de conventillos[7] que se elevaban hasta el cielo, cientos de conventillos, miles de ventanas que se iluminaban en las noches y ahí estaban ellos: gentes, gentes que nadie conocía, que miraban, que reían, que jugaban, (*bajando la voz*) que hacían el amor. . . ¿Te he contado alguna vez lo que vi una vez por la ventana? ¡Y pensar que tú pudiste verlo! (*EMILIA principia a hacer 65 ejercicios gimnásticos. Primero suavemente, para ir aumentando el ritmo y energía gradualmente.*) ¡Los culpables son los extranjeros! No debieron dejarlos entrar nunca al país. Turcos, judíos, alemanes, yugoslavos, yankees. . . ¡Hasta húngaros! ¡Gitanos! Antes sólo había ingleses. Ellos eran los únicos extranjeros, los únicos que uno veía, al menos. . . ¡Y eran tan finos! Eran rubios, distinguidos, súbditos 70 del rey[8]: jugaban tenis y hablaban inglés. El inglés de antes, no el de ahora. . . ¿Te he hablado alguna vez de Mr. Wotherspool?. . . ¡Mr. Wotherspool! Lo que sucede es que se ha perdido el orgullo. Han dejado que nos invadan. ¡Pero yo no renuncio! ¡No me mezclaré! Moriré come he nacido. (*Recapacitando con súbito pavor. A media voz.*) Moriré. Tengo que morirme. Todos se mueren. (*Volviendo a 75 adquirir seguridad.*) Llegaré al cielo y le diré a San Pedro: "Aquí vengo yo. He sido una buena cristiana, he cumplido con los mandamientos, tengo todos los sacramentos, vengo a tomar el lugar que me corresponde en el cielo. Allá en la tierra, me arrinconaban[9], me lanzaban a los pudrideros de pescados, pero acá, acá reclamo mis derechos". Y San Pedro me dirá: "Pase, Misiá[10] Hortensia, 80 venga, venga a sentarse a la diestra[11] de Dios Padre Todopoderoso, aquí

---

[6]*full of holes*   [7]*tenement houses*   [8]*royal subjects*   [9]*cornered*   [10]*mi señora*   [11]*mano derecha*

encontrará su lugar, son todos amigos suyos, vea, vea quién está aquí, su señor esposo y sus antiguos vecinos, don Ramón, don Estanislao, la señora Matilde y la señorita Eulalia, que murió virgen. . . " ¡Ahí los quiero ver a esos extranjeros,
85 a esos medios pelos, a esos rotos[12]! ¡Ahí los quiero ver! ¡En el cielo! (*Queda un momento pensando en su venganza, sonriente y feliz. De pronto, un inquietante pensamiento enturbia su expresión.*) Emilia. . . ¡Emilia! ¿Te has fijado? ¿Cuando vamos a misa? ¿En las mañanas, cuando comulgamos? Ellos también van a misa. . . También rezan, también comulgan. . . ! Quieren embaucar[13] a Dios,
90 Emilia! Quieren invadir el cielo, como lo hicieron con Viña. Llegarán primero humildes y, después, lentamente se irán apoderando de todo y nos expulsarán de la diestra de Dios Padre Todopoderoso. ¡Emilia! ¡Hay que avisar al señor cura! Que no les permita entrar a la iglesia, que no les dé los sacramentos, que les impida invadir el cielo. ¡Escúchame, Emilia! He dicho algo nuevo, algo
95 importante, diferente de lo que digo todas las mañanas. ¡Escúchame! (*EMILIA continúa haciendo enérgicamente ejercicios de gimnasia.*) ¡Basta! ¡Basta! (*Lanza contra ella su bastón. EMILIA se detiene y mira a su madre*) ¿Para qué haces ejercicios todas las mañanas?

EMILIA

100 ¿Quieres saber?

HORTENSIA

No. No quiero saber. Quiero que me oigas. Tengo miedo. Hay que avisar al señor cura. . .

EMILIA

105 (*Interrumpiendo*) ¿Quieres saber por qué hago ejercicios todas las mañanas?

HORTENSIA

¡No! Quiero que me escuches. Hay una confabulación[14], otra confabulación contra nosotros. Se trata. . .

EMILIA

110 (*Interrumpiendo nuevamente*) ¿Así que quieres saber por qué hago ejercicios todas las mañanas?

HORTENSIA

No me importa. Quiero que me escuches.

EMILIA

115 Te voy a decir por qué hago ejercicios todas las mañanas.

HORTENSIA

No te voy a oír. Tú no me escuchas, yo tampoco te escucho.

EMILIA

Me has preguntado. Por primera vez, en años, me has preguntado.

120 ### HORTENSIA

¡Escucha tú! ¡Soy tu madre!

---

[12]Un comentario sarcástico de Hortensia que significa que cree que "ellos" no merecen entrar en el cielo.
[13]*to trick* [14]complot, intriga

Comprender el movimiento narrativo y dramático. En este parlamento, Hortensia habla primero de la presencia de "ellos" en la playa. Después habla de verlos todos los domingos cuando va a misa. ¿Por qué se preocupa al verlos en la misa? ¿Qué quiere decir Hortensia?

Comprender las transiciones. ¿Qué hace Emilia durante el parlamento de Hortensia? ¿Cómo establece el autor la transición entre el parlamento de Hortensia y el de Emilia?

¿Qué ha comprendido? ¿Recuerda la pregunta en las *Estrategias de lectura* sobre la relación entre Hortensia y Emilia? ¿Sabe ahora cuál es?

EMILIA

Tengo cuarenta años.

HORTENSIA

Eres una vieja. Tienes cuarenta y cuarenta y cuarenta y cuarenta.   125

EMILIA

Sí. Cada minuto lo vivo cinco veces. Porque cada minuto lo dedico a una sola cosa; a esperar.

HORTENSIA

No quiero saber qué es lo que esperas. Te decía que ellos están tratando de   130 embaucar a Dios, de desterrarnos del cielo, igual que. . .

EMILIA

(*Implacable.*) Espero que te mueras.

HORTENSIA

¡No oigo! (*Se saca el audífono.*) Sin el audífono no puedo oír. Lo sabes   135 perfectamente.

EMILIA

No me importa tu audífono. No me importa que no oigas. Me has preguntado. Por primera vez me has preguntado. Me enseñaste de niña que hay que responder a los mayores. Te contestaré, te contestaré.   140

HORTENSIA

No oigo nada, no oigo nada. Lará, lará, lará, lará. . . (*Tararea febrilmente una canción para demostrar que no oye, y este tarareo continuará hasta extinguirse lentamente durante el próximo parlamento.*)

EMILIA   145

Espero que te mueras. Espero que tú mueras para poder vivir yo. Sé que no soy capaz de escapar de ti, me educaste para que fuera un animalito sumiso, y lo soy. Pero todo será diferente cuando tú mueras. Debo conservarme joven. Tengo que ser perseverante. Ejercicio todos los días, para mantener el cuerpo joven. Entonces, cuando tú te mueras seré un pichoncito[15] nuevo y dejaré que los   150 hombres metan sus dedos por mi corpiño[16]. Y lo encontrarán aún firme. Tengo que prepararme para cuando tú te mueras. Para eso hago ejercicio, para eso leo. Suceden cosas impresionantes en el mundo, allá, donde están ellos. Nadie me despreciará por juntarme con los otros. Cuando tú te mueras voy a empezar a vivir. ¡A vivir! (*Fuera de escena se oye una canción de moda proveniente de una radio*   155 *portátil. EMILIA oye y mira hacia donde viene la música, en temerosa tensión.*)

---

[15]*young person (literally, young pigeon)*   [16]*bodice*

Margin notes:

¿Qué ha comprendido? ¿Qué dos cosas hace Hortensia para no oír lo que Emilia le dice? ¿Piensa usted que de verdad Hortensia no oye lo que Emilia dice?

¿Qué ha comprendido? ¿Por qué hace ejercicio Emilia? ¿Qué quiere hacer después de que Hortensia se muera? ¿Piensa usted que Emilia hará estas cosas?

Comprensión y ampliación

12-4 A describir. Primera fase. En la acotación se hace una descripción física de tres personajes: Víctor (el chofer), Hortensia (la madre) y Emilia (la hija). Otras características de la personalidad de cada uno se reflejan en los diálogos. Vuelva a leer el texto e indique con las iniciales **V, H** y **E** cuáles de las siguientes características pueden o no aplicarse a cada uno de los personajes.

_____ aburrido/a
_____ alegre
_____ atlético/a
_____ autoritario/a
_____ comprensivo/a
_____ conservador/a
_____ divertido/a
_____ egoísta
_____ hablador/a
_____ nostálgico/a
_____ resentido/a
_____ sumiso/a
_____ tenso/a
_____ viejo/a
_____ xenófobo/a

Segunda fase. Con ayuda de las palabras anteriores escriba una descripción completa para cada uno de los personajes. Incluya rasgos físicos y de personalidad.

12-5 Viña era de nosotros. Primera fase. Vuelva a leer el primer parlamento de Hortensia y conteste a las siguientes preguntas comentándolas con un/a compañero/a.

1. ¿Por qué dice Hortensia que Víctor estaba mejor antes?
2. ¿Qué hacían antes las señoritas en la playa, según Hortensia?
3. ¿Quiénes llegaban los domingos por la mañana?
4. ¿Cómo eran los que llegaban y qué hacían?
5. ¿Por qué las personas como Hortensia se quedaban en su casa?

Segunda fase. Ahora lea el segundo parlamento de Hortensia y conteste las siguientes preguntas comentándolas con su compañero/a.

1. ¿Cómo ha cambiado el paisaje del lugar con los años?
2. Según Hortensia, ¿quién tiene la culpa de todo?
3. ¿Cómo quiere morirse Hortensia?
4. ¿Qué le preocupa si va al cielo?
5. ¿Por qué quiere hablar con el cura?

Tercera fase. Resuman en un breve párrafo lo que dice Hortensia en los dos parlamentos comentados y compártanlo con el resto de la clase. En su resumen incluyan un comentario personal que conteste a las siguientes preguntas: ¿Qué opinan de la actitud de Hortensia? ¿Conocen algún lugar que antes estaba restringido y ahora es de todos? ¿Qué ventajas o desventajas ven ustedes en abrir las playas u otros lugares a cualquier persona?

12-6 Madre e hija. Primera fase. Vuelva a leer el diálogo entre la madre y la hija y señale cuál de las siguientes oraciones describe mejor la relación entre ellas.

1. _____ La hija odia a la madre por ser tan autoritaria pero no se siente capaz de escaparse.
2. _____ La hija y la madre se adoran pero les gusta insultarse para no aburrirse.
3. _____ La hija respeta a su madre y, aunque le tiene miedo, le da la razón en todo.

 Segunda fase. Con su compañero/a hablen de esta relación e intercambien sus ideas y experiencias sobre las siguientes afirmaciones.

1. Los padres deben respetar la libertad de los hijos.
2. Los hijos deben obedecer siempre a los padres.
3. Es bueno que los hijos se vayan de casa a los dieciocho años.
4. Cuando los padres son viejos hay que llevarlos a una residencia de ancianos.

A escuchar

12-7 Entrevista a Jorge Plata. Usted va a escuchar parte de una entrevista a Jorge Plata, director del Teatro Libre de Bogotá. Antes de escuchar la entrevista, lea las siguientes oraciones incompletas y, si lo considera necesario, tome apuntes durante la entrevista. Después complete las oraciones de acuerdo con lo que escuchó.

1. El Teatro Libre de Bogotá es un grupo. . .

   a. de escritores que representan sus obras allí.
   b. que presenta solamente obras de escritores hispanos.
   c. que ha ampliado su repertorio desde su fundación.

Jorge Plata (izquierda), les da instrucciones a unos autores en Middlebury College, 1998.

2. El Teatro Libre de Bogotá se fundó en la década de los. . .

   a. 60.   b. 70.   c. 80.

3. En los primeros años de este teatro se representaron obras. . .

   a. de escritores colombianos.
   b. del teatro clásico español.
   c. de Shakespeare y de otros grandes autores.

4. Cuando el Teatro Libre de Bogotá presentó obras del teatro clásico universal, los otros grupos teatrales. . .

   a. empezaron a hacerlo también.
   b. no lo hicieron por problemas monetarios.
   c. dijeron que no estaban preparados para hacerlo.

5. En la Escuela de Formación de Actores, los futuros actores reciben. . .

   a. una compensación monetaria que los ayuda con sus gastos.
   b. un entrenamiento serio con muchas horas de trabajo.
   c. más oportunidades de trabajo cuando empiezan su vida profesional.

6. Jorge Plata dice que el cambio en la juventud del nuevo siglo se caracteriza por...

   a. una actitud más seria y consciente.
   b. un deseo de ganar dinero rápidamente.
   c. una falta de profundidad y de compromiso.

7. Jorge Plata dice que la experiencia del teatro es...

   a. inferior a la del cine y la televisión.
   b. semejante a la del cine y la televisión.
   c. diferente a la del cine y la televisión.

8. De las tres obras cortas de Sergio Vodanovic que forman la trilogía *Viña: Tres comedias en traje de baño*, la preferida de Jorge Plata es...

   a. *El delantal blanco.*
   b. *Gente como nosotros.*
   c. *Las exiladas.*

12-8 ¿Están de acuerdo? En la entrevista que ustedes escucharon, el director Jorge Plata dijo que el teatro es diferente del cine y de la televisión. Primero, cada uno de ustedes debe decir si está de acuerdo o no con esta idea. Después, expliquen y defiendan su opinión dando ejemplos de obras de teatro, películas y programas de televisión que ustedes han visto.

Aclaración y expansión

The present perfect subjunctive

● Use the present perfect subjunctive in a dependent clause that requires the subjunctive to express what has happened or should have happened before the action or state expressed in the main clause. Its English equivalent is normally *has/have + past participle*, although it may vary according to the context.

La madre espera que el chofer **haya ido** a cuidar el auto.	*The mother hopes that the driver **went/has gone** to watch the car.*
Ella siente que **hayan venido** tantos extranjeros a Viña.	*She is sorry that so many foreigners **have come** to Viña.*
Es probable que la hija **haya sido** infeliz desde que era muy joven.	*Probably the daughter **has been** very unhappy since she was very young.*

● The present perfect subjunctive is formed with the present subjunctive of the verb **haber +** *past participle*.

Present subjunctive of *haber + past participle*		
yo	haya	
tú	hayas	
Ud., él, ella	haya	hablado
nosotros/as	hayamos	comido
vosotros/as	hayáis	vivido
Uds., ellos/as	hayan	

12-9 ¿Qué piensa el psicólogo? Primera fase. Los tres personajes de la obra *Las exiladas*, Hortensia, Emilia y el chofer, han ido al consultorio de un psicólogo para buscar una explicación de su conducta y tratar de cambiarla. Lea las siguientes explicaciones y escriba el nombre de la persona a quien usted cree que se las dirigió el psicólogo.

1. _____ Usted es una persona acostumbrada a mandar y a que la obedezcan. Es probable que nadie se haya enfrentado con usted antes, y por eso se siente tan mal.

2. _____ Usted ha trabajado para esta familia durante muchos años y ha hecho todo lo que le ordenaban. Siento que haya pasado su vida recibiendo y cumpliendo órdenes, lo que no es bueno para su autoestima (*self-esteem*).

3. _____ Usted siempre fue una persona buena y obediente. De repente, decidió independizarse. Es probable que esta idea la haya tenido antes, pero por temor o hábito no quiso aceptarla.

4. _____ Es una lástima que usted no se haya independizado de su madre. Temo que sea demasiado tarde para hacerlo.

5. _____ Es bueno que haya venido a verme. Buscar ayuda es el primer paso para tratar de resolver los problemas. Además, yo dudo que usted se haya dado cuenta de la infelicidad tan grande que sentían las personas a su alrededor.

6. _____ Usted es joven todavía. Los cambios son siempre difíciles, pero con determinación, los podrá hacer. Por su salud mental, le aconsejo que no piense en lo que no haya hecho antes. Debe enfocarse en el futuro.

② Segunda fase. Primero, comparen sus respuestas y expliquen en qué se basaron para hacer su selección. Después, añadan un consejo para cada una de los personajes.

12-10 Un ensayo (*a rehearsal*). Antes del ensayo, un director de teatro les dice a unos actores lo que espera que **hayan hecho** para prepararse, y después del ensayo comparte unos comentarios con ellos. Complete el siguiente párrafo para saber lo que dijo el director.

Antes del ensayo

Ayer les dije todo lo que debían hacer para estar preparados para el día de hoy. Creo que hablé claramente, por lo tanto, espero que todos ustedes (1) _____ (leer) la obra completa antes de este ensayo. También espero que (2) _____ (practicar) entre ustedes lo que tienen que decir en su escena. Es sumamente importante que cada uno (3) _____ (estudiar) su papel muy bien durante los últimos días. En realidad, es necesario que cada uno (4) _____ (aprender) de memoria su papel antes del ensayo para no perder tiempo ni tener equivocaciones. Siento que ustedes no (5) _____ (poder) descansar más antes de este ensayo, pero cuando vean el resultado de todos sus esfuerzos, sé que van a sentirse muy satisfechos.

Después del ensayo

El ensayo ha salido muy bien. Sé que han trabajado mucho en estos días, pero me alegro de que (6) _____ (seguir) mis consejos. La actuación de todos fue muy buena. Cuando un ensayo sale tan bien, es muy probable que cada actor (7) _____ (pasar) horas y horas estudiando su papel. Quiero felicitar especialmente a Mónica, la protagonista. Mónica, tu papel es difícil y tiene parlamentos largos, así es que dudo que tú (8) _____ (salir) y (9) _____ (relajarse) mucho durante esta semana. Bueno, descansen hoy porque mañana tenemos otro ensayo a las cuatro.

2 **12-11 ¡A un buen observador, pocas palabras! Primera fase.** Para ser un/a buen/a actor/actriz es importante observar. Su director les ha pedido que se fijen atentamente en los dibujos de estas personas, y que después las describan y den su opinión sobre la personalidad de cada una de ellas.

MODELO: E1: Es moreno, guapo y muy fuerte y debe tener unos veinte años.
E2: Me parece que es un poco vanidoso y que le gusta que lo miren.
E1: Estoy de acuerdo contigo. Y es probable que sea un poco tonto.
E2: Creo que tienes razón./Es probable que tengas razón.

Segunda fase. Ahora cada uno/a debe hacer un comentario más sobre lo que piensan que (no) han hecho estas personas antes. Deben comenzar sus comentarios con algunas de las expresiones que aparecen más abajo.

no creo que	dudo que	temo que	espero que	siento que
me alegro de que	es difícil que	es bueno que	es probable que	es posible que

MODELO: E1: Me alegro de que la familia le haya celebrado el cumpleaños a la abuela.
E2: Es probable que todos hayan trabajado mucho para tener esa reunión.

A leer

Andrés Bello, considerado el primer humanista del continente americano, nació en Caracas en 1781. En 1829 se trasladó a Santiago de Chile, donde llegó a ser rector de la Universidad de Chile. Redactó el *Código Civil* de ese país, y allí murió en 1865. Se distinguió como poeta, pensador, jurista y filólogo. En 1848 publicó la primera edición de la *Gramática castellana*, obra de gran importancia, y en 1851 su *Historia de la literatura*.

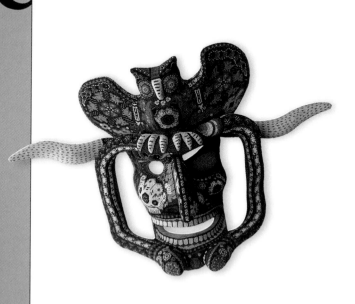

María Zambrano (1904–1991) fue discípula del gran filósofo español José Ortega y Gasset. Fue profesora de filosofía en la Universidad de Madrid, pero durante la época de la dictadura de Franco se exilió en México, donde enseñó en la Universidad de Morelia. Posteriormente vivió en Cuba, Puerto Rico, Italia y Suiza, y volvió a España cuando se restableció la democracia. La filosofía, según ella, debía servir para comprender los grandes misterios de la vida humana. Entre sus obras se encuentran *Filosofía y poesía* (1939), *La agonía de Europa* (1945), *El sueño creador* (1965) y *De la aurora* (1986).

El ensayo humanístico

Los ensayos humanísticos suelen estar relacionados con disciplinas que estudian la naturaleza espiritual y social de los seres humanos, como por ejemplo la filosofía, la psicología o la sociología, y también sus manifestaciones históricas y culturales, como la historia, el arte y la antropología. Sin embargo, hoy en día, al profundizar en estas áreas, encontramos numerosas conexiones interdisciplinarias, lo cual hace que a veces sea difícil establecer una línea divisoria clara entre los ensayos humanísticos y los textos científicos, tanto en cuanto al tema como a la forma de la exposición. La Filosofía de la Ciencia es un ejemplo de esta fusión interdisciplinaria.

A través del ensayo humanístico, el escritor expresa su percepción individual de la realidad basándose en su propia experiencia y en sus conocimientos. Su propósito puede ser: a) exponer una idea (ensayo expositivo) o b) persuadir al lector con argumentos que lo convenzan (ensayo argumentativo).

A pesar de que la creatividad estética puede afectar la estructura esencial del ensayo, como ocurre en cualquier otro género literario, a menudo encontramos los siguientes componentes en un ensayo

- **La introducción** o exposición de la tesis o de la hipótesis.
- **El desarrollo** de los argumentos.
- **La conclusión** o síntesis de las ideas principales.

No obstante, la estructura del ensayo puede variar. A veces se comienza con una tesis y luego se desarrollan argumentos para demostrarla (método deductivo), o por el contrario, se parte de una anécdota o de un ejemplo y van desarrollándose las ideas hasta llegar a una tesis más amplia (método inductivo). Otras veces se usa una estructura paralela que divide el ensayo en bloques semejantes de argumentos paralelos. En el caso de los ensayos argumentativos, a veces se prefiere comparar argumentos opuestos para persuadir más eficazmente al lector.

La obra del escritor mexicano Carlos Fuentes (1928) es principalmente narrativa, pero se ha distinguido también por sus numerosos ensayos y artículos periodísticos. Ha recibido premios literarios muy importantes, como el premio Cervantes en 1987. Entre sus obras más conocidas están *La muerte de Artemio Cruz* (1962), *Cambio de piel* (1967), *Gringo viejo* (1985), y *La silla del Águila* (2002).

Preparación

12-12 Expresiones relacionadas. Primera fase. Elimine la expresión que **no** corresponde al grupo y explique por qué la excluyó.

1. montes, senderos (*paths*), precipicios, animales
2. agua, bosques, plantas, árboles
3. ríos, fuentes, desierto, lluvia
4. clima, estaciones, territorio, huracán

G **Segunda fase.** Averigüen quién(es) en su grupo alguna vez. . .

1. _____ ha(n) escalado una montaña.
2. _____ ha(n) bajado un precipicio.
3. _____ ha(n) manejado durante una tormenta.
4. _____ ha(n) sobrevivido un huracán.

Si alguien en el grupo responde afirmativamente, obtengan información adicional como, por ejemplo, cuándo lo hizo, con quién, por qué, etc. Prepárense para compartir la información con el resto de la clase.

2 **12-13 ¿Realidad o superstición? Primera fase.** Discutan si, en su opinión, las siguientes afirmaciones pertenecen al ámbito de la superstición **(S)** o de la realidad **(R)**.

1. _____ Si un adulto mira con envidia a un bebé le puede echar el mal de ojo (*evil eye*).
2. _____ Los hechiceros (*sorcerers*) pueden curar muchas enfermedades sólo con oraciones y remedios caseros.
3. _____ Los hombres no pueden dar a luz a un hijo.
4. _____ A través de la historia, el ser humano ha sido cazador (*hunter*) de animales porque algunos animales le han traído mala suerte.
5. _____ En siglos pasados, el cazador le clavaba una lanza (*stabbed with a spear*) o un cuchillo al animal para matarlo.
6. _____ Los magos hacen aparecer o desaparecer cosas con sus poderes mágicos.
7. _____ Los artesanos, como los grandes artistas, también usan métodos de trabajo para crear su arte.
8. _____ El ser humano es esencialmente gregario, por eso existen instituciones como la familia, los clanes, las tribus, etc.

Segunda fase. Escriban una explicación basada en la superstición o en la ciencia sobre uno de los siguientes asuntos, según es percibido por un grupo de personas (una comunidad, una institución, etc.).

1. la enfermedad
2. los demonios
3. la lluvia
4. los meteoros

12-14 Tipos de conocimiento. Los psicólogos afirman que el ser humano percibe lo que ocurre en su entorno o el mundo y lo transforma en representaciones mentales. Luego, a través de una serie de procesos, éstas pasan a formar parte de la memoria, y le permiten al individuo explicar objetivamente las experiencias o los fenómenos a su alrededor. Usando su propio conocimiento, asocie lógicamente las proposiciones de la columna de la izquierda con los elementos de la columna de la derecha.

1. _____ Esto es algo escrito; tiene una introducción, un desarrollo y, finalmente, una conclusión.
2. _____ Después de tener relaciones sexuales, puede quedar embarazada y, luego, dar a luz (*give birth*).
3. _____ Tiene un cuerpo, camina erecto, piensa, se comunica a través de un lenguaje hablado, vive en comunidades, etc.
4. _____ Alguien mira a otra persona, levanta la mano o simplemente le dice "Buenos días".
5. _____ Las nubes cubren el cielo y, a veces, hay cambios de temperatura, truenos y relámpagos (*thunder and lightning*).
6. _____ Una persona con uniforme dice: "Si usted no tira (*drop*) el arma, le disparo (*shoot*)".
7. _____ Para funcionar, este sistema requiere de información de entrada (*input*), el procesamiento de ella y la generación de información de salida (*output*).
8. _____ Se nace, se vive y se muere.
9. _____ Es un sistema de comunicación humana que tiene sonidos, palabras y una estructura.
10. _____ Tiene cuatro patas, yace en el suelo y no muestra signos vitales: no respira ni se mueve.

a. Es un ser humano.
b. Es una advertencia (*warning*) de la policía.
c. Es una historia literaria.
d. Es el ciclo de la vida.
e. Hay una tormenta, por lo tanto va a llover.
f. Es una mujer.
g. Es el sistema de una computadora/un ordenador.
h. La persona que percibe la mirada o la señal con la mano sabe que debe responder de alguna forma.
i. Es un animal muerto.
j. Es el idioma de los seres humanos.

2 Segunda fase. A través de la historia, el ser humano ha utilizado diversos métodos para explicar algunos fenómenos naturales, creencias religiosas, etc. de difícil comprensión. Así, el mito ha sido muy útil para explicar lo inexplicable desde el punto de vista cognitivo. Ahora, piensen en algunos mitos que históricamente han explicado los siguientes fenómenos relacionados con la *Primera fase* y compártanlos con la clase.

1. el embarazo o el nacimiento
2. los diversos idiomas del mundo
3. las tormentas eléctricas
4. la muerte

1. Infórmese sobre el texto antes de leer.

   a. *El título.* ¿Qué significa "Representaciones cognitivas, míticas y ficciones"? Si no sabe todas las palabras, consulte su diccionario. Luego, piense en el posible significado de las frases "respresentación cognitiva", "representación mítica" y "ficciones".

   b. Lea la introducción breve al ensayo (abajo). Lea de nuevo la introducción al ensayo (p. 389). Pase su marcador por las dos frases que resumen el ensayo.

2. Anticipe el contenido del texto. Lea la primera frase de cada párrafo. Con su marcador, marque estas frases y palabras: "representación cognitivas", "representaciones no cognoscitivas, sino míticas" y "ficciones". Lea de nuevo las definiciones de estos términos. ¿Los comprende mejor ahora?

LECTURA

El ensayo que presentamos a continuación es una reflexión filosófica sobre la cultura como producto del aprendizaje social y sus manifestaciones míticas y de ficción. Su autor, Jesús Mosterín (Bilbao, 1941), es catedrático de Filosofía de la Ciencia en la Universidad de Barcelona. Ha publicado numerosos libros y ensayos sobre temas diversos como la cultura, la cosmología, la escritura y los derechos de los animales. Algunas de sus publicaciones más importantes son las siguientes: *Filosofía de la Cultura* (1993), *Los derechos de los animales* (1995), *¡Vivan los animales!* (1998), *Conceptos y teorías en la ciencia* (2000) y *Ciencia viva: Reflexiones sobre la aventura intelectual de nuestro tiempo* (2001).

Filosofía de la cultura

Jesús Mosterín

Representaciones cognitivas, míticas y ficciones

Una gran parte de nuestras representaciones cognitivas (es decir, de nuestro conocimiento) del entorno en que vivimos procede del aprendizaje social y es por tanto cultura. Cada grupo étnico local posee en su cultura compartida amplios conocimientos de la geografía del territorio que habita, de sus montes, bosques y ríos, de sus fuentes, senderos y precipicios, de su clima, estaciones y 5 meteoros. También suele compartirse un buen conocimiento de la variedad de plantas y animales de ese territorio, que se refleja en el uso del vocabulario botánico y zoológico de su lengua, que suele tener palabras específicas para la mayoría de las especies animales y plantas reconocidas por la taxonomía científica. Otros muchos conocimientos más o menos triviales (por ejemplo, que 10 las mujeres pueden quedarse embarazadas, pero no los hombres; que los infantes acaban convirtiéndose en adultos, y que éstos alguna vez se mueren) también son de dominio común. Ciertos subgrupos locales transmiten y comparten conocimientos especializados. Por ejemplo, los artesanos comparten muchos

15 datos acerca de los materiales que trabajan, y los cazadores primitivos poseen mucha información descriptiva correcta acerca del ciclo vital, los hábitats y las costumbres de los animales que cazan. Las familias y clanes conservan información sobre su propia historia reciente, su composición y sus relaciones de parentesco[1].

20 Los componentes de un grupo étnico suelen compartir también muchas representaciones no cognoscitivas, sino míticas, es decir, representaciones que no constituyen un mapa de la realidad, sino la descripción no realista de un mundo imaginario y socialmente construido. El afán[2] de explicación de los humanes[3] va siempre mucho más allá que su conocimiento. Si los habitantes del 25 poblado ven que alguien clava un cuchillo a otro, saben que el primero ha matado al segundo y es responsable de su muerte. Pero si alguien se muere de una enfermedad infecciosa o de cáncer, es probable que piensen que también alguien lo ha matado, y se inventen el culpable y el método, atribuyendo por ejemplo la muerte al mal de ojo o al encantamiento de un hechicero. Otros mitos 30 son historias complejas e imaginarias que narran el origen del grupo, o de un clan, o de todos los humanos, o de fenómenos naturales, como la lluvia o las plantas que cultivan. Males de ojo, poderes ocultos, almas, dioses, demonios y seres o influjos fantásticos de todo tipo pueblan así un universo imaginario, compartido por todos los miembros del grupo como si fuera real. La parte 35 descriptiva o dogmática (por oposición a la normativa o moral) de las religiones es información descriptiva de tipo mítico. 🗨

El mito, como el periodismo, la historia o la ciencia, consiste en información descriptiva. La magia, como la liturgia, el ceremonial o la técnica, consiste en información práctica. El mito nos dice cómo es el mundo, con independencia de 40 nuestras acciones y fines. La magia nos dice lo que debemos hacer, si queremos obtener ciertos resultados. 🗨

Las ficciones son representaciones artísticas como las leyendas, los cuentos, las narraciones, las novelas y otros contenidos informacionales descriptivos que se transmiten sin pretensiones de correspondencia literal con la realidad, sino 45 fundamentalmente como medios de provocar la emoción o el deleite o el entretenimiento de los oyentes, espectadores o lectores. 🗨

[1]*kinship*   [2]deseo   [3]El autor usa la palabra "humanes" para evitar el masculino "humanos" al referirse a los seres humanos, tanto hombres como mujeres.

¿Qué es un mito? En el segundo párrafo se define el mito y se explica su función. Al leer, piense en algunos mitos de su cultura.

¿Qué ha comprendido? Lea de nuevo la sección del párrafo donde se explica el mito sobre la posible causa de algunas enfermedades. Escriba con sus propias palabras la explicación que leyó.

El mito y la magia. En este párrafo se explica la diferencia entre el mito y la magia. Explique en sus propias palabras la diferencia.

¿Qué ha comprendido? ¿Cómo define el autor la ficción en este último párrafo?

Comprensión y ampliación

12-15 Resúmenes. Lea los siguientes resúmenes y marque con una **X** el que, en su opinión, refleja de forma más completa las ideas del texto.

1. _____ Nuestro conocimiento del entorno se compone de lo que aprendemos directamente de lo que nos rodea, como la geografía, el clima, las plantas y los animales, de lo que nos cuentan otros, y de lo que aprendemos a través de los mitos y las ficciones.

2. _____ Los mitos explican muchas de las cosas que no podemos comprender por observación directa. Por ejemplo, las religiones nos dicen cómo es el mundo, y la magia nos dice lo que debemos hacer si queremos obtener ciertos resultados.

12-16 A subrayar. Primera fase. Vuelva a leer el texto subrayando las ideas más importantes.

Segunda fase. Determine ahora la estructura del ensayo contestando las siguientes preguntas.

1. ¿Hay una introducción? ¿Hay una tesis? ¿Qué se pretende demostrar en el texto?
2. ¿Cuáles son los argumentos? ¿Cómo van desarrollándose?
3. ¿La argumentación sigue el método deductivo? ¿Inductivo? ¿Hay otro tipo de estructura?
4. ¿Hay comparaciones? ¿Hay ejemplos?
5. ¿Se intenta refutar alguna otra teoría o simplemente exponer la propia?

12-17 ¿Cómo es? ¿Qué se debe hacer? Primera fase. Señale cuáles de las definiciones explican mejor los siguientes conceptos del texto.

1. Información descriptiva:

   a. _____ Las noticias de todos los días.
   b. _____ Las cosas que tratan de explicar cómo es el mundo.
   c. _____ Las descripciones que encontramos en las obras de ficción.

2. Información práctica:

   a. _____ Las cosas que nos prescriben lo que debemos hacer.
   b. _____ Lo que nos ayuda a vivir mejor.
   c. _____ La sección de deportes de un periódico.

Segunda fase. Indique qué cosas pertenecen según el autor a la categoría de la información descriptiva **(ID)** y a la de la información práctica **(IP).**

1. _____ La técnica
2. _____ El periodismo
3. _____ La historia
4. _____ La magia
5. _____ El mito
6. _____ La religión
7. _____ Las ceremonias
8. _____ La ciencia

② **Tercera fase.** Comenten si están de acuerdo o no con la categorización anterior pensando en ejemplos concretos.

MODELO: E1: La ciencia es información descriptiva porque nos explica, por ejemplo, cómo funciona el corazón.

E2: Sí, pero también es información práctica porque nos dice lo que debemos hacer para prevenir enfermedades.

2 **12-18 En sus propias palabras.** Expliquen en sus propias palabras lo que significan estas afirmaciones del texto.

1. "Una gran parte de nuestras representaciones cognitivas (es decir, de nuestro conocimiento) del entorno en que vivimos procede del aprendizaje social y es por tanto cultura."
2. "Las familias y clanes conservan información sobre su propia historia reciente, su composición y sus relaciones de parentesco."
3. "Males de ojo, poderes ocultos, almas, dioses, demonios y seres o influjos fantásticos de todo tipo pueblan así un universo imaginario, compartido por todos los miembros del grupo como si fuera real."

Aclaración y expansión

The past perfect subjunctive

● The use of the past perfect subjunctive is similar to the use of the present perfect subjunctive, except that the main clause is in the past. Therefore, it is used in a dependent clause that requires the subjunctive to express what would have happened before the action or state expressed in the main clause. Its English equivalents are *might have* or *had + past participle.*

Present perfect subjunctive

La madre espera que el chofer **haya ido** a cuidar el auto.

*The mother hopes that the driver **has gone** to watch the car.*

Past perfect subjunctive

La madre esperaba que el chofer **hubiera ido** a cuidar el auto.

*The mother hoped that the driver **had gone** to watch the car.*

● The past perfect subjunctive is formed with the imperfect subjunctive of the verb **haber** + *past participle.*

Imperfect subjunctive of *haber* + *past participle*		
yo	hubiera	
tú	hubieras	
Ud., él, ella	hubiera	hablado
nosotros/as	hubiéramos	comido
vosotros/as	hubierais	vivido
Uds., ellos/as	hubieran	

Lengua

When **ojalá** is followed by the past perfect subjunctive it expresses a contrary-to-fact situation in the past.

Ojalá (que) él hubiera visto ese documental.

I wish he had seen that documentary.

2 **12-19 Reacciones sobre un evento memorable.** Lean la siguiente noticia y túrnense para expresar una opinión o reaccionar sobre lo que les ocurrió a estos jóvenes en el pueblo de sus antepasados. Pueden usar las siguientes expresiones u otras de su elección.

| alegrarse de | sentir | fue una lástima que | fue triste que | fue emocionante que |

MODELO: E1: Me alegro mucho de que hubieran ido al pueblo donde nació su abuelo.

E2: Y yo siento que sólo hubieran pasado un fin de semana allí.

La nación local

Diciembre 24, 2004

Un joven estudiante universitario interesado en conocer más sobre sus raíces españolas viajó por primera vez al viejo continente, acompañado de su hermana menor. Ambos emprendieron el viaje con la esperanza de encontrar a sus antepasados en Arca, un pequeño pueblo de Galicia, donde había nacido y crecido toda su familia materna.

Los jóvenes llegaron a Arca por la tarde y decidieron caminar por las angostas calles del pueblo. Después de un rato encontraron la casa de sus bisabuelos, lo que les pareció casi un milagro. Esa noche estuvieron hablando con uno de los empleados del hotel, quien les dijo que conocía a algunos de sus parientes lejanos. Fueron tan afortunados que les dio información sobre unos primos de su madre que aún vivían en el pueblo. Eran sus vecinos.

Al día siguiente fueron a buscar a los familiares a quienes no conocían. Rolando, Carmen y Rocío, hijos de Rosario, una de las hermanas de su madre que supuestamente había muerto en la Guerra Civil española, los recibieron con mucha sorpresa, pero con suma alegría. Por sus primos, los jóvenes descubrieron que su tía había sobrevivido la guerra y se había casado y había tenido tres hijos. Sin embargo, su abuelo paterno no había tenido la misma suerte. Él había muerto en enfrentamientos entre los falangistas y los republicanos cerca de Guernica. ¡Qué dolorosa noticia para estos chicos!

Después de compartir una deliciosa comida improvisada, Rolando invitó a sus primos a caminar por el pueblo. Juntos visitaron la iglesia que el abuelo había construido y en la cual se había casado y, más tarde había bautizado a sus tres hijos. Como la iglesia guardaba documentos históricos importantes, los jóvenes decidieron pedir permiso para revisar los documentos de la familia. Desafortunadamente, muchos de los documentos importantes se habían perdido o quemado durante la guerra. Mientras hablaban con el encargado de los archivos, él les contó que su padre había sido muy amigo del abuelo de ellos y que tenía una excelente opinión de él. Contaba que durante su vida había sido una persona ejemplar. Había participado activamente en la vida política de Arca y, en una ocasión, lo habían elegido alcalde del pueblo.

De regreso en su ciuda natal, y con una enorme cantidad de información sobre su familia materna, este curioso joven y su hermana podrán reconstruir la historia familiar.

12-20 Un encuentro histórico. Primera fase. El profesor Jiménez Santos busca hace años a un grupo de indígenas que ha mantenido sus costumbres a través de los siglos en medio de la selva peruana sin tener contacto con otros grupos indígenas. Llene los espacios en blanco para saber cómo fue ese encuentro.

Después de varias semanas en la selva, habíamos decidido regresar cuando vimos a unos cazadores cerca de una aldea. Hablamos con ellos, pero no pudimos encontrar a nadie que (1) _____ (ver) al grupo que buscábamos. Tampoco había nadie que (2) _____ (tener) noticias de este grupo. Finalmente, uno de los cazadores nos dijo que él dudaba que ese grupo (3) _____ (existir) por tantos años en esa zona, excepto en la mente de algunos antropólogos. Ante esto, continuamos nuestro camino y, de repente, unos niños se nos acercaron y nos dijeron que ellos sabían dónde vivía ese grupo y que nos podían llevar allí. Yo no creía que los niños los (4) _____ (ver), y pensé que era probable que (5) _____ (decir) eso para que les regaláramos algo. A pesar de esto, decidimos seguir a los niños y, después de tres horas de camino, llegamos a un pequeño poblado muy diferente a los otros que habíamos visto en la zona. Al ver a algunos de sus habitantes, me di cuenta de que éste era el grupo que buscaba. En realidad, me parecía imposible que nuestro grupo (6) _____ (llegar) por fin al poblado de una de las civilizaciones menos conocidas del mundo.

❷ Segunda fase. Imagínense que ustedes fueron en la expedición del profesor Jiménez Santos y que pasaron varios días conviviendo con este grupo indígena. Hablen entre ustedes sobre lo que este grupo había hecho en las áreas que se indican más abajo **antes del contacto con el mundo exterior.** Usen algunas de estas expresiones en su conversación:

> **dudaba que, no creía que, (no) esperaba que, no había nadie que, fue/era increíble que, era importante que,** y **ojalá.**

MODELO: Creencias y mitos
- ◉ Habían adorado al Sol como su dios principal.
- ◉ Habían tenido hechiceros para hacerle ofrendas al Sol.

- E1: Yo esperaba que hubieran adorado al Sol como su dios principal. Esto es muy común entre los grupos indígenas.
- E2: Es cierto. Y es natural que hubieran tenido hechiceros para hacerle ofrendas al Sol.

1. Ropa
- ◉ Habían desarrollado las técnicas para procesar el algodón.
- ◉ Habían hecho tejidos y los habían intercambiado con otras comunidades.
- ◉ Habían utilizado la piel de los animales que mataban para confeccionar su calzado.

2. Alimentos

- Habían aprendido a cazar animales para alimentarse.
- Los miembros de la comunidad habían participado en el intercambio de productos agrícolas.
- Habían usado sus conocimientos de astronomía para el cultivo de las plantas.

3. Costumbres

- Habían desarrollado un sistema sofisticado de gobierno.
- Las mujeres les habían enseñado a sus hijos la historia de su cultura.

4. Conocimientos médicos

- Habían utilizado hierbas para curar las enfermedades.
- Las mujeres habían utilizado las raíces de algunas plantas para hacer infusiones y aliviar la tos.

The conditional perfect

- Use the conditional perfect to express an action or state that would have happened in the past. Its English equivalent is *would have + past participle*.

  Sé que te **habría gustado** esa novela.   *I know you **would have liked** that novel.*

  Yo no la **habría comprado,** pero estaba en venta.   *I **wouldn't have bought** it, but it was on sale.*

- The conditional perfect is formed with the conditional of the verb **haber** + *past participle*.

Conditional perfect		
yo	habría	
tú	habrías	
Ud., él, ella	habría	hablado
nosotros/as	habríamos	comido
vosotros/as	habríais	vivido
Uds., ellos/as	habrían	

12-21 ¿Qué habría hecho usted en estas situaciones? Lea las siguientes situaciones que les ocurrieron a otras personas, y escoja la oración que expresa lo que usted habría hecho en esos casos, o dé su propia respuesta.

1. A su mejor amigo se le descompuso el auto y tuvo que pagar para que se lo repararan tres veces el mes pasado.

   a. Yo habría hablado con el mecánico y me habría quejado.
   b. Yo habría arreglado el auto dos veces, pero después habría ido a otro taller.
   c. . . .

2. Su compañero/a de cuarto llamó varias veces a su pareja y le dejó mensajes, pero él/ella no le ha devuelto las llamadas.

   a. Yo habría llamado una vez más, y le habría dicho que estaba muy preocupado/a por su silencio.
   b. Yo no lo/la habría llamado más.
   c. . . .

3. Su profesora de antropología visitó un grupo étnico muy interesante, pero no tomó notas sobre sus costumbres y creencias.

   a. Yo habría tomado notas para estar seguro/a de lo que había escuchado.
   b. Yo habría escrito un artículo para el periódico de la universidad o para una revista.
   c. . . .

4. Antes de morir, el mejor amigo de sus padres constantemente les hablaba de su mundo imaginario en el que había demonios y seres fantásticos.

   a. Yo le habría recomendado una conversación con su médico.
   b. Yo le habría hecho preguntas para saber más de ese mundo imaginario.
   c. . . .

5. El peor alumno de la clase de literatura le dijo a la profesora que él había escrito una novela y que le gustaría que ella la leyera.

   a. Yo le habría dicho que lo haría con mucho gusto.
   b. Yo le habría dicho que sería mejor que pensara en otra carrera.
   c. . . .

6. Hace tiempo que un turista compulsivo compró unas artesanías muy bonitas en un país hispano, pero luego se dio cuenta de que no tenía lugar donde ponerlas.

   a. Yo se las habría comprado.
   b. Le habría aconsejado que pusiera un anuncio en el periódico para venderlas.
   c. . . .

12-22 Un castillo encantado (*haunted*). Primera fase. Ustedes oyeron que había un antiguo castillo donde ocurrían los fenómenos sobrenaturales que aparecen más abajo. Intercambien ideas sobre lo que cada uno habría hecho en estas circunstancias.

MODELO: El salón principal siempre estaba muy oscuro durante el día.

   E1: Yo habría llevado una linterna para poder ver mejor.
   E2: Y yo habría abierto las ventanas y habría encendido la chimenea.

1. Se escuchaban ruidos muy raros.
2. Una sombra se paseaba por el lugar durante la noche.
3. El perro aullaba (*howled*) pero no se acercaba a la sombra.
4. Algunos objetos se movían de lugar sin que nadie los tocara.
5. La luz se apagaba y se encendía.
6. Se escuchaba la voz de una mujer. Decía que quería hablar con alguien.

Segunda fase. Ahora, usen su imaginación y traten de buscar una explicación lógica a todo lo que sucedía en esa casa.

Contrary-to-fact situations using past perfect subjunctive and conditional perfect

In *Capítulo 11* you studied *if* clauses. You used the imperfect subjunctive with the conditional to express a contrary-to-fact situation that relates to either the present or the future.

> Si **tuviera** más tiempo, **leería** más leyendas.

> *If I **had** more time, I **would read** more legends.*

- When the context is the past, use the past perfect subjunctive in the *if*-clause (the condition) and the conditional perfect (what would have happened) in the main clause.

> Si yo **hubiera sido** escritor, **habría escrito** cuentos y novelas.
> **Habrían conocido** más leyendas si **hubieran escuchado** a las personas mayores.

> *If I **had been** a writer, I **would have written** stories and novels.*
> *They **would have known** more legends if they **had listened** to the elders.*

12-23 Asociaciones. Complete las oraciones de la columna de la izquierda con una conclusión lógica.

1. _____ Si no hubiéramos descubierto el petróleo, . . .
2. _____ Si no se hubiera contaminado el planeta, . . .
3. _____ Si hubiéramos encontrado una cura para el cáncer, . . .
4. _____ Si no se hubieran inventado los aviones, . . .
5. _____ Si no hubiéramos hecho viajes al espacio, . . .
6. _____ Si no hubieran existido tantas guerras en el mundo, . . .

a. habría menos enfermedades respiratorias.
b. habríamos usado otro tipo de combustible.
c. todos habríamos vivido en paz y tranquilidad.
d. la esperanza de vida habría aumentado notablemente.
e. no habríamos aprendido tanto sobre los planetas.
f. habríamos tenido que seguir viajando en barcos para cruzar los océanos.

12-24 La vida habría sido diferente. Cada uno de ustedes debe decir una consecuencia si no hubieran ocurrido ciertas cosas.

MODELO: Si no se hubieran creado las vacunas. . .

E1: Habríamos tenido muchas más enfermedades.
E2: Y también habrían muerto muchísimos niños.

1. Los artesanos afortunadamente compartieron sus conocimientos y su experiencia. Si no los hubieran compartido. . .
2. Los mitos y las leyendas han existido siempre. Si el ser humano no los hubiera creado. . .
3. La imprenta (*printing press*) se creó en el siglo XV. Si no se hubiera inventado. . .
4. Los científicos descubrieron la fusión del átomo. Si no se hubiera descubierto. . .
5. Las computadoras se inventaron en el siglo pasado. Si no se hubieran inventado. . .
6. La secuencia genética se descubrió en el siglo pasado. Si no se hubiera descubierto. . .

12-25 En otro lugar y en otra época. Primero, escoja un lugar y una época en la que le hubiera gustado vivir. Después, dígale a su compañero/a cómo habría sido su vida si hubiera vivido en esa época. Considere los siguientes aspectos.

1. los estudios
2. el trabajo
3. las actividades de ocio
4. las relaciones interpersonales

 A escribir

Estrategias de redacción: El ensayo argumentativo

Una revisión del ensayo argumentativo nos muestra varias características básicas. Con respecto a su esencia y función, el ensayo argumentativo hace lo siguiente.

- Le presenta al lector una opinión, una posición sobre un tema debatible o controvertido. El propósito de este tipo de ensayo es presentar argumentos que pueden ayudar al lector a tomar una posición.
- Informa o familiariza al lector con un mínimo de dos posturas diferentes frente al tema en discusión. Esto le permite al lector tener una visión más completa y objetiva del asunto y lo prepara para formar su propia opinión.
- Expone los argumentos a favor y en contra emitidos por las diversas partes involucradas. Para tal efecto, el ensayista debe reconocer (*acknowledge*) formalmente las contribuciones de los expertos, citándolos en su ensayo.
- Defiende su propia tesis o la del experto que el ensayista defiende; refuta o niega los argumentos contrarios.

Con respecto a su estructura, el ensayo argumentativo puede tener la organización que el autor prefiera, aunque debe seguir un plan lógico.

- Por lo general, la introducción (en el primero o los primeros párrafos) presenta el asunto en discusión y una tesis. Dependiendo del tema, la tesis puede ser una opinión, un problema específico, una valoración, una teoría que se desea defender o evaluar.
- A lo largo del ensayo, se apoya la tesis con argumentos (afirmaciones o razones) fundamentados que el lector pueda entender. Para tal efecto, el escritor de un ensayo puede dar ejemplos, comparar, contrastar, definir, clasificar, etc. Lo fundamental para el ensayista es evaluar los argumentos a favor y en contra asociados con la tesis planteada.
- Finalmente, el ensayo termina con una conclusión que está directamente relacionada con la tesis. En ella, se resumen los diversos puntos de vista sobre el tema. Sin embargo, el ensayista destaca la postura predominante, dejando ver su opinión personal o la de aquellos cuya posición defiende.

Con respecto a las estrategias lingüísticas, es necesario que el ensayista haga las conexiones entre los diferentes elementos del texto.

1. Su perspectiva personal sobre el tema y la perspectiva de otros.

   - Para indicar una posición personal: Desde mi punto de vista, . . . ; En mi opinión, . . . ; Me parece que. . .
   - Para indicar el orden en que se presentarán las diversas posiciones y los argumentos que las sustentan: En primer/segundo/tercer lugar, . . . Finalmente. . .

2. Expresiones que ayudan a conectar las ideas.

- Para comenzar: Para empezar, . . . ; en primer lugar, . . . etc.
- Para agregar: además. . . ; también. . . , asimismo. . . ; de la misma manera. . . , etc.
- Para distinguir: Por un lado, . . . ; por otro (lado). . . , etc.
- Para concluir: Para terminar/finalizar, . . . ; en conclusión, . . . ; por último, etc.

3. Significados específicos de cada afirmación o enunciado. Para expresar o indicar. . .

- certeza: Sin duda alguna/Sin lugar a duda. . . ; Estoy seguro/convencido de que. . . ; etc.
- probabilidad: Es probable que. . . ; probablemente. . . ; parece que. . . ; etc.
- duda: No creo que. . . ; no es seguro que. . . ; es poco probable que. . . , etc.
- oposición: Sin embargo, . . . ; no obstante, . . . ; aunque. . . ; pero. . . , etc.
- restricciones: A menos que. . . ; excepto. . . ; . . .con la condición de que. . .
- causas: Puesto que. . . ; ya que. . . , . . . ; a causa de. . . ; por. . . ; etc.
- efectos: en consecuencia, . . . ; por eso, . . . ; etc.

En este capítulo usted tendrá la oportunidad de escribir un ensayo argumentativo sobre un tema de interés personal.

12-26 Análisis. Lea el ensayo que sigue y, luego, haga lo siguiente:

1. Primero, identifique el público a quien va dirigido: ¿Es un lector general o un experto sobre el tema? ¿Está escrito para el público de una revista científica o para una de entretenimiento?

2. Determine la función o propósito del ensayo: ¿Por qué o para qué escribe el autor de este ensayo? ¿Para informar al público sobre el tema? ¿Para entretenerlo? ¿Para hacerlo reflexionar sobre el tema? ¿Para ayudarlo a cambiar de opinión a través de la presentación de información sólida y argumentos convincentes?

3. Con respecto a su estructura, observe la organización del mensaje: ¿Puede usted ver una introducción, un cuerpo y una conclusión? ¿Hay una tesis en el ensayo? ¿Cuál es? ¿Cuáles son los argumentos que sustentan la(s) tesis? ¿Hay argumentos contrarios? ¿Cuáles son? ¿Cómo se sustentan estos argumentos contrarios?

4. También examine las estrategias que utiliza el ensayista para presentar ideas, defenderlas o refutar los argumentos de otros: ¿Hay ejemplos, comparación, definiciones, clasificación de elementos, etc.? ¿Indica el autor que alguna idea no es suya? ¿Cómo lo hace?

5. Con respecto a las expresiones lingüísticas, observe cómo expresa el autor algunos significados específicos de sus afirmaciones: ¿Puede usted identificar algunas expresiones que indican certeza, probabilidad, duda, oposición, restricciones, causas, efectos, etc.?

6. Además cómo conecta las ideas el autor: ¿Puede usted identificar algunas expresiones que indican orden, que implican agregar, distinguir, concluir, etc.? Subráyelas.

Los Estados Unidos por dos lenguas

Carlos Fuentes

El País, Madrid, 12 de julio de 1998

"El monolingüismo es una enfermedad curable." Una vez vi este grafito en un muro de San Antonio, Texas, y lo recordé la semana pasada cuando el electorado de California, el Estado más rico y más poblado de la Unión Americana, votó a favor de la Proposición 227, que pone fin a la experiencia bilingüe en la educación.

Hay en la Proposición 227 la comprensible preocupación de los padres latinos por el futuro de sus hijos. Pero también hay una agenda angloparlante que quisiera someter al bronco idioma de Don Quijote a los parámetros de lo que Bernard Shaw llamaba "el idioma de Shakespeare, Milton y la Biblia". El español es la lengua rival del inglés en los Estados Unidos. Éste es el hecho escueto[1] y elocuente. Es esta rivalidad la que encontramos detrás de la lucha por el español en Puerto Rico. En la isla borinqueña es donde más claramente se diseña la rivalidad anglo-hispana. Los puertorriqueños quieren conservar su lengua española. Pero este apego les veda el acceso a la "estadidad", es decir, a convertirse en Estado de la Unión. En cualquier caso, Puerto Rico es una nación, tiene derecho a su lengua española y no puede ser objeto de un gigantesco chantaje[2] político: tu idioma a cambio de una estrella.

El temor de los legisladores norteamericanos que condicionan la "estadidad" a la renuncia de la lengua es, desde luego, el miedo de que, si Puerto Rico mantiene el derecho al español, Texas, Arizona o Nuevo México reclamen lo mismo. Y tendrían derecho a ello si una lectura fina del Tratado de Guadalupe Hidalgo de 1848, por el que México cedió la mitad de su territorio nacional a la conquista bélica norteamericana, nos demuestra que los Estados Unidos contrajeron, al firmarlo, la obligación de mantener la enseñanza del español, de California a Colorado, y de las Rocallosas al río Bravo.

La campaña contra la lengua de Cervantes en los Estados Unidos es un intento fútil de tapar el sol con un dedo. Los hispanoparlantes norteamericanos son ya, según la expresión de Julio Ortega[3], los "primeros ciudadanos del siglo XXI". En vez de hostigarlos, los Estados Unidos harían bien en reconocerlos como los más aptos mediadores culturales del nuevo siglo. Me explico: el hispano en los Estados Unidos no está casado con las amargas agendas del racismo; su composición mestiza faculta al hispano para mediar efectivamente entre negros y blancos. Y su condición fronteriza convierte al norteamericano de ascendencia mexicana en protagonista de una cultura movible y migratoria en la que, tarde o temprano, el concepto mismo de "globalización" deberá enfrentarse a su asignatura pendiente: ¿por qué, en un mundo de inmediato trasiego[4] de mercancías y valores, se impide el libre movimiento de personas, la circulación de los trabajadores?

Hace 150 años, los Estados Unidos entraron a México y ocuparon la mitad de nuestro territorio. Hoy, México entra de regreso a los Estados Unidos pacíficamente y crea centros hispanófonos no sólo en los

---

[1]*plain*   [2]*blackmail*   [3]escritor peruano y profesor de literatura que vive en los Estados Unidos   [4]*movimiento*

territorios de Texas a California, sino hasta los Grandes Lagos en Chicago y hasta el Atlántico en Nueva York.

¿Cambiarán los hispanos a los Estados Unidos? Sí.

¿Cambiarán los Estados Unidos a los hispanos? Sí.

Pero esta dinámica se inscribe, al cabo, en el vasto movimiento de personas, culturas y bienes materiales, que definirá al siglo XXI y su expansión masiva del transporte, la información y la tecnología.

Dentro de esta dinámica, los EE UU de América se presentan como una República Federal Democrática, no como una unión lingüística, racial o religiosa. Una república constituida no sólo por blancos anglosajones y protestantes (WASPS), sino, desde hace dos siglos, por grandes migraciones europeas y, hoy, por grandes migraciones hispanoamericanas. Aquéllas tenían que cruzar el océano y eran de raza caucásica. Éstas sólo tienen que atravesar fronteras terrestres y son morenas.

La lengua española, en última instancia, se habla desde hace cuatro siglos en el sureste de los Estados Unidos. Su presencia y sus derechos son anteriores a los de la lengua inglesa. Pero, en el siglo por venir,

nada se ganará con oponer el castellano y el inglés en los Estados Unidos. Como parte y cabeza de una economía global, los Estados Unidos deberían renunciar a su actual condición, oscilante entre la estupidez y la arrogancia, de ser el idiota monolingüe del universo.

¿Por qué, en vez de proposiciones tan estériles como la 227, los Estados Unidos no establecen un bilingüismo real, es decir, la obligación para el inmigrante hispano de aprender inglés, junto con la obligación del ciudadano angloparlante de aprender español?

Ello facilitaría no sólo las tensas relaciones entre la Hispanidad y Angloamérica, sino la propia posición norteamericana en sus relaciones con la Comunidad Europea y, sobre todo, con la Comunidad del Pacífico. El multilingüismo es el anuncio de un mundo multicultural del cual la ciudad de Los Ángeles, ese Bizancio[5] moderno que habla inglés, español, coreano, vietnamita, chino y japonés, es el principal ejemplo mundial.

Hablar más de una lengua no daña a nadie. Proclamar el inglés lengua única de los Estados Unidos es una prueba de miedo y de soberbia inútiles. Y una lengua sólo se considera a sí misma "oficial" cuando, en efecto, ha dejado de serlo.

[5]antiguo nombre de la ciudad de Estambul en Turquía

12-27 Preparación. Primera fase. En preparación para el ensayo que usted escribe en 12-28, seleccione un tema de la siguiente lista o agregue uno que no aparezca en ella.

el amor
la clonación
las relaciones humanas
los valores del mundo contemporáneo
el futuro de la humanidad
la medicina
la economía
la educación bilingüe
. . .

Segunda fase. Ahora haga lo siguiente.

- Delimite (*narrow*) el tema: Enfoque bien el tema. Es imposible escribir eficazmente sobre un tema tan amplio como el amor. Sin embargo, se puede escribir con más enfoque si uno se refiere al amor en la novela *El amor en los tiempos del cólera*, por ejemplo.
- Infórmese bien sobre el tema: Lea lo que otros dicen u opinan. Tome apuntes, subraye sus argumentos y mantenga una lista de las fuentes.
- Tome una posición sobre el tema: Escriba sus ideas y argumentos.
- Escriba una tesis (una afirmación o razón) que sustente su posición.

Tercera fase. Prepare un bosquejo para su ensayo.

1. Especifique su propósito al escribir este texto.
2. Determine su público.
3. Escriba un título tentativo para su ensayo.
4. Organice la información, sus ideas, sus argumentos.

   - ¿Qué información irá en la introducción? ¿En el segundo, tercer párrafo? ¿Y en los subsiguientes?
   - ¿Qué ideas debe contener su conclusión?

5. Planifique el vocabulario obligatorio y aquel que le ayudará a evitar redundancia.

   - Haga una lista de palabras clave con sus sinónimos y antónimos.
   - Prepare algunas expresiones que lo/la ayudarán a dar cohesión a su texto.

6. Identifique las estructuras que necesitará para escribir su ensayo.

   - Asocie las funciones que tiene su texto con las formas lingüísticas que necesitará. Por ejemplo, si desea convencer o persuadir a su público, ¿qué tiempos y/o modos va a necesitar? ¿Conoce usted algunas expresiones idiomáticas que puede usar para convencer o persuadir?

12-28 ¡A escribir! Escriba su ensayo usando el bosquejo que preparó en la actividad 12-27, *Tercera fase*.

12-29 ¡A editar! Lea su ensayo críticamente tantas veces como sea necesario.

- Analice el contenido: la cantidad de información, la calidad de ésta, la solidez de sus argumentos.
- Observe la forma del texto: la cohesión y coherencia de las ideas, la mecánica del texto (puntuación, acentuación, mayúsculas, minúsculas, uso de la diéresis, etc.).
- Deje el ensayo por unas horas y léalo una vez más. Haga los cambios necesarios para lograr su propósito.

VOCABULARIO

El teatro

la acotación	*stage direction*
el actor/la actriz	*actor/actress*
el decorado	*scenery, set*
el diálogo	*dialogue*
el/la dramaturgo/a	*playwright*
el ensayo	*rehearsal*
la escena	*scene*
el escenario	*stage*
los espectadores	*audience*
la música ambiental	*background music*
el parlamento	*speech by an actor*
el ruido	*noise*

Textos literarios

la comedia	*comedy*
el drama	*drama*
el ensayo	*essay*
la tesis	*thesis*
la tragedia	*tragedy*

Lugares

el barrio	*neighborhood*
el cielo	*heaven*
el entorno	*environment*

Personas

el/la cazador/a	*hunter*
el cura	*priest*
el/la hechicero/a	*sorcerer*

Características

desnudo/a	*naked*
divertido/a	*amusing, funny*
mítico/a	*mythical*

Verbos

divertirse (ie, i)	*to have a good time*
enfocar(se) (qu)	*to focus*
enfrentar(se)	*to face, to confront*
enseñar	*to teach*
fundar	*to establish*
morir(se) (ue, u)	*to die*
oír (g, y)	*to hear*
recordar (ue)	*to remember*
reír(se) (i, i)	*to laugh*
suceder	*to occur, to happen*

Palabras y expresiones útiles

el aprendizaje	*learning*
de pronto	*suddenly*
de todos modos	*anyway*
el ejercicio	*exercise*
el mal de ojo	*evil eye*
la muerte	*death*
por último	*finally*
la voz	*voice*

Guía gramatical

Descriptive adjectives

1. In Spanish, descriptive adjectives agree in gender and number with the noun they modify. Normally the adjective follows the noun. Most Spanish adjectives end in **-o** in the masculine singular and **-a** in the feminine singular. They form the plural by adding **-s.**

el/un teatro roman**o**	los/unos teatros roman**os**
la/una ciudad grieg**a**	las/unas ciudades grieg**as**

2. The following adjectives have the same form for both masculine and feminine. They add **-s** to form the plural.

- Adjectives ending in **-e.**

el/un caso interesant**e**	los/unos casos interesant**es**
la/una ciudad interesant**e**	las/unas ciudades interesant**es**

- Adjectives ending in **-ista.**

el/un gobierno social**ista**	los/unos gobiernos social**istas**
la/una clase social**ista**	las/unas clases social**istas**

- Adjectives of nationality ending in **-a.**

el/un científico israelit**a**	los/unos científicos israelit**as**
la/una ciudad may**a**	las/unas ciudades may**as**

3. Adjectives of nationality ending in a consonant in the masculine singular add **-a** to form the feminine. To form the plural, they add **-es** and **-s,** respectively.

el ciudadano español	los ciudadanos español**es**
una ciudad español**a**	unas ciudades español**as**

4. Other adjectives ending in a consonant have the same form for both masculine and feminine, except those ending in **-dor.** To form the plural, they add **-es** and **-s,** respectively.

el grupo liberal	los grupos liberal**es**
una persona liberal	unas personas liberal**es**
un señor trabaja**dor**	unos señores trabaja**dores**
una señora trabaja**dora**	unas señoras trabaja**doras**

5. If an adjective modifies two or more nouns, and one of them is masculine, the masculine plural form is used. From a stylistic point of view, it is best to make the masculine noun the last one.

Hay murallas y templos **romanos.**

Adjectives that change meaning depending on their position

1. The following adjectives have different meanings when placed before or after a noun.

Adjectives	Before the noun	After the noun
antiguo	*former*	*ancient*
cierto	*certain, some*	*certain, sure*
mismo	*same*	*the person or thing itself*
nuevo	*another, different*	*brand new*
pobre	*pitiful*	*destitute*
viejo	*former, long standing*	*old, aged*

Ayer vi a mi **antiguo** jefe en una exposición de pinturas **antiguas.**   *Yesterday I saw my **former** boss at an exhibit of **old** paintings.*

Adjectives that have a shortened form

1. The adjectives **bueno** and **malo** drop the final **-o** before all masculine singular nouns.

el hombre bueno/el **buen** hombre   un momento malo/un **mal** momento

2. Grande shortens to **gran** when it precedes any singular noun. Note the change in meaning.

Es una casa **grande.**   *It's a **big** house.*
Es una **gran** casa.   *It's a **great** house.*

Demonstrative adjectives

Demonstrative adjectives agree in gender and number with the noun they modify. English has two sets of demonstrative adjectives (*this, these* and *that, those*), but Spanish has three sets.

this	**este** escritorio		*these*	**estos** escritorios
	esta mesa			**estas** mesas
that	**ese** diccionario		*those*	**esos** diccionarios
	esa señora			**esas** señoras
that (over there)	**aquel** edificio		*those* (over there)	**aquellos** edificios
	aquella casa			**aquellas** casas

1. Use **este, esta, estos,** and **estas** when referring to people or things that are close to you in space or time.

Este auto es nuevo. Lo compré **esta** semana.   ***This** car is new. I bought it **this** week.*

2. Use **ese, esa, esos,** and **esas** when referring to people or things that are not relatively close to you. Sometimes they are close to the person you are addressing.

Esa silla es muy cómoda.   ***That** chair is very comfortable.*

3. Use **aquel, aquella, aquellos,** and **aquellas** when referring to people or things that are far away from the speaker and the person addressed.

Aquellos niños deben estar aquí.   ***Those** children (over there) should be here.*

Demonstrative pronouns

1. Demonstratives can be used as pronouns. A written accent may be placed on the stressed vowel to distinguish demonstrative pronouns from demonstrative adjectives.

Voy a comprar esta blusa y **ésa**.	*I'm going to buy this blouse and **that one**.*

2. To refer to a general idea or concept, or to ask for the identification of an object, use **esto, eso,** or **aquello.**

Estudian mucho y **esto** es muy bueno.	*They study a lot and **this** is very good.*
¿Qué es **eso**?	*What's **that**?*
Es un regalo para Alicia.	*It's a present for Alicia.*

Possessive adjectives

Unstressed possessive adjectives

mi(s)	*my*
tu(s)	*your* (familiar)
su(s)	*your* (formal), *his, her, its, their*
nuestro(s), nuestra(s)	*our*
vuestro(s), vuestra(s)	*your* (familiar plural)

1. Unstressed possessive adjectives precede the noun they modify. They change number to agree with the object or objects possessed, not the possessor. **Nuestro(s), nuestra(s), vuestro(s),** and **vuestra(s),** are the only forms that change gender to agree with what is possessed.

mi hermano	**mi** hermana	**mis** hermanos	**mis** hermanas
nuestro hermano	**nuestra** hermana	**nuestros** hermanos	**nuestras** hermanas

2. Su and **sus** have multiple meanings. To ensure clarity, you may use **de** + name of the possessor or the appropriate pronoun.

su familia = la familia	**de él** (la familia de Pablo)
	de ella (la familia de Silvia)
	de usted
	de ustedes
	de ellos (la familia de Pablo y Berta)
	de ellas (la familia de Berta y Olga)

Stressed possessive adjectives

SINGULAR		PLURAL		
masculine	feminine	masculine	feminine	
mío	mía	míos	mías	*my, (of) mine*
tuyo	tuya	tuyos	tuyas	*your, (familiar), (of) yours*
suyo	suya	suyos	suyas	*your (formal), his, her, its, their, (of) yours, his, hers, theirs*
nuestro	nuestra	nuestros	nuestras	*our, (of) ours*
vuestro	vuestra	vuestros	vuestras	*your (familiar), (of) yours*

1. Stressed possessive adjectives follow the noun they modify. These adjectives agree in gender and number with the object or objects possessed.

El **escritorio mío** es muy pequeño.   *My desk is very small.*
Las **blusas tuyas** están allí.   *Your blouses are there.*

2. Use the stressed possessives to emphasize the possessor rather than the thing possessed.

Prefiero ir en el **auto mío**.   *I prefer to go in **MY** car.*
Los **amigos tuyos** no llegaron temprano.   ***YOUR** friends did not arrive early.*

Possessive pronouns

	SINGULAR			PLURAL		
	masculine		feminine	masculine		feminine
	mío		mía	míos		mías
	tuyo		tuya	tuyos		tuyas
el	suyo	la	suya los	suyos	las	suyas
	nuestro		nuestra	nuestros		nuestras
	vuestro		vuestra	vuestros		vuestras

1. Possessive pronouns have the same form as stressed possessive adjectives.
2. The definite article precedes the possessive pronoun, and they both agree in gender and number with the noun they refer to.

Tengo el libro **tuyo**. (possessive adjective)/Tengo **el tuyo**. (possessive pronoun) *I have your book. I have yours.*

3. Since **el/la suyo/a** and **los/las suyos/as** have multiple meanings, to be clearer and more specific you may us use **de** + name of the possessor or the appropriate pronoun.

	la de él	*his*
	la de ella	*hers*
la familia suya/la suya *or*	**la de usted**	*yours* (singular)
	la de ustedes	*yours* (plural)
	la de ellos	*theirs* (masculine, plural)
	la de ellas	*theirs* (feminine, plural)

Uses and omissions of subject pronouns

1. Because Spanish verb forms have different endings for each grammatical person (except in some tenses), the subject pronouns are generally omitted.

Converso con mis amigos en la cafetería.   *I talk to my friends in the cafeteria.*
Nunca trabajamos los sábados.   *We never work on Saturdays.*

2. Subject pronouns are used in the following cases:

■ To avoid ambiguity when the verb endings are the same for the **yo, usted, él,** and **ella** verb forms (imperfect indicative, the conditional, and all subjunctive tenses).

Yo quería ir al cine hoy, pero **ella** no podía.   *I wanted to go to the movies today, but **she** couldn't.*
Espero que **él** pueda venir mañana.   *I hope that **he** can come tomorrow.*

- To emphasize or contrast the subject(s).

  Yo he dicho eso muchas veces.   *I have said that many times.*
  Usted se queda y **ellos** se van.   *You stay and they go.*

Present indicative[1]

1. Spanish and English use the present tense:

- to express repeated or habitual actions.

  Siempre **hablan** español con sus hijos.   *They always speak Spanish with their children.*

- to describe states or conditions that last for short or long periods of time.

  La Mezquita de Córdoba **es** un ejemplo excelente de la arquitectura árabe en España.   *The Great Mosque of Cordoba is an excellent example of Muslim architecture in Spain.*

2. Spanish also uses the present tense:

- to express ongoing actions.

  Marta **habla** con su amiga por teléfono.   *Marta is talking to her friend on the phone.*

- to express future action.

  Marta y su amiga **salen** esta noche.   *Marta and her friend are going out tonight.*

More relative pronouns

el cual forms	
el cual	los cuales
la cual	las cuales

1. These relative pronouns are used in clauses set off by commas to identify precisely the person or thing referred to. They are preferred in both formal writing and speech.

  Los productos que exportan esas compañías, **los cuales** son excelentes, han tenido mucho éxito en el extranjero.   *The products that those companies export, which are excellent, have been very successful abroad.* (the products are excellent)

  Los productos que exportan esas compañías, **las cuales** son excelentes, han tenido mucho éxito en el extranjero.   *The products that those companies export, which are excellent, have been very successful abroad.* (the companies are excellent)

---

[1] For the conjugation of regular and irregular verbs in the present indicative, see pages 43 and 44. For the use of the present tense to refer to past actions, see page 45. For the use of the present tense with **hace** + time expressions, see page 96.

Passive voice

1. The passive voice in Spanish is formed with the verb **ser** + past participle. The preposition **por** indicates who or what performs the action.

El acueducto de Segovia **fue construido por** los romanos.

*The aqueduct in Segovia **was built by** the Romans.*

2. The past participle functions as an adjective and therefore agrees in gender and number with the subject.

El templo **fue destruido** por el huracán.

*The temple **was destroyed** by the hurricane.*

Las casas **fueron destruidas** por el huracán.

*The houses **were destroyed** by the hurricane.*

3. The passive voice is most often found in written Spanish, especially in newspapers and formal writing. In conversation, Spanish speakers normally use a third person plural verb or a **se** + verb construction.

Construyeron un acueducto en Segovia.   *They **built** an aqueduct in Segovia.*
Se construyó un acueducto en Segovia.   *An aqueduct **was built** in Segovia.*

Cardinal numbers

0	cero	40	cuarenta
1	uno	50	cincuenta
2	dos	60	sesenta
3	tres	70	setenta
4	cuatro	80	ochenta
5	cinco	90	noventa
6	seis	100	cien
7	siete	101	ciento uno. . .
8	ocho	400	cuatrocientos/as
9	nueve	500	quinientos/as
10	diez	600	seiscientos/as
11	once	700	setecientos/as
12	doce	800	ochocientos/as
13	trece	900	novecientos/as
14	catorce	1.000	mil
15	quince	1.001	mil uno. . .
16	dieciséis, diez y seis	2.000	dos mil
17	diecisiete, diez y siete	100.000	cien mil
18	dieciocho, diez y ocho	101.000	ciento un mil
19	diecinueve, diez y nueve	200.000	doscientos mil. . .
20	veinte	1.000.000	un millón (de)
21	veintiuno, veinte y uno. . .	2.000.000	dos millones (de)
30	treinta	1.000.000.000	un millardo, mil millones (de)
31	treinta y uno. . .		

1. Numbers from 16 to 19 and from 21 to 29 may be written as one word or three words.

2. Use **cien** for 100 used alone or followed by a noun, and **ciento** for numbers from 101 to 199.

100 anuncios **cien** anuncios   120 anuncios **ciento veinte** anuncios

3. In many Spanish-speaking countries, a period is used to separate thousands, and a comma to separate decimals ($1.000, $19,50), but some countries use the same system as in the United States.

4. Use **mil** for *one thousand*. **Un mil** is only used if it forms part of the previous number: 201.000 (**doscientos un mil**).

5. If a noun follows **millón/millones**, use **de** before the noun: 1.000.000 (**un millón**), 1.000.000 personas (**un millón de personas**).

Ordinal numbers

1°	primero	6°	sexto
2°	segundo	7°	séptimo
3°	tercero	8°	octavo
4°	cuarto	9°	noveno
5°	quinto	10°	décimo

1. Ordinal numbers are adjectives and agree with the noun they modify.

    el **cuarto** edificio   la **segunda** casa.

2. The ordinal numbers **primero** and **tercero** drop the final **o** before a masculine singular noun.

    el **primer** edificio   el **tercer** piso

Syllable stress and the written accent in Spanish

In Spanish, normal word stress falls on the next-to-last syllable of words ending in a vowel, **-n,** or **-s,** and on the last syllable of words ending in other consonants.

a**mi**ga	**cla**se	**vi**no	**li**bros	e**xa**men
co**mer**	ver**dad**	espa**ñol**	come**dor**	liber**tad**

When a word does not follow this pattern, a written accent is used to signal the stressed syllable as shown below.

1. If the stress is on the next-to-last syllable of words ending in a consonant other than **-n** or **-s.**

    árbol   **lá**piz   di**fí**cil   **mó**dem   a**zú**car

2. If the stress is on the last syllable of words ending in a vowel, **-n,** or **-s.**

    ha**bló**   co**mí**   es**tán**   in**glés**   sal**dré**

3. If the stress is on the third-to-last syllable.

    sábado   **fí**sica   sim**pá**tico   **tí**pico   **nú**mero

4. If the stress is on the fourth-to-last syllable. This only occurs when two object pronouns are attached to a present participle.

    ¿Está dándole el dinero? Sí, está **dán**doselo.

Diphthongs

A diphthong is the combination of an unstressed **i** or **u** with another vowel that forms a single syllable. When the diphthong is on the stressed syllable of a word and a written accent is required, it is written over the other vowel, not over the **i** or **u**.

| Dios | a**diós** | bien | tam**bién** | seis | dieci**séis** |

The combination of **i** and **u** also forms a diphthong. If the diphthong is on the stressed syllable and a written accent is required, it is written over the second vowel.

cuídate   lin**güís**tica

The combination of a stressed **i** or **u** with another vowel does not form a diphthong. The vowels form two separate syllables. A written accent is required over the **í** or **ú**.

| pa**ís** | cafete**ría** | **mí**o | le**ís**te | conti**núa** |

Interrogative and exclamatory words

Interrogative and exclamatory words always require a written accent.

¿**Cómo** te llamas?   ¡**Qué** día!
¿**Dónde** vives?   ¡**Cuánto** trabajo!

Monosyllabic words

Words that have only one syllable do not carry an accent mark, except those that have to be distinguished from other words with the same spelling but a different meaning and grammatical function.

dé	*give* (formal command)	**de**	*of*
él	*he*	**el**	*the*
más	*more*	**mas**	*but*
mí	*me*	**mi**	*my*
sé	*I know, be* (informal command)	**se**	*him/herself, (to) him/her/them*
sí	*yes*	**si**	*if*
té	*tea*	**te**	*(to) you*
tú	*you*	**tu**	*your*

Punctuation

Spanish and English punctuation are similar, except in the following cases:

1. All questions start with an upside-down question mark.

¿Cuándo empieza la clase?

2. All exclamations begin with an upside-down exclamation point.

¡Cuánto siento que no puedas venir!

3. When quoting what a person has said or written, use a colon before the quotation and a period after the quotation. If the quotation is by itself, the period is placed before the final quotation mark.

José Martí dijo: "Yo abrazo a todos los que saben amar".
"Yo abrazo a todos los que saben amar." Estas palabras muestran los sentimientos de José Martí.

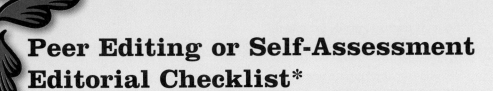

Peer Editing or Self-Assessment Editorial Checklist*

The following Editorial Checklist is by no means exhaustive. It has been designed to guide students through the process of editing either their own text or that of a peer.

I. Intended Audience

____ An expert on the subject
____ A general audience
____ A student
____ A professor

II. Purpose of Text

Mark all that apply.

1. The writer's purpose or intent is
____ to inform
____ to convey an opinion
____ to amuse, entertain
____ to provoke discussion
____ to convince readers
____ to persuade readers to change their mind/ behavior
____ to persuade readers to take action
____ to make readers feel ....
____ Other: _____

2. Achievement of paper's purpose
____ The text (narrative, essay, etc.) fulfilled its purpose.
____ The text partially fulfilled its purpose.
____ The text failed to fulfill its purpose.

3. If it did not fulfill its purpose, why? How can the writer achieve the desired effect?

III. Organization

4. Is the text well organized?

____ Yes   ____ No

Reasons: Mark all that apply.

____ Text has an attractive title. It motivates the audience to read.
____ Author introduces the topic with an attention getter (a provoking idea, a question, a new idea, etc.).
____ Introduction states purpose.

*Instructors may edit this document to tailor it to their students' needs.

_____ Body of text is logically arranged.
_____ Text has good transitions. Ideas are connected smoothly between and within paragraphs.
_____ Text has an appropriate conclusion. All arguments are tied together, all questions are answered.
_____ There are too many questions or doubts unanswered.
_____ The end is too abrupt.
_____ Other _____

IV. Topic Handling†. Make a check mark next to the appropriate response.

5. Has the writer focused/ narrowed down the topic?

_____ Yes   _____ No

Reasons:

_____ Subject is discussed from a very specific angle.
_____ All paragraphs center around the main topic/ issue.
_____ Every paragraph contributes to support the main idea (thesis/ hypothesis) of the whole text.
_____ Content can be covered well within the length of the text.
_____ Other _____

6. Has the topic been presented interestingly?

_____ Yes   _____ No

Reasons: Mark all that apply

_____ Idea (thesis/ hypothesis/discussion, etc.) is original.
_____ Topic is discussed from a new perspective or angle.
_____ Author presents new information about topic (findings, data, polls, statistics, etc.).
_____ Author asks questions to arise interest.
_____ Author uses thought-provoking ideas/ arguments.
_____ Author uses humor.
_____ Other: _____

7. What suggestion(s) can you make? _____

V. Development of Ideas

8. Does the author provide the audience with enough information about the topic?

_____ Yes   _____ No

Reasons:

_____ Author answers the vast majority of fundamental questions of potential audience.
_____ Some fundamental questions have not been addressed by author.

†Sections IV, V, and VI apply to essay writing.

____ Author leaves reader with many doubts or unanswered questions.
____ Other: _____

9. Is there one well-developed idea?

____ Yes   ____ No

Reasons:

____ After reading the text, the main idea may be easily stated in one sentence.
____ The main idea was not sufficiently developed. It lacks details, examples.
____ There is more than one main idea/thesis/hypothesis. Text is confusing, hard to follow.
____ Other: _____

VI. Research/ Analysis (where applicable)

Degree of completeness of research

10. Was the topic/ subject/issue covered comprehensibly?

____ Yes   ____ No

Reasons:

____ Investigation covers all points/angles/ positions, etc. necessary.
____ Investigation is incomplete. Some relevant aspects/ issues/ arguments, etc. were disregarded.
____ No evidence author did the research that was required.
____ Other: _____

VII. Language

11. Did author accommodate the language to his/her intended audience?

____ Yes   ____ No

Reasons: Mark all answers that apply.

____ Language was clear and direct.
____ Author used appropriate tone.‡
____ Author used language that is too abstract.
____ Author did not vary vocabulary words (did not use synonyms, antonyms, etc.).
____ Author used too many empty words (things, stuff, etc.).
____ Author used vivid words.
____ Other: _____

VIII. Accuracy/Grammar

12. Is the text grammatically accurate?

____ Yes   ____ No

---

‡Possible tones: ___sarcastic ___angry ___serious ____(un)friendly ____formal ___informal ___Other?

13. Did errors interfere with comprehension of text?

____ Yes   ____ No

Reasons:

There are problems with specific grammar features:

____ agreement (gender, number, subject-verb, noun-adjective, etc.)
____ wrong tense (present-past/future, preterit-imperfect, etc.)
____ wrong mode (indicative-subjunctive)
____ omission (missing parts of speech: articles, prepositions, conjunctions, etc.)
____ misuse (inappropriate use of rules, parts of speech, lexicon, etc.)
____ wrong word order
____ wrong sentence structure
____ other(s): _____

IX. Mechanics of Writing

14. In general, did the author adhere to the formalities of writing in Spanish?

____ Yes   ____ No

Reasons:

____ There are serious spelling problems that distract the reader's attention to content.
____ Few or no spelling errors.
____ Punctuation is flawless.
____ Many punctuation problems (e.g. missing or inappropriately used commas, periods, etc.).
____ Author did not quote sources correctly (did not use quotation marks appropriately).
____ Author quoted and documented all sources consulted.
____ Other: _____

Verb Charts

REGULAR VERBS: SIMPLE TENSES

Infinitive Present Participle Past Participle	INDICATIVE						SUBJUNCTIVE		IMPERATIVE
	Present	Imperfect	Preterit	Future	Conditional		Present	Imperfect	
hablar hablando hablado	hablo hablas habla hablamos habláis hablan	hablaba hablabas hablaba hablábamos hablabais hablaban	hablé hablaste habló hablamos hablasteis hablaron	hablaré hablarás hablará hablaremos hablaréis hablarán	hablaría hablarías hablaría hablaríamos hablaríais hablarían		hable hables hable hablemos habléis hablen	hablara hablaras hablara habláramos hablarais hablaran	habla tú, no hables hable usted hablemos hablen Uds.
comer comiendo comido	como comes come comemos coméis comen	comía comías comía comíamos comíais comían	comí comiste comió comimos comisteis comieron	comeré comerás comerá comeremos comeréis comerán	comería comerías comería comeríamos comeríais comerían		coma comas coma comamos comáis coman	comiera comieras comiera comiéramos comierais comieran	come tú, no comas coma usted comamos coman Uds.
vivir viviendo vivido	vivo vives vive vivimos vivís viven	vivía vivías vivía vivíamos vivíais vivían	viví viviste vivió vivimos vivisteis vivieron	viviré vivirás vivirá viviremos viviréis vivirán	viviría vivirías viviría viviríamos viviríais vivirían		viva vivas viva vivamos viváis vivan	viviera vivieras viviera viviéramos vivierais vivieran	vive tú, no vivas viva usted vivamos vivan Uds.

Vosotros Commands

hablar	hablad, no habléis	comer	comed, no comáis	vivir	vivid, no viváis

REGULAR VERBS: PERFECT TENSES

INDICATIVE							SUBJUNCTIVE		
Present Perfect		**Past Perfect**		**Preterit Perfect**		**Future Perfect**	**Conditional Perfect**	**Present Perfect**	**Past Perfect**
he	hablado	había	hablado	hube	hablado	habré hablado	habría hablado	haya hablado	hubiera hablado
has	comido	habías	comido	hubiste	comido	habrás comido	habrías comido	hayas comido	hubieras comido
ha	vivido	había	vivido	hubo	vivido	habrá vivido	habría vivido	haya vivido	hubiera vivido
hemos		habíamos		hubimos		habremos	habríamos	hayamos	hubiéramos
habéis		habíais		hubisteis		habréis	habríais	hayáis	hubierais
han		habían		hubieron		habrán	habrían	hayan	hubieran

IRREGULAR VERBS

Infinitive Present Participle Past Participle	INDICATIVE					SUBJUNCTIVE		IMPERATIVE
	Present	**Imperfect**	**Preterit**	**Future**	**Conditional**	**Present**	**Imperfect**	
andar andando andado	ando andas anda andamos andáis andan	andaba andabas andaba andábamos andabais andaban	anduve anduviste anduvo anduvimos anduvisteis anduvieron	andaré andarás andará andaremos andaréis andarán	andaría andarías andaría andaríamos andaríais andarían	ande andes ande andemos andéis anden	anduviera anduvieras anduviera anduviéramos anduvierais anduvieran	anda tú, no andes ande usted andemos anden Uds.
caer cayendo caído	caigo caes cae caemos caéis caen	caía caías caía caíamos caíais caían	caí caíste cayó caímos caísteis cayeron	caeré caerás caerá caeremos caeréis caerán	caería caerías caería caeríamos caeríais caerían	caiga caigas caiga caigamos caigáis caigan	cayera cayeras cayera cayéramos cayerais cayeran	cae tú, no caigas caiga usted caigamos caigan Uds.
dar dando dado	doy das da damos dais dan	daba dabas daba dábamos dabais daban	di diste dio dimos disteis dieron	daré darás dará daremos daréis darán	daría darías daría daríamos daríais darían	dé des dé demos deis den	diera dieras diera diéramos dierais dieran	da tú, no des dé usted demos den Uds.

IRREGULAR VERBS (CONTINUED)

Infinitive / Present Participle / Past Participle	INDICATIVE					SUBJUNCTIVE		IMPERATIVE
	Present	Imperfect	Preterit	Future	Conditional	Present	Imperfect	
decir diciendo dicho	digo dices dice decimos decís dicen	decía decías decía decíamos decíais decían	dije dijiste dijo dijimos dijisteis dijeron	diré dirás dirá diremos diréis dirán	diría dirías diría diríamos diríais dirían	diga digas diga digamos digáis digan	dijera dijeras dijera dijéramos dijerais dijeran	di tú, no digas diga usted digamos decid vosotros, no digáis digan Uds.
estar estando estado	estoy estás está estamos estáis están	estaba estabas estaba estábamos estabais estaban	estuve estuviste estuvo estuvimos estuvisteis estuvieron	estaré estarás estará estaremos estaréis estarán	estaría estarías estaría estaríamos estaríais estarían	esté estés esté estemos estéis estén	estuviera estuvieras estuviera estuviéramos estuvierais estuvieran	está tú, no estés esté usted estemos estad vosotros, no estéis estén Uds.
haber habiendo habido	he has ha hemos habéis han	había habías había habíamos habíais habían	hube hubiste hubo hubimos hubisteis hubieron	habré habrás habrá habremos habréis habrán	habría habrías habría habríamos habríais habrían	haya hayas haya hayamos hayáis hayan	hubiera hubieras hubiera hubiéramos hubierais hubieran	
hacer haciendo hecho	hago haces hace hacemos hacéis hacen	hacía hacías hacía hacíamos hacíais hacían	hice hiciste hizo hicimos hicisteis hicieron	haré harás hará haremos haréis harán	haría harías haría haríamos haríais harían	haga hagas haga hagamos hagáis hagan	hiciera hicieras hiciera hiciéramos hicierais hicieran	haz tú, no hagas haga usted hagamos haced vosotros, no hagáis hagan Uds.
ir yendo ido	voy vas va vamos vais van	iba ibas iba íbamos ibais iban	fui fuiste fue fuimos fuisteis fueron	iré irás irá iremos iréis irán	iría irías iría iríamos iríais irían	vaya vayas vaya vayamos vayáis vayan	fuera fueras fuera fuéramos fuerais fueran	ve tú, no vayas vaya usted vamos, no vayamos id vosotros, no vayáis vayan Uds.

IRREGULAR VERBS (CONTINUED)

Infinitive / Present Participle / Past Participle	INDICATIVE					SUBJUNCTIVE		IMPERATIVE
	Present	Imperfect	Preterit	Future	Conditional	Present	Imperfect	
oír oyendo oído	oigo oyes oye oímos oís oyen	oía oías oía oíamos oíais oían	oí oíste oyó oímos oísteis oyeron	oiré oirás oirá oiremos oiréis oirán	oiría oirías oiría oiríamos oiríais oirían	oiga oigas oiga oigamos oigáis oigan	oyera oyeras oyera oyéramos oyerais oyeran	oye tú, no oigas oiga usted oigamos oigan Uds.
poder pudiendo podido	puedo puedes puede podemos podéis pueden	podía podías podía podíamos podíais podían	pude pudiste pudo pudimos pudisteis pudieron	podré podrás podrá podremos podréis podrán	podría podrías podría podríamos podríais podrían	pueda puedas pueda podamos podáis puedan	pudiera pudieras pudiera pudiéramos pudierais pudieran	
poner poniendo puesto	pongo pones pone ponemos ponéis ponen	ponía ponías ponía poníamos poníais ponían	puse pusiste puso pusimos pusisteis pusieron	pondré pondrás pondrá pondremos pondréis pondrán	pondría pondrías pondría pondríamos pondríais pondrían	ponga pongas ponga pongamos pongáis pongan	pusiera pusieras pusiera pusiéramos pusierais pusieran	pon tú, no pongas ponga usted pongamos pongan Uds.
querer queriendo querido	quiero quieres quiere queremos queréis quieren	quería querías quería queríamos queríais querían	quise quisiste quiso quisimos quisisteis quisieron	querré querrás querrá querremos querréis querrán	querría querrías querría querríamos querríais querrían	quiera quieras quiera queramos queráis quieran	quisiera quisieras quisiera quisiéramos quisiérais quisieran	quiere tú, no quieras quiera usted queramos quieran Uds.
saber sabiendo sabido	sé sabes sabe sabemos sabéis saben	sabía sabías sabía sabíamos sabíais sabían	supe supiste supo supimos supisteis supieron	sabré sabrás sabrá sabremos sabréis sabrán	sabría sabrías sabría sabríamos sabríais sabrían	sepa sepas sepa sepamos sepáis sepan	supiera supieras supiera supiéramos supiérais supieran	sabe tú, no sepas sepa usted sepamos sepan Uds.
salir saliendo salido	salgo sales sale salimos salís salen	salía salías salía salíamos salíais salían	salí saliste salió salimos salisteis salieron	saldré saldrás saldrá saldremos saldréis saldrán	saldría saldrías saldría saldríamos saldríais saldrían	salga salgas salga salgamos salgáis salgan	saliera salieras saliera saliéramos salierais salieran	sal tú, no salgas salga usted salgamos salgan Uds.

IRREGULAR VERBS (CONTINUED)

Infinitive Present Participle Past Participle	INDICATIVE					SUBJUNCTIVE		IMPERATIVE
	Present	Imperfect	Preterit	Future	Conditional	Present	Imperfect	
ser siendo sido	soy eres es somos sois son	era eras era éramos erais eran	fui fuiste fue fuimos fuisteis fueron	seré serás será seremos seréis serán	sería serías sería seríamos seríais serían	sea seas sea seamos seáis sean	fuera fueras fuera fuéramos fuerais fueran	sé tú, no seas sea usted seamos sed vosotros, no seáis sean Uds.
tener teniendo tenido	tengo tienes tiene tenemos tenéis tienen	tenía tenías tenía teníamos teníais tenían	tuve tuviste tuvo tuvimos tuvisteis tuvieron	tendré tendrás tendrá tendremos tendréis tendrán	tendría tendrías tendría tendríamos tendríais tendrían	tenga tengas tenga tengamos tengáis tengan	tuviera tuvieras tuviera tuviéramos tuvierais tuvieran	ten tú, no tengas tenga usted tengamos tened vosotros, no tengáis tengan Uds.
traer trayendo traído	traigo traes trae traemos traéis traen	traía traías traía traíamos traíais traían	traje trajiste trajo trajimos trajisteis trajeron	traeré traerás traerá traeremos traeréis traerán	traería traerías traería traeríamos traeríais traerían	traiga traigas traiga traigamos traigáis traigan	trajera trajeras trajera trajéramos trajerais trajeran	trae tú, no traigas traiga usted traigamos traed vosotros, no traigáis traigan Uds.
venir viniendo venido	vengo vienes viene venimos venís vienen	venía venías venía veníamos veníais venían	vine viniste vino vinimos vinisteis vinieron	vendré vendrás vendrá vendremos vendréis vendrán	vendría vendrías vendría vendríamos vendríais vendrían	venga vengas venga vengamos vengáis vengan	viniera vinieras viniera viniéramos vinierais vinieran	ven tú, no vengas venga usted vengamos venid vosotros, no vengáis vengan Uds.
ver viendo visto	veo ves ve vemos véis ven	veía veías veía veíamos veíais veían	vi viste vio vimos visteis vieron	veré verás verá veremos veréis verán	vería verías vería veríamos veríais verían	vea veas vea veamos veáis vean	viera vieras viera viéramos vierais vieran	ve tú, no veas vea usted veamos ved vosotros, no veáis vean Uds.

STEM-CHANGING AND ORTHOGRAPHIC-CHANGING VERBS

Infinitive Present Participle Past Participle	INDICATIVE						SUBJUNCTIVE		IMPERATIVE
	Present	Imperfect	Preterit	Future	Conditional		Present	Imperfect	
dormir (ue, u) durmiendo dormido	duermo duermes duerme dormimos dormís duermen	dormía dormías dormía dormíamos dormíais dormían	dormí dormiste durmió dormimos dormisteis durmieron	dormiré dormirás dormirá dormiremos dormiréis dormirán	dormiría dormirías dormiría dormiríamos dormiríais dormirían		duerma duermas duerma durmamos durmáis duerman	durmiera durmieras durmiera durmiéramos durmierais durmieran	duerme tú, no duermas duerma usted durmamos dormid vosotros, no durmáis duerman Uds.
incluir (y) incluyendo incluido	incluyo incluyes incluye incluimos incluís incluyen	incluía incluías incluía incluíamos incluíais incluían	incluí incluiste incluyó incluimos incluisteis incluyeron	incluiré incluirás incluirá incluiremos incluiréis incluirán	incluiría incluirías incluiría incluiríamos incluiríais incluirían		incluya incluyas incluya incluyamos incluyáis incluyan	incluyera incluyeras incluyera incluyéramos incluyerais incluyeran	incluye tú, no incluyas incluya usted incluyamos incluid vosotros, no incluyáis incluyan Uds.
pedir (i, i) pidiendo pedido	pido pides pide pedimos pedís piden	pedía pedías pedía pedíamos pedíais pedían	pedí pediste pidió pedimos pedisteis pidieron	pediré pedirás pedirá pediremos pediréis pedirán	pediría pedirías pediría pediríamos pediríais pedirían		pida pidas pida pidamos pidáis pidan	pidiera pidieras pidiera pidiéramos pidierais pidieran	pide tú, no pidas pida usted pidamos pedid vosotros, no pidáis pidan Uds.
pensar (ie) pensando pensado	pienso piensas piensa pensamos pensáis piensan	pensaba pensabas pensaba pensábamos pensabais pensaban	pensé pensaste pensó pensamos pensasteis pensaron	pensaré pensarás pensará pensaremos pensaréis pensarán	pensaría pensarías pensaría pensaríamos pensaríais pensarían		piense pienses piense pensemos penséis piensen	pensara pensaras pensara pensáramos pensarais pensaran	piensa tú, no pienses piense usted pensemos pensad vosotros, no penséis piensen Uds.

STEM-CHANGING AND ORTHOGRAPHIC-CHANGING VERBS (CONTINUED)

Infinitive / Present Participle / Past Participle	INDICATIVE					SUBJUNCTIVE		IMPERATIVE
	Present	Imperfect	Preterit	Future	Conditional	Present	Imperfect	
producir (zc) produciendo producido	produzco produces produce producimos producís producen	producía producías producía producíamos producíais producían	produje produjiste produjo produjimos produjisteis produjeron	produciré producirás producirá produciremos produciréis producirán	produciría producirías produciría produciríamos produciríais producirían	produzca produzcas produzca produzcamos produzcáis produzcan	produjera produjeras produjera produjéramos produjerais produjeran	produce tú, no produzcas produzca usted produzcamos pruducid vosotros, no produzcáis produzcan Uds.
reír (i, i) riendo reído	río ríes ríe reímos reís ríen	reía reías reía reíamos reíais reían	reí reíste rio reímos reísteis rieron	reiré reirás reirá reiremos reiréis reirán	reiría reirías reiría reiríamos reiríais reirían	ría rías ría riamos riáis rían	riera rieras riera riéramos rierais rieran	ríe tú, no rías ría usted riamos reíd vosotros, no riáis rían Uds.
seguir (i, i) (ga) siguiendo seguido	sigo sigues sigue seguimos seguís siguen	seguía seguías seguía seguíamos seguíais seguían	seguí seguiste siguió seguimos seguisteis siguieron	seguiré seguirás seguirá seguiremos seguiréis seguirán	seguiría seguirías seguiría seguiríamos seguiríais seguirían	siga sigas siga sigamos sigáis sigan	siguiera siguieras siguiera siguiéramos siguierais siguieran	sigue tú, no sigas siga usted sigamos seguid vosotros, no sigáis sigan Uds.
sentir (ie, i) sintiendo sentido	siento sientes siente sentimos sentís sienten	sentía sentías sentía sentíamos sentíais sentían	sentí sentiste sintió sentimos sentisteis sintieron	sentiré sentirás sentirá sentiremos sentiréis sentirán	sentiría sentirías sentiría sentiríamos sentiríais sentirían	sienta sientas sienta sintamos sintáis sientan	sintiera sintieras sintiera sintiéramos sintierais sintieran	siente tú, no sientas sienta usted sintamos sentid vosotros, no sintáis sientan Uds.
volver (ue) volviendo vuelto	vuelvo vuelves vuelve volvemos volvéis vuelven	volvía volvías volvía volvíamos volvíais volvían	volví volviste volvió volvimos volvisteis volvieron	volveré volverás volverá volveremos volveréis volverán	volvería volverías volvería volveríamos volveríais volverían	vuelva vuelvas vuelva volvamos volváis vuelvan	volviera volvieras volviera volviéramos volvierais volvieran	vuelve tú, no vuelvas vuelva usted volvamos volved vosotros, no volváis vuelvan Uds.

Spanish-English Glossary

NOTE: Numbers indicate the chapters where the vocabulary words and phrases appear.

A

al extranjero *abroad* 3
a la vez *at the same time* 5
a lo largo de *along, all through* 4
al principio *at the beginning* 9
a menudo *often* 5
a pesar de *in spite of* 3
a reacción *jet-propelled* 8
a través de *through, throughout* 1
a veces *sometimes, once in a while* 7
abogado/a el/la *lawyer* 7
abrazar (c) *to embrace* 5
absorto/a *absorbed, engrossed* 11
acabar *to finish* 6
acabar de + infinitive *to have just + past participle* 6
aceptar *to accept* 9
aconsejar *to advise* 5
acotación la *stage direction* 12
actor el *actor* 12
actriz la *actress* 12
actualmente *at the present time* 2
acueducto el *aqueduct* 1
adaptar *to adapt* 9
adelanto el *advance* 2
además *besides* 2
adivino/a el/la *fortune-teller* 10
adornar *to decorate* 3
africano/a *African* 1
agradable *nice, pleasant* 11
agrícola *agricultural* 1
alegrarse (de) *to be happy/glad (about)* 5
algodón el *cotton* 3
alrededor *around* 1
altiplano el *highland* 4
alto/a *high, tall* 4
altura la *height* 4
alumno/a el/la *student* 6
amar *to love* 5
ambiente el *atmosphere, environment* 11
amistad la *friendship* 5
amor el *love* 5
analizar (c) *to analyze* 11
antes *before* 1
anticipar *to predict, to anticipate* 10
antigüedad la *antiquity* 2
antiguo/a *old, antique* 5
añadir *to add* 1
aparato el *gadget, instrument* 8
aparecer (zc) *to appear, to come into view* 5
aplicación la *application (of a plan or theory)* 7
aplicar (q) *to apply* 7
apreciar *to appreciate* 2
aprender *to learn* 1
aprendizaje el *learning* 10, 12
aprovechar *to take advantage* 9
árabe *Arab* 1

árbol el *tree* 4
arco el *arch* 2
argumento el *plot* 11
aritmética la *arithmetic* 2
arquitecto/a el/la *architect* 2
artesanía la *handicrafts* 3
artesano/a el/la *artisan* 3
asociar *to associate* 1
astronauta el/la *astronaut* 8
astronomía la *astronomy* 2
aumentar *to increase* 9
auricular el *earphone* 8
autodidacto/a *self-taught* 2
avanzado/a *advanced* 7
averiguar *to find out* 11
avión el *airplane* 8
ayudar *to help* 2
azteca el/la *Aztec* 2

B

bandeja la *tray* 3
barco el *ship* 6
barrio el *neighborhood* 12
barro el *clay* 3
basura la *garbage* 4
batería la *battery* 8
batidora la *electric mixer* 10
beca la *scholarship* 8
beneficiar *to benefit* 9
beneficio el *benefit* 9
besar *to kiss* 5
bienes los *wealth, assets* 9
bilingüe *bilingual* 9
billón el *trillion* 7
bosque el *forest, woods* 4
breve *short, brief* 11

C

caballo el *horse* 2, 11
caer bien *to like (a person)* 3
caer mal *to dislike (a person)* 3
calculadora la *calculator* 10
calendario el *calendar* 2
calidad del aire la *air quality* 4
callado/a *quiet* 5
callejero/a *popular, of the streets* 3
caluroso/a *hot* 4
cambio el *change* 1
camino el *road, path* 1, 10
campesino/a el/la *peasant* 6
campo el *countryside* 4
canción la *song* 2
canguro el *kangaroo* 11
capaz *capable* 1
capilla la *chapel* 1
caracterizar (c) *to characterize* 1

cargar (gu) *to charge (batteries)* 8
cariño el *affection, love* 5
carretera la *highway* 10
cartaginés/cartaginesa *Carthaginian* 1
casi *almost* 1
castellano/español el *Spanish* 1
castigar *to punish* 2
castigo el *punishment* 6
catalán el *Catalan* 1
catedral la *cathedral* 1
cazador/a el/la *hunter* 12
celos los *jealousy* 5
celoso/a *jealous* 5
censo el *census* 9
cerámica la *ceramics, pottery* 3
cercano/a *near* 10
chino/a *Chinese* 1
choque el *clash* 1
cielo el *heaven* 12
científico/a el/la *scientist* 8
citar *to quote* 7
ciudad la *city* 1
ciudadano/a el/la *citizen* 1
cobre el *copper* 3
coleccionar *to collect* 3
comenzar (ie) *to begin* 2
comienzo el *beginning* 2
cómodo/a *comfortable* 7
como si *as if, as though* 11
compañero/a el/la *classmate* 5
compañía la *company* 7
comparar *to compare* 1
compartir *to share* 5
complejo/a *complex* 2
comprender *to understand* 5
comprobar (ue) *to check, to verify* 2
computadora la *computer* 7
comunidad la *community* 1
conferencia la *lecture* 8
conocer (zc) *to know, to meet* 3
conquistar *to conquer* 1, 6
conseguir (i) *to get* 2
construir *to build* 1
contaminación la *pollution* 4
contaminar *to pollute, to contaminate* 4
contar (ue) *to tell, to count* 6
contenido el *content* 11
continente el *continent* 2
convencer (z) *to convince* 8
convertir (ie, i) *to convert, to change* 1
convivencia la *coexistence, living together* 9
cordillera la *mountain range* 4
correo electrónico el *e-mail* 7
corrupción la *corruption* 2
costado el *side* 3
costumbre la *custom* 1
crear *to create* 3, 8
crecer (zc) *to grow* 9
creer *to believe* 6
criar *to raise* 4

cristiano/a *Christian* 1
crítico/a el/la *critic* 11
cruzar (c) *to cross* 2
cualidad la *personal attitude* 7
cualquier/a *any* 2
cubrir *to cover* 6
cuento el *story* 11
cueva la *cave* 3
cultivar *to cultivate, to grow* 2
cultivo el *cultivation* 2
cura el *priest* 12
currículo el *résumé* 7

D

darse cuenta (de) *to realize* 7
dar un consejo *to advise, to give advice* 5
dar un paseo *to take a walk* 5
datos los *data* 9
de acuerdo con *according to* 6
de pronto *suddenly* 12
de repente *suddenly* 4
de todos modos *anyway* 12
debilidad la *weakness* 7
decorado el *scenery, set* 12
demás los *the others, the rest* 5
democracia la *democracy* 6
derechos civiles los *civil rights* 3
desaparecer (zc) *to disappear* 2
desaparición la *disappearance* 10
desarrollar *to develop* 8
desarrollo el *development* 6
desconocido/a *unknown* 3
describir *to describe* 1
descubrimiento el *discovery* 8
desde *from* 8
desempleo el *unemployment* 9
desierto el *desert* 4
desnudo/a *naked* 12
desventaja la *disadvantage* 7
detalle el *detail* 11
diálogo el *dialogue* 12
dibujo el *drawing* 2
dictador/a el/la *dictator* 6
dictadura la *dictatorship* 6
diferencia la *difference* 1
dios/a el/la *god, goddess* 2
discutir *to discuss, to argue* 1
diseñar *to design* 2
disfrutar *to enjoy* 5
disgustar *to annoy, to displease* 3
disminuir (y) *to decrease, to reduce* 8
dispositivo el *device* 8
distinto/a *different* 1
divertido/a *amusing, funny* 12
divertirse (ie, i) *to have a good time* 12
dramaturgo el *playwright* 12
droga la *drug* 6
dudar *to doubt* 6
durante *during* 1
duro/a *hard* 5

E

edificio el *building* 1
eficacia la *efficiency, effectiveness* 10

eficaz *efficient* 2
eficiente *efficient* 7
egoísta *selfish* 5
ejecutivo/a el/la *executive* 7
ejercicio el *exercise* 12
elegir (i, j) *to choose, to select* 10
emigrante el/la *emigrant* 9
empezar (ie, c) *to begin* 6
empleado/a el/la *employee* 7
empresa la *company, corporation* 7
empresario/a el/la *businessman/woman, director* 7
enamorarse (de) *to fall in love (with)* 4
encantar *to take delight in, to love (not romantically)* 3
en contra de *against* 9
encontrar (ue) *to find* 1
en desarrollo *developing* 9
en el extranjero *abroad* 3
enfadarse *to get angry* 5
enfocar(se) (qu) *to focus* 12
enfrentar(se) *to face, to confront* 12
ensaladera la *salad bowl* 3
ensayo el *essay; rehearsal* 12
enseñar *to teach* 12
ensuciar *to dirty, to soil* 3
entorno el *environment* 12
entretener (g, ie) *to entertain* 5
entrevista la *interview* 7
entrevistar *to interview* 10
envidia la *envy* 5
envidioso/a *envious* 5
época la *time* 1
escena la *scene* 12
escenario el *stage* 12
esclavo/a el/la *slave* 6
escoger (j) *to choose* 1
escritor/a el/la *writer* 2, 10
escuela la *school* 3
escultor/a el/la *sculptor* 2
escultura la *sculpture* 2
esfuerzo el *effort* 7
espantoso/a *horrible* 9
especie la *species* 4
espectadores los *audience* 12
esperanza de vida la *life expectancy* 10
esperar *to wait for, to hope* 5
esposa la *wife* 5
esposo el *husband* 5
establecer (zc) *to establish* 1
estación espacial la *space station* 8
estar enamorado/a *to be in love* 5
este el *east* 4
estrecho el *strait* 4
estrofa la *stanza* 11
étnico/a *ethnic* 1
europeo/a *European* 1
evitar *to avoid* 4
experiencia la *experience* 7
explicar *to explain* 1
extranjero/a el/la *foreigner* 3
extrañar *to miss* 9

F

fabricar (q) *to make, to produce* 9
facilitar *to make easier, to facilitate* 10

fenicio/a *Phoenician* 1
filósofo/a el/la *philosopher* 2
final el *end* 11
firmar *to sign* 3
formulario el *form* 7
fortaleza la *strength* 7
franja la *strip* 4
frío/a *cold* 4
frontera la *border* 1
fuego el *fire* 4
fuera *out, outside* 3, 8
funcionar *to function, to work* 7
fundar *to establish* 12

G

galería la *gallery* 3
gallego el *Galician* 1
gato/a el/la *cat* 11
gente la *people* 1
gobierno el *government* 6
grande *big, great* 6
griego/a *Greek* 1
guerra la *war* 2
guerrero/a el/la *warrior* 3
guía el/la *guide* 3
gustar *to like* 3

H

haber + past participle *to have + past participle* 6
habitante el *inhabitant* 1
hace *ago* 3
hacer el papel *to play the part* 7
hasta *until* 3
hebreo/a *Hebrew* 1
hechicero/a el/la *sorcerer* 12
hecho el *fact* 6
helado/a *frozen* 4
hermoso/a *beautiful* 2
hijastra la *stepdaughter* 5
hijastro el *stepson* 5
hijo el *son* 5
hogar el *home* 3
horno microondas el *microwave* 10
hoy en día *nowadays* 2
húmedo/a *humid* 4
hundir *to sink* 2

I

iglesia la *church* 1
imperio el *empire* 1
importar *to be important, to matter* 3
inalámbrico/a *wireless* 8
incertidumbre la *uncertainty* 10
inconveniente el *disadvantage, drawback* 9
incorporar *to incorporate* 10
independencia la *independence* 6
indígena *Indian, indigenous, native* 1
industria la *industry* 7
inexistente *nonexistent* 3
infeliz *unhappy* 5
ingeniería la *engineering* 2

ingeniero/a el/la *engineer* 2
ingreso el *income* 7
inmigrante el/la *immigrant* 9
inseguridad la *insecurity* 10
intercambiar *to exchange* 1
interesar *to interest* 3
inventar *to invent* 2
invento el *invention* 8
inversión la *investment* 9
invertir (ie) *to invest* 9
invierno el *winter* 4
isla la *island* 2

J

jarra la *pitcher* 3
jefe/a el/la *boss* 7
jet el *jet* 8
judío/a *Jew* 1
juntos/as *together* 5

K

kilómetro el *kilometer* 4

L

lado el *side* 3
lago el *lake* 2
lana la *wool* 3
lanzamiento el *launch* 8
latín el *Latin* 1
lavadora la *washing machine* 10
lavar *to wash* 5
lector/a el/la *reader* 11
lenguaje el *language* 11
libre *free* 9
líder el/la *leader* 3
literario/a *literary* 11
llano el *plain* 4
llegar *to arrive* 1
llevar *to take* 7
llorar *to cry* 6
llover (ue) *to rain* 4
lluvioso/a *rainy* 4
longitud la *length* 11
lucha la *fight, struggle* 6
luchar *to fight* 6
luz la *light* 11

M

madera la *wood* 3
maíz el *corn* 2
mal de ojo el *evil eye* 12
maltrato el *mistreatment* 6
mandar *to send* 7
manera la *way* 10
mano de obra la *labor, manpower* 6, 9
manta la *blanket, poncho* 3
mantel el *tablecloth* 3
mantener (ie, g) *to maintain* 1
máquina la *machine* 8
maquinaria la *machinery* 7
mar el/la *sea* 2
maravilloso/a *marvelous* 2

marido el *husband* 5
mascota la *pet* 11
matar *to kill* 6
maya el/la *Maya* 2
mayoría la *majority* 7
médico/a el/la *medical doctor* 8
medida la *measure* 4
mejorar *to improve* 4, 7, 9
mensaje el *message* 6
mentira la *lie* 5
mercadeo el *marketing* 7
mercancía la *merchandise* 9
meseta la *plateau* 4
mestizo/a *person of mixed race* 1
metáfora la *metaphor* 11
metro el *meter* 4
mezcla la *mingling, mixture* 1
mezquita la *mosque* 1
microondas el *microwave* 10
miembro el *member* 1
millardo el *billion* 7
mil millones *billion* 7
mina la *mine* 6
minoría la *minority* 9
mismo/a *same* 9
misterio el *mistery* 2
mítico/a *mythical* 12
molestar *to annoy, to bother* 5
montaña la *mountain* 4
montañoso/a *mountainous* 4
morir(se) (ue, u) *to die* 6, 12
mostrar (ue) *to show* 3
mudar(se) *to move* 9
muerte la *death* 12
mujer la *woman, wife* 5
mundial *world* 3
mundo el *world* 6
muñeca la *doll* 3
muralista el/la *muralist* 3
muralla la *(city)wall, rampart* 1
museo el *museum* 2
música ambiental la *background music* 12
músico/a el/la *musician* 2
musulmán/musulmana el/la *Moslem* 1

N

nacer *to be born* 1
nacimiento el *birth* 1
narcotráfico el *drug traffic* 6
narrador/a el/la *narrator* 11
negocio el *business* 6, 7
niebla la *fog* 4
nivel de vida el *standard of living* 3
no obstante *nevertheless* 9
norte el *north* 4
noticia la *news* 6
novela la *novel* 11
novelista el/la *novelist* 11
novia la *girlfriend, fiancée* 5
novio el *boyfriend, fiancé* 5
nuevo/a *new* 6

O

obedecer (zc) *to obey* 10
obra la *work* 1
océano el *ocean* 2
ocupar *to occupy* 4

ocurrir *to occur* 1
oeste el *west* 4
oferta la *offer* 7
oficina la *office* 7
ofrecer (zc) *to offer* 7
oír (g) *to hear* 12
ojalá *I/we hope* 5
olor el *smell* 11
olvidar(se) (de) *to forget* 9
ordenar *to order* 1
orfebrería la *goldsmithery, silversmithery* 2
oscurecer *to get dark* 11
oscuro/a *dark* 3
oso/a el/la *bear* 11
otoño el *autumn* 4

P

paisaje el *landscape* 2, 4
paja la *straw* 3
pandilla la *gang* 3
pantalla la *screen* 10
papa la *potato* 2
papel el *paper* 7; *role*
parecer *to seem* 3
pared la *wall* 3
pareja la *couple* 5
parlamento el *speech by an actor* 12
pedir (i, i) *to ask (for)* 5
pelear *to fight* 5
peligro el *danger* 4
pensar (ie) *to think* 5
perder (ie) *to lose* 5
pérdida la *loss* 4
periódico el *newspaper* 8
permanecer *to stay* 1
pero *but* 2
personaje el *character (of a novel or story)* 11
pesado/a *heavy* 2
pescar (q) *to fish* 4
pez el *fish* 4
pie el *foot* 4
piedra la *stone* 2
pila la *battery* 8
pintar *to paint* 3
pintor/a el/la *painter* 2
pintura la *painting* 2
pirámide la *pyramid* 2
plata la *silver* 3
plato el *plate* 3
playa la *beach* 4
población la *population* 1
pobre *poor* 6
pobreza la *poverty* 6
poco a poco *little by little* 5
poder el *power* 6
poder (ue) *to be able to, can* 3
poder adquisitivo *purchasing power* 9
poeta el/la *poet* 11
política la *politics* 6
político/a *political* 6
por casualidad *by chance* 3
por ejemplo *for example* 1
por eso *that's why* 1
por lo menos *at least* 10
por poco *almost, nearly* 2
por último *finally* 12

porvenir el *future* 10
prado el *meadow* 4
precio el *price* 9
predecir (i, g) *to predict* 10
preferir (ie, i) *to prefer* 5
premio el *award, prize* 8
preocupar *to (cause) worry, to preoccupy* 4
preocuparse *to worry* 5
preservar *to preserve* 4
prestar *to lend* 3
primavera la *spring* 4
probar (ue) *to taste* 11
proceso el *process* 9
producir (zc, j) *to produce* 8
prohibir *to prohibit* 5
de pronto *suddenly* 12
propio/a *own* 1
propósito *purpose, goal* 11
protagonista *el/la main character,
   protagonist* 11
proteger (j) *to protect* 4
provocar (q) *to cause, to bring about* 10
prueba la *test* 8
psicólogo/a el/la *psychologist* 10
publicar (q) *to publish* 11
puente el *bridge* 1
puesto el *position, job* 7
punto de vista el *point of view* 11

Q

quedar *to have something left, to fit
   (clothing)* 3
quedarse *to stay* 1
queja la *complaint* 7
quejarse *to complain* 5
querer *to want, to love* 5
químico/a *chemical* 8
quizá(s) *perhaps* 6

R

rápido/a *fast, rapid* 6
rara vez *rarely, seldom* 11
raro/a *odd* 11
rayos X los *X rays* 8
reaccionar *to react* 11
reactor el *jet* 8
realizar (c) *to accomplish, to realize* 7
recargar (gu) *to charge (batteries)* 8
recibir *to receive* 6, 7
reciente *recent* 5
recoger (j) *to gather* 4
recordar (ue) *to remember* 12
recurso el *resource* 10
red la *web* 10
reflejar *to reflect* 1
regalar *to give a present* 3
regresar *to return* 2
reina la *queen* 1
reír(se) (i, i) *to laugh* 12
relajar (se) *to relax* 8
relato el *story, tale, narration* 2, 11
repetir (i, i) *to repeat* 5
resolver (ue) *to solve* 6
responder *to answer* 10
responsabilidad la *responsibility* 7

resumir *summarize* 10
retrato el *portrait* 2
reunirse *to get together* 5
revisar *to check, to review* 10
rey el *king* 1
rico/a *rich* 2, 6
rima la *rhyme* 11
río el *river* 4
riqueza la *wealth, riches* 4
romano/a *Roman* 1
romper *to break (up)* 5
ruido el *noise* 12

S

saber *to know* 2
sabor el *taste* 11
sacar (q) *to get, to take out* 8
salir (g) *to go out* 5
salud la *health* 4
saludar *to greet* 5
salvar *to save* 8
secadora la *dryer* 10
seco/a *dry* 4
seguir (i) *to follow, to continue* 9
según *according to* 3
seguro/a *safe, secure* 10
selva la *jungle* 4
semejante *similar* 1
semejanza la *similarity* 1
sentimiento el *feeling* 5
sentir(se) (ie, i) *to feel, to be sorry* 5
ser humano el *human being* 8
serpiente la *snake, serpent* 2
servilleta la *napkin* 3
siglo el *century* 1
significado el *meaning* 1
sílaba la *syllable* 11
silla de ruedas la *wheelchair* 8
sinagoga la *synagogue* 1
sin embargo *nevertheless* 2
sino *but* 2
sociólogo/a *sociologist* 10
sol el *sun* 2
solicitar *to apply, to request* 7
solicitud la *application (form)* 7
solucionar *to solve* 8
sordomudo/a el/la *deaf-mute* 8
sorprendido/a *surprised* 11
suceder *to occur, to happen* 12
suceso el *event, happening* 11
sueldo el *salary* 7
suficiente *enough* 9
sur el *south* 4

T

taller el *workshop, shop* 3
tal vez *perhaps* 6
tardar *to last* 1
taza la *cup* 3
teatro el *theater* 1
techo el *roof* 3
técnico/a el/la *technician* 7
tecnológico/a *technological* 7
tejer *to weave, to knit* 3
tejido el *weaving* 3

tela la *fabric* 3
telar el *loom* 3
tema el *theme, topic* 11
templo el *temple* 2
tener en cuenta *to keep in mind* 11
tener razón *to be right* 5
tercera edad la *senior citizen* 10
terminar *to finish* 6
ternura la *tenderness* 11
terraza la *terrace* 2
tesis la *thesis* 12
tetera la *teapot* 3
texto el *text* 11
tienda la *store* 3
tierra la *land, earth* 2
tirar *to throw away, to dispose of* 4
título el *title* 11
todavía *still, yet* 7
trabajador/a *hard working* 3
trabajar *to work* 7
trabajo el *work* 6
traer (g) *to bring* 1
trama la *plot* 11
tratar *to try* 9
tren el *train* 10
triste *sad* 5
tristeza la *sadness* 11

U

último/a *last* 9
una vez *once* 2
unir *to join, to unite* 10
universo el *universe* 2
usario/a el/la *user* 10
utilitario/a *utilitarian* 3
utilizar (c) *to use* 9
uva la *grape* 4

V

vacuna la *vaccine* 8
valle el *valley* 4
valorar *to value* 3
variado/a *varied* 4
variar *to vary* 4
variedad la *variety* 1
vascuence el *Basque* 1
velocidad la *speed* 10
vender *to sell* 3
venta la *sale* 7
ventaja la *advantage* 7
verano el *summer* 4
verdad la *truth* 5
verdadero/a *true, truthful* 5
verso el *line (in a poem), verse* 11
verso libre el *free verse poetry* 11
vertido el *spill* 4
viaje el *trip* 6
víctima la *victim* 3
viento el *wind* 4
viña la *vineyard* 4
vivienda la *housing* 6
volar (ue) *to fly* 8
volcán el *volcano* 4
voz la *voice* 12

Credits

Text credits

p. 16 "Nuestra Lengua" by Octavio Paz, taken from *La Jornada*, México, April 8, 1997; **p. 68** "Tú hiciste aquella obra" by Rafael Alberti, used by permission; **p. 87** "Los murales de los Ángeles: Voces vibrantes, grandes muros" by Joyce Gregory Wyels, taken from *Américas*, February 2000; **p. 123** "Mares vivos" adapted from http://www.wwf.es/mares_ecosis.php; **p. 142** "Oda a Valparaíso" by Pablo Neruda; **p. 150** "La amistad" by Francisco Lapuerta; **p. 176** "Escuchar, pero escuchar para comprender" by Alfonso Aguiló Pastrana; **p. 181** "La multitud errante" by Laura Restrepo, Seix Barral (2001) pg. 85, used by permission; **p. 198** "En el tiempo de las mariposas" by Julia Álvarez, Edición Alfaguara en español. Colección Literatura, 2001, pp. 31–32; **p. 211** "Hombres necios" by Sor Juana Inés de la Cruz; **p. 219** "Desarrolla tu talento professional" by Pilar Alcázar, *Emprendedores*, No. 74, 2003; **p. 230** "Las multinacionales demandan españoles" P. G. de S., *El País*, published August 8th, 1999, used by permission; **p. 246** "La tía Julia y el escribidor" by Mario Vargas Llosa; **p. 254** "Inventos importantes" *El País Semanal*, December 29th, 2002, used by permission; **p. 275** "La piel del cielo" by Elena Poniatowska, reprinted by permission of the author; **p. 282** "Hispanos en EE. UU.: una convivencia en peligro" by Luis Rojas Marcos, published in *el País*, February 17, 2003, used by permission; **p. 294** "La globalización, ventajas e inconvenientes" from *Globalización y pobreza*, used by permission; **p. 310** "Romance Chicano" by Lucha Corpi, *Revista Peña Labra*, n 67, Otoño 1988, used by permission; **p. 318** "El futuro possible" taken from *Redacción*; **p. 328** "Mi casa en un chip: Tecnología para los hogares del siglo xxi" by Javier Bolufer, CNR no. 64, junio 2002, © Grupo Zeta; **p. 337** "Velocidad, eficiencia y rentabilidad son las metas que rigen la jornada, en cualquier rol que se ejerza durante el día" by Elizabeth Weise, *USA Today/El Universal*; **p. 341** "La ciudad de los Prodigios" by Eduardo Mendoza, Seix Barral (1989) **p. 391**, used by permission; **p. 348** "El cangurú de Bernau" by Roberto Ampuero; **p. 364** "Me basta así" by Ángel González, from *Palabras sobre palabra*, Madrid, col. *Poesía para todos*, 1965, used by permission; **p. 378** "Las exiladas" by Sergio Vodanovic, teatro chileno contemporáneo, selección y prólogo de Julio Durán-Cerda, Aguiler, México, 1970, pp. 343–347; **p. 392** Filosofía de la cultura" by Jesús Mosterín; **p. 403** "Los Estados Unidos por dos lenguas" by Carlos Fuentes, *El País*, Madrid, July 12, 1998.

Photo credits

p. 2 (top) Adam Woolfitt/Corbis/Bettmann; (bottom) Michael Busselle/Corbis/Bettmann; **p. 3** (top right) Beryl Goldberg; (left) Robert Frerck/Odyssey Productions, Inc; (bottom right) Carol Lee; **p. 12** (top) Corbis/Bettmann; (bottom) Corbis/Bettmann; **p. 13** (top) David Young-Wolff/PhotoEdit; (left) Timothy A. Clary/Getty Images; (bottom) Robert Freid/Robert Freid Photography; **p. 26** (left) Ted Spiegel/Corbis/Bettmann; (right) The Bridgeman Art Library; **p. 32** Robert Frerck/Odyssey Productions; **p. 33** The Bridgeman Art

Library; **p. 36** (bottom-left) Adalberto Rios/Getty Images, Inc.; (top) Museo de Oro, Banco de la República; (bottom right) SuperStock Inc.; **p. 37** (top left) Robert Frerck/Odyssey Productions, Inc.; (bottom) Anc Fred Bruemmer/Peter Arnold, Inc.; (top right) Kevin Schafer/Getty Images, Inc.; **p. 48** (top) Erich Lessing/Art Resource, NY; (bottom right) Fernando Botero: Corbis/Bettmann; **p. 49** (top left) Inga Spence/Index Stock Imagery, Inc.; (top right) Fuste Raga/AGE Fotostock America; (bottom left) Quinta Real Zacatecas; **p. 52** Gerald Buthaud/Cosmos/Woodfin Camp & Assoc.; **p. 53** Claire Rydell/index Stock Imagery, inc.; **p. 57** Simon Harris/eStock Photography LLC; **p. 61** Montse Casacuberta; **p. 68** Pablo Picasso: John Bigelow Taylor/Art Resource NY; **p. 72** (right) Ron Watts/Corbis/Bettmann; (bottom left) Getty Images, Inc.; **p. 73** (top) Dave G. Houser/Corbis/Bettmann; (left) Danny Lehman/Corbis/Bettmann; (bottom) Robert Frerck/Odyssey Productions, Inc.; **p. 76** Anoalu G. Clifford/Woodfin Camp & Assoc.; **p. 84** (top) Robert Frerck/Getty Images, inc; (bottom) A.M. Gunther/Peter Arnold, Inc.; **p. 85** (center left) Jose Clemente Orozco (1883–1949) "The Fire Man" ("el hombre de fuego) Art Resource NY; (bottom) Michael Newman/PhotoEdit; **p. 98** Latin Focus Photo Agency; **p. 108** (top right) Robert Frerck/Odyssey Productions, Inc.; (top left) (bottom left) Yann Arthus-Bertrand/Corbis/Bettmann; **p. 109** (top) Peter Ginter/Peter Arnold, inc.; (bottom left) Alfredo Maiquez/Lonely Planet Images/Photo; (bottom right) Corbis Royalty Free; **p. 113** Robert Frerck/Odyssey Productions, Inc.; **p. 117** (top left) Mireille Vautier/Woodfin Camp & Assoc.; (top right) John Cancalosi/Peter Arnold, Inc.; (bottom left) Yoram Lehmann/Peter Arnold, Inc.; (bottom right) Contract Press Images, Inc. eStock Photography LLC; **p. 118** (top right) Richard Weiss/Peter Arnold, Inc.; (bottom right) Carlos Goldin/Photo Researchers, Inc.; (top left) Kevin Schafer/Peter Arnold, Inc.; **p. 119** (top) Robert Frerck/Woodfin Camp & Assoc.; **p. 134** AP/Wide World Photos; **p. 141** Daniel Rivedemar/Odyssey Productions, Inc.; **p. 146** (top left) Spike Mafford/Getty Images, Inc.; (top right) Michael Newman/PhotoEdit; (bottom) Robert Frerck/Odyssey Productions, Inc.; **p. 147** (top right) Spencer Grant/PhotoEdit; (top left) Dorling Kindersley Media Library; (bottom) Elan Sunstar/eStock Photography LLC; **p. 150** Tom Soriano/Peter Arnold, Inc.; **p. 151** Robert Frerck/Woodfin Camp & Associates; **p. 158** (top right) Uripos Photography/eStock Photography; (top left) Carolyn Parker/Getty Images, Inc.; (bottom left) Robert Frerck/Odyssey Productions, Inc.; (bottom right) Jeremy Horner/Corbis/Bettmann; **p. 159** (top) Bob Daemmrich/Bob Daemmrich Photography; (center left) Marc Vaughn/Masterfile Corporation; (center right) Michael Newman/PhotoEdit; **p. 180** Laura Restrepo; **p. 184** (top) The Bridgeman Art Library; (bottom) Corbis/Bettmann; **p. 185** (top left) Roberto Ribeiro/Organization of American States; (top right) Organization of American States; (center) Dorling Kindersley library; (bottom) Russell Gordon/Aurora & Quanta Productions; **p. 189** Det Kongelige Bibliotek; **p. 194** (top) Reuters New Media, Inc./Corbis/Bettmann; (bottom) Corbis;

p. 195 (top right) Oliver Rebbot/Woodfin Camp & Associates; (top left) photo Researchers, inc.; (center left) photoEdit; (bottom) AP/Wide World Photos; **p. 205** Steve Vidler/eStock Photography LLC; **p. 210** Demetrio Carasco/Dorling Kindersley Library; **p. 214** (top) Russell Gordon/Odyssey Productions, Inc.; (bottom) Keith Dannemiller/Corbis/Sygma; **p. 215** (top) Mark Wagner; (left) Corbis/Sygma; **p. 226** (top) Byron Augustin/D. Donne Bryant Stock; (bottom) Nueva Lente Photography; **p. 227** (top) Fernando Pastene/Latin Focus Agency; **p. 227** (bottom) Peter M. Wilson/Corbis/Bettmann; **p. 239** Carlos S. Pereyra/D. Donne Bryant Stock; **p. 245** Keith Dannemiller/Corbis/Sygma; **p. 246** Arturo Fuentes/Latin Focus Agency; **p. 247** Tim Soriano/Peter Arnold, Inc.; **p. 250** (top) Robert Freid Photography; (bottom right) NASA/Johnson Space Center; (bottom left) Motorola, Inc.; **p. 251** (top) Park Street/PhotoEdit; (bottom) Carlos S. Pereyra/D. Donne Bryant Stock; **p. 258** (top) Pete Saloutos/Corbis/Bettmann; (bottom) Photo Researchers, Inc.; (bottom left) Getty Images; **p. 259** (top) Pete Soloutos/Corbis/Bettmann; (bottom left) AP/Wide World Photos; (bottom right) Dr. Gopal Murti/Photo Researchers, inc.; **p. 274** Reuters NewMedia, Inc./Corbis/Bettmann; **p. 278** (center left) Geoff Brightling/Dorling Kindersley library; (top left) Geof Brightling/Dorling Kindersley Media library); (top) Tony Freeman/PhotoEdit; (bottom) Robert Fried/Robert Fried Photography; **p. 279** (top left) Carlo Allegri/Getty Images; (top right) Szenes Jason/Corbis/Sygma; (bottom left) Mitchell Gerber/Corbis/Bettmann; (bottom right) Dorling Kindersley media library; **p. 290** (top right) Keith Dannemiller/Corbis/SABA Press Photo; (bottom) Fernando Pastene/Latin Focus Photo Agency; (top left) Steve Taylor/Getty Images, Inc.; **p. 291** (top) A/P Wide World Photos; (bottom left) Getty Images, Inc.; (bottom right) Kelvin Aitken/Peter Arnold, Inc.; **p. 303** Jimmy Dorantes/Latin Focus Photo Agency; **p. 310** Arte Público Press; **p. 314** (top right) Robert Frerck/Odyssey Productions, Inc.; (bottom right) John Van Hasselt/Corbis/Bettmann; (bottom left) Spots on the spot; (top left) Chad Slattery/Getty Images, Inc.; **p. 315** (bottom right) Dorling Kindersley Media Library; (bottom left) Chad Ehlers/Index Stock Imagery, Inc.; (top left) Frank Herholdt/Getty Images, Inc.; (top right) Tasende Gallery; **p. 324** (top left) Nick Rowe/Getty Images, Inc.; (bottom left) Photo library; **p. 325** (bottom right) C. Mopore/Corbis/Bettmann; **p. 344** (left) Photofest; (top right) J. Eduardo Comesana; (bottom right) Miriam Berkley; **p. 345** Dorling Kindersley Media library; **p. 347** Corbis; **p. 352** Roberto Ampuero; **p. 360** (top right) Roger-Viollet/The Bridgeman Art Library; (left) Getty Images, Inc.; (bottom) Corbis/Bettmann; **p. 361** Getty Images, Inc.; **p. 374** (top left) Teatro Lope de Vega; (bottom right) Ricardo Pinzon/Nueva Lente Photography; (bottom left) Spots on the spot; **p. 375** Michel Zabe/Dorling Kindersley Media Library; **p. 379** Alamy Images; **p. 384** Matilde O. de Castells; **p. 388** (top) Library of Congress; (bottom) Fundación Maria Zambrano; **p. 389** (bottom) Corbis/Bettmann.

Index

Mar Caribe

OCÉANO
ATLÁNTICO

Barranquilla
Cartagena
Maracaibo • Caracas
Barquisimeto
Río Orinoco
VENEZUELA
Georgetown
Paramaribo
Cayenne
Medellín
GUYANA
SURINAM
GUAYANA
FRANCESA
(Francia)
Manizales
Salto
Ángel
Cali • Bogotá
COLOMBIA
CORDILLERA DE LOS ANDES
Quito
Ecuador
ECUADOR
Guayaquil
Río Amazonas
Belém
Islas
Galápagos
(Ec.)
Cuenca
Iquitos
Manaus
Fortaleza

Cajamarca
Río Madeira
B R A S I L

Trujillo
Río Branco
PERÚ
Recife

OCÉANO
PACÍFICO
Machu
Picchu
Lima
Ayacucho • Cuzco
BOLIVIA
Salvador
I. Pinta
I. Fernandina   I. Marchena
I. San Salvador
Santa Cruz
I. Isabela   I. Santa Cruz
Puerto   Puerto
Villamil   Ayora   I. San
Cristóbal
Puerto
Baquerizo
Moreno
Arequipa
Lago
Titicaca
Brasília
La Paz
Cochabamba
Santa Cruz
Arica
Sucre
Iquique
Potosí
PARAGUAY
Belo
Horizonte
ISLAS GALÁPAGOS
(ECUADOR)
Desierto de Atacama
Antofagasta
Salto
Iguazú
São Paulo
Río de Janeiro
Santos
Trópico de Capricornio

OCÉANO
PACÍFICO
Salta
Asunción
CHILE
CORDILLERA DE LOS ANDES
San Miguel
de Tucumán
Cabo Norte
Volcán
Katiki   Cabo
Cumming
ARGENTINA
Coquimbo
Pôrto Alegre
Hanga Roa
Córdoba
Río Paraná
Río Uruguay
Rivera
Mataveri
Rosario
URUGUAY
ISLA de PASCUA
(CHILE)
Valparaíso
Mendoza
Santiago
Buenos Aires   Montevideo
La Plata
Río de la Plata
OCÉANO
ATLÁNTICO
Concepción
Bahía Blanca

Puerto Montt

OCÉANO
PACÍFICO

Estrecho de
Magallanes
Islas
Malvinas
(Br.)
Punta Arenas
TIERRA DEL FUEGO
Cabo de Hornos

América del Sur